중관사상의 이해

중관 사상의 이해

남수영 지음

여래

중관사상이란 '일체법을 비유비무의 중도라고 관찰하고, 일체법을 중도라고 주장하는 사상'을 말한다. 중관학파의 개조이자 초기 중관학파의 논사인 용수(龍樹, Nāgārjuna, 150~250경)는 『반야경』의 공사상을 계승하여, 부파불교의 법유론과 비불교 학파들의 실재론을 비판하고, 일체법은 공이고 중도라는 진실을 드러내기 위하여 중관사상을 주장하였다.

그러나 용수 이후에 나타난 유식학파는 식識과 공성空性의 존재를 주장하면서, 오히려 일체법을 공이라고 주장하는 중관사상을 허무론이라고 비판하였다. 이에 따라 중기 중관학파의 청변(淸辯, Bhāviveka, 500~570경)과 월칭(月稱, Candrakīrti, 600~650경), 그리고 후기 중관학파의 적호(寂護, Śāntarakṣita, 680~740경) 등은 다시 부파불교의 법유론과 비불교 학파들의 실재론만이 아니라, 유식학파의 유식설을 비판하고 일체법은 공이고 중도라는 진실을 드러내고자 하였다.

그런 이유로 청변, 월칭, 적호 등의 저술을 보면, 부파불교의 법유론과 비불교 학파들의 다양한 실재론만이 아니라, 유식학파의 유식사상에 대한 비판도 함께 발견되는 것이다. 이와 같은 역사적인 맥락 때문에, 부파불교의 법유론과 비불교 학파들의 실재론은 용수의 중관사상이 발생한 동기를 설명해 주고, 유식학파의 유식사상은 중, 후기 중관사상이 발생한 동기를 설명해 준다. 따라서 중관사상을 선명하게 이해하려면, 부파불교의 법유론과 유식학파의 유식사상만이 아니라, 비불교 학파들의 실재론도 이해할 필요가 있다.

그러나 비불교 학파들의 실재론까지 포함하면 그 범위가 지나치게 방대해지기 때문에, 본서에서는 그에 대한 고찰을 생략하고, 용수와 적호의 중관사상과 그 사상들의 발생 동기라고 생각되는 부파불교의 법유론과 유식학파의 유식사상만을 살펴 보았다. 용수는 중관학파의 개조로서 중관사상의 토대를 확립한 인물이기 때문에, 중관사상을 이해하려고 할 때 용수의 중관사상을 먼저 고찰하는 것은 당연할 것이다. 한편 필자가 본서에서 적호의 중관사상을 고찰한 이유는 그가 후기 중관학파를 대표하는 논사로서, 인도불교에서 중관사상의 최종적인 모습을 잘 보여주리라고 생각했기 때문이다.

본서는 『중관학파의 실유 비판 연구』(한국학술정보, 2007)를 그 동안 필자가 발표했던 「실유론자들의 불상부단설에 대한 용수의 비판」, 「용수의 연기설 재검토 및 중도적 이해」, 「용수의 중송에서 상호의존적 연기의 형태와 논증 논리」, 「용수의 중송에서 고통의 발생과 소멸」 등과 같은 몇편의 논문들을 통해서 수정 증보한 것이다.

필자는 본서에서 중관학파의 중관사상만이 아니라, 부파불교의 법유론과 유식학파의 유식사상, 그리고 중관학파의 부파불교와 유식사상에 대한 비판만이 아니라, 유식학파의 중관사상에 대한 비판과 그에 대한 중관학파의 답변을 객관적으로 드러내기 위하여 노력하였다. 이 책이 중관사상을 이해하고자 하는 분들에게 조금이나마 도움이 되기를 바라며, 이 책의 출판을 위해 애써 주신 여래출판사의 정창진 사장님께 깊은 감사의 말씀을 드린다.

2015년 8월

고천 남수영 합장

| 목차 |

머리말 _4

제1장 대승불교와 중관사상

1. 대승불교의 발생 _13
2. 초기 대승경전과 그 사상들 _16
   1) 『반야경』의 공사상 _16
   2) 유마경과 승만경의 재가불교 운동 _18
   3) 『화엄경』의 보살행과 유심사상 _19
   4) 무량수경의 정토사상 _20
   5) 법화경의 일승 및 구원실성 사상 _22
3. 반야경과 중관사상 _23
   1) 중관학파와 용수 _23
   2) 용수의 생애 _25

제2장 부파불교의 법유론

1. 법유론의 의미와 동기 _37
   1) 법유론의 의미 _37
      (1) 법의 의미 _37 (2) 실법과 가법의 탐구 _43

(3) 실법과 실체 _51
2) 법유론의 동기 _59
2. 설일체유부의 법유론 _63
1) 삼세실유 법체항유설 _63
2) 설일체유부가 승인한 실법들 _69
(1) 5온 12처 18계 _69 (2) 5위 75법 _70
3) 현상세계의 설명 _76
3. 경량부의 법유론 _78
1) 현재실유 과미무체설 _78
2) 경량부가 승인한 실법들 _85
(1) 12처와 18계 _85 (2) 색법 _90 (3) 심법과 심소법 _98
3) 현상세계의 설명 _104
4. 법유론에 대한 용수의 비판 _107
1) 설일체유부의 유위상 이론 비판 _107
2) 경량부의 상속설 비판 _114
3) 두 학파에 대한 종합적인 비판 _118

제3장 용수의 중관사상
1. 기본 개념들 _123
1) 연기, 무자성, 공의 논리적 관계 _123
2) 연기와 무자성 _127
3) 무자성과 공 _130
4) 가명과 중도 _133
2. 상호의존적 연기설 _137

1) 상호의존적 연기설의 목적 _137
2) 상호의존적 연기설의 형태 _139
(1) 작용, 행위, 행위자의 상호의존적 연기 _139
(2) 존재인 행위자와 행위의 불성립 _142
3) 상호의존적 연기의 논증 논리 _148
(1) 차연성과 불일불이 _148
(2) 차연성과 불일불이의 역할 _152
(3) 상호의존적 연기의 논증 논리 적용 _156
4) 상호의존적 연기설에 대한 의문들 _163
(1) 한 사람의 행위자와 두 개의 작용 _163
(2) 원인과 결과의 상호의존 _165
(3) 존재의 의존과 개념의 의존 _167
3. 팔불중도설 _170
1) 의미와 목적 _170
2) 불생 _171
(1) 유자성론에 대한 비판으로서의 불생 _171
(2) 진실로서의 불생 _176
(3) 불생과 팔불 _178
3) 불생불멸 _180
(1) 유자성론에 대한 비판으로서의 불생불멸 _180
(2) 진실로서의 불생불멸 _181
4) 불거불래 _184
(1) 유자성론에 대한 비판으로서의 불거불래 _184
(2) 진실로서의 불거불래 _187
5) 불일불이와 불상부단 _189

(1) 유자성론에 대한 비판으로서의 불일불이 _189
(2) 유자성론에 대한 비판으로서의 불상부단 _191
(3) 진실로서의 불일불이와 불상부단 _192
4. 용수의 이제설 _196
5. 중관사상에 대한 비판과 답변 _204
1) 논리적 비판에 대한 답변 _204
2) 실천적 비판에 대한 답변 _207
6. 열반의 성취 _214

제4장 유식학파의 유식사상
1. 유식학파의 기본입장 _227
2. 유식학파의 외경실재론 비판 _231
1) 유식의 의미 _231
2) 네 가지 지혜에 근거한 비판 _235
3) 극미설의 모순에 근거한 비판 _240
3. 유식학파의 중관사상 비판 _251
1) 유식학파의 존재 개념 _251
2) 유식학파의 중도 _255
3) 악취공과 선취공 _261
4. 유식사상에 대한 청변의 비판 _267

제5장 적호의 중관사상
1. 적호의 사상적 특징 _281

2. 적호의 실재 비판 _284
1) 실재의 분류 _284
(1) 시공에 따른 분류 _284
(2) 인식에 따른 분류 _286
2) 실재의 비판 방법 _290
(1) 단일성과 다양성의 검토 _290
(2) 효과적 작용 능력의 검토 _294
3) 인식대상의 실재성 비판 _298
(1) 극미설에 대한 비판 _298
(2) 18계에 대한 비판 _302
(3) 설일체유부의 무위법 비판 _304
4) 인식주관의 실재성 비판 _310
(1) 설일체유부의 심법 비판 _310
(2) 경량부의 심법 비판 _313
(3) 유상유식파의 심법 비판 _319
(4) 무상유식파의 심법 비판 _323
3. 적호의 이제설 _327
4. 중관사상에 대한 비판과 적호의 답변 _332
1) 논리적 비판과 그에 대한 답변 _332
2) 실천적 비판과 그에 대한 답변 _335

맺음말 _341

참고문헌 _347

제1장
대승불교와 중관사상

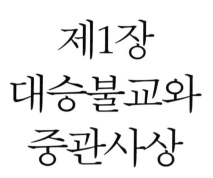

제1장 대승불교와 중관사상

1. 대승불교의 발생

불타 재세 시에 불교 승단은 불타의 위대한 인격에 의지하여 큰 동요 없이 유지되었지만, 그의 입멸 후 여러 가지 견해 차이로 동요하기 시작하여 마침내 분열하기 시작하였다. 불교 승단은 불타 입멸 후 약 100년경에는 상좌부와 대중부로 분열하였으며, 불타 입멸 후 약 200년으로부터 400년경에는 대략 20여 개의 학파로 분열하였다. 이 시대의 여러 학파들은 대부분 법유론法有論을 받아들이고, 그에 따라 법에 대한 연구를 중시하였기 때문에 아비달마불교라고도 부르고, 혹은 여러 학파로 나뉘어져 있었기 때문에 부파불교라고도 부른다.

불타 입멸 후 약 600년 무렵(=서기 약 100년경)에 『반야경』의 성립과 함께 부파불교를 비판하면서 새로운 종교운동이 일어나기 시작했는데 그것이 소위 대승불교이다. 『반야경』에서 발견되는 공사상은 부파불교의 법유론을 비판하고, 일체법이 공이라는 진실을 드러내기 위한 것이다. 대승불교는 공사상을 바탕으로 하면서 부파불교를 폄칭하여 소승불교라고 불렀지만, 부파불교의 여러 학파들은 오히려 자신들이 불교의 정통이라고 자부하면서 대승불교를 무시하였다.

그 둘을 비교해 보면, 우선 부파불교의 여러 학파들은 비록 변용되어 있다고 해도, 역사적 인물로서의 불타의 직접적인 가르침에 가까운 경전과 전통적인 교리를 충실하게 보존하고 있었다. 그러나 대승불교는 새롭게 경전을 창작하였고, 거기에 나타나는 불타는 역사적 인물이 아니라, 이상적이고 초월적인 존재로서 묘사되고 있다.

또한 부파불교의 여러 학파들은 국왕, 귀족, 부호 등의 정치적 경제적 후원을 받아서, 광대한 장원을 소유하고 그 사회적 기반 위에 존립하고 있었다. 그러나 대승불교는 적어도 초기에는 민간인들 사이에서 생겨난 종교운동이었고 장원을 소유하고 있지 않았다. 그리고 '국왕이나 대신을 가까이 하지 말라'고 해서 권력자에 접근하는 것을 경계하면서, 그 신앙이 순수하고 청정한 것을 자랑으로 삼았다. 또 부자가 사탑을 건립하면서 막대한 부富를 보시하는 것도 큰 공덕이지만, 경전을 독송하고 서사하고 신수하는 것은 더욱 공덕이 크다고 해서 경전의 독송을 강조했다.

그리고 부파불교의 여러 학파들은 사회적인 세력을 가지고 막대한 재산에 의지해서, 스스로 자신을 높이고 자신을 고결하게 하였기 때문에, 그 태도는 대단히 독선적이고 고답적이었다. 그들은 마을에서 떨어진 지역에 있는 거대한 승원에 거주하면서 고요하게 명상하고 좌선을 닦으면서 번쇄한 교리연구에 종사하고 있었다. 그러나 대승불교는 부파불교의 그와 같은 생활태도를 이기적이라고 비판하고, 스스로는 이타행을 강조하면서, 자비 정신에 입각하여 중생 모두를 고통으로부터 구해내고자 했다.

대승불교는 자신이 피안의 세계에 도달하기 전에 우선 중생을 구제하지 않으면 안 된다고 생각했고, 그런 이타행을 실천하는 사람을 보살이라고 불렀다. 그리고 출가한 수행자만이 아니라, 재가의 국왕, 상인, 기술자 등 누구라도 중생 제도의 서원, 즉 비원悲願을 세워서 그것을 실천하는 사람은 모두 보살이라고 불렀다.

자비에 근거한 보살행은 대승불교의 이상으로서, 누구라도 행하지 않으면 안 되지만, 일반의 범부로서는 실천하기가 어려운 것이었다. 거기서 한편으로는 여러 불보살佛菩薩에게 귀의하여, 그 힘에 의지해서 수행을 실천하고, 그 힘에 의지해서 구원될 수 있다는 가르침이 설해졌다. 따라서 신앙의 순수함을 강조하게 되었고, 신앙의 대상인 불보살은 점점 더 초인적인 것으로 생각되었다.

대승불교는 불타를 이상적이고 초월적인 존재로 간주함으로써, 시방삼세에 걸쳐서 무수하게 많은 여러 불타의 출세出世와 존재를 주장하기에 이르렀는데, 그 중에서도 아촉불, 아미타불, 약사여래 등이 특히 열렬하게 신앙되었다. 보살도 초인화되어 그 구제력이 강조되었는데, 그 중에서도 미륵보살, 관세음보살, 문수보살, 보현보살 등이 특히 폭넓게 신앙되었다. 보살은 중생을 구원하기 위해서 여러 종류의 몸을 나타내어 이 세상에서 살아가지만, 중생에 대한 자비 때문에 스스로는 열반에 들지 않는다고 생각되었다.

여러 불보살에 대한 신앙이 고조됨에 따라, 그 불보살의 신체를 구체적인 모습으로 표현해서 그것을 숭배하고자 하는 열망이 일어났다. 그에 따라 다수의 불상과 보살상이 제작되었는데, 그 중에서도 중앙인도의 마투라와 서북인도의 간다라 지방이 불상 제작의 중심지였다. 그 경향을 보면 마투라에서는 아쇼카 왕 이래의 인도 고유의 미술을 따랐지만, 간다라에서는 그리이스 미술의 영향이 강하게 발견된다.

대승불교는 당시 대중들의 정신적 자질이나 경향에 적합한 방법에 따라 대중을 교화하였다. 그리하여 불보살을 믿고 불보살에게 귀의하면, 부富와 행복을 얻고 무병식재無病息災할 수 있다고 설하였다. 특히 주목할 만한 것은 교화의 주요한 방법으로써 주문, 즉 다라니를 사용한 점이다. 그런 교화 방법은 큰 성공을 거두었지만, 그것은 나중에 대승불교가 쇠퇴하게 되는 하나의 원인이 되기도 하였다.

초기 대승불교는 교단의 조직을 확정하지도 못했고, 세밀한 철학적 논구를 좋아하지도 않았다. 오히려 자신의 확고한 신념과 넘쳐흐르는 신앙을 화려하고 거대한 구상을 가지고 표현하였는데, 그 결과 성립한 것이 대승경전이다. 대승경전은 그 이전부터 대중들 사이에서 애호되고 있던 불교 설화나 불전佛傳으로부터 재료를 얻어 희곡적인 구상을 취하면서, 그 내면에 심오한 철학적 의의를 담고 그 위에 일반 대중의 취향에 맞도록 제작된 종교적 문예 작품이라고 할 수 있다.

2. 초기 대승경전과 그 사상들

1)『반야경』의 공사상

초기 대승경전 가운데 가장 일찍 성립한 것은『반야경』이며, 그 특징은 일체법이 공空이라고 주장하는 공사상에서 발견된다.『반야경』의 공사상은 대승불교의 가장 중요한 사상 가운데 하나인데, 그것은 초기불교에서 설해지던 공관空觀의 계승이라고 할 수 있다. 공관이란 모든 사물이 공空이며, 고정적인 실체를 갖지 않는다고 관觀하는 것을 말한다.『숫타니파타』는 이렇게 말한다.

항상 마음으로 염念해서, [어떤 사물을] 자아라고 집착하는 견해를 버리고, 세간을 공空이라고 관觀하라. 그러면 그는 죽음을 넘어설 것이다. 그렇게 세간을 보는 사람을 죽음의 왕은 보지 못한다.[1)]

『반야경』은 초기불교에서 설해지던 공관을 공사상으로 계승하고 발전시켜서, 대승불교의 기본 사상으로 삼았다. 『반야경』에는 현장玄奘이 번역한 600권으로 구성된 일대집성서인 『대반야바라밀다경』이 있고, 『반야심경』, 『금강경』, 『이취경』理趣經 등이 특히 유명하다. 당시 부파불교의 여러 학파는 법유론을 주장하였지만, 『반야경』은 이에 대한 비판으로서 일체법이 공이라는 말을 반복해서 사용하였다.

『반야경』의 일종인 『금강경』에 의하면, 일체법은 공이기 때문에 우리들은 법이라는 고정적인 관념을 품어서는 안 된다.[2)] 일체법은 다른 법에 의존해서 성립해 있는 것이기 때문에 고정불변의 독자적인 실체를 갖지 못한다. 무자성인 일체법은 고정불변의 독자적인 실체를 갖지 못하기 때문에 공이라고 말해지지 않으면 안 된다. 또한 일체법이 공이라면 본래 공인 번뇌 등을 단멸한다고 하는 것도 진실로는 있을 수 없다고 말하지 않을 수 없다.[3)]

그러한 진실을 체득하는 것이 무상정등각無上正等覺이며, 그 외에 무상정등각이라고 하는 실체는 존재하지 않는다. 『금강경』에 의하면 실천은 이와 같은 공관에 기초하지 않으면 안된다. 그러므로 『금강경』은 '참으로 머무는 바 없이 그 마음을 일으켜야 한다'[4)]고 설한다. 보살은

---

1) Su, 1119.
2) 以是義故. 如來常說汝等比丘. 知我說法如筏喻者. 法尚應捨何況非法. 『금강반야바라밀경』 제6절, 대정 제8권 749쪽 중.
3) 須菩提. 若作是念. 發阿耨多羅三藐三菩提心者 說諸法斷滅相. 莫作是念. 何以故. 發阿耨多羅三藐三菩提心者. 於法不說斷滅相. 『금강반야바라밀경』 제27절, 대정 제8권 752쪽 상.

한량없는 중생을 제도하지만, 스스로 중생을 제도했다고 생각한다면 그는 진실한 보살이 아니다. 그에게는 구하는 자도 공이고, 구원받는 중생도 공이고, 구원되어서 도달하는 열반도 공이기 때문이다.

또 『반야경』은 신상身相을 통해서 불타를 보아서는 안 되며, 모든 상相은 허망한 것이고, 모든 상은 상이 아니라고 본다면 불타를 본다고 말한다. 또 불타에게는 설한 바의 가르침이 없으며, 가르침은 뗏목과 같은 것이므로, 중생을 인도한다는 목적을 이루게 되면 버려야 한다고도 말하고 있다. 이와 같은 실천적인 인식을 반야바라밀이라고 부르며, 그것은 보시, 지계, 인욕, 정진, 선정과 함께 대승불교의 중요한 실천도인 육바라밀을 형성한다.

2) 유마경과 승만경의 재가불교 운동

『반야경』의 공사상으로부터 도출되는 논리적인 결론은 윤회와 열반이 그 자체로서는 다른 것이 아니라는 것이다. 그렇다면 현실의 일상생활이 그대로 이상적인 경지로서 나타나지 않으면 안 된다. 그럴 경우 이상의 경지는 우리들의 어리석은 삶을 떠나서 따로 있는 것이 아니며, 공의 실천인 자비행은 현실의 일상생활을 통해서도 실현될 수 있다. 그런 입장을 철저하게 하면, 결국 출가생활만이 아니라, 재가의 세속생활 속에서도 불교의 이상을 실현할 수 있다고 주장하는 종교운동이 일어나게 된다.

그와 같은 사고를 대표하는 경전이 『유마힐소설경』이다. 그 경전의 줄거리는 유마힐이라는 재가자가 주인공이 되어서, 출가자인 십대제자

---

4) 是故須菩提. 諸菩薩摩訶薩 應如是生清淨心. 不應住色生心. 不應住聲香味觸法生心. 應無所住而生其心. 應無所住而生其心.『금강반야바라밀경』제10절, 대정 제8권 749쪽 하.

들의 사상이나 실천수행을 비판하고, 최고의 진실을 밝혀서 그들을 지도한다는 것이다. 『유마경』에 따르면 그 진실이란 말로는 표현할 수 없는 '불이不二의 법문'이고, 유마거사는 그것을 침묵으로 표현한다.

재가불교의 이상은 다소 후대에 나타난 『승만경』에도 나타나 있다. 그 경전은 인도 사위국 바사익 왕의 딸인 승만부인이 불타 앞에서 각종으로 대승의 가르침을 설하고, 불타는 그것을 칭찬하여 그녀의 설법을 승인한다는 줄거리로 되어 있다.

3) 『화엄경』의 보살행과 유심사상

『화엄경』은 현상계의 여러 사물이 서로 밀접하게 관련되어 있다고 하는 소위 사사무애事事無礙의 법계연기설法界緣起說에 근거해서 보살행을 설하는데, 보살의 수행에는 자리自利와 이타利他라는 두 가지가 있으며, 보살은 중생을 제도하는 것이 곧 자리이기 때문에 자리가 곧 이타라고 한다.

그 경전의 「십지품」十地品에서는 보살의 수행이 진전됨에 따라 마음이 향상되는 과정을 십지로 나누어서 설하고 있다. 「입법계품」入法界品에서는 선재동자善財童子의 구도가 중심 줄거리로 되어 있다. 그는 보리심을 일으키고 보살행을 완전하게 깨닫기 위하여 남방으로 여행하면서 53인, 혹은 54인의 스승을 찾아 가르침을 얻고, 마지막으로 보현보살의 가르침을 받아서 궁극의 경지에 도달한다.

『화엄경』 제4 「야마천궁회」의 제16 「야마천궁보살설게품」과 『십지경』으로 따로 편찬되어 유포된 제6 「타화자재천궁회」의 제22 「십지품」에서는 유심사상이 설해지고 있는 것도 주목할 만하다. 제16 「야마천궁보살설게품」에서 발견되는 유심게의 내용은 다음과 같다.

마음은 화공과 같이 여러 가지 오온을 만들어 내니,

일체의 세간 가운데 만들지 못하는 것이 없다.

마음처럼 부처도 그와 같고, 부처처럼 중생도 그와 같으니,

마음과 부처와 중생, 그 셋은 차별이 없다.[5)]

즉 일체법은 모두 마음에 의해서 만들어지며, 마음과 부처와 중생은 근본적으로 차별이 없으므로, 마음이 어느 쪽으로 향하는가에 따라 부처와 중생이 결정된다는 것이다. 『화엄경』은 이와 같은 유심사상을 담고 있기 때문에, 후대에 유식학파는 『화엄경』을 자파의 소의경전으로 간주하기도 하였다.

4) 무량수경의 정토사상

한편 일부의 대승교도들은 현세를 예토穢土라고 부르면서, 피안의 세계에서 정토淨土를 구했다. 그런 정토로서는 아촉불阿閦佛의 정토인 동방의 묘희국妙喜國, 미륵보살의 정토인 상방上方의 도솔천兜率天 등이 고려되었고, 이들 여러 불보살을 신앙함으로써 내세에는 그곳에 태어나는 것이 가능하다고 믿었다.

그 중에서도 후세에 더욱 영향이 컸던 것은 아미타불의 정토인 극락세계라는 관념이었다. 아미타불에 대한 신앙은 당시 대중 사이에 행해졌던 여러 대승경전 가운데 나타나 있지만, 그와 관련해서 특히 중요한 것은 다음의 정토삼부경이다.

---

5) 心如工畵師 畵種種五陰 一切世間中 無法而不造 如心佛亦爾 如佛衆生然 心佛及衆生 是三無差別 『대방광불화엄경』제10권, 대정 제9권, 465쪽 하.

『불설무량수경』 2권	강승개康僧鎧 역	대정 제12권
『불설관무량수경』 1권	강량야사畺良耶舍 역	대정 제12권
『불설아미타경』 1권	구마라집鳩摩羅什 역	대정 제12권

정토경전은 불타가 오탁악세五濁惡世의 중생들을 위하여, 아미타불에 의한 구원을 설하는 내용으로 되어 있다. 아미타불阿彌陀佛은 범어를 소리 나는 대로 옮기고, 그것을 일부 생략한 것인데, 의역해서 무량수불(無量壽佛, Amitāyus Buddha), 혹은 무량광불(無量光佛, Amitābha Buddha)이라고도 부른다.

아미타불은 과거세에 법장法藏이라는 수행자였는데, 중생제도의 48원願을 세우고, 장자, 거사, 국왕, 천신 등으로 태어나 무수한 중생을 제도하고, 여러 불타를 공양해서 마침내 깨달음을 성취하였다. 아미타불은 이 세계로부터 서방으로 10만억 불국토를 지난 곳에 있는 극락정토에서 지금 법을 설하고 있다. 그곳에는 심신의 고통이 없고, 칠보로 만들어진 연꽃이 가득 피어 있는 연못이 있고, 아름다운 새의 울음소리가 들리고, 하늘의 음악이 연주되고 있다. 아미타불에게 진심으로 귀의하고 그를 염불하는 자는 그의 정토인 극락세계에 태어나게 된다고 한다.

아미타불의 전신前身인 법장비구가 세운 48원 가운데 제18원은 '설령 제가 성불하더라도 시방 세계의 중생들이 지극한 마음으로 [저의 나라를] 즐겨 믿고, 저의 나라에 태어나고자 바라거나, 혹은 10번을 염念해도 [저의 나라에] 태어나지 못하는 자가 있다면, 저는 정각을 취하지 않겠습니다'[6]라고 하는 것이었다. 그런데 그는 지금 이미 성불하여 부처가 되었으므로, 아미타불을 염하는 사람은 그 서원의 힘으로 반드시

6) 設我得佛. 十方衆生至心信樂. 欲生我國乃至十念. 若不生者不取正覺. 唯除五逆誹謗正法. 『불설무량수경』 제1권, 대정 제12권, 268쪽 상.

구원받는다는 것이다.

정토사상에 의하면 선남자 선여인이 아미타불의 명호를 듣고 일심으로 그를 염하면, 그 사람이 임종할 때에 아미타불이 성문이나 보살의 무리를 이끌고 그의 앞에 나타나 그를 인도한다고 한다. 그런 이유로 후대의 정토교에서는 현세의 의의가 문제가 되었는데, 경전 중에서는 육바라밀에 대한 실천의 의미가 강조되고 있다.

5) 법화경의 일승 및 구원실성 사상

대승불교는 소승불교를 비판했지만, 사상사적인 현실에 따라 말하자면, 불교 내부의 여러 교설은 모두 그 존재 의미를 가지고 있다고 말하지 않으면 안 된다. 이런 도리를 희곡적인 구상과 문예적인 형식을 빌려서 표현한 경전이 『법화경』이다.

『법화경』은 특히 구마라집이 번역한 『묘법연화경』 8권이 유명한데, 적문迹門이라고 부르는 전반 14품에서는 성문, 연각, 보살의 삼승三乘이 모두 일승一乘으로 귀착됨을 설하고 있다. 『법화경』에 따르면 이들 삼승은 이전에는 서로 다른 가르침으로 간주되었지만, 그것은 표면적인 모습일 뿐이다. 왜냐하면 그 가르침들은 모두 불타가 중생을 일승으로 인도하기 위해서 방편으로 설한 것이고, 진실한 불타의 가르침은 일승의 가르침뿐이기 때문이다.

또 『법화경』은 하나의 게송이라도 듣고서 수지하는 자, 탑이나 사리나 불상에 예배하는 자, 혹은 모래로 탑을 만드는 흉내를 내거나, 손톱으로 벽에 불상을 그리는 어린 아이들조차도 불타의 자비로 구원된다고 말하고 있다. 그만큼 불타의 자비는 절대적이라는 것이다.

『법화경』에 의하면 불타의 여러 가르침은 모두 존재 의미를 가진다.

그 이유는 그 가르침들이 육신으로서의 불타가 말한 것이 아니라, 상주불멸인 진리의 현현이기 때문이다. 그 가르침들을 성립하도록 하는 원천은 시간적 공간적 한정을 넘어서 존재하면서도, 시간과 공간 속에 그 모습을 나타냈던 제법실상諸法實相의 진리에 다름 아니다. 그것이 바로 『법화경』에서 설하는 구원久遠의 본불本佛이다.

세간의 모든 사람들과 천신들은 불타가 석가족으로 태어나서, 출가하고 수행하여 깨달음을 얻고 80세에 입멸했다고 생각한다. 그러나 『법화경』에 의하면 불타는 상주불멸로서 영원한 옛날부터 깨달음을 얻어서 중생을 교화하고 있으며, 인간의 모습으로서의 불타는 다만 방편에 지나지 않는다고 한다. 이것이 본문本門이라고 부르는 후반 14품의 내용이다.

그후 불신론은 이와 같은 불타의 본성에 관한 사색을 계기로 해서 급속하게 전개되었고, 그후 『법화경』의 유화적 태도는 더욱 발전해서 『대살차니건자소설경』과 『대반열반경』에서는 불교 이외의 학설에 대해서도 그 존재 의의를 인정하기에 이르렀다.

3. 반야경과 중관사상

1) 중관학파와 용수

대승불교의 가장 중요한 사상적 특징은 일체법이 공空이라고 주장하는 것이다. 대승불교 경전들 가운데 일체법이 공임을 가장 강력하게 주장한 것은 『반야경』이고, 그와 같은 『반야경』의 공사상은 초기불교에서 설해지던 공관空觀을 계승한 것이다. '공'은 범어 'śūnya'를 번역한 것이고, 그 말은 '부풀어 오른, 공허한, 결여한'이라는 의미이기 때문에, 『반야경』에서 설하는 공은 오늘날 수학에서 사용하는 '영(零, 0)'의 개념과 유사하다.[7)]

『반야경』은 공을 반복적으로 설하면서도 그것을 이론적으로 설명하지 않았다. 그러나 시대의 흐름에 따라 『반야경』의 공사상을 이론적으로 설명하려고 하는 논사들이 나타나기 시작했는데, 그 발단이 되었던 것이 용수(龍樹, Nāgārjuna, 150~250년경)였다. 용수를 개조로 하는 중관학파의 논사들은 『반야경』의 공사상을 계승하여 일체법은 연기이기 때문에 무자성, 공, 가명, 중도라고 주장하면서, 그 당시 유행했던 다양한 실재론을 비판하고 공의 진실을 드러내고자 하였다. 그들은 『반야경』에서 설하는 공을 중도의 의미로 해석했기 때문에, 그들에 의하면 공사상과 중관사상은 동일한 것이 된다.[8)]

그들에 의하면 일체법은 연에 의존해서 발생한 것이기 때문에 무자성無自性이다. 왜냐하면 연기인 사물은 자성(自性, svabhāva), 즉 '고정불변의 독자적인 실체나 속성'을 가질 수 없기 때문이다. 그리고 '자성의 결여와 비존재'가 바로 『반야경』에서 설하는 공空의 의미이다. 또한 일체법은 모두 가명, 즉 '연에 의존해서 시설된 명칭'이라고 말해진다. 왜냐하면 연기인 일체법은 무자성이기 때문에, 그 명칭에 해당하는 실체를 갖지 못하기 때문이다. 또한 일체법은 존재라고도 말할 수 없고, 비존재라고도 말할 수 없다. 왜냐하면 무자성인 일체법은 존재의 자성도

7) '영'의 개념은 본래 인도인이 발견한 것인데, 그것이 서기 1150년경에 아랍인들을 통하여 서양에 전해졌다고 한다. 그런 이유로 학자들은 인도의 수학이 아라비아 수학의 기원이라고도 한다.

8) '중관中觀'이란 일체법을 '비유비무'의 중도라고 관찰하는 것을 말한다. 따라서 '중관사상'이란 '일체법을 비유비무의 중도라고 관찰하고, 일체법을 중도라고 주장하는 사상'을 의미한다.

갖지 못하고, 비존재의 자성도 갖지 못하기 때문이다. 그러므로 연기인 일체법은 무자성, 공, 가명 그리고 비유비무의 중도中道라는 것이다.

일반적으로 공사상과 중관사상은 허무론이라고 비판되었지만, 그런 비판은 정확한 것이 아니다. 왜냐하면 『반야경』과 중관사상은 여러 사물의 비존재를 주장하기 위한 것이 아니라, 일체법의 진실인 공, 즉 비유비무非有非無의 중도를 밝히기 위한 것이기 때문이다.

용수의 본래 이름은 나가르주나Nāgārjuna이다. 그 중에서 '나가nāga'란 '용이나 뱀'을 의미하기 때문에, 그것을 의역하여 '용'龍이라고 하였고, '아르주나arjuna'란 나무의 이름이기 때문에 그것을 의역하여 '수樹'라고 하였다. 구마라집鳩摩羅什이 번역한 그의 전기에 따르면 어머니가 그를 아르주나 나무 아래에서 낳았고, 용이 그의 깨달음을 도왔기 때문에 그를 '용수'라고 부른다고 한다. 그는 힌두교가 번성하기 이전의 인물이고, 그를 개조로 하는 중관학파는 그후 줄곧 힌두교와 함께 존속하였다.

그의 생애를 전하는 자료는 1) 구마라집(鳩摩羅什, 344~413년경)이 번역한 『용수보살전』, 대정 제50권, 2) 부톤(Bu ston, 1290~1364년)이 저술한 『불교사』에서 발견되는 용수의 전기, 그리고 3) 타라나타(Tāranātha, 1575~1615년경)가 저술한 『불교사』에서 발견되는 용수의 전기가 있다. 그 중에서 구마라집이 번역한 『용수보살전』에 따라서 그의 생애를 살펴보면 다음과 같다.

2) 용수의 생애

용수보살은 남인도의 바라문 출신이다. 천성이 총명하고 사리를 잘 알아 두 번 말할 필요가 없었다. 젖먹이였을 때 여러 바라문들이 32자

字로 이루어진 게송 4만 개가 들어있는 네 종류의 베다 경전을 낭송하는 것을 듣고 그 뜻을 [모두] 알았다고 한다.[9]

그는 어린 나이에 이름을 떨치고 홀로 여러 나라를 누비며, 천문 지리 예언 도술 등을 두루 알아 갖추지 않은 것이 없었다. 그에게는 친한 친구가 세 사람 있었는데, 한결같이 뛰어난 사람들이었다.

그들은 서로 의논하여 말하였다. "마음을 밝히는 천하의 이치와 깨달아야 할 깊은 도리를 우리들은 모두 통달하였다. 앞으로는 무엇을 하면서 즐길 것인가? 사랑을 쫓아 욕망을 다하는 것이 일생의 가장 큰 기쁨일 것이다. 그러나 왕족이 아닌 바라문이나 수행자의 힘으로 어떻게 그런 기쁨을 얻을 것인가? 오직 은신술이 있어 그런 즐거움을 갖추게 할 수 있을 것이다." 이에 네 사람은 서로 바라보았는데 누구도 반대하는 자가 없었다.

그들은 함께 은신술사에게 나아가 은신법을 배우고자 하였다. 그 은신술사는 마음속으로 생각했다. '이 네 사람의 바라문은 일세에 이름을 떨치고 여러 대중들을 하찮게 생각한다. 지금은 은신술 때문에 굴욕을 참으며 나에게로 온 것이다. 절세의 수재들인 이 바라문들이 알지 못하는 것은 오직 이 천박한 은신술뿐이다. 만약 내가 이를 가르쳐 준다면 그들은 나를 버리고 다시는 굴복하지 않을 것이다. 우선 약을 주어 사용하도록 하고, [처방을] 알려주지 않는다면, 약이 떨어지면 반드시 돌아와 영원토록 나를 스승으로 섬길 것이다.'

그리하여 그는 푸른색 약을 각각 한 알씩 주고 이렇게 말했다. "그대들은 조용한 곳으로 가서 이 약을 물에 녹여 눈꺼풀에 발라라. 그러면 몸이 감추어져서 아무도 보지 못하게 될 것이다." 용수는 약을 물에

---

9) 네 종류의 베다 경전이란 『리그 베다』, 『사마 베다』, 『야주르 베다』, 『아타르바 베다』를 말한다.

녹일 때 그 냄새를 맡고서, 그 성분의 종류와 분량이 어느 정도인지 모두 알았는데, 조금도 착오가 없었다. 그는 약을 준 스승에게 돌아와서 그가 얻은 약의 성분 70종류와 분량을 말했는데, 모두 처방과 다름이 없었다. 스승은 [놀라서] 물었다. "그대는 어떻게 그것을 알았는가?"

[용수가] 답했다. "약에는 자신만의 [독특한] 냄새가 있는데, 어찌 모르겠습니까?" 스승은 탄복하여 이렇게 생각했다. '이렇게 뛰어난 사람은 듣기도 어려우니, 만나기는 더욱 어려울 것이다. 어찌 나의 천박한 은신술을 아끼겠는가?' [스승이] 즉시 은신술을 전하니 네 사람은 모두 은신술을 터득하여, 자유롭게 왕궁에 들어가 궁중의 미인들을 모두 범하게 되었다. 백 일이 지나자 궁중의 미인들 가운데 회임懷妊한 사람이 생기게 되었다. [미인들은] 두려워 왕에게 고하고 죄를 용서하도록 간청하였다.

왕은 매우 불쾌하게 [생각하였다]. '어찌 이렇게 상서롭지 못하고 괴이한 일이 있는가?' [왕은] 지혜로운 신하들을 불러 이 일을 의논하였다. 그때 한 늙은 신하가 말하였다. "대체로 이런 일에는 두 종류가 있습니다. 하나는 귀신이 현혹하는 것이고, 다른 하나는 방술方術을 쓰는 것입니다. [그러니] 가는 모래를 모든 성문의 안쪽에 뿌려두고, 그것을 지키도록 하여 돌아다니는 자를 알아내면 됩니다. 만약 그것이 방술을 쓰는 자라면, 발자국이 남을 것이니, 병사들을 시켜 죽이면 됩니다. 만약 그것이 귀신이 현혹하는 것이라면, 발자국이 없을 것이니, [그때는] 주술을 사용하여 없애는 것이 좋을 것입니다."

[왕은] 문지기에게 그대로 준비하도록 명령하여 시험해 보았다. [과연 문지기는] 네 사람의 발자국을 발견하여 이를 왕에게 알렸다. 왕은 역사力士 수백 명을 거느리고 궁으로 들어와서, 문을 모두 닫아걸고 역사들로 하여금 칼을 휘둘러 허공을 베도록 하니, 즉시 [용수의 친구] 세 사람

은 죽고 말았다. 오직 용수만이 왕의 머리 근처에 몸을 움츠리고 숨을 죽이고 있었는데, 왕의 머리 근처 7척 안에는 칼이 이르지 않았다.

이때 그는 비로소 깨달았다. '욕망은 고통의 근본이고, 모든 재앙의 뿌리이다. 덕이 무너지고 몸이 위태로운 것은 모두 이 [욕망]에 말미암은 것이다.' 그는 즉시 맹세하였다. '만일 내가 여기서 벗어난다면, 마땅히 사문沙門에게 나아가 출가의 법을 받으리라.' [용수는] 위기에서 벗어나자 곧 산으로 들어가서, 불탑으로 나아가 출가하고 수계하였다. [그는] 90일 만에 삼장三藏을 모두 읽고 다른 경전을 찾았으나, 어디서도 찾지 못하였다. 그리하여 그는 설산으로 들어갔는데, 산 속에는 탑이 하나 있고 탑 속에는 한 노비구가 있어 그에게 대승경전을 전해 주었다.

[용수는 그것을] 즐겨 암송하여 그 진실한 뜻을 알았지만, 아직 완전히 통달하지는 못했다. 그리하여 여러 나라를 돌며 세상에서 [대승경전을] 두루 구하였으나 얻지 못하였다. [그러는 동안] 그는 외도의 논사나 사문들이 주장하는 교의를 모두 깨뜨리고 굴복시켰다. 그때 한 외도의 제자가 용수에게 말했다. "스승은 일체지자一切智者인데 지금은 불제자佛弟子가 되어 있습니다. 제자의 길이란 부족한 것을 물어서 계승하는 것입니다. 당신은 아직도 부족한 것이 있습니까? 부족한 것이 한 가지라도 있다면 당신은 일체지자가 아닙니다."

용수는 할 말을 잃고 부끄럽게 생각하였다. [그는] 즉시 교만한 마음을 일으켜 이렇게 생각했다. '세상의 가르침 중에는 나아갈 길이 매우 많다. 불경佛經은 그 이치가 미묘하지만, 이치를 가지고 [자세히] 따져 보면 미진한 부분이 있다. [그러니] 미진한 것은 추리를 가지고 자세히 설명하여, 후학들로 하여금 깨닫도록 하여 도리에 어긋나지 않도록 하고, 하는 일에 잘못이 없도록 한다면 여기에 무슨 허물이 있겠는가?'

그는 이렇게 생각하고는 즉시 그렇게 행하고자 하였다. [그는] 스승이 주는 가르침과 계율을 세우고, 의복을 새로 만들어 불법佛法에 부속시켰는데 [거기에] 조금 차이를 두었다. 그리고는 '사람들의 [잘못된] 욕망을 없애고, 아직 계를 받지 않은 사람들에게 가르침을 보여주자. 날을 정하고 시간을 정하여 [계를] 주자. 제자에게 일러서 새로운 계를 받도록 하고, 새로운 옷을 입도록 하자' 라고 생각하였다.

[어느 날] 그는 홀로 조용한 곳에 있는 수정으로 만들어진 방 속에 있었다. 대룡大龍보살이 이를 보고 안타깝게 생각하여, 즉시 그를 데리고 바다 속에 있는 궁전으로 들어가, 칠보七寶로 만들어진 창고를 열고, 칠보로 만들어진 아름다운 상자를 꺼내어, 여러 방등方等의 심오한 경전과 한량없는 묘법妙法을 그에게 전하였다. 용수는 그것을 받아서 90일 동안 읽고 많은 것을 이해하게 되었다. 그의 마음은 [경전의 가르침에] 깊이 들어가 귀한 이익을 체득하였다.

용은 그의 마음을 알고 이렇게 물었다. "경전을 모두 읽었습니까. 아니면 아직 모두 읽지 못했습니까?" [용수가] 답했다. "그대의 상자 속에 있는 경전은 무량하여 다함이 없습니다. 내가 읽은 경전은 이미 인도에 있는 것의 열 배나 됩니다." 용이 말했다. "우리 궁전에 있는 경전은 여러 곳에 다시 이만큼의 [경전이] 있어서 모두 헤아릴 수가 없습니다."

[그러던 어느날] 용수는 여러 경전에서 한 가지 [공통된 가르침의] 모습을 깨닫고, 무생無生의 이인二忍에[10] 깊이 들어가 구족하였다. 그러자 용은 용수를 남인도로 돌려보냈다. [용수는 그곳에서] 불법을 널리 펴고, 외도를 복종시키고, 대승의 가르침을 널리 알리고, 10만 송으로 되어 있는 우바제사優波提舍를[11] 짓고, 또 『장엄불도론』莊嚴佛道論 5천 송

10) 무생법인無生法忍이란 모든 사물이 불생不生인 것을 아는 지혜이다. 이것이 두 종류라고 하는 것은 인공人空과 법공法空을 말하는 것으로 생각된다.

11) 우바제사란 해설서를 말한다.

을 짓고, 『대자방편론』大慈方便論 5천 송, 『중송』 5백 송을 지어서 대승의 가르침이 인도에 널리 행해지도록 하였다. 또 『무외론』無畏論 10만 송을 지었는데, 『중송』이 그속에 나온다.

그때 주술을 잘 아는 한 바라문이 있었는데, 능통한 주술을 가지고 용수와 겨루어 이길 생각으로 인도의 국왕에게 말했다. "저는 저 비구를 복종시킬 수가 있습니다. 왕께서는 시험해 보십시오." 왕이 말했다. "그대는 매우 어리석구나. 저 보살은 총명함이 해나 달과 같고, 청정하고 빛나는 지혜는 성자의 마음과 비교할 정도인데, 그대는 어찌하여 불손하게 감히 존경하려고 하지 않는가?" 바라문이 말했다. "왕께서는 지혜로운 분이신데, 어찌 이치로써 시험하여 그가 굴복하는 것을 보려고 하지 않으십니까?"

왕은 그 말이 옳다고 생각하여 용수를 청하였다. "이른 아침에 어전御殿에 함께 오릅시다." 잠시 후에 어전 앞에 나타난 바라문은 주술로써 넓고 크고 맑은 연못을 만들고, 다시 그 속에 천 개의 잎을 가진 연꽃을 피우고, 그 위에 올라 앉아 용수에게 과시하였다. "그대는 땅에 앉아 있으니 축생과 다를 것이 없다. 그런데도 청정한 연꽃 위에 앉아 있는 큰 덕과 지혜를 갖춘 나와 논의를 하여 겨루고자 하는구나."

그러자 용수 또한 주술을 사용하여 여섯 개의 어금니가 있는 흰 코끼리를 만들어 [올라타고] 연못으로 갔다. [그는] 연꽃으로 만들어진 자리로 나아가 코끼리의 코로 [바라문을] 감아서 높이 들어 올려 땅에 던져 버렸다. 허리를 다친 바라문은 머리를 숙여 용수에게 귀명하였다. "저는 스스로 분수를 모르고 대사大師를 욕되게 하였습니다. 원컨대 저를 불쌍히 여겨 저의 어리석음을 일깨워 주십시오."

그때 남인도의 왕은 여러 나라를 지배하고 있었는데, 삿된 가르침을 신봉하였으므로 불교를 따르는 비구는 한 사람도 볼 수 없었다. 또한 멀리 있거나 가까이 있는 나라의 모든 사람들도 그 삿된 가르침을 따르게 되었다. 용수는 이렇게 생각하였다. '나무는 뿌리를 치지 않으면 가지가 기울지 않는다. 그와 마찬가지로 왕을 교화하지 않으면 [올바른] 도道는 행해지지 못할 것이다.'

그런데 그 나라를 다스리는 법에 따르면 왕가에서 돈을 내어 사람을 고용하여 호위를 맡겼다. 용수는 모집에 응모하여 장수가 되어 창을 쥐고 앞에서 말을 몰며 행렬을 정비하고 대오隊伍를 바로잡았다. 대오는 [다소] 굽어 있고 위용은 엄하지 않았지만 명령은 행해졌으며, 법은 분명하지 않았지만 사람들이 따랐다.

왕은 이를 매우 기쁘게 생각하여 그가 누구인지 물었다. 시자가 답하여 말했다. "저 사람은 [병사 모집에] 응모하였는데, 녹봉祿俸으로 주는 쌀을 받지 않고 돈을 받지도 않습니다. 그러나 일이 있으면 공손하고 삼가 받들어 행합니다. 아름다운 습관이 이와 같지만, 그가 무엇을 구하고 무엇을 바라는지 그 뜻을 알지는 못합니다."

그러자 왕이 [용수를] 불러서 물었다. "그대는 누구인가?" 용수가 답했다. "저는 일체지자一切智者입니다." 왕이 크게 놀라서 다시 물었다. "일체지자란 세상에 매우 드물어 [오직] 한 사람이 있을 뿐이다. 그대는 스스로 자신이 [일체지자]라고 하지만 무엇으로 그것을 증명하겠는가?" 용수가 답했다. "지혜가 있는지 알고 싶으면 왕은 마땅히 물어 보십시오."

왕은 이렇게 생각하였다. '내가 지식 있는 사람이나 위대한 논의를 하는 스승이 되어서, 그에게 질문하여 굴복시킨다고 해도 이는 대단한 일이 아니다. 그러나 [그에게 질문하여] 대적할 수 없다면, 이것도 작은 일이 아니다. 또한 내가 묻지 않는다면, 이것도 그에게 굴복하는 일이 될 것이다.' [그리하여 왕은] 잠시 망설이다가 하는 수 없이 이렇게 물었다. "천신들은 지금 무엇을 하고 있는가?"

용수가 답했다. "천신들은 지금 아수라들과 싸우고 있습니다." 이 말을 들은 왕은 목이 메여 토할 수도 없고, 삼킬 수도 없는 사람처럼 되었다. 그 말을 부정하려고 해도 증명할 수가 없었고, 그 말을 긍정하려고 해도 분명하지가 않았다. 왕이 아무 말도 하지 못할 때에 용수가 다시 말했다. "이것은 논쟁에서 이기기 위한 공허한 논의가 아닙니다. 왕이여, 잠시 기다려 주십시오. 잠시 후에 증거가 나타날 것입니다."

용수가 말을 마치자 허공에서 방패와 창 등의 병기兵器가 나타나 서로 얽히어 떨어졌다. 왕이 말했다. "방패와 창 등은 싸우기 위한 무기이지만, 그대는 어떻게 이것이 천신과 아수라의 싸움이라는 것을 알 수 있는가?" 용수가 말했다. "이 일을 이해하지 못하고 허언虛言이라고 생각한다면, 실제로 벌어지는 일을 보는 것이 좋을 것입니다."

그가 말을 마치자 아수라의 손과 발, 손가락과 귀와 코 등이 공중에서 떨어졌다. [용수는 다시] 허공을 깨끗하게 하여 왕과 신하, 대중과 바라문 등에게 [천신과 아수라의] 양 진영이 대치하고 있는 모습을 보도록 하였다. 왕은 마침내 수긍하고 용수의 가르침을 받아들이게 되었다. 그때 어전 위에는 일만 명의 바라문이 있었는데, 모두 머리를 깎고 구족계를 받았다.

그때 한 소승의 법사가 있었는데 항상 [용수에게] 원한을 품고 있었다. 용수가 이 세상을 떠나려고 할 때에 [용수는 그 소승 법사에게] 물었다. "그대는 내가 이 세상에 오래도록 머물기를 바라지 않는가?" [소승 법사가] 답하여 말했다. "실은 그렇게 바라지 않습니다." [그러자 용수는] 조용한 방으로 들어가 며칠이 지나도록 나오지 않았다. 제자가 문을 부수고 들여다보니, [용수는] 매미가 허물을 벗은 것처럼 죽어 있었다.

용수가 세상을 떠난 이래 지금까지 무려 백 년이 지났지만, 남인도의 여러 나라에서는 그를 위해 사당을 세우고 마치 부처님처럼 그를 받들고 있다. 그의 어머니가 아르주나라고 하는 나무 아래에서 낳았기 때문에 [그를] 아르주나라고 부른다. 또한 용龍이 그의 도道를 완성시켰으므로 '용'龍이라는 글자를 넣었다. 그런 이유로 그의 이름을 용수龍樹라고 부르는 것이다.

제2장
부파불교의 법유론

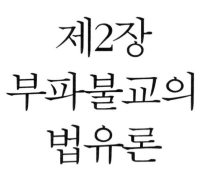

제2장 부파불교의 법유론

1. 법유론의 의미와 동기

1) 법유론의 의미

(1) 법의 의미

법은 dharma의 번역어이다. dharma의 어근은 √dhṛ인데, 그것은 '유지하다, 지탱하다, 견디다' 등의 의미를 가지고 있다.[12] 그러므로 √dhṛ의 명사형인 '법'dharma의 근본 의미는 '유지하는 것, 지탱하는 것'이다. 그런데 우주와 사회를 유지하고 지탱하는 것은 우주적이거나 사회적인 '법칙, 규범, 이법'이다. 그리하여 법은 우주적이거나 사회적인 '법칙, 규범, 이법'이라는 의미를 지니게 되었다.[13]

불교 이전의 인도 사상에서 법은 일반적으로 사회와 도덕을 '유지하고 지탱하는 것', 즉 '행위의 규범, 예로부터의 관례' 등의 의미로 사

---

12) A.A. Macdonell(1954), *A Practical Sanskrit Dictionary*, p. 133.
13) 中村元 저, 남수영 옮김(2010), 『용수의 중관사상』, 73쪽.

용되었다. 그러나 행위의 규범이라고 해도 좋은 규범이 아니라면, 인간의 행위 규범으로서 채택되지 않을 것이고, 예로부터의 관례라고 해도 마찬가지로 좋은 관례이기 때문에 관례로서 존중되는 것이다. 그리하여 법은 다시 '선'善이라는 의미를 지니게 되었다. 이 경우에 '악'惡은 비법(非法, adharma)이라고 하여 법에 포함되지 않는다. 또한 '행위의 규칙'이라는 점에서 인간이 행해야 할 '의무'를 법이라고 말하고, 특히 불교 이전에는 제사의 의무를 법으로서 중시하였다.[14]

불교는 이와 같은 법의 전통적 의미들을 대부분 받아들였지만, 거기에 다른 의미를 부여하기도 했다. 불타는 『상윳타 니카야』에서 이렇게 말한다.

> 비구들이여, [나는] 그대들에게 연기緣起와 연이생緣已生의 법을 설하고자 한다. 그것을 듣고 잘 생각하여라.[15]

이처럼 불타는 연기와 연이생의 사물을 모두 법이라고 불렀다. 이로부터 불타는 법을 '연기와 연이생의 사물'이라는 의미로 사용하였음을 알 수 있다. 그는 같은 경전에서 연기에 대하여 이렇게 말한다.

> 비구들이여, 연기란 무엇인가? 비구들이여, 생에 연해서 노사가 있다. 여래가 [세상에] 나오든 나오지 않든, 그 원리는 법으로서 머무는 것(=法住性)이고, 법으로서 결정되어 있는 것(=法決定性)이고, 이것을 연으로 하는 것(=此緣性)이다. 여래는 그것을 깨닫고, [그것을] 안다. [그것을] 깨

---

14) 平川彰(1977), 「原始佛教における法の意味」, 5쪽.
15) 2. Paticcasamuppādañca vo bhikkhave desissāmi paṭiccasamuppanne ca dhamme/ taṁ sununātha sādhukaṁ manasikarotha bhāsissāmīti// SN. II, p. 25.

닫고 알아서, 가르치고, 선포하고, 자세히 설하고, 열어 보이고, 분별해서 밝게 하고, [그렇게 해서] '너희들은 보라'고 말한다.

비구들이여, 생에 연해서 노사가 있다. 비구들이여, 유有에 연해서 생生이 있다. …… (이하 取와 有, 愛와 取, 受와 愛, 觸과 受, 6處와 觸, 名色과 6處, 識과 名色, 行과 識에 대해서 동일하게 말한다). …… 비구들이여, 무명에 연해서 행이 있다. 여래가 [세상에] 나오든 나오지 않든 그것은 정해져 있다. [그것은] 법으로서 정해져 있는 것이고, 법으로서 결정되어 있는 것이고, 이것을 연으로 하는 것이다. 여래는 그것을 깨닫고, [그것을] 안다. [그것을] 깨닫고 알아서, 가르치고, 선포하고, 자세히 설하고, 열어 보이고, 분별해서 밝게 하고, [그렇게 해서] '너희들은 보라'고 말한다.

비구들이여, 무명에 연해서 행이 있다. 비구들이여, 이처럼 여기에서 그 [진실]과 같은 것(=眞如, tathatā), 허망하지 않은 것avitathatā, 오류가 없는 것anaññathatā, 이것을 연으로 하는 것(=此緣性, idappaccayatā), 비구들이여, 그것을 연기라고 한다.[16)]

즉 연기는 '무명, 행, 식 등의 여러 사물이 연에 의해서 발생하는 것'을 의미하며, 그와 같은 연기의 법칙은 진실하고 오류가 없는 것으로서, 여래가 세상에 출현하든 출현하지 않든 불변의 법칙으로서 결정되어서 머물

---

16) 3. Katamo ca bhikkhave paṭiccasamuppādo// Jātipaccayā bhikkhave jarāmaraṅam uppādā vā Tathāgatānam anuppādā vā Tathāgatānaṁ// ṭhitā va sā dhātu dhammaṭṭhitatā dhammaniyāmatā idappaccayatā// // Taṁ Tathāgato abhisambujjhati abhisameti// abhisambujjhitvā abhisametvā ācikkhati deseti paññāpeti paṭṭhapeti virarati vibhajati uttānīkaroti passathāti cāha//

4. Jātipaccayā bhikkhave jarāmaraṇaṁ// bhavapaccayā bhikkhave jāti// ... avijjāpaccayā bhikkhave saṅkhārā uppādā vā Tathāgatānaṁ anuppāda vā Tathāgatānaṁ// ṭhitā va sā dhātu dhammaṭṭhitatā dhammaniyāmatā idappaccayatā// taṁ Tathāgato abhisaMvbujjhati abhisameti// abhisaṁvbujjhitvā abhisametvā ācikkhati deseti paññāpeti paṭṭhapeti vivarati vibhajati uttānīkaroti passathāti cāha//

5. Avijjāpaccayā bhikkhave saṅkhārā// Iti kho bhikkhave yā tatra tathatā avitathatā anaññatha tā idappaccayatā// ayaṁ vuccati bhikkhave paṭiccasamuppādo// SN. II, p. 25-26.

고 있다는 것이다. 여기서 불타는 연기를 현상계의 여러 사물들을 발생하도록 하는 우주적인 법칙으로 간주하고 있기 때문에, 연기를 법이라고 부른 것은 법의 근본적인 의미에서 크게 벗어나지 않는 것을 알 수 있다. 그런데 불타는 같은 경전에서 계속해서 이렇게 같이 말한다.

> 비구들이여, 연이생緣已生의 법이란 무엇인가? 비구들이여, 노사는 무상한 것이고, 유위인 것이고, 연이생인 것이고, 부서지는 법이고, 사라지는 법이고, 이욕離欲의 법이고, 소멸하는 법이다.[17)]

위의 인용문에서 연이생의 법, 즉 '연에 의해서 발생한 법'은 일종의 현상적인 사물들이기 때문에 연기처럼 법칙이라고 말하기는 힘들다. 그런데 불타는 연이생법들을 '무상한 것이고, 만들어진 것이고, 연에 의해서 발생한 것이고, 부서지고 사라지는 것이고, 탐욕을 떠나야 하는 것이고, 소멸하는 것'이라고 말하고 있다. 이와 같은 언급으로부터 그가 연이생의 사물들을 법이라고 부른 이유는 다음과 같이 이해할 수 있다.

즉 연기가 진실하고 오류가 없는 법칙인 것처럼, 연기의 법칙에 의해서 발생한 사물들도 그와 유사한 법칙성을 가진다. 즉 연이생의 사물은 무상이고, 유위이고, 생멸하는 것이기 때문에, 한 찰나도 동일한 상태에 머물러 있지 않지만, 바로 그런 점에서 무상성, 유위성, 생멸성 등과 같은 '불변의 법칙성'을 지닌다. 그런 점에서 연이생의 사물은 무상성 등의 법칙성과 진리성을 '유지하고 지탱하는 것'이라고 생각할 수 있다. 따라서 연이생의 사물도 법이라고 부를 수 있다는 것이다.[18)]

---

17) 6. Katame ca bhikkhave, paṭiccasamuppannā dhammā? Jarāmaraṇaṃ bhikkhave, aniccaṃ saṅkhataṃ paṭiccasamuppannaṃ, khayadhammaṃ vayadhammaṃ virāgadhammaṃ nirodh adhammaṃ. SN. II, p. 26.

18) 平川彰(1977), 「原始佛教における法の意味」, 32쪽.

불교 이전에 법의 의미는 일종의 사회적이거나 우주적인 법칙과 같은 것이었다. 그러나 불타는 연기의 법칙에 의해서 발생한 연이생의 사물도 무상성, 유위성, 생멸성 등과 같은 우주적인 법칙을 지니는 것으로 간주하여 법이라고 불렀다. 이로부터 불타는 기존의 법의 의미에 새로운 의미를 부가하였음을 알 수 있다. 그러므로 불타가 사용한 법의 의미는 모두 '연기의 법칙'과 '연이생의 사물'이라는 두 가지 의미 속에 포함될 수 있음을 알 수 있다.

한편 부파불교의 논사들은 법을 '원인과 결과'라는 의미로 사용하였다. 그와 같은 법의 의미는 불타가 제시한 법의 의미를 새롭게 해석함으로써 성립하였다. 『대비바사론』과 『구사론』 그리고 『청정도론』 등 설일체유부와 상좌부의 논서들은 연기와 연이생의 법을 이렇게 설명한다.

> 존자 세우世友는 다음과 같이 말한다. 만약 법이 원인이라면 연기인 법이라고 말한다. 만약 법이 원인을 가진다면 연이생인 법이라고 말한다.[19)]
>
> 여기서 연기는 원인이고, 연이생은 결과라고 알아야 한다.[20)]
>
> 다음에 이것을 간략하게 설명하면 다음과 같다. 연緣인 법들을 연기[의 법이]라고 알아야 한다. 각각의 연에 의해서 발생한 법들을 연이생緣已生의 법이라고 알아야 한다.[21)]

---

19) 尊者世友作如是說. 若法是因名緣起法. 若法有因名緣已生法. 『대비바사론』 제23권, 대정 제27권 118쪽 중.

20) Heturatra samutpādaḥ samutpannaṁ phalam matam. Akb. III-28, p. 136(9). 『구사론』 제9권, 대정 제29권 49쪽 하.

21) Ayaṁ pan'ettha saṅkhepo : Paṭiccasamuppādo ti paccayadhammā veditabbā; paṭiccasamupannā dhammā ti tehi tehi paccayehi nibbattadhammā. VM, XVII, 4, p. 440.

이처럼 설일체유부와 상좌부의 논서들은 연기인 법을 '원인', 연이생의 법을 '결과'라고 해석한다. 그 중에서 '연이생의 법'이란 여러 연에 의해서 발생한 결과로서의 사물을 의미하기 때문에, 그것을 '결과'라고 해석한 것은 이해하기가 어렵지 않다. 한편 연기를 '원인'이라고 해석한 이유는 다음과 같이 설명할 수 있다.

불타의 연기설에 의하면 여러 사물은 연緣, 즉 원인에 의존해서 발생하는 것이기 때문에, 원인이 존재하지 않으면 발생이 불가능하다. 그러므로 원인은 연기가 성립하기 위한 필수조건으로서, 연기를 가능하게 할 뿐 아니라, 연기의 법칙을 유지하고 지탱하는 것이다. 그런 점에서 원인은 연기와 다르지 않다는 것이다.

여기서 부파불교의 논사들은 법에 다시 '원인'이라는 의미를 새롭게 부가했음을 알 수 있다. 그러나 '연이생법'을 법칙이라고 생각하기가 힘든 것처럼, '원인'도 법칙이라고 생각하기는 힘들다. 결국 부파불교의 논사들은 법을 원인과 결과라고 해석함으로써, '법칙'이라는 법의 근본 의미를 약화시켰고, 이로부터 부파불교에서 법은 그것의 근본적인 의미와 함께 일종의 사물을 가리키는 용어로 사용하게 되었다.

불음은 『담마상가니』*Dhammasaṅgaṇi*에 대한 자신의 주석서인 『앗타살리니』*Aṭṭhasālinī*에서 법에는 성전(聖典, pariyatti), 원인hetu, 덕(德, guṇa), 사물(事物, nissatta-nijjīvatā)의 네 가지 의미가 있다고 말하고 있다.[22] 또 그는 『디가 니카야』에 대한 자신의 주석서인 『수망갈라 비살리니』*Sumaṅgala-vilāsinī*에서는 원인을 빼고 교설을 넣어서 덕, 교설(教說, desanā), 성전, 사물의 네 가지를 법의 의미로 제시했다.[23] 그러므로 불음은 법이 크게 ①성전, ②교설, ③원인, ④속성, ⑤사물이라는 다섯 가지

22) Dhammasaddo panāyam pariyattihetuguṇanisattanijjīvatādīsu dissati. As, 92, p. 38.
23) Tattha guṇe, desanāyaṁ, pariyattiyaṁ, nisatte ti evamādisu dhammasaddo vattati. SV, I, p. 99.

의미를 지니고 있다고 생각하였음을 알 수 있다.

그중에서 ①성전과 ②교설이 법이라고 생각되는 이유는 그것들이 우주와 사회를 유지하고 지탱하는 법칙, 규범, 이법을 담고 있기 때문이다. ④속성이 법이라고 생각되는 이유는 속성이야말로 어떤 사물을 그런 모습으로 있도록 유지하고 지탱하는 것이라고 생각되기 때문이다. ③원인과 ⑤사물은 앞에서 언급한 원인과 결과에 해당한다.

이처럼 부파불교의 논사들은 법을 그것의 본래 의미와 함께 특히 '원인과 결과'의 의미로 사용하였지만, 그중에서도 더욱 중요한 것으로 간주되었던 것은 원인이었고, 그중에서도 더욱 중요한 것으로 간주되었던 것은 '궁극적 원인'으로서의 법이었다. 왜냐하면 불타의 근본 가르침인 연기설에 따라 생각할 때, 궁극적인 원인은 번뇌와 해탈 등 모든 사물의 발생을 설명하는 가장 중요한 요소이기 때문이다.

그러므로 그들은 궁극적 원인으로서의 법을 중요한 탐구 대상으로 삼았고, 특히 설일체유부의 논사들은 궁극적 원인인 여러 법들이 '고정불변의 독자적인 실체나 속성'인 자성自性과 자상自相을 가지고 있다고 생각하였다.

(2) 실법과 가법의 탐구

부파불교의 논사들은 현상적 사물들의 궁극적 원인을 실유實有나 실법實法으로 부르고, 그 결과를 가유假有나 가법假法으로 부르면서, 그 둘을 구분하고 그에 대하여 탐구하였다. 여기서 실유dravya-sat와 실법dravya-dharma이란 각각 '실체 혹은 실재로서의 존재'와 '실체 혹은 실재로서의 법'을 의미하고, 가유prajñapti-sat와 가법prajñapti-dharma이란 각각 '명칭으로서의 존재'와 '명칭으로서의 법'을 의미한다.

한편 그들은 실유와 가유를 각각 승의유(勝義有, paramārtha-sat)와 세속유(世俗有, saṁvṛti-sat)라는 용어를 사용해서 나타내기도 하였다. 그런 맥락에서 보면 실유, 실법, 승의유가 서로 동의어이고, 가유, 가법, 세속유가 서로 동의어인 셈이다. 세속유가 가유와 동일한 의미를 내포한다는 사실은 그 용어들의 문자적인 의미에서도 파악된다.

세속을 의미하는 범어 saṁvṛti는 팔리어 sammuti에서 온 것인데, sammuti는 주로 '대중적 동의, 관습, 대중적 표현, 명칭이나 말, 전승' 등을 의미하는 말이다. 따라서 세속유란 가유와 마찬가지로 '명칭으로서의 존재', 혹은 '관습으로서 승인된 존재'를 의미한다. 이로부터 saṁvṛti라는 용어는 prajñapti의 다른 표현이며, 세속유saṁvṛti-sat란 곧 가유prajñpti-sat의 다른 표현임을 알 수 있다.

한편 승의는 paramārtha의 번역이다. paramārtha란 '가장 뛰어난 의미, 목적, 대상'이라는 의미인데, 칭우(稱友, Yaśomitra)는 "승의paramārtha란 '가장 뛰어난parama 지혜의 대상artha'이다. 혹은 '가장 뛰어난parama 목적artha'이 승의이다. 일체법 중에서 탁월하기 때문에 승의의 법이다. 그래서 그것은 승의이고 또한 법이다"라고 설명하였다.[24]

그러므로 승의유paramārtha-sat란 '가장 뛰어난 지혜의 대상이 되는 존재', 혹은 '가장 뛰어난 목적이 되는 존재'를 의미한다. 실유와 실법을 승의유라고 불렀던 이유는 궁극적 원인인 실유와 실법이야말로 연기설에 따라 번뇌의 발생과 소멸을 설명할 때 가장 중요한 요소라고 생각되었기 때문이다.

현장(玄奘, 602~664)은 세친(世親, 400~480)의 『구사론』을 번역하면서 'prajñaptitas', 혹은 'prajñapti-sat' 등을 가유假有라고 번역하였다.[25] 이중에서 prajñapti는 '교육이나 정보' 등을 의미하지만, 특히 불교에

24) 吉元信行(1982), 『アビダルマ思想』, 17쪽.
25) 平川彰等 共著(1983), 『俱舍論索引』 제2부, 105쪽.

서는 '언설, 명칭' 등의 의미로 사용되는 용어이다. 따라서 문자적 의미로 보면 가유는 '명칭으로서의 존재'를 의미한다. 여러 원인에 의존해서 발생한 결과로서의 사물에 대하여 그 실체적 존재성을 부정하는 것은 불교의 오랜 전통이다.

일찍이 불타는 무아를 설명하기 위해서 중생을 여러 요소로 분석해서 고찰하는 사고를 발전시켰다. 그 대표적인 것으로서 육계六界, 사식四食, 오온五蘊, 육처六處, 십이처十二處, 십팔계十八界설 등이 있다. 육계설은 중생을 지, 수, 화, 풍, 공, 식이라는 6가지 요소로 분석하여 고찰하는 방법이고, 사식설은 중생의 성립을 단식段食, 촉식觸食, 사식思食, 식식識食이라는 4가지 음식을 통해서 양육되는 부분으로 나누어서 고찰하는 방법이다. 또 중생을 색, 수, 상, 행, 식의 5가지 요소로 나누어서 고찰하는 오온설은 불타가 가장 일반적으로 사용했던 것으로서 그의 대표적인 요소관이라고 할 수 있다. 그밖에 육처, 십이처, 십팔계설은 인식 활동을 기준으로 한 분석으로서 중생을 6근, 12처, 18계로 나누어서 고찰하는 방법이다.[26]

이와 같은 분석적인 고찰로부터 여러 요소들의 복합체인 중생이나 사물은 명칭(名稱, prajñapti)에 지나지 않는다는 사고가 나타났는데, 다음과 같은 『상윳타 니카야』와 『맛지마 니카야』의 문구들은 그와 같은 사고를 반영한다.

> 그때 악마 파순은 금강 비구니에게 머리가 서는 공포를 일으켜서, 삼매로부터 물러서도록 하기 위해서 금강 비구니에게 다가가서 말했다. "누구에 의해서 이 중생은 만들어졌고, 이 중생의 작자作者는 어디에

26) 木村泰賢 저, 박경준 역(1992), 『原始佛教思想論』, 114~115쪽.

있는가? 어디에서 중생은 태어나고, 어디로 중생은 멸하는가?" ……
그때 금강 비구니는 이는 악마 파순이라고 알고, 악마 파순에게 게송으로 답했다. "무엇 때문에 그대는 중생이라고 주장하는가? 그대는 악마의 견해를 설하는 것이다. 그것은 오직 여러 행行의 집합일 뿐, 거기에서 중생은 인식되지 않는다. 비유하자면 여러 부분이 모여서 마차라는 이름sadda이 일어나듯이, 여러 온蘊이 있음으로써 중생이라는 명칭sammuti이 있다. 일어나는 것은 고통이고, 머물고 멸해가는 것도 고통이다. 고통밖에 발생하는 것은 없고, 고통 밖에 소멸하는 것도 없다."[27)]

벗이여, 마치 목재를 연緣으로 하고, 풀을 연으로 하고, 볏짚을 연으로 하고, 진흙을 연으로 하고, 공간에 둘러 싸여서 가옥이라는 명칭saṅkhaṁ을 얻게 되는 것처럼, 벗이여, 뼈를 연으로 하고, 근육을 연으로 하고, 살을 연으로 하고, 피부를 연으로 하고, 공간이 둘러싸서 신체라는 명칭saṅkhaṁ을 얻게 된다.[28)]

위의 인용문들은 색 등의 여러 온蘊으로 이루어진 중생이나 목재 등

---

27) 2. atha kho māro pāpimā vajirāya bhikkhuniyā bhayaṁ chaMvbitatthaṁ lomahaṁsam uppādetukāmo samādhimhā cāvetukāmo yena vajirā bhikkhunī tenupasaṅkami// 3. kenāyaṁ pakato satto/ kuvam sattassa kārako/ kuvaṁ satto samuppanno/ kuvaṁ satto nirujjhatī ti// …
6. atha kho vajirā bhikkhunī/ māro ayam pāpimā iti/ viditvā māraṁ pāpimantaṁ gāthāya paccabhāsi// kinnu satto ti paccesi/ māra diṭṭhigataṁ nu te// suddhasaṅkhārapuñjo yaṁ/ nayidha sattūpalabbhati// yathā hi aṅgasaMvbārā/ hoti saddo ratho iti// evaṁ khandhesu santesu/ hoti satto ti sammuti// dukkham eva hi samvboti/ dukkhaṁ tiṭṭhati veti ca/ nāññatra dukkhā saMvboti/ nāññaṁ dukkhā nirujjhatī ti// SN. I, p. 135.

28) Seyyathā pi āvuso kaṭṭhañ ca paṭicca valliñ ca paṭicca tiṇañ ca paṭicca mattikañ ca paṭicca ākāso parivārito agārant' eva saṅkhaṁ gacchati, evam eva kho āvuso aṭṭhiṁ ca paṭicca nahāruñ ca paṭicca maṁsañ ca patīcca cammañ ca paṭicca ākāso parivārito rūpant' eva saṅkhaṁ gacchati. MN. I, p. 190.

의 여러 재료로 이루어진 가옥을 명칭에 지나지 않는다고 말하고 있다. 이처럼 여러 요소들로 이루어진 복합적인 사물을 '명칭에 지나지 않는 것'으로 간주하는 사고는 모래 더미나 숲의 비유를 통해서 이해할 수 있다.

많은 수의 모래로 이루어진 모래 더미에 그 명칭에 해당하는 실체는 없으며, 많은 수의 나무로 이루어진 숲에도 그 명칭에 해당하는 실체는 없다. 그와 마찬가지로 여러 온으로 이루어진 중생이나 수많은 기둥이나 서까래 등으로 이루어진 가옥에도 그 명칭에 해당하는 실체는 존재하지 않으며, 지, 수, 화, 풍의 4요소로 이루어진 항아리에도 항아리라는 명칭에 해당하는 실체는 존재하지 않는다. 따라서 그 모든 복합적인 사물들은 다만 명칭에 지나지 않는다는 것이다.

복합적인 사물에 대한 이와 같은 관념이 불교에서 가유, 가법, 세속유의 기본 개념을 형성한다. 즉 불교에서 가유, 즉 '명칭으로서 있는 것 prajñapti-sat'이란 주로 여러 연에 의존해서 발생한 '복합적인 사물'을 의미하는 것이다. 『구사론』은 가유를 다음과 같이 설명한다.

> 우유 등과 같이 '취합聚合인 것samudāya'을 명칭으로서 [있는 것]이라고 알아야 한다.[29]

이처럼 『구사론』은 『아함경』과 마찬가지로 여러 요소가 모여서 이루어진 '복합적인 사물'을 가유라고 말한다. 즉 여러 연에 의존해서 이루어진 복합적인 사물은 모래 더미나 숲과 마찬가지로 그 이름에 해당하는 실체를 지니지 못하므로 '명칭으로서 있는 것'이라는 것이다.

29) kṣīrādivatsamudāyaścet prajñaptitaḥ/ Akb., p. 461(15).
但有聚集是假有相. 如乳酪等. 『구사론』 제29권, 대정 제29권, 152쪽 하.

한편 현장玄奘은 『구사론』을 번역하면서 ①as, ②asty eva, ③dravya, ④dravyatas, ⑤dravyato 'sti, ⑥asty eva dravyataḥ 등을 실유라고 번역하였다.[30] 이처럼 실유라는 용어에는 as와 dravya라는 두 가지 용어가 관련되어 있다. 여기서 as는 '있다, 존재하다' 등을 의미하고, dravya란 '대상, 사물, 실체, 물질' 등을 의미한다. 그러므로 그와 같은 용어의 의미들과 관련해서 볼 때, 실유는 다음과 같은 몇 가지 의미와 관련되어 있음을 알 수 있다. 그것은 ①있는 것, ②진실로 있는 것, ③실체로서 있는 것, ④대상으로서 있는 것 등이다.

그러므로 dravya의 의미에 따라 우선 실유dravya-sat를 '대상으로서 있는 것dravyato 'sti'이라고 정의할 수 있다. 그러나 중현(衆賢, 5세기경)은 『순정리론』에서 '대상(境)이 되어 인식(覺)을 일으키는 것, 그것이 참된 존재(有)의 특징이다. 거기에는 모두 두 가지가 있다. 첫째는 실유이고 둘째는 가유이다'[31]라고 말하고 있다. 이처럼 중현은 실유뿐 아니라 가유도 '대상이 되어 인식을 일으키는 것'이라고 말하고 있기 때문에, 실유를 '대상으로서 있는 것'이라고만 정의하는 것은 다소 정확하지 못하다.[32] 그런데 『구사론』은 이렇게 말한다.

> 부분으로 나누었을 때 그에 대한 인식이 사라지면 그것은 세속유(世俗有, saṁvṛtisat)이다. 그것은 병甁과 같다. 여기서 병이 부서졌을 때 병에 대한 인식이 없어지는 것과 같다. 또 여기서 인식을 가지고 어떤 법으로부터 다른 [법]을 배제排除함으로써 그에 대한 인식이 사라지면, 그것 역시 세속유라고 알아야 한다. 그것은 물(水)과 같다. 여기서 인식

30) 平川彰等 共著(1983), 『俱舍論索引』 제2부, 194쪽.

31) 爲境生覺是眞有相. 此總有二. 一者實有二者假有. 『순정리론』 제50권, 대정 제29권, 621쪽 하.

32) 吉元信行(1987), 「三世實有說再考」, 26쪽.

을 가지고 색色 등의 법으로 분석했을 때 물의 인식이 없어지는 것과 같다. 그것들은 실로 세속의 명칭으로 만들어진 것이다. [그러나] 세속에 의지해서 병이나 물 등이 있다고 말하는 것은 진실이고 거짓이 아니기 때문에 세속제이다.

만약 그와 다르다면 승의제(勝義諦, paramārthasatya)라고 부른다. 여기서 또 분석하거나, 인식을 가지고 다른 법을 배제하였을 때 그에 대한 인식이 있다면, 그것은 승의유(勝義有, paramārthasat)이다. 그것은 색色과 같다. 여기서 실로 극미極微에 이르도록 분석하거나, 인식을 가지고 맛(味) 등에 해당하는 사물을 배제하더라도 색의 자성自性에 대한 인식은 남아 있다. 실로 수受 등도 그렇게 생각해야 한다. 이는 승의로써 존재하기 때문에 승의제라고 부른다.[33)]

위의 인용문은 '각종으로 분석하거나 다른 법을 배제하면, 그에 대한 인식이 사라지는 사물'은 세속유이며, '각종으로 분석하거나 다른 법을 배제해도, 그에 대한 인식이 남아 있는 사물'은 승의유라고 말한

33) yasminnavayavaśo bhinne na tadbuddhirbhavat tatsaṁvṛtisat/ tadyathā ghaṭaḥ/ tatra hi kapālaśo bhinne ghaṭabuddhirna bhavati/ tatra cānyānapohya dharmān buddhyā tadbuddhirna bhavati taccāpi saṁvṛtisadveditavyam/ tadyathāmbu/ tatra hi buddhyā rūpādindharmānapohyāmbubuddhirna bhavati/ teṣveva tu saṁvṛtisaṁjñā kṛteti saṁvṛtivasāt ghaṭaścāmbu cāstīti brū vantaḥ satyamevāhurna mṛṣetyetatsaṁvṛtisatyam/
atonyathā paramārthasatyam/ tatra bhinte'pi tadbuddhirbhavatyeva/ anyadharmāpohe'pi buddhyā tat paramārthasat/ tadyathā rūpam/ tatra hi paramāṇuso bhinne vastuni rasārhanapi ca dharmānapohya buddhyā rūpasya svabhāvabuddhirbhavatyeva/ evaṁ vedanādiyo'pi draṣṭavyāḥ/ etat paramārthena bhāvāt paramārthasatyamiti/ Akb., p. 334.
論曰. 若彼物覺彼破便無. 彼物應知名世俗諦. 如甁被破爲碎凡時甁覺則無. 衣等亦爾. 又若有物以慧析除彼覺便無亦是世俗. 如水被慧析色等時水覺則無. 火等亦爾. 於彼物未破析時以世想名施設爲彼. 施設有故名爲世俗. 依世俗理說有甁等. 是實非虛名世俗諦.
若物異此名勝義諦. 謂彼物覺彼破不無及慧析餘彼覺仍有. 應知彼物名勝義諦. 如色等物碎至極微. 或以勝慧析除味等. 彼覺恒有. 受等亦然. 此眞實有故名勝義. 依勝義理說有色等. 是實非虛名勝義諦. 『구사론』 제26권, 대정 제29권, 116쪽 중.

다. 또 이 문구는 병瓶 등과 같이 부분으로 나누었을 때 그에 대한 인식이 사라지는 것은 세속유이고, 그와 다른 것은 승의유라고 말한다. 그런데 실유, 실법, 승의유와 가유, 가법, 세속유는 동의어이기 때문에 결국 가유는 '복합적인 사물'이고 실유는 '단일한 사물'임을 알 수 있다.

그러므로 이 인용문에 따라서 실유를 다시 정의해 보면, 그것은 '각종으로 분석하거나 다른 법을 배제해도, 그에 대한 인식이 남아 있는 단일한 사물'이라고 정의할 수 있다. 또 실유를 '실체로서 있는 것(dravyato 'sti)'이라고 정의할 수도 있다. 『구사론』은 실유를 다음과 같이 설명하기 때문이다.

> 무엇이 실체實體로서 [있는 것]이고, 또 무엇이 명칭으로서 [있는 것]이라고 알아야 하는가? 색色 등과 같이 '별개로 있는 사물bhāvāntara'을 실체로서 [있는 것]이라고 알아야 한다.[34]

여기서 '별개로 있는 사물'이란 곧 단일한 사물을 의미한다. 왜냐하면 단일한 사물은 복합적인 사물과는 달리 다른 사물로부터 분리되어 '별개로 존재하는 것'이기 때문이다. 이와 같은 설명 역시 실유가 더 이상 분석되지 않는 단일한 사물임을 잘 보여준다. 그러므로 이상의 자료들을 종합하면 결국 실유와 실법은 각각 '각종으로 분석하거나 다른 법을 배제해도, 그에 대한 인식이 남아 있는 단일한 실체', '각종으로 분석하거나 다른 법을 배제해도, 그에 대한 인식이 남아 있는 단일한 실체로서의 법'이라고 정의할 수 있을 것이다.

---

34) kiṁ cedaṁ dravyata iti kiṁ vā prajñaptitaḥ/ rūpādivat bhāvāntaraṁ cet dravyataḥ/ Akb, p. 461(15).
實有假有別相云何. 別有事物是實有相. 如色聲等. 『구사론』 제29권, 대정 제29권, 152쪽 하.

이처럼 부파불교의 논사들은 여러 사물을 궁극적 원인과 그로부터 발생한 결과라는 두 가지 종류로 구분하였고, 그 둘에 서로 다른 명칭과 서로 다른 존재성을 부여하고서 그에 대한 탐구에 몰두하였다. 그러나 그들의 연구 결과는 동일한 것은 아니었다. 그리하여 설일체유부는 과거, 현재, 미래의 5위 75법을 실법으로서 제시하고, 경량부는 현재의 색법과 심법 그리고 학자에 따라 수受, 상想, 사思의 세 가지 심소법을 실법으로 제시하는 등, 각자 자신들의 관점에 따라 서로 다른 실법들을 제시하였다.

(3) 실법과 실체

부파불교에서 실법은 주로 '각종으로 분석하거나 다른 법을 배제해도, 그에 대한 인식이 남아 있는 단일한 실체로서의 법'이라는 의미로 사용되었다. 그러나 실법을 그렇게 정의하면 형이상학적 실체를 부정하는 불교의 근본 교의에 어긋나는 것이 아닌가 하는 의문이 제기된다. 따라서 실법을 '실체로서의 법'이라는 의미로 사용하려면, 바이세시카학파의 실체 개념과 비교해서 그 차별성을 살펴 볼 필요가 있다.

바이세시카학파의 형이상학은 실체dravya, 속성guṇa, 작용karma, 보편sāmānya, 특수viśeṣa, 내속(內屬, samavāya)이라는 6가지 범주를 중심으로 구성되어 있으며, 혹은 그 6가지 범주에 비존재abhāva를 보태어 7가지 범주를 세우기도 한다.[35] 바이세시카학파는 이 모든 범주를 실재(實在, vastu)라고 생각한다.

그중에서도 실체는 바이세시카학파 형이상학의 중심 개념이다. 바이세시카학파에 따르면 실체는 속성과 작용을 소유하며 그들에 의해서 특징 지워진다. 개별적인 실체들은 보편이라는 범주를 통해서 특정

35) R. Puligandla, 이지수 역(1991),『인도철학』, 162쪽.

한 집단으로 통합되고 배열된다. 실체들 중 어떤 것은 단일하며, 서로 분명하게 구분되지 않는다. 그것들은 특수에 의해서 구분된다. 속성, 작용, 보편, 특수는 별개의 실재들이지만 실체를 중심으로 하고 있으며, 내속이라는 관계를 통해서 그속에서 존재한다. 그러므로 실체는 바이세시카학파의 형이상학에서 중심적인 위치를 차지하고 있다고 말하는 것이다.[36]

카나다(Kaṇāda, BC 150년경)는 실체를 '속성이나 작용을 소유하는 것, 그리고 내속인(內屬因, samavāyikāraṇa)인 것'이라고 정의했다.[37] 이런 정의에서 알 수 있듯이 바이세시카학파에서 실체는 속성과 작용의 의지처, 저장소 혹은 영속적인 근거aśraya로서 인식되었다.[38] 바이세시카학파는 지地, 수水, 화火, 풍風, 허공ākāśa, 공간dik, 시간kāla, 자아ātman, 마음manas이라는 9가지 종류의 실체를 인정하는데, 이 9가지 종류의 실체들은 모두 단일하며 영원하다고 한다.

한편 바이세시카학파는 복합적이고 영원하지 않은 실체도 인정한다. 지, 수, 화, 풍의 극미極微들로 구성된 복합적인 물질의 덩어리들이 그것이다. 따라서 바이세시카학파에서 실체는 영원한 것과 영원하지 않은 것으로 구분된다. 여기서 영원한 실체와 영원하지 않은 실체를 구분하는 기준은 단일성과 복합성이다. 즉 단일한 사물은 영원하며 복합적인 사물은 영원하지 않다. 복합적인 사물들은 부서지거나 분석됨으로써 자신의 고유한 실체를 잃어버리기 때문이다.

단일하고 영원한 실체들은 자신의 본질에 의해서, 그리고 절대적인 의미에서 독자적으로 존재한다. 그것들은 자신의 고유한 힘으로, 즉 절

---

36) Sadananda Bhaduri(1975), *Studies in Nyāya-Vaiśeṣika Metaphysics*, p. 22.
37) 그것은 작용과 속성을 갖는다. 그것은 내속인內屬因이다. 그런 것이 실체의 특징이다. VS., 1. 1. 15.
38) Sadananda Bhaduri(1975), *Studies in Nyāya-Vaiśeṣika Metaphysics*, p. 23.

대적인 의미에서 다른 모든 사물로부터 독립해서 존재한다. 한편 복합적이고 영원하지 않은 실체들은 그와 같은 절대적인 독자성을 갖지 않는다. 왜냐하면 그것들은 여러 부분들에 의존해서 존재하기 때문이다. 그러나 복합적인 사물도 그속에 내속해 있는 속성이나 작용에 대해서는 독자적인 존재이다. 따라서 실체는 항상 '독자적인 존재'라는 특성을 함축한다.[39)]

예를 들어 붉은 색을 띠고, 매끈하고, 조그만 항아리가 있을 때, 거기서 붉음, 매끈함, 작음 등은 속성이다. 그리고 항아리는 그런 속성들의 영속적인 근거, 혹은 의지처가 된다. 이때 붉음, 매끈함, 작음 등의 속성은 항아리에 의존하지만 항아리는 속성에 의존하지 않는다. 이때 속성에 의존하지 않고 독자적으로 존재하고, 속성의 의지처가 되는 항아리는 실체라고 생각된다. 그러나 항아리의 독자적 존재성은 상대적인 것이다. 항아리는 지, 수, 화, 풍의 극미로 구성된 복합적인 것이기 때문이다. 이때 항아리는 복합적이고 영원하지 않은 실체에 해당한다.

항아리를 궁극에 이르기까지 분할하면 항아리는 지, 수, 화, 풍의 극미가 된다. 그러나 지, 수, 화, 풍의 극미들은 항아리처럼 복합적인 사물이 아니며 더 이상 분석되지 않는다. 따라서 그것들은 다른 어떤 것에도 의존하지 않는 절대적으로 독자적인 존재이다. 따라서 항아리와는 달리 극미들은 영원한 실체들이다. 허공, 시간, 공간, 마음, 자아 역시 단일하고 더 이상 분석되지 않으므로 영원한 실체들이라고 생각된다.

이처럼 바이세시카학파는 '단일하고 영원한 것'과 '복합적이고 영원하지 않은 것'이라는 두 종류의 실체를 상정한다. 이 두 종류의 실체는 각각 설일체유부의 실유 및 가유와 유사하지만, 바이세시카학파가 상정하는 실체들은 모두 형이상학적인 사물임에 틀림없다. 왜냐하면

---

39) Sadananda Bhaduri(1975), ibid., p. 38~39.

그것들은 모두 속성과 작용의 근거로서 경험적 인식의 영역을 넘어서 있다고 말해지기 때문이다.

그러나 부파불교의 논사들은 그와 같이 경험적 인식의 영역을 넘어서 있는 형이상학적인 실체의 존재를 인정하지 않는다. 그것은 중현衆賢이 진실한 존재를 '대상(境)이 되어 인식(覺)을 일으키는 것'이라고 정의한 것과 동일한 맥락이다.[40] 따라서 불교는 바이세시카학파가 주장하는 두 가지 종류의 실체를 모두 부정한다.

부파불교의 논사들이 바이세시카학파가 상정하는 것과 같은 복합적이고 영원하지 않은 실체를 부정하는 방법은 가법, 가유, 세속유의 개념을 살펴보면서 이미 보았다. 즉 복합적인 사물은 각종으로 분석함으로써 그에 대한 인식이 사라지는 것으로, 모래 더미나 숲과 마찬가지로 그 이름에 해당하는 실체를 지니지 못하므로 다만 '명칭으로써 있는 것'이라는 것이다.

또한 부파불교의 논사들은 속성과 작용의 기체, 혹은 속성과 작용의 의지처라는 실체 개념을 부정함으로써 바이세시카학파의 '단일하고 영원한 실체'의 존재도 부정한다. 그들은 속성이나 작용의 배후에, 그것들로부터 독립해서 존재하는 실체는 존재하지 않는다고 주장한다.

우리들의 지식은 속성이나 작용에 한정된다. 우리는 특수한 색깔과 형태에 관련되어 있는 특수한 촉감을 인식하거나, 어떤 사물의 특수한 작용 등을 인식하지만, 속성이나 작용으로부터 독립해서 그것들의 의지처가 되는 어떤 실체도 인식하지 못한다. 따라서 속성이나 작용의 의지처가 되는 사물로서의 항아리와 같은 실체 관념은 단지 개념의 허구일 뿐이다.

---

40) 爲境生覺是眞有相. 此總有二. 一者實有二者假有. 『순정리론』 제50권, 대정 제29권, 621쪽 하.

또한 형이상학적 실체를 상정하는 것은 실용적으로도 정당화될 수 없다. 우리가 과일을 먹는다고 할 때, 그것이 의미하는 것은 그가 과일의 특별한 속성과 작용인 달콤함 등을 인식한다는 것이다. 그의 관심이 집중되는 것은 오직 이렇게 인식된 속성과 작용들이고, 그의 목적이 성취되는 것은 오직 그 속성과 작용들을 통해서이다. 그러므로 인식되지는 않지만 속성과 작용의 의지처라고 말해지는 형이상학적 실체란 다만 불필요하고 허구적인 가정일 뿐이라는 것이다.[41)]

이와 같은 방법으로 부파불교의 논사들은 바이세시카학파가 상정하는 두 가지 종류의 형이상학적 실체를 모두 부정한다. 『구사론』에서는 부파불교의 논사들과 바이세시카학파의 학자들 사이에서 벌어졌던 그와 같은 논쟁의 단편을 발견할 수 있다.

> [바이세시카:] 반드시 자아ātma[의 존재]가 승인되어야 한다. 기억記憶 등과 같은 속성의 범주가 존재하기 때문이다. 그 [속성의] 범주는 반드시 실체에 의지하는 것이기 때문이다. 또 그 [기억] 등이 다른 것에 의지한다는 것은 불합리하기 때문이다.
>
> [세친:] 아니다. 실로 그 속성의 범주라는 것은 성립하지 않는다. 우리들[의 관점]에서는 존재하는 것vidyamāna은 모두 실체dravya이다.[42)]

여기 소개된 바이세시카학파의 주장은 실체에 대한 그들의 기본 입

---

41) Sadananda Bhaduri(1975), *Studies in Nyāya-Vaiśeṣika Metaphysics*, p. 23.

42) avaśyamātmābhyupagantavyaḥ/ smṛtyādināṁ guṇapadārthatvāt tasya cārthadavaśyaṁ dravyāśrītatvāt teṣāṁ cānyāśrayāyogādīti cet/ na / na hyeṣāṁ guṇapadārthatvaṁ siddham / sarvameva no vidyamānaṁ dravyam / Akb., p. 475(22)~476(1).
必定應信我體實有. 以有念等德句義故. 德必依止實句義故. 念等依餘理不成故. 此證非理不極成故. 謂說念等德句義攝體皆非實義不極成. 許有別體皆名實故. 『구사론』 제30권, 대정 제29권 158쪽 상-중.
Th. Stcherbatsky(1976), *The Soul Theory of the Buddhists*, p. 64~65.

장을 반영한다. 즉 '기억'이라는 정신적인 속성의 존재가 인정되며, 그것은 반드시 실체에 의존하는 것이기 때문에 그 근거가 되는 자아ātman도 실체로서 존재한다고 승인해야 한다는 것이다. 그러나 세친은 이에 대해서 '존재하는 것은 모두 실체dravya'라고 주장한다. 그러므로 세친의 주장에 따르면 기억이 곧 실체이며, 기억의 의지처인 자아라는 형이상학적인 실체를 별도로 상정할 필요는 없다는 것이다.

여기서 부파불교의 논사들이 언급하는 '실체'와 바이세시카학파가 언급하는 '실체'의 차이점이 알려진다. 즉 부파불교의 논사들이 언급하는 실체는 바이세시카학파가 언급하는 실체와는 달리 속성이나 작용의 기체가 아니라 속성 그 자체이며, 인식의 영역을 넘어서 있는 형이상학적인 사물이 아니라 인식의 대상이 되는 현상적인 사물이라는 것이다.

그와 같은 부파불교의 관점은 칭우(稱友, Yaśomitra)의 『구사론소』에서도 확인된다. 칭우는 『구사론소』에서 흔히 실체dravya를 자상(自相, svalakṣaṇa)라는 용어를 통해서 주석한다. 즉 그는 '실체로서 있다'dravyato'sti를 '자상으로서 있다'svalakṣaṇato'sti라고 주석하고, '존재하는 것은 실체이다'vidyamānaṁ dravyaṁ를 '자상으로서 존재하는 것, 그것이 실체이다'yat svalakṣaṇato vidyamānaṁ tad dravyam라고 주석한다.[43] 또 그는 흔히 실체dravya를 자성(自性, svabhāva)과 동일한 의미로 사용한다. 따라서 칭우는 『구사론소』에서 실체, 자상, 자성이라는 세 용어를 동일한 의미로 사용하였음을 알 수 있다.[44]

상(相, lakṣaṇa)은 '특징, 표시, 특성, 속성' 등의 의미이므로, 자상svalakṣaṇa이란 '고유한 특징, 고유한 속성'을 의미한다. 한편 자성svabhāva의

---

43) Akv, p. 717(30). 이 대목은 바이세시카 학파의 실체를 비판하는 부분이다.
44) 加藤純章(1985), 「自性と自相」, 490~491쪽.

문자적 의미는 '독자적인 존재svo-bhāva'이지만, 그것이 정말로 의미하는 것은 자상과 마찬가지로 '고유한 특징, 고유한 속성'이다. 지地의 견성, 수水의 습성 등이 각각 지와 수 등의 자성이라고 말하는 것과 같다. 『구사론』은 이렇게 말한다.

> 거기서 또 그 [네 가지] 계(界, dhātu)들은 어떤 작용에서 뛰어나고, 어떤 자성을 가지는가 [하면], 유지維持 등의 작용에서 뛰어나다[1-12c]. 이들 지地, 수水, 화火, 풍계風界는 각각 유지, 포섭, 성숙, 증장의 작용에서 뛰어나고, 증장이란 증대와 유동流動[의 의미]라고 알아야 한다. 이것이 그것들 [사대종四大種]의 작용이다. 그런데 [그것들의] 자성은 각각 견성堅性, 습성濕性, 난성煖性, 동성動性이다[1-12d].[45]

이처럼 자상과 자성은 모두 법의 고유한 속성을 의미한다. 따라서 실체, 자상, 자성이 모두 동일한 의미로 사용되었다는 것은 속성이 곧 실체라고 말하는 것과 동일한 의미가 된다. 그러므로 부파불교의 논사들은 바이세시카학파에서 주장하는 것과 같은 인식의 영역 너머에서 속성의 의지처로써 존재하는 형이상학적인 실체를 부정하고, 인식의 대상이 되는 고유한 속성을 실체라고 생각했음을 알 수 있다.

부파불교의 논사들에 따르면 법의 고유한 속성은 바이세시카학파가 말하는 것처럼 실체에 의존하는 것이 아니라, '별개로 존재하는 것

---

45) te punarete dhātavaḥ kasmin karmaṇi saṁsiddhā kiṁsvabhāvāścetyāha dhṛtyādikarmasaṁsiddhā[1-12c]/ dhṛtisaṁgrahapaktivyūhanakarmasvete yathākramaṁ saṁsiddhāḥ pṛthivyaptejovāyudhātavaḥ/ vyūhanaṁ punarvṛddhiḥ prasarpaṇaṁ ca veditavyam/ idameṣāṁ karma / svabhāvastu yathākramaṁ/ kharasnehoṣṇateraṇāḥ//12// Akb., p. 8(15-20).
此四大種能成何業. 如其次第能成持攝熟長四業. 地界能持. 水界能攝. 火界能熟. 風界能長. 長謂增盛. 或復流引. 業用卽爾. 自性云何. 如其次第卽用堅濕煖動爲性. 地界堅性. 水界濕性. 火界煖性. 風界動性. 『구사론』 제1권, 대정 제29권, 3쪽 중.

bhāvāntara'이고 '독자적으로 존재하는 것'이다. 그런 이유로 그들은 법의 고유한 속성을 '자성(svabhāva, 독자적인 존재)'이라고도 불렀던 것이다.

그러므로 부파불교에서 '각종으로 분석하거나 다른 법을 배제해도, 그에 대한 인식이 남아 있는 단일한 실체로서의 법'이라고 하는 실법의 정의는 '각종으로 분석하거나 다른 법을 배제해도, 그에 대한 인식이 남아 있는 단일한 속성으로서의 법'이라고도 바꾸어 말하는 것도 가능함을 알 수 있다.

그런데 『구사론』은 법의 의미를 설명하면서 '그 이름에 대한 해석 nirvacana은 자상(自相, svalakṣaṇa)을 가지고 있기 때문에 법이다'[46]라고 말한다. 『구사론』이 말하는 것처럼 '자상을 가진 것이 법'이라면 '자성을 가진 것이 법'이라는 말도 가능하게 될 것이다. 자상과 자성은 동일한 의미이기 때문이다.[47]

그러나 엄밀하게 생각해 보면 그런 표현은 성립하지 않는다. 왜냐하면 부파불교의 논사들은 자성을 소유하고 있는 별도의 실체를 상정하지 않기 때문이다. 다시 말하면 부파불교에서는 자상과 자성 그 자체가 실체이고, 그것이 법과 동일한 의미로 사용되었던 것이다.[48]

그러므로 『구사론』에서 언급하는 '자상을 가지는 법'이란 곧 실법 dravya-dharma을 의미하는 것이고, 『구사론』은 '자상을 가지는 법'이라는 말을 사용하였지만, 그와 같은 표현은 다만 실법과 가법을 구분하기 위한 것임을 알 수 있다.[49]

---

46) nirvacanaṁ tu svalakṣaṇadhāraṇāddharmaḥ/ Akb., p. 2(9).
釋此名者. 能持自相故名爲法. 『구사론』 제1권, 대정 제29권, 1쪽 중.

47) 櫻部建(1954), 「玄奘譯俱舍論における體の語について」, 617~618쪽.

48) 吉元信行(1982), 『アビダルマ思想』, 113쪽.

49) 다만 자성(自性, svabhāva)은 인식자의 측면에서는 자상(自相, svalakṣaṇa)으로서 파악되므로, 자상은 인식자의 주관에 의해서 파악된 법의 자성이라고 할 수 있다. 그러므로 『구사론』에서 '자상을 가지는 것이 법'이라고 말하고 있는 것은 법을 인식자의 측면에서 설명하고자 하는 의도를 보여주는 것이라고 할 것이다. 平川彰

이상의 고찰을 토대로 법유론을 정의해 보면, 그것은 실법, 즉 '각종으로 분석하거나 다른 법을 배제해도, 그에 대한 인식이 남아 있는 단일한 실체'의 존재를 승인하는 학설이라고 말할 수 있을 것이다.

2) 법유론의 동기

앞에서 보았듯이 부파불교의 논사들은 궁극적 원인과 그로부터 발생한 결과를 구분하기 위하여, 그 둘을 서로 다른 명칭으로 부르면서 그에 대한 탐구에 몰두하였다. 여기서 불타의 무상설과 무아설 등을 진리로서 승인하는 부파불교의 학파들이 실법, 즉 '실체로서 존재하는 법'을 승인했다고 하는 것은 다소 모순적이라고 생각할 수도 있다.

그러나 부파불교의 논사들이 실법을 승인하는 과정을 보면, 그들이 법유론을 주장하면서 여러 법의 존재성과 실체성을 승인하게 되었던 동기는 무엇보다도 무인론이나 무한소급의 오류에 빠지지 않고 불타의 연기설을 설명하기 위한 것이었음을 알 수 있다.

부파불교의 논사들이 실법을 승인하는 과정은 ①연기에서 원인의 존재를 승인하는 단계, ②연기에서 궁극적인 원인의 존재를 승인하는 단계, ③연기에서 궁극적인 원인의 실체를 승인하는 단계로 나누어서 설명할 수 있다.

첫 번째 단계는 연기설과 관련되어 있다. 불타가 연기를 설명할 때 사용한 전형적인 문구는 '이것이 있을 때, 저것이 있고, 이것이 발생하기 때문에, 저것이 발생한다. 이것이 없을 때, 저것이 없고, 이것이 소멸하기 때문에, 저것이 소멸한다'[50]는 것이다. 따라서 연기설에 따르면 여러 사물들

저, 이호근 역(1994), 『인도불교의 역사』 상권, 174쪽.

50) Iti imasmiṁ sati idaṁ hoti/ imassuppāda idam uppajjati/ imasmin asati idam na hoti/ imassa nirodhā idam nirujjhati/ SN. II, p. 65.

이 존재하기 위해서는 반드시 그 이전에 그 원인이 존재해야 하며, 그렇지 않으면 사물들은 존재할 수 없다.

그것은 오온이나 부품 등의 원인이 존재할 때는 중생이나 마차 등과 같은 사물들도 존재할 수 있지만, 오온이나 부품 등의 원인이 존재하지 않을 때에는 중생이나 마차 등의 사물도 존재할 수 없는 것과 같다. 따라서 만약 연기에서 원인의 존재를 승인하지 않는다면, 현상계의 여러 사물들은 그 존재 근거를 상실하게 되어, 허공의 꽃처럼 원인 없이 나타난다고 말해야 하겠지만, 그것은 무인론無因論에 빠지는 것이다.

그러므로 여러 사물의 존재를 설명하기 위해서는 그 이전에 그 존재 근거인 원인의 존재를 먼저 승인하지 않으면 안 된다. 부파불교의 논사들은 이런 사고에 따라 연기에 의해 발생한 여러 현상적 사물들의 원인이 되는 여러 사물의 존재를 승인하게 되었다. 이것이 부파불교의 논사들이 실법을 승인하게 되는 첫 번째 단계로서 연기에서 원인의 존재를 승인하는 단계이다.

그러나 위의 예에서 마차와 바퀴는 모두 이차적인 원인에 지나지 않는다. 왜냐하면 마차가 바퀴 등의 원인에 의존해서 존재하는 복합체인 것처럼, 바퀴도 바퀴 테와 바퀴살 등을 원인으로 해서 존재하는 복합체에 지나지 않기 때문이다. 이처럼 복합체는 또 다른 복합체를 원인으로 해서 존재할 수 있다. 그럴 경우 궁극적인 원인의 존재를 승인하지 않으면, 원인의 계열은 무한소급이 되어 여러 사물의 존재를 온전하게 설명하기 힘들게 된다.

그러므로 이번에는 여러 사물들의 궁극적 원인이 되는 사물의 존재를 승인하게 된다. 이것이 실법을 승인하는 두 번째 단계로서 연기에서 궁극적인 원인의 존재를 승인하는 단계이다. 끝으로 그들이 실법, 즉 '각종으로 분석하거나 다른 법을 배제해도, 그에 대한 인식이 남아 있는 단일한 실체로서의 법'을 승인하는 마지막 단계는 다음과 같다.

부파불교의 논사들은 위와 같은 사고에 따라 여러 복합체들의 발생을 가능하게 하는 궁극적인 원인을 찾기 위하여, 불타가 사용한 분석적인 방법을 원자론적인 사고와 결합시켜서 다음과 같이 추리하였다. 어떤 수數를 아무리 나누어도 영零이 되지는 않는 것처럼, 여러 사물을 궁극에 이르기까지 분석해도 비존재가 되지는 않을 것이다. 그러므로 현상계의 여러 사물들을 궁극에 이르기까지 분석하게 되면, 더 이상 나누어지지 않는 단일체에 도달하게 될 것이다.

그 단일체가 바로 여러 사물들의 발생을 가능하게 하는 '궁극적인 원인'이다. 그와 같은 단일체는 여러 요소들로 이루어진 것이 아니므로, 더 이상 부분으로 나누거나 그로부터 다른 법을 배제할 수 없으며, 따라서 어떤 경우에도 자신의 존재를 잃어버리지 않을 것이다. 그것은 다른 원인에 의존해서 만들어진 것이 아니라, 자신의 존재를 스스로 확보하고 있기 때문에, '독자적인 존재'인 동시에 '실체적 존재'인 것이다.

이것이 바로 그들이 실법을 승인하는 마지막 단계로서 연기에서 궁극적인 원인의 실체성을 승인하는 단계이다. 이와 같은 과정의 이해로부터 부파불교의 논사들이 법유론을 주장하면서 여러 법의 실체성을 승인하게 되었던 동기는 불타의 가르침을 훼손하기 위한 것이 아니라, 오히려 무인론이나 무한소급의 오류에 빠지지 않고 불타의 연기설을 설명하기 위한 것이었음을 알 수 있게 된다.

한편 부파불교의 논사들이 자성을 승인하게 된 동기는 해탈을 설명하기 위한 것이었다고 생각된다. 불교의 궁극 목적은 일체의 번뇌와 고통을 제거하고 열반에 도달하는 것이고, 설일체유부의 궁극 목적도 그와 마찬가지이다. 그런데 그들에 따르면 번뇌와 고통으로부터 벗어나서 열반에 도달하는 길은 택법擇法, 즉 법을 올바로 구별하는 방법밖에는 없다. 그것을 『구사론』은 이렇게 말하고 있다.

> 법을 올바로 구별하는 이외에 능히 번뇌를 평정하는 더욱 뛰어난 방편은 없다. 번뇌에 의해서 세상 사람들은 윤회 전생轉生하면서 생사의 바다를 표류한다.[51)]

법을 올바로 구별함으로써 일체의 번뇌와 고통을 평정할 수 있다고 말하는 이유는, 여러 법들 중에서 실법은 번뇌와 열반 등 모든 사물들의 '궁극적인 원인'이라고 생각되기 때문이다. 즉 부파불교의 법유론에 따르면 가장 신속하게 번뇌와 고통을 제거하고 해탈에 도달할 수 있는 방법은 번뇌와 고통의 궁극적인 원인들을 파악해서 제거하고, 해탈의 궁극적인 원인들을 파악해서 그에 따라 수행하는 것이다. 그러므로 실법을 구별하는 가장 중요한 목적은 번뇌와 고통의 궁극적인 원인을 찾아내어 제거함으로써 열반을 성취하는 데 있다.

그런 이유로 부파불교의 논사들은 실법을 승의유, 즉 '가장 뛰어난 지혜의 대상이 되는 존재', 혹은 '가장 뛰어난 목적이 되는 존재'라고 불렀던 것이다. 그러나 여러 법을 올바로 구별하기 위해서는 그 법들이 자성自性, 즉 '독자적인 속성'을 지니고 있지 않으면 안 된다. 왜냐하면 여러 법에 그와 같은 자성이 없다면, 그 법들을 분명하게 구분하는 것은 불가능하기 때문이다. 여기서 부파불교의 논사들은 여러 법의 자성을 승인하게 되었던 것이다.

---

51) 若離擇法無勝方便能滅諸惑. 諸惑能令世間漂轉生死大海. 『구사론』 제1권, 대정 제29권, 1쪽 중.

2. 설일체유부의 법유론

1) 삼세실유 법체항유설

부파불교의 여러 학파들은 세부적인 내용에서는 다소 차이가 있을지라도, 대부분 실법, 즉 '실체로서의 법'을 승인하였고, 그런 점에서 그들은 대부분 법유론자라고 말할 수 있다. 그러나 그중에서도 가장 폭넓게 실법을 승인한 학파는 설일체유부였다. 왜냐하면 그들은 5온 12처 18계 및 5위 75법의 일체법을 실법이라고 승인하고, 그것들이 삼세에 걸쳐서 실체로서 존재한다고 주장하였기 때문이다. 그러므로 일찍부터 불교에서는 그들의 학설을 삼세실유 법체항유론三世實有 法體恒有論이라고 불렀다.

그들은 자신들의 학설을 두 가지 경증과 두 가지 이증을 통해서 논증한다. 그중에서 경증이란 경전에 의한 증명이라는 의미로서, 경전의 가르침을 근거로 해서 자신들의 학설을 논증하는 것이고, 이증이란 논리에 의한 증명이라는 의미로, 올바른 이치에 근거해서 자신들의 학설을 논증하는 것이다. 『구사론』은 두 가지 경증을 다음과 같이 말한다.

> [경증1]; 논해서 말한다. 삼세三世[의 일체법]은 진실로 존재한다. 그 이유는 무엇인가? 경전에서 세존께서 말씀하셨기 때문이다. 이른바 세존께서 말씀하시기를 "비구들이여, 마땅히 알라. 만일 과거의 색色이 존재하지 않는다면, 마땅히 다문多聞의 성聖제자들은 과거의 색에 대한 염오와 버림을 부지런히 닦지 못할 것이다. 과거의 색이 존재하기 때문에, 다문의 성제자들이 마땅히 과거의 색에 대한 염오와 버림을

부지런히 닦는 것이다. 만일 미래의 색이 존재하지 않는다면, 응당 다문의 성제자들이 미래의 색에 대한 기쁨과 바람을 부지런히 끊지 못할 것이다. 미래의 색이 있기 때문에 응당 다문의 성제자들이 미래의 색에 대한 기쁨과 바람을 부지런히 끊는 것이다"라고 하셨기 때문이다.[52]

[경증2]; 또 두 가지 연을 갖추어야만 비로서 식識이 생기기 때문이다. 경전에서 [부처님이] 말씀하시기를 '식은 두 가지를 연으로 해서 일어난다'고 하셨다. 그 두 가지란 무엇인가? 안眼과 색色이며, 널리 말하면 의意와 여러 법法이다. 만일 과거세와 미래세[의 일체법]이 진실로 존재하는 것이 아니라면, 능연能緣인 저 식에 마땅히 두 가지 연이 없을 것이다.[53]

즉 경증 1에서 보듯이 불타는 경전에서 제자들의 수행을 설명하면서, 과거의 색과 미래의 색이 존재한다고 설했기 때문에, 과거법과 미래법의 존재를 승인하지 않으면 안 된다는 것이다. 또한 경증 2에서 보듯이 불타는 경전에서 "인식은 두 가지를 연으로 해서 일어난다"고 설하였는데, 거기서 두 가지란 안眼과 색色으로부터 의意와 법法에 이르는 감각기관과 인식대상들이다. 그러므로 불타의 가르침에 따르면, 감각기관과 인식대상이 존재하지 않으면, 인식은 일어나지 않음을 알 수 있다.

---

52) 論曰. 三世實有. 所以者何. 由契經中世尊說故. 謂世尊說. 苾芻當知. 若過去色非有. 不應多聞聖弟子衆於過去色勤修厭捨. 以過去色是有故. 應多聞聖弟子衆於過去色勤修厭捨. 若未來色非有. 不應多聞聖弟子衆於未來色勤斷欣求. 以未來色是有故. 應多聞聖弟子衆於未來色勤斷欣求. 『구사론』 제20권, 대정 제29권, 104쪽중; 『잡아함경』, 제3권, 대정 제2권, 20쪽 상.

53) 又具二緣識乃生故. 謂契經說. 識二緣生. 其二者何. 謂眼及色. 廣說乃至意 及諸法. 若去來世非實有者. 能緣彼識應闕二緣. 『구사론』 제20권, 대정 제29권, 104쪽 중; 『잡아함경』, 제8권, 대정 제2권, 54쪽 상.

그런데 우리들에게는 과거법과 미래법에 대한 인식이 일어난다. 그럴 경우 인식의 대상인 과거법과 미래법의 존재를 승인하지 않는다면, 우리들의 인식은 원인도 없이 일어난 것이 되고, 그것은 무인론을 승인하는 것이 된다. 따라서 현재법만이 아니라, 과거법과 미래법의 존재도 승인하지 않으면 안 된다는 것이다. 한편 『구사론』은 과거법과 미래법의 존재에 대한 두 가지 이증을 다음과 같이 말한다.

> [이증1]; 인식이 일어날 때는 반드시 [인식의] 대상이 존재하기 때문이다. 이른바 반드시 대상이 존재해야 인식이 일어날 수 있으며, [대상이] 존재하지 않으면 [인식은] 일어나지 못한다는 이치가 결정되어 있다. [그러므로] 만약 과거세와 미래세의 대상의 실체가 진실로 존재하지 않는다면, 응당 '대상이 없는 인식'이 있어야 하겠지만, 대상이 존재하지 않으면 인식도 존재하지 않는다.[54)]

> [이증2]; 그리고 만약 과거가 존재하지 않는다면, 선악의 업業에 대한 미래의 결과가 어떻게 있겠는가? 결과가 나타날 때에 현재의 이숙인異熟因이 있지도 않을 것이다. 그러므로 바이바시카Vaibhāṣika, [즉 유부의 논사]들은 과거와 미래가 진실로 있다고 [말한다].[55)]

---

54) sati viṣaye vijñānaṁ pravartate/ nāsti/ yadi cātītānāgataṁ na syādasadālambanaṁ vijñānaṁ syāt/ tato vijñānameva na syādālambanābhāvāt/ Akb., p. 295(20-21).
以識起時必有境故. 謂必有境識乃得生. 無則不生. 其理決定. 若去來世境體實無. 是則應有無所緣識. 所緣無故識亦應無. 『구사론』 제20권, 대정 제29권, 104쪽 중.

55) yadi cātītaṁ na syāt śubhāśubhasya karmaṇaḥ phalamāyatyāṁ kathaṁ syāt/ na hi phalotpattikāle varttamāno vipākaheturastīti/ tasmādastyevātītānāgatamiti vaibhāṣikāḥ/ Akb., p. 295(23)~296(2).
又已謝業有當果故. 謂若實無過去體者. 善惡二業當果應無. 非果生時有現因在. 由此教理. 毘婆沙師 定立去來二世實有. 『구사론』, 제20권, 대정 제29권, 104쪽 중.

이증 1은 경증 2를 재구성한 것이기 때문에, 그 의미는 경증 2와 동일하다. 즉 우리들의 인식은 인식대상이 존재할 때에만 일어날 수 있으며, 인식대상이 존재하지 않으면 일어나지 않는다는 이치가 결정되어 있다. 그런데 우리들에게는 과거법과 미래법에 대한 인식이 일어난다. 그러므로 인식의 대상인 과거법과 미래법의 존재를 승인하지 않는다면, 우리들의 인식은 원인도 없이 일어나는 것이 되고, 그것은 무인론을 승인하는 것이 될 것이다. 따라서 과거법과 미래법의 존재를 승인하지 않으면 안 된다는 것이다.

이증 2는 업의 인과론에 따라 과거법과 미래법의 존재를 논증한 것이다. 즉 여러 업 가운데에는 현재에 즉시 결과를 발생시키지 못하고 과거로 들어간 선업과 악업이 있다. 그런데 시간의 흐름은 미래로부터 현재를 지나서 과거로 흘러간다고 생각해야 하기 때문에, 선업과 악업의 결과인 현재의 고통과 즐거움은 미래로부터 온 것이라고 생각해야 한다. 그럴 경우 과거법과 미래법의 존재를 승인하지 않는다면 업의 인과론에 모순이 일어나게 된다.

왜냐하면 미래법이 비존재라면 현재 감수하는 고통과 즐거움이 비존재로부터 발생한 것이 되고, 과거법이 비존재라면 과거로 들어간 선업과 악업이 단멸한 것이 되어 미래의 결과를 발생시킬 수 없을 것이기 때문이다. 그러나 그것은 무인론과 단멸론에 다름 아니다. 그러므로 업의 인과론을 올바르게 설명하기 위해서는 과거법과 미래법의 존재를 승인하지 않으면 안 된다는 것이다.

이로부터 설일체유부가 과거법과 미래법의 존재를 승인한 이유는 무인론이나 단멸론에 빠지지 않고 과거법과 미래법에 대한 인식과 업의 인과를 설명하기 위해서였음을 알 수 있게 된다. 그런데 『대비바사론』은 또 이렇게 말한다.

모든 법은 결정되어 복잡하고 혼란스럽지 않으며, 한결같이 자성에 머무르면서 자성을 버리지 않는다.[56]

자성을 포섭한다는 것은 때(時)와 원인(因)을 기다리지 않으면서 포섭한다는 뜻이다. 이것이 구경究竟의 포섭이다. 때를 기다리지 않는다는 것은 여러 법이 자성을 포섭하지 않는 때가 없다는 것이니, 그것(=法)은 모든 때에 자체自體를 버리지 않기 때문이다. 원인을 기다리지 않는다는 것은 여러 법이 원인이 없이도 자성을 포섭한다는 것이니, 인연을 기다리지 않으면서도 자체를 가지기 때문이다.[57]

이처럼 『대비바사론』은 여러 법이 인과 연을 기다리지 않고서, 자체(=자성)을 가지고 있어서, 항상 자성에 머무르면서 자성을 버리지 않는다고 말한다. 그렇다면 여러 법은 삼세에 걸쳐서 항상 실체로서 존재한다고 생각해야 한다. 왜냐하면 설일체유부의 법유론에서 여러 법의 자성이란 곧 여러 법의 실체를 의미하기 때문이다. 그러므로 설일체유부에서 여러 법이 삼세에 걸쳐서 자성을 포섭한다고 말하는 것은, 그 법들이 삼세에 걸쳐서 실체로서 존재한다고 말하는 것과 동일한 의미가 된다.

그러나 그와 같이 여러 법이 삼세에 걸쳐서 실체로서 존재한다면 미래와 현재와 과거를 어떻게 구분할 수 있는가 하는 의문이 제기된다. 이 문제에 대해서 『구사론』은 법구(法救, Dharmatrāta), 묘음(妙音, Ghoṣaka), 세우(世友, Vasumitra), 각천(覺天, Buddhadeva)의 설을 소개하는데, 설일체유

56) 諸法決定無有雜亂. 恒住自性不捨自性. 『대비바사론』 제33권, 대정 제27권, 171쪽 중.
57) 攝自性者. 不待時因而有攝義. 是究竟攝. 不待時者. 諸法無時不攝自性. 以彼一切時不捨自體故. 不待因者. 諸法無因而攝自性. 以不待因緣而有自體故. 『대비바사론』 제59권, 대정 제27권, 307쪽 상.

부는 이중에서 세우의 설을 자파의 정설로 채택하고 있다. 『구사론』은 4대 논사의 설을 차례로 소개하고 나서, 세우의 설을 다음과 같이 평가한다.

> 세 번째가 가장 뛰어나다. 위치位置의 차이라는 것이다. 그(=세우)의 말에 따르면, 시간은 작용kāritra에 의해서 구별되어진다. 그 법이 작용하지 않을 때가 미래이고, 작용할 때가 현재이고, 작용하고 나서 소멸한 것을 과거라고 한다.[58]

『구사론』에 소개되어 있는 세우의 설은 다음과 같다.

> 존자 세우世友는 위치의 다름이라고 한다. 그는 말한다. '법이 시간을 지나갈 때 각각의 위치를 획득하면 각각 다르다고 말하는데, 위치의 차이 때문이지 실체의 차이 때문에 [그렇게 말하는 것이] 아니다. 마치 주판알을 일一의 위치에 놓으면 일이라고 말하고, 백百의 위치에 놓으면 백, 천千의 위치에 놓으면 천이라고 [말하는 것과 같다].[59]

---

58) tṛtīyaḥ śobhanaḥ yo'yamavasthā'nyathikaḥ/ tasya kila/ adhvānaḥ kāritreṇa vyavasthitāḥ// 26// yadā sa dharmaḥ kāritraṁ na karoti tadā'nāgataḥ/ yadā karoti tadā pratyutpannaḥ/ yadā kṛtvā niruddhastadā'tīta iti/ Akb., p. 297(9-13).
故此四中第三最善. 以約作用位有差別. 由位不同立世有異. 彼謂諸法作用未有名爲未來. 有作用時名爲現在. 作用已滅名爲過去. 非體有殊. 『구사론』 제20권, 대정 제29권, 104쪽 하.

59) avasthā'nyathiko bhadantavasumitraḥ/ sa kilāha/ dharmo'dhvasu pravartamāno'vasthāmavasthāṁ prāpyānyo'nyo nirdiśyate avasthāntarato na dravyāntatarataḥ/ yathaikā vartikā ekāṇke nikṣiptā ekamityucyate śatāṇke śataṁ sahasrāṅke sahasramiti/ Akb., p. 296(19-22).
尊者世友作如是說. 由位不同. 三世有異. 彼謂諸法行於世時. 至位位中作異異說. 由位有別非體有異. 如運一籌置一名一. 置百名百置千名千. 『구사론』 제20권, 대정 제29권, 104쪽 하.

이처럼 세우의 학설에 따르면 과거, 현재, 미래를 구분하는 것은 법의 위치의 차이에 근거하며 법의 실체의 차이에 근거하는 것은 아니다. 즉 여러 법은 삼세에 걸쳐서 실체로서 존재하면서 변화하지 않지만, 그럴 경우에도 삼세는 구분될 수 있다. 왜냐하면 그 법이 아직 작용하지 않을 때를 미래, 작용하고 있을 때를 현재, 작용이 끝나고 소멸했을 때를 과거라고 부르기 때문이라는 것이다. 이처럼 설일체유부는 여러 법이 삼세에 걸쳐서 불변의 실체로서 존재하더라도, 작용의 변화를 통해서 삼세를 구분할 수 있다고 주장한다.

2) 설일체유부가 승인한 실법들

(1) 5온 12처 18계

설일체유부는 5온 12처 18계의 3과科 및 그것을 더욱 세분한 5위 75법의 일체법을 실법이라고 승인하고, 그것들이 삼세에 걸쳐서 실체로서 존재한다고 주장한다. 그 가운데 5온이란 색온色蘊, 수온受蘊, 상온想蘊, 행온行蘊, 식온識蘊의 다섯 가지를 말한다. 거기서 '색수상행식'은 각각 '물질, 느낌, 관념, 의지, 마음'을 의미하고, '온'蘊이란 '적취'의 의미한다. 그러므로 5온이란 육신과 마음 등 중생을 구성하는 5가지 종류의 덩어리를 의미한다.

12처란 안근眼根, 이근耳根, 비근鼻根, 설근舌根, 신근身根, 의근意根이라는 6근六根과 색경色境, 성경聲境, 향경香境, 미경味境, 촉경觸境, 법경法境이라는 6경六境을 말한다. 거기서 6근이란 안식 내지 의식의 근거가 되는 인식기관을 말하며, 6경이란 6근 각각의 인식대상을 말하고, '처'란 '생문', 즉 '심법과 심소법이 발생하고 성장하는 장소'를 의미한다. 그러므로 12처란 다양한 인식이 발생하고 성장하는 6종의 인식기관과

6종의 인식대상을 의미한다.

18계十八界란 12처에 안식眼識, 이식耳識, 비식鼻識, 설식舌識, 신식身識, 의식意識이라는 6식六識을 더한 것이다. 여기서 '계'란 '종족, 요소, 성분' 등을 의미하므로, 18계란 중생을 구성하는 18종의 요소들을 의미한다.

(2) 5위 75법

가) 색법

5위 75법이란 여러 법을 색법色法, 심법心法, 심소법心所法, 심불상응행법心不相應行法, 무위법無爲法이라는 5종으로 분류하고, 다시 그것을 75종으로 세분한 것이다. 설일체유부는 이들 5위 75법을 모두 실법으로서 승인한다.

그중에서 '색법'이란 '물질적 사물을 구성하는 궁극적인 원인'을 의미한다. 왜냐하면 거기서 '색'이란 물질적 사물을 말하고, '법'이란 실법, 즉 궁극적인 원인을 의미하기 때문이다. 색과 색법의 자성은 '변애'變礙, 즉 '변화와 장애'라고 한다.

색법은 5근, 5경, 무표색의 11법으로 세분된다. 5근五根이란 안근眼根, 이근耳根, 비근鼻根, 설근舌根, 신근身根이라는 다섯 가지 물질적 인식 기관을 말하고, 5경五境이란 색경色境, 성경聲境, 향경香境, 미경味境, 촉경觸境이라는 다섯 가지 물질적 인식 대상을 말한다.

설일체유부에 의하면 색법의 최소단위는 극미이다. 그들은 극미를 가극미假極微와 실극미實極微로 구분한다. 가극미란 무방분無方分 무자상無自相의 극미로서, 유방분의 사물은 더욱 분석될 수 있다는 추론에 따라 색법을 궁극에 이르기까지 분석한 결과 가설된 극미를 말한다.

실극미는 유방분有方分 유자상有自相의 극미로, 지각 가능한 최소 단위의 색법을 말한다. 그것은 가극미가 모인 것이기 때문에 미취微聚라고도 한다.

실극미는 욕계欲界의 경우에 소리가 없고, 근根이 없을 때에는 최소한 지, 수, 화, 풍, 색, 향, 미, 촉이라는 8종류의 가극미가 함께 결집한 것이라고 한다.[60] 거기서 소리나 신근이 있을 때는 그 수가 늘어 지, 수, 화, 풍, 색, 향, 미, 촉, 신근, 성 등의 10종류의 가극미들이 함께 결집하여 발생한다고 한다. 물질적인 사물은 항상 가극미가 결집한 실극미의 상태로 존재하며, 그 실극미는 다시 7배수로 결집하여 인식 가능한 물질적인 사물을 형성한다.[61]

극미들이 결집할 때 그것들은 반드시 중앙의 극미를 중심으로 사방과 상하로 7개의 극미가 결집한 상태로 존재한다. 극미들이 결집할 때 그것들은 서로 접촉하지 않고서 결집하며, 그 결집을 유지시켜 주는 것은 풍계의 작용이라고 한다. 설일체유부에 의하면 공간에 떠도는 미세한 먼지인 극유진隙遊塵은 약 82만 개의 극미가 모인 것이라고 하는데, 극미들이 결집하여 극유진을 형성하는 과정은 다음과 같다.[62]

7극미 = 1미微 = 7극미

7미 = 1금진金塵 = 7×7=49극미

---

60) 이렇게 극미들이 결집하여 인식의 대상이 되는 최소한의 물질적인 사물이 형성될 때, 적어도 8종류의 가극미가 함께 결합해야 하는 것을 팔사구생八事俱生이라고 말한다.

61) 然許極微略有二種. 一實二假. 其相云何. 實謂極成色等自相. 於和集位. 現量所得. 假由分析. 比量所知. 謂聚色中. 以慧漸析. 至最極位. 然後於中[*]辯色聲等極微差別. 此析所至. 名假極微.『순정리론』제32권, 대정 제29권, 521쪽 하.

62) 論曰. 極微為初. 指節為後. 應知後後皆七倍增. 謂七極微為一微量. 積微至七為一金塵. 積七金塵為水塵量. 水塵積至七為一兎毛塵. 積七兎毛塵為羊毛塵量. 積羊毛塵七為一牛毛塵. 積七牛毛塵為隙遊塵量. 隙塵七為蟣. 七蟣為一虱. 七虱為穬麥. 七麥為指節. 三節為一指.『구사론』, 제12권, 대정 제29권, 62쪽 중.

7금진 = 1수진水塵 = 49×7= 343극미

7수진 = 1토모진兎毛塵 = 343×7= 2,401극미

7토모진 = 1양모진羊毛塵 = 2,401×7= 16,807극미

7양모진 = 1우모진牛毛塵 = 15,807×7= 117,649극미

7우모진 = 1극유진隙遊塵 = 117,649×7= 823,543극미

또한 설일체유부에 의하면 중생의 몸과 말을 통해서 지어진 선업이나 악업은 일종의 세력을 형성하여 과보를 맺을 때까지 상속한다. 이 업의 세력은 색법에 의해서 지어진 것이기 때문에 색법에 포함되지만, 다른 색법과는 달리 극미의 적집도 아니고, 5근의 인식 대상으로서 드러나지도 않기 때문에, 무표색無表色이라고 부른다. 그러므로 설일체유부가 실법으로 승인하는 색법은 다음과 같다.

a) 오근	①안근 ②이근 ③비근 ④설근 ⑤신근
b) 오경	①색경(色境, 20); ㄱ) 현색(12); 청, 황, 적, 백, 연기, 구름, 먼지, 안개, 그림자, 빛(光), 밝음(明), 어둠; ㄴ) 형색(8); 장, 단, 방(方), 원(圓), 높음(高), 낮음(下), 평평함(正), 평평하지 않음(不正) ②성경(聲境, 8); 유정(有情)의 소리, 무정(無情)의 소리, 유정의 언어적인 소리, 무정의 언어적인 소리, 이 네가지의 즐거운 소리와 불쾌한 소리[63] ③향경(香境, 4); 좋은 냄새, 나쁜 냄새, 적당한 냄새, 지나친 냄새 ④미경(味境, 6); 단맛, 신맛, 짠맛, 매운맛, 쓴맛, 담백한 맛 ⑤촉경(觸境, 11); 견고성(地), 습윤성(水), 열성(火), 운동성(風), 매끄러움(滑), 거칠음(澁), 무거움(重), 가벼움(輕), 차가움(冷), 배고픔(飢), 목마름(渴)

63) 유정의 노래, 꾸짖음, 손뼉장단, 손뼉지시, 변화인의 부드러운 소리, 꾸짖음, 악기소리, 천둥소리 등.

c) 무표색	몸과 말로 지어지지만 감각기관의 대상으로서 드러나지 않는 업의 세력

나) 심법

심법이란 우리들의 마음을 말하며, 그 자성은 요별了別, 즉 '대상의 모습을 구분해서 아는 것'이라고 한다. 심법은 항상 마음의 작용인 심소법心所法과 함께 발생하고 작용하기 때문에 심왕법心王法이라고도 부른다. 마음에는 심心과 의意와 식識이라는 세 가지 다른 이름이 있으며, 그중에서 '심'이란 집기集起의 의미이고, '의'란 사량思量의 의미이고, '식'이란 요별了別의 의미이다.

심법에는 안식眼識, 이식耳識, 비식鼻識, 설식舌識, 신식身識, 의식意識이라는 여섯 종류의 인식이 있으며, 안식이란 '안근眼根을 통하여 식별된 색경色境의 인식', 내지 의식이란 '의근意根을 통하여 식별된 법경法境의 인식'을 말한다. 의근이란 현재의 6식六識이 작용을 마치고 과거로 들어간 것을 말한다. 이들 여섯 종류의 식은 그 실체는 하나이지만, 감각기관에 따라서 그 이름을 붙인 것이라고 한다.

설일체유부는 무형상지식론(無形象知識論, nirākārajñānavāda)에 따라 우리들의 마음에 대하여 다음과 같이 설한다. 우리의 지식(=마음)은 외계 대상의 형상을 지니지 않는다. 그것은 외계의 여러 사물을 인식할 때에도 변화하지 않으며 그 본질을 잃지 않는다. 또한 그것은 자신 이외의 존재만을 인식 대상으로 삼기 때문에 자신을 인식할 수 없다. 그리고 그것은 수정이나 푸른 석판과 같이 청정하여 어떤 형상도 가지고 있지 않다. 그러므로 인식이 발생했다는 것은 그 인식 대상이 마음 밖에 존재함을 의미한다.

다) 심소법

심소법心所法은 여러 가지 마음작용을 말한다. 심왕법인 6식六識은 대상을 총괄적으로 식별하지만, 심소법은 심왕법과 같이 대상의 전체적인 모습을 인식하기도 하고, 그렇게 인식된 대상에 대하여 선악善惡, 미추美醜, 애증愛憎, 정사正邪 등의 판단을 내리거나, 취사선택의 구별을 하는 등의 작용을 하기도 한다.

그중에서 대지법大地法이란 마음이 일어나기만 하면 언제나 함께 작용하는 보편적인 마음작용이며, 대선지법大善地法이란 착한 마음이 일어나기만 하면 항상 함께 작용하는 마음작용이다. 대번뇌지법大煩惱地法이란 모든 번뇌와 함께 일어나는 마음작용이며, 대불선지법大不善地法이란 모든 악한 마음과 함께 일어나는 마음작용이다. 소번뇌지법少煩惱地法이란 제6식의 번뇌와 함께 일어나는 마음작용이며, 부정지법不定地法이란 앞의 분류에 속하지 않는 그밖의 마음작용들이다. 설일체유부가 실법으로 승인하는 심소법은 다음과 같다.

a) 대지법	①느낌(受), ②관념(想), ③의지(思), ④접촉(觸), ⑤욕망(欲), ⑥지혜(慧), ⑦기억(念), ⑧경각심(作意), ⑨결심(勝解), ⑩집중(三摩地)
b) 대선지법	①믿음(信), ②정진(勤), ③평정심(捨), ④부끄러움(慚), ⑤창피(愧), ⑥무탐욕(無貪), ⑦무증오(無瞋), ⑧불해(不害), ⑨편안함(輕安), ⑩노력(不放逸)
c) 대번뇌지법	①무명(無明), ②방일(放逸), ③게으름(懈怠), ④불신(不信), ⑤혼침(惛沈), ⑥도거(掉擧)
d) 대불선지법	①부끄러움이 없는 것(無慚), ②수줍음이 없는 것(無愧)

e) 소번뇌지법	①분노(忿), ②감춤(覆), ③인색함(慳), ④질투(嫉), ⑤고뇌(惱), ⑥해침(害), ⑦원한(恨), ⑧아첨(諂), ⑨속임(誑), ⑩교만(憍)
f) 부정지법	①후회(惡作), ②졸음(睡眠), ③거친 사색(尋), ④미세한 사색(伺), ⑤탐욕(貪), ⑥증오(瞋), ⑦교만(慢), ⑧의심(疑)

라) 심불상응행법

심불상응행법心不相應行法이란 앞에서 열거한 색법이나 심법, 혹은 심소법과 상응하지 않으면서도 현상계를 설명하는데 필요한 여러 가지 힘이나 작용들을 말한다. 설일체유부가 실법으로 승인하는 심불상응행법은 다음과 같다.

심불상응행법	①취득(得), ②비취득(非得), ③유사성(同分), ④무상정의 과보(無想果), ⑤무상정無想定, ⑥멸진정滅盡定, ⑦수명(命根), ⑧발생(生), ⑨머묾(住), ⑩변화(異), ⑪소멸(滅), ⑫명칭(名身), ⑬문장(句身), ⑭문자(文身)

마) 무위법

무위법無爲法이란 앞에서 열거한 유위법有爲法과는 달리 인연의 힘에 지배되어 생멸변화하지 않고서 상주불변하는 법들을 말한다. 설일체유부가 실법으로 승인하는 무위법은 다음과 같다.

무위법	①공간虛空, ②택멸擇滅, ③비택멸非擇滅

3) 현상세계의 설명

설일체유부의 법유론은 여러 법이 삼세에 걸쳐서 실체로서 존재한다고 주장하기 때문에, 그에 대해서 다시 '유부의 삼세실유론은 상주론과 다르지 않다'는 비판이 제기될 수 있을 것이다. 그러나 불타는 중도를 설하면서 상주와 단멸을 양 극단이라고 설했으므로, 설일체유부도 불교의 학파인 이상 자파의 학설이 상주론이나 단멸론임을 승인할 수는 없다.

그러므로 설일체유부는 그런 비판에 대해서 찰나멸론刹那滅論과 상속설相續說을 가지고 답변하고자 하였다. 즉 여러 유위법은 삼세에 걸쳐 실체로서 존재하지만 발생한 다음 찰나에 소멸하기 때문에 상주론이 아니며, 소멸한 법을 대신해서 동일한 종류의 법이 동일한 장소에 동일한 관계를 가지고 나타나기 때문에 단멸론이 아니라는 것이다.

설일체유부의 법유론에서 찰나멸론과 상속설은 밀접하게 관련되어 있다. 왜냐하면 그들에 의하면 상속이란 여러 유위법이 결과와 원인의 관계를 이루어 찰나생멸하면서 연속하는 것을 의미하기 때문이다.[64] 또한 설일체유부의 찰나멸론은 유위상有爲相 이론과도 밀접하게 관련되어 있다. 그들에 따르면 한 찰나는 생주이멸生住異滅의 네 단계를 거치는데, 이 생주이멸이라는 네 가지는 그 자신이 유위법인 동시에 모든 유위법의 공통된 특징이라고 말하기 때문이다.[65]

---

64) 설일체유부의 찰나멸론과 상속설에 대한 더욱 자세한 설명은 김동화(1982), 『俱舍學』, 137~138쪽과 권오민(1994), 『유부아비달마와 경량부철학의 연구』, 244~245쪽.

65) 『대비바사론』은 이렇게 말한다. '유위상有爲相이란 여러 유위법이 한 찰나마다 4상相을 모두 갖추는 것을 말한다.' 有爲相者 諸有爲法 一一刹那 皆具四相. 『대비바사론』, 제38권, 대정 제27권, 198쪽 중.

즉 설일체유부의 법유론에 의하면 일체의 유위법은 발생하는 순간 생주이멸의 4상과 함께 일어나며, 그중에서 생상에 의해서 미래로부터 현재로 나타나게 되고, 주상과 이상에 의해서 현재의 영역에 잠시 머물면서 변화하고, 멸상에 의해서 과거의 영역으로 들어가게 된다고 한다.[66]

그때 어떤 사물을 구성하던 유위법이 소멸하면, 그와 동일한 종류의 법이 미래의 영역으로부터 현재의 영역으로, 그리고 동일한 장소에 동일한 관계를 가지고 나타나서, 이전의 유위법을 대신하게 된다. 예를 들어 여기 항아리가 있을 때 그것은 찰나생멸하면서 연속되는 여러 유위법들이 연에 따라 결합한 것이다. 여러 유위법들은 찰나생멸하므로 지속해서 머무는 시간을 갖지 않는다.[67] 그럼에도 불구하고 눈앞의 항아리는 여전히 계속해서 머물러 있는 것처럼 보인다.

그 이유는 항아리를 구성하는 여러 유위법은 발생한 다음 찰나에 소멸하지만, 미래의 영역으로부터 동일한 종류의 유위법이 동일한 장소에 동일한 관계로 나타나서 과거로 들어간 유위법의 역할을 대신하기 때문이라는 것이다. 이로부터 설일체유부는 여러 법이 삼세에 걸쳐 자성을 지니고서, 고정불변의 실체로 존재한다고 주장하면서도, 찰나멸론과 상속설을 통하여 자파의 학설이 상주론과 단멸론이 아님을 입증하고자 하였음을 알 수 있다.

---

66) 김동화(1982), 『구사학』, 103쪽.
67) 그러나 설일체유부가 설하는 한 찰나란 생주이멸의 네 단계를 포함하기 때문에, 엄밀한 의미에서 말하자면 지속하는 시간이 전혀 없다고는 말할 수 없다.

3. 경량부의 법유론

1) 현재실유 과미무체설

경량부의 선구는 『대비바사론』에 나타나는 비유자들이고, 그들은 쿠마라라타(Kumāralāta, 童受, 3세기경)와 그의 제자인 슈리라타Śrīlāta 및 그를 따르는 무리들이라고 말해진다. 슈리라타는 여러 불교 문헌에서 상좌上座라고 불러지며, 경량부란 그 계통의 일군의 비유자들이 스스로를 부르는 명칭이었다.

한편 세친世親과 그의 선대 궤범사는 상좌 슈리라타와 가까이 지내고 견해를 함께 하기도 했으며, 세친은 그들의 사유에 기초하여 『구사론』을 저술했기에, 그를 경량부나 비유자라고 부르기도 하였다. 최근의 연구에 의하면 세친은 경량부의 논사가 아니라 설일체유부 계통의 논사였다고 하지만,[68] 그가 상좌 슈리라타의 사상으로부터 영향을 받은 것도 사실이기 때문에, 그가 경량부의 사상을 반영하고 있는 것도 분명한 사실이다. 그러므로 여기서는 슈리라타와 세친을 중심으로 경량부의 법유론을 살펴보기로 한다.

경량부는 삼세실유 법체항유론을 주장하는 설일체유부와는 달리 현재법의 존재만을 승인하기에, 그들의 학설은 현재실유 과미무체론現在實有 過未無體論이라고 부른다.[69] 또한 그들은 설일체유부와는 달리 현재의 여러 법이 미래로부터 와서 과거로 가는 것이 아니라, 현재의 여러 법이 인과 연에 따라서 비존재로부터 발생한 다음 찰나에 즉시 소

68) 권오민(2012), 『상좌 슈리라타와 경량부』, 958쪽.
69) 권오민(1994), 『유부아비달마와 경량부철학의 연구』, 205쪽.

멸하여 다시 비존재가 된다고 주장하기 때문에, 본무금유 이유환무론 本無今有 而有還無論이라고도 부른다.

그러나 본래 설일체유부가 미래법과 과거법의 실체적 존재를 승인했던 이유는 과거와 미래에 대한 인식과 업의 인과론을 설명하기 위한 것이었다. 그렇다면 경량부는 어떻게 현재법만 가지고 과거법과 미래법에 대한 인식과 업의 인과론을 설명할 수 있는 것일까? 세친은『구사론』에서 경량부의 학설을 이렇게 설명한다.

> [설일체유부;] 만약 [과거와 미래가] 존재하지 않는다면, 어떻게 해서 [과거와 미래는] 소연所緣이 되는가?
>
> [경량부;] 이에 대해서 우리는 다음과 같이 말한다. 즉 이 소연이 있는 것처럼, 그와 같이 [소연이 있는 그대로] 존재한다. 그것이 어떻게 해서 소연인가 [하면], '[과거에] 있었다', 또는 '[미래에] 있을 것이다'라고 하는 [형태로 소연이 되기 때문이다]. 왜냐하면, 과거의 색色이나 수受를 기억해 낼 때에 어떤 사람도 [그것들이 현재에] 있다고는 보지 않기 때문이다. 그러면 어떻게 보는가 [하면, 과거에] 있었다고 보는 것이다. 즉 현재의 색이 인식되는 것처럼, 그와 같이 이 과거[의 색을] 기억해 내는 것이다. 또 미래의 색이 현재의 색처럼 될 것이라고 하는 것처럼, 인식에 의해서 포착되는 것이다. 만약 그 [소연]이 [현재와 같이] 있다면, [그 소연은] 현재이다. 또 [만약 현재와 같이] 있지 않다면, 비존재도 또한 소연이 된다고 말하는 것이 성립한다.[70)]

---

70) yadi nāsti kathamālambanam/ atredānīṁ brumaḥ/ yadā tadālambanaṁ tathāsti kathaṁ tadālambanam abhut bhaviṣyati ceti/ na hi kaścidatītaṁ rūpaṁ vedanāṁ vā smarannastīti paśyati/ kiṁ tarhi/ abhuditi/ yathā khalvapi varttamānaṁ rūpamanubhutaṁ tathā tadatītaṁ smaryate/ yathā cānāgataṁ vartamānaṁ bhaviṣyati tathā buddhayā gṛhyate/ yadi ca tattathaivāsti vartamānaṁ prāproti/ atha nāsti/ asadapyālambanaṁ bhavatīti siddham/ Akb., p. 299(21-25).

즉 경량부에 의하면 과거법이 소연(所緣, ālambana), 즉 인식의 대상이 되는 것은 다만 '그것이 과거에 있었다'라고 기억해 내는 것에 지나지 않고, 미래법이 인식의 대상이 되는 것은 '그것이 현재법처럼 될 것이다'라고 추측하는 것에 지나지 않는다는 것이다. 요컨대 과거법과 미래법에 대한 인식은 현재법에 대한 인식에 근거해서 일어나는 것일 뿐, 그 인식이 과거법과 미래법의 존재를 입증할 수는 없다는 것이다.

그럴 경우 경량부는 과거법과 미래법을 현재법처럼 존재라고 인정하지 않기 때문에, 설일체유부와는 달리 무소연식無所緣識 혹은 무경식無境識, 즉 '비존재를 대상으로 하는 인식'이 존재한다고 인정하는 것이 된다.[71] 그러므로 세친은 『구사론』에서 다음과 같이 말한다.

> 그러므로 식識의 소연은 존재bhāva와 비존재abhāva의 둘이다.[72]

위의 인용문에서 존재인 인식 대상은 현재법이고, 비존재인 인식 대상은 과거법과 미래법이다. 이와 같은 경량부의 학설은 현재법은 확실하고 분명하게 인식되는 반면, 과거법과 미래법은 그와 같이 확실하고 분명하게 인식되지 않는 것을 설명할 수 있다는 점에서 더 합리적이다. 이처럼 경량부는 현재법만 가지고 과거법과 미래법에 대한 인식을 설명함으로써, 설일체유부가 삼세실유설의 근거로서 제시하는 이증 1을 논파한다.

또한 경량부는 상속전변차별설을 통해서 현재법만으로 업의 인과를 설명한다. 세친은 『구사론』에서 이렇게 말한다.

---

71) 加藤純章(1989), 『經量部の研究』, 287쪽 참조.

72) tasmādubhayaṁ vijñānasyālambanaṁ bhāvaścābhāvaśca/ Akb., p. 300(12).

상속의 전변과 차별相續轉變差別이란 무엇인가? 업業을 앞으로 하고 뒤에 색법과 심법이 일어나는 가운데 단절됨이 없는 것을 상속相續이라고 부른다. 이 상속 가운데 나중 찰나가 이전 찰나와 달라지는 것을 전변轉變이라고 부른다. 이 전변 가운데 마지막 순간에는 뛰어난 공능功能이 있는데, 즉시 결과를 생하여 다른 전변보다 뛰어나기 때문에 차별差別이라고 부른다.[73)]

이 가운데 무엇이 종자種子인가? 이른바 명名과 색色이 자신의 결과를 낳기 위하여 가지고 있는 전전展轉과 인근鄰近의 공능이다. 그 [공능]들이 상속의 전변과 차별에 따라 [결과로서 현현하는 것이다]. 무엇이 전변轉變인가? 상속에서 전후前後가 다른 것이다. 무엇이 상속相續인가? 인과성因果性인 삼세의 여러 행行들이다. 무엇이 차별差別인가? 즉시 결과를 산출할 수 있는 공능이다.[74)]

위 인용문들에서 보듯이 '상속'이란 색법과 심법, 즉 명색名色이 인과관계를 이루면서 단절되지 않고 이어지는 것을 말하며, '전변'이란 명색의 상속에서 전후가 다른 것을 의미하며, '차별'이란 전변의 마지막 순간에 뛰어난 결과를 산출하는 능력을 말한다.

한편 종자란 명색 가운데 있는 전전공능과 인근공능을 말한다. 그중에서 '전전공능'이란 결과를 낳기 전까지 단절되지 않고 계속되는 능력을 말하고, '인근공능'이란 직접적으로 결과를 산출하는 능력을 의

---

73) 何名相續轉變差別. 謂業爲先 後色心起 中無間斷 名爲相續. 卽此相續 後後刹那 異前前生 名爲轉變. 卽此轉變 於最後時 有勝功能 無間生果 勝餘轉變 故名差別. 『구사론』, 제30권, 대정 제29권, 159쪽 상.

74) 此中何法 名爲種子. 謂名與色 於生自果. 所有展轉 鄰近功能. 此由相續 轉變差別. 何名轉變. 謂相續中 前後異性. 何名相續. 謂因果性 三世諸行. 何名差別. 謂有無間生果功能. 『구사론』 제4권, 대정 제29권, 22쪽 하.

미한다. 그러므로 위의 인용문에 따라 경량부가 주장하는 상속의 전변과 차별에 대한 이론을 설명하면 다음과 같이 된다.

즉 명색은 업을 보존하여 그에 따라 결과를 낳는 두 가지 힘을 가지고 있다. 그것은 전전공능과 인근공능이다. 이 힘을 비유적으로 표현해서 종자라고 부른다. 그럴 경우 인과관계를 이루면서 상속하는 명색은 전전공능에 의해서 찰나생멸하면서 미세하게 변화하다가, 인근공능에 의해서 마침내 특수하게 변화하여 결과로서 현현하게 된다는 것이다.[75] 이에 따라 세친의 상속설에서 명색이 상속, 전변, 차별하는 양상을 표로 그려보면 다음과 같다.

업	→	명색1	→	명색2	→	명색3	→	과보
	보존	찰나멸/찰나생		찰나멸/찰나생		현현		
		미세변화		미세변화		특수변화		
		전전공능		전전공능		인근공능		
		상속과 전변		상속과 전변		차별		

이처럼 경량부는 종자설, 즉 상속전변차별설을 통하여 현재법만으로 업의 인과를 설명함으로써, 설일체유부가 제시하는 삼세실유 법체항유의 논리적 근거 가운데 하나인 이증 2도 논파한다. 경량부는 이런 방식으로 설일체유부가 제시하는 경증과 이증을 모두 논파하고 현재실유 과미무체설을 주장하였는데, 그들이 현재실유 과미무체설의 경증으로 삼은 것은 『승의공경』이었다. 세친은 『구사론』에서 『승의공경』의 가르침을 인용하면서 이렇게 말한다.

75) 권오민(1994), 『설일체유부아비달마와 경량부철학의 연구』, 233, 239~240, 448~451쪽.

그것, [즉 세존이 과거의 업이 존재한다고 설한 것]은 현재의 상속相續 가운데 [과거의] 업에 의해 일어난 여과與果의 공능에 의지하여 은밀하게 '존재한다'고 설하신 것이다. 만약 그렇지 않고 그 과거의 업이 현재에 실체로서 존재하는 것이라면 과거가 어떻게 성립될 수 있겠는가? 이치가 응당 그러하니, 세존께서 『승의공경』에서 설하기를 "안근眼根이 생겨날 때 [미래의] 어디로부터 오는 것이 아니며, 안근이 소멸할 때 [과거의 어디에서] 모이는 것도 아니다. [그것은] 본래 없었다가 지금은 존재하며, 존재하다가는 다시 비존재가 된다"고 하셨다. 만약 과거와 미래의 안근이 실체로서 존재한다면, 응당 경전에서 '본래 없었다'는 등이라고 설하지 않았을 것이다.[76)]

인용문에 의하면 불타가 과거의 업이 존재한다고 설한 것은 과거의 업에 의해 명색 가운데 발생한 여과의 공능을 은밀하게 설한 것이고, 과거의 업이 현재에 실체로서 존재한다고 설한 것은 아니다. 그러므로 여러 법의 발생과 소멸의 진실한 모습은 『승의공경』에서 말하는 것과 같다. 즉 안眼 등의 여러 근根은 발생할 때 미래로부터 오는 것도 아니고, 소멸할 때 과거로 가는 것도 아니다. 여러 유위법은 본래 비존재였다가 여러 연에 의존해서 현재에 존재하게 되며, 다시 소멸하면 비존재가 된다는 것이다. 그러므로 세친은 『구사론』에서 찰나를 이렇게 설명한다.

그 찰나刹那란 무엇을 말하는 것인가? 자체(自體, ātman)를 얻자마자 소멸하는 것이다. 이렇게 있는 그 [법]을 '찰나를 가지는 것(kṣaṇaka, 有刹那)'이

76) 依彼所引現相續中與果功能. 密說爲有. 若不爾者. 彼過去業現實有性過去豈成. 理必應爾. 以薄伽梵於勝義空契經中說. 眼根生位無所從來. 眼根滅時無所造集. 本無今有有已還無. 去來眼根若實有者. 經不應說本無等言. 『구사론』 제20권, 대정 제29권, 105쪽 중.

라고 한다. [그것은] 몽둥이를 가지는 사람과 같다. 실로 모든 유위법有爲法은 자체를 얻자마자 곧바로 존재하지 않게 된다.[77]

이처럼 경량부는 『승의공경』의 가르침에 따라서 여러 유위법은 인과 연에 의존하여 비존재로부터 현재법으로 발생하고, 현재법으로서 자체自體를 얻은 다음 찰나에는 즉시 소멸하여 비존재가 된다고 주장한다. 여기서 자체란 실체와 동일한 의미이기 때문에 이로부터 경량부가 실법, 즉 '실체로서 존재하는 법'들을 승인하였던 것을 알 수 있다.

그러나 경량부는 설일체유부가 설하는 것처럼 삼세에 걸쳐서 인과 연을 기다리지 않고 결정되어 있는 자성을 승인하였던 것은 아니다. 『대비바사론』에는 그와 같은 경량부의 학설에 대한 설일체유부의 비판이 소개되어 있다.

어떤 사람은 '몸의 힘과 몸의 열등함에는 결정된 자체가 없다'고 고집하는데 마치 비유자譬喩者와 같다. 그는 '코끼리의 힘은 말보다 세고, 말의 힘은 소보다 세기 때문에, [그 동물들의] 힘이 세고 열약한 것에는 정해진 자체가 없음을 알 수 있다'고 말한다. …… [그러나] 온갖 법의 자성은 결정되어 있기 때문에 여러 유위법의 뛰어남과 열등함의 자체가 결정되어 있다. 마치 눈이 색을 명료하게 보면 잘 본다고 하고, 불명료하게 보면 잘 보지 못한다고 하는 것과 같다. 나아가 의식이 여러 법을 아는 것도 역시 그와 같아서 그 안에는 각각 뛰어남과 열등함의 정해진 자성이 있는 것이니, 몸의 힘과 몸의 열등함도 역시 그런 줄 알아야 한다.[78]

---

77) ko'yaṁ kṣaṇo nāma/ ātmalābho'nantaravināśī/ so'syāstīti kṣaṇakam/ daṇḍikavat/ sarvaṁhi saṁskṛtamātmalābhādūrdhvaṁ na bhavatīti/ Akb, p. 193(2-3).
剎那何. 謂得體無間滅. 有此剎那法名有剎那. 如有杖人名爲有杖. 諸有爲法纔得自體. 從此無間必滅歸無. 『구사론』 제13권, 대정 제29권, 67쪽 하.

이와 같은 『대비바사론』의 비판으로부터 설일체유부는 여러 법의 자성이 결정되어 있어서 삼세에 걸쳐서 변화하지 않는 것이라고 생각하였던 반면에, 경량부는 실법을 승인하면서도 설일체유부가 주장하는 것처럼 삼세에 걸쳐서 인과 연을 기다리지 않고 결정되어 있는 자성을 승인하지는 않았음을 알 수 있다.

2) 경량부가 승인한 실법들

(1) 12처와 18계

경량부는 실법을 승인했지만 그들이 승인했던 실법은 설일체유부와는 달랐다. 먼저 경량부는 5온, 12처, 18계의 3과 중에서 5온의 실체성을 부정하였다. 한편 처와 계에 대해서는 논사에 따라 그 견해가 서로 달라서 슈리라타는 18계만을 실법으로 승인하였지만, 세친은 12처와 18계를 모두 실법으로 승인하였다. 이처럼 경량부 내에서도 법의 가실에 대한 여러 논사들의 견해는 제각기 달라서 상황은 매우 복잡했던 것으로 보인다.

세친은 『구사론』에서 온을 실법이라고 주장하는 설일체유부의 학설을 다음과 같이 비판한다.

> [세친:] 만약 적취積聚의 의미가 바로 온蘊의 의미라고 하면, 온은 응당 가유假有일 것이다. 다수의 실체가 적집하여 함께 이루어진 것이기 때문이다. 마치 [곡물] 무더기와 같고 자아와 같다.

---

78) 有執. 身力及與身劣無定自體. 如譬喩者. 彼作是說. 象力勝馬馬力勝牛. 故知力劣無定自體. … 以一切法自性定故 諸有爲法皆有勝劣自體決定. 如眼於色見明了者說名爲勝見. 不明了說名爲劣. 廣說乃至意知諸法亦復如是. 於中各有勝劣定性. 身力身劣應知亦爾. 『대비바사론』 제30권, 대정 제27권, 154쪽 중.

[설일체유부:] 이런 비난은 옳지 않으니 하나의 실극미實極微도 역시 온이라고 부르기 때문이다.

[세친:] 만약 그렇다면 적취의 의미가 온의 의미라고 해서는 안 될 것이니, 단일한 실체적 사물은 적취의 의미를 갖지 못하기 때문이다.79)

부파불교에서 실유를 도출하는데 사용했던 전통적인 방법은 '분석과 인식'이었고, 그에 따르면 '각종으로 분석하거나 다른 법을 배제해도, 그에 대한 인식이 남아 있는 단일한 실체'만이 실유로 승인될 수 있었다. 그러나 붇타는 '온이란 적취의 의미'라고 설했기 때문에, 그 가르침에 따르면 온은 복합체라고 말하지 않을 수 없다. 그러므로 온은 실법이 아니라 가법이라고 말하는 것이 옳다는 것이다.

그러나 온을 실법이라고 승인하는 설일체유부는 그와 같은 비판에 대해서 '옷의 비유'를 통하여 온도 실법이라고 주장한다. 즉 세간에서 '옷의 일부가 탔어도 옷이 탔다'고 말하는 것처럼, 온의 일부인 극미도 온이라고 말할 수 있기 때문에, 온도 실법이라고 승인할 수 있다는 것이다. 세친은 『구사론』에서 그것을 이렇게 설명한다.

그런데 『대비바사론』은 이렇게 말한다. '대법의 여러 논사들은 만약 온을 가[유]로 보면 극미를 1계 1처 1온의 부분이라고 설한다. [그러나] 그렇게 보지 않으면 극미가 바로 1계 1처 1온이라고 설한다. 이는 부분에 대하여 임시로 부분을 지닌 것이라고 말하는 것이니, 마치 옷의 부분이 탔더라도 옷이 탔다고 말하는 것과 같다.80)

---

79) 若言聚義是蘊義者. 蘊應假有. 多實積集共所成故. 如聚如我. 此難不然. 一實極微亦名蘊故. 若爾不應言聚義是蘊義. 非一實物有聚義故. 『구사론』 제1권, 대정 제29권, 5쪽 상.

80) 然毘婆沙作如是說. 對法諸師若觀假蘊. 彼說極微一界一處一蘊少分. 若不觀者. 彼說極微卽是一界一處一蘊. 此應於分假謂有分. 如燒少衣亦說燒衣. 『구사론』 제1권,

그러나 설일체유부가 제시한 옷의 비유는 제한적인 언어 관습에 지나지 않는다. 왜냐하면 사람들이 옷이 불에 탔을 때는 옷의 일부가 탔어도 '옷이 탔다'라고 말하지만, 옷의 일부인 천 조각을 옷이라고 말하지는 않기 때문이다. 그러므로 결국 세친이 온의 실체성을 부정한 이유는 온은 적취의 의미이고, 단일체인 실체는 적취의 의미를 가질 수 없기 때문인 것을 알 수 있다.

그러나 세친은 슈리라타와는 달리 처處의 실체성을 승인하였다. 따라서 그는『구사론』에서 처의 실체성에 대하여 슈리라타와 이렇게 논쟁한다.

> [슈리라타:] 만약 그렇게 [온이 적취의 의미이기 때문에 가유라면] 응당 온갖 유색처有色處[인 5근과 5경]도 역시 가유라고 인정해야 할 것이다. [왜냐하면] 안眼 등의 극미도 다수가 적취되어야 생문生門, 즉 안식眼識 등을 낳는 문이 될 수 있기 때문이다.
>
> [세친:] 그런 비난은 이치에 맞지 않다. 다수의 적취積聚 속에 있는 각각의 극미에 원인의 작용이 있기 때문이다. 만약 그렇지 않다면 근根과 경境이 서로 도와 함께 식識 등을 발생하기 때문에, [근과 경은] 응당 별도의 처處가 아닐 것이고, 그럴 경우 응당 12처의 구별이 없어질 것이다.[81]

위 인용문에서 슈리라타는 처의 정의를 근거로 하여 세친을 비판한다. 즉 처處란 '생문生門', 즉 '심법과 심소법이 발생하는 문'의 의미이

대정 제29권, 5쪽 상.

81) 若爾應許諸有色處亦是假有. 眼等極微. 要多積聚成生門故. 此難非理. 多積聚中一一極微. 有因用故. 若不爾者. 根境相助共生識等. 應非別處. 是則應無十二處別.『구사론』제1권, 대정 제29권, 5쪽 상.

고, 안근과 색경 등 10색처는 여러 극미가 적집된 복합체의 상태에서 생문으로서 작용하는 것이기 때문에, 그것들도 온과 마찬가지로 가유라고 인정해야 한다는 것이다.

그러나 세친은 그와 같은 비판에 대하여 안근과 색경 등이 극미의 적취 상태에서 생문으로서 작용하는 것은 맞지만, 그 작용은 각각의 극미에 있는 것이기 때문에 처處도 실법으로 승인해야 한다고 답변한다. 예를 들면 여러 일꾼이 큰 나무를 옮길 때, 일꾼 각각은 적은 힘밖에 없지만, 그들이 힘을 합치면 큰 나무를 옮길 수 있는 힘이 생기는 것과 같다는 것이다. 한편 중현은 『순정리론』에서 세친의 주장에 대한 슈리라타의 반박을 다음과 같이 설명한다.

> 그런데 상좌는 이렇게 말한다. 5식의 소의와 소연은 모두 실유가 아니다. 극미 각각은 소의所依나 소연所緣이 되는 일이 없기 때문이다. 또한 여러 극미가 화합和合할 때 비로소 소의와 소연을 이루기 때문이다.' …… 또 그 [상좌] 논사의 문도들은 세간의 문헌을 공부하여, 맹인의 비유를 비유를 인용하면서, 자신들의 종의宗義를 논증한다. [그것을] 전하여 설하면 [다음과 같다]. '맹인이 각각 홀로 있어도 색을 보는 작용이 존재하지 않고, 여러 맹인이 화집和集해도 색을 보는 작용이 존재하지 않는 것처럼, 극미는 각각 홀로 있어도 [소]의所依와 [소]연所緣의 작용이 존재하지 않고, 여러 극미가 화집해도 그런 작용이 존재하지 않는다. 그러므로 처處도 가[유]이고, 오직 계界만이 실[유]이다.' 그들 부파의 종의를 간략하게 설하면 이와 같다.[82]

82) 此中上座作如是言. 五識依緣俱非實有. 極微一一不成所依所緣事故. 眾微和合. 方成所依所緣事故. … 又彼師徒串習世典. 引衆盲喩. 證已義宗. 傳說. 如盲一一各住. 無見色用. 衆盲和集. 見用亦無. 如是極微一一各住. 無依緣用. 衆多和集. 此用亦

즉 슈리라타에 의하면 극미 각각은 5식의 의지처인 감각기관이나 인식대상이 되지 못하며, 오직 극미들이 화합(和合, samudāya)할 때에만 비로소 감각기관이나 인식대상이 된다. 예를 들면 장님이 홀로 있거나 모여 있거나, 그와 관계없이 색을 보는 작용을 갖지 못하는 것처럼, 극미도 홀로 있거나 화집(和集, sañcita)해 있거나, 그와 관계없이 감각기관이나 인식대상으로서의 작용을 갖지 못한다. 그러므로 5온과 10색처는 모두 가유이고, 오직 계界만이 실유라는 것이다.

여기서 화합이란 '여러 극미가 결합하여 새롭게 구성해 낸 단일하고 통합적인 전체'를 말하는 것이고, 화집이란 '여러 극미가 단순히 집합하여 특정한 방식으로 배열된 상태'를 말한다.[83] 화집과 화합은 그 의미가 다소 다르지만 모두 복합체를 의미한다. 그러므로 슈리라타가 10색처의 실체성을 부정했던 이유는 그것들이 복합체이기 때문인 것을 알 수 있다.

이로부터 슈리라타는 '더 이상 분석되지 않는 단일한 인식 대상으로서의 법'이라는 기존의 실법 개념을 엄격하게 유지하고 있었으며, 그가 5온과 12처의 실체성을 부정했던 이유는 그것들이 복합체이기 때문이라는 사실을 알 수 있다. 그러므로 슈리라타가 실법으로 승인했던 것은 더 이상 분석되지 않는 단일한 인식대상으로의 극미였다고 생각되며,[84] 그럴 경우 그가 색법 가운데 실법으로 승인했던 것은 모든 색법의 궁극적 원인으로 간주되었던 지, 수, 화, 풍의 4대종 극미였을 것이라고 생각된다.[85]

無. 故處是假. 唯界是實. 彼部義宗略述如是. 『순정리론』, 제4권, 대정 제29권, 350쪽 하.

83) 박창환(2009), 「法稱Dharmakirti의 감각지각indriyapratyaksa론은 과연 經量部적인가? : 上座 슈리라타Srilata의 감각지각 불신론과 이에 대한 世親의 절충론을 통해 본 경량부 前5識說의 전개 과정」, 21쪽.

84) 加藤純章(1989), 『經量部の硏究』, 175~176쪽.

(2) 색법

경량부는 5온, 12처, 18계 중에서 5온의 실체성을 인정하지 않을 뿐 아니라, 5위 75법 중에서 심불상응행법과 무위법의 실체성도 인정하지 않는다. 즉 심불상응행법은 경전에서 그 실체를 설하지 않았을 뿐 아니라, 그 자성이 인식되지도 않기 때문에 실체적 존재가 아니며, 무위법도 그 자성과 작용을 가지고 있지 않으므로 실체적 존재가 아니라는 것이다.[86]

그러므로 경량부가 5위 75법 중에서 실법으로 승인한 것은 다만 색법과 심법과 심소법뿐인 것을 알 수 있다. 그러나 경량부가 승인하는 색법은 설일체유부의 그것과는 여러 가지 점에서 서로 다르다. 먼저 설일체유부는 색법을 5근, 5경, 무표색이라고 정의하며, 그것들의 실체성을 모두 승인하지만, 경량부는 그중에서 무표색의 실체성을 부정하였고, 업의 인과를 설명하기 위해서 무표색 대신에 수계隨界, 혹은 종자설種子說을 제시하였다.[87]

슈리라타에 의하면 수계란 업과 번뇌에 훈습된 6처를 말하며, 그것이 원인이 되어서 사람은 다음 세상에 다시 태어난다고 한다. 그가 언급하는 6처란 안 · 이 · 비 · 설 · 신 · 의를 의미하는 것이기 때문에, 인간의 심신이 곧 수계인 것이다. 그러므로 그는 인간의 심신心身이 우리들의 마음을 보존하고 있다가, 선심善心과 악심惡心 등을 드러나게 하고, 업을 보존하여 업의 과보를 드러내고, 혹은 과거의 기억을 다스리는 작용을 한다고 생각하였음을 알 수 있다.[88]

한편 세친은 선법과 악법의 종자를 명색名色이라고 보고, 그것을 통

85) 권오민(2012), 『상좌 슈리라타와 경량부』, 79쪽 각주 76).
86) 권오민(1994), 『유부아비달마와 경량부철학의 연구』, 111~112쪽.
87) 加藤純章(1989), 『經量部の硏究』, 245, 250쪽.
88) 加藤純章(1989), 같은 책, 253쪽.

해서 선심과 악심이 차례로 생한다고 보았다. 그러나 세친이 언급하는 명색도 실은 인간의 심신을 의미하는 것이기 때문에, 슈리라타가 언급하는 수계와 세친의 종자는 거의 동일한 것이라고 할 수 있다. 그러나 슈리라타의 수계와 세친의 종자는 다음과 같은 점에서 서로 다르다.

세친은 업의 본질인 사思가 심상속에 훈습되고, 그 심상속 가운데 표면에 드러나지 않고 찰나 찰나 변화하고, 최후에 특수한 변화에 의해서 표면에 결과를 발생하도록 하는 것이라고 생각했다. 그러나 슈리라타는 업과 번뇌를 짊어진 수계가 매순간 업의 과보를 표면에 드러내면서 상속한다고 한다. 그러므로 수계는 찰나마다 조금씩 달라지면서, 다시 다음 찰나의 육처를 생하게 하는 원인이 되는 것을 알 수 있다.[89]

요컨대 세친이 설하는 종자설은 격시적이고 일회적인 선·악업의 인과관계이지만, 슈리라타가 설하는 수계설은 통시적이고 다회적인 선악업의 인과관계라는 점에서 서로 다른 것을 알 수 있다.

둘째, 설일체유부는 색법 가운데 무표색을 제외한 5근과 5경은 무방분無方分의 극미로 구성되어 있다고 주장하지만, 경량부는 5근과 5경이 유방분有方分의 극미로 구성되어 있다고 주장한다. 설일체유부가 극미를 무방분, 즉 '부피를 갖지 않는 것'이라고 주장하는 이유는 극미가 물질의 가장 미세한 단위로 '더 이상 분석되지 않는 것'이라고 정의되기 때문이다. 그에 비해서 경량부가 극미를 유방분, 즉 '부피를 가진 것'이라고 주장했던 이유는 극미가 무방분이라면 그것들이 모여서 산이나 강 등 부피를 가지는 물질적인 대상을 형성하는 것은 불가능할 것이기 때문이다.[90]

셋째, 앞에서 보았던 것처럼 슈리라타는 색법 가운데 오직 지, 수,

---

89) 加藤純章(1989), 같은 책, 253~254쪽.
90) 木村泰賢(1980), 『小乘佛敎思想論』, 215쪽; 佐佐木月樵, 山口益 譯著(1977), 『唯識二十論の對譯硏究』, 22쪽.

화, 풍의 4대종 극미만을 실법으로 승인했다. 그러나 경량부 내에는 슈리라타와는 달리 세친의 주장과 유사한 다른 학설도 있었던 것으로 보인다. 보광은『구사론기』에서 이렇게 말한다.

> 경부經部는 이렇게 말한다. 그것이 있는 바와 같이 가假, 실實, 증曾, 당當이라고 말하지만, 유라고 말해도 그 모두가 현재처럼 실유인 것은 아니다. 과거는 이미 있었던 것이고, 미래는 앞으로 있을 것이고, 현재는 실유이다. 현재의 12처 가운데 8처는 실유이다. [나머지] 4처의 일부는 실유實有이고 일부는 실무實無이다. 색처 중 현색顯色은 실유이고, 형색形色은 실무이다. 성처 중 무기無記의 찰나적인 소리는 실유이고, 상속相續의 어업語業인 선악 등의 소리는 실무이다. 촉중 4대는 실유이고, 나머지의 촉은 실무이다. 법처 가운데 선정의 경계인 색色, 수受, 상想, 사思는 실유이고, 그밖의 심소법은 사의 가립으로 실무이다. 또한 불상응법과 3무위법도 실무이다.[91]

즉 보광에 의하면 경량부는 현재법만 실유로 인정했으며, 현재의 12처 가운데 8처는 실유로 인정하고, 나머지 4처에 대해서는 일부만을 실유로서 인정하였다는 것이다. 예를 들면 색처 가운데 현색은 실유이지만, 형색은 실유가 아니며, 성처 가운데 무기의 현재 찰나의 소리는 실유이지만, 여러 중생의 어업語業인 선악 등의 소리는 실유가 아니며, 촉처 가운데 4대종은 실유이지만, 나머지 소조촉은 실유가 아니며, 법처 가운데 삼매의 경계인 색色, 수受, 상想, 사思는 실유이지만, 나머지 심

91) 經部意說. 若假. 若實. 若曾. 若當. 如其所有而說有言. 非皆實有. 猶如現在. 過去曾有. 未來當有. 現是實有. 現十二處八處實有. 四處少分實有. 少分實無. 如色[1]處中顯色實有. 形色實無. 聲處中無記剎那聲實有. 相續語業善. 惡等聲實無. 觸處中四大實有. 餘觸實無. 法處中定境界色. 受. 想. 思實有. 餘心所法思上假立實無. 及不相應法. 三無為法亦是實無.『구사론기』제20권, 대정 제41권, 314쪽 상.

소법은 사思 위에 가립된 것으로 실유가 아니며, 법처 가운데 불상응행법과 3무위법도 실유가 아니라는 것이다.

인용문에서 보듯이 보광은 위의 학설이 다만 경량부의 학설이라는 사실만을 언급하고 그것이 누구의 것인지는 구체적으로 언급하지 않는다. 그러나 위의 학설은 슈리라타의 주장보다 세친의 주장에 가까운 것이기 때문에, 경우에 따라서는 세친의 학설이라고 생각할 수도 있을 것이다. 왜냐하면 세친은 12처의 실체성을 부정했던 슈리라타와는 달리 12처의 실체성을 승인하였고, 위의 학설은 12처의 실체성을 대부분 인정하고 있기 때문이다.[92)]

이처럼 보광에 따르면 경량부의 어떤 논사는 10색처 중에서 안, 이, 비, 설, 신과 향, 미의 6처에 대해서는 실체성을 모두 승인하고, 나머지 4처에 대해서는 부분적으로만 그 실체성을 승인했다고 한다. 즉 색처 가운데 현색, 성처 가운데 무기의 현재 찰나의 소리, 촉처 가운데 4대종의 실체적 존재만을 승인하였다는 것이다. 그러므로 그 경량부의 어떤 논사가 실법으로 승인했던 색법을 정리하면 다음과 같다.

a) 오근	①안근 ②이근 ③비근 ④설근 ⑤신근
b) 오경	①색경(色境, 12); 청, 황, 적, 백, 연기, 구름, 먼지, 안개, 그림자, 빛(光), 밝음(明), 어둠 ②성경(聲境, 1); 무기의 현재 찰나의 소리 ③향경(香境, 4); 좋은 냄새, 나쁜 냄새, 적당한 냄새, 지나친 냄새 ④미경(味境, 6); 단맛, 신맛, 짠맛, 매운맛, 쓴맛, 담백한 맛 ⑤촉경(觸境, 4); 견고성(地), 습윤성(水), 열성(火), 운동성(風)

92) 권오민(2012), 『상좌 슈리라타와 경량부』, 79쪽 각주 76).

넷째 세친이 단일한 실체의 개념으로부터 물러나, 극미의 복합체인 10색처의 실체성을 승인하게 되었던 이유는 무엇보다도 더 이상 분석되지 않는 단일한 극미의 인식불가능성 때문이었다. 즉 부파불교의 일반적인 실유 개념은 '각종으로 분석하거나 다른 법을 배제해도, 그에 대한 인식이 남아 있는 단일한 사물'이지만, 더 이상 분석되지 않는 단일한 극미는 인식의 대상이 될 수 없기 때문에, 기존의 실유 개념을 충족하지 못한다.

그에 따라 세친은 기존의 실유 개념으로부터 물러나 인식 가능한 최소한의 물질적 복합체인 10색처의 실유를 승인하게 되었던 것이다. 그와 같은 세친의 실유 개념은 법칭(法稱, 600~680년경)에게 계승되었고, 그에 따라 법칭은 '효과적 작용 능력이 있는 것'이라는 새로운 승의유 개념을 제시하면서, 극미의 복합체를 승의유로 승인하였다. 법칭은『프라마나 바르티카』에서 이렇게 말한다.

> 인식수단(量)은 두 종류이다. 왜냐하면 대상이 두 종류이기 때문이다. 그 [대상]은 효과적 작용의 능력이 있는 것과 [그런] 능력이 없는 것이다. [그러나 병에 걸린 눈에 현현하는] 머리카락 등은 대상이 아니다. [그것은] 이해理解의 대상이 아니기 [때문이다].(2-1)[93]

이처럼 법칭은 인식수단이 현량現量과 비량比量의 두 종류뿐이며,[94] 그렇게 인식수단이 두 종류뿐인 이유는 인식대상이 '효과적 작용 능력이 있는 것'과 '효과적 작용 능력이 없는 것'이라는 두 종류뿐이라고

93) mānaṁ dvividhaṁ viṣayadvaividhyāc chaktyaśaktitaḥ/
arthakriyāyāṁ keśādir nārtho 'narthādhimokṣataḥ//PV, 2-1.

94) 법칭法稱은『니야야빈두』제2송과 제3송에서 "바른 인식은 두 가지이다. [그것은] 현량現量과 비량比量이다"라고 말한다. NB, p. 5(17), p. 6(1).

생각한다. 그런데 그는 『프라마나 바르티카』에서 다시 이렇게 말한다.

> 여기서 효과적 작용 능력이 있는 것, 그것이 승의유이다.
> [그와] 다른 것은 세속유라고 말한다. 그 둘은 각각 자상自相과 공상共相이다.(2-3)[95]

즉 그에 따르면 그 두 가지 인식대상 가운데 '효과적 작용 능력이 있는 것'과 '효과적 작용 능력이 없는 것'은 각각 승의유와 세속유이고, 그것은 다시 각각 자상과 공상이라는 것이다. 즉 법칭에 의하면 오직 현량現量의 대상인 자상만이 우리들의 지식 속에 자신의 형상을 발생하도록 하는 '효과적인 작용 능력'을 가지고 있으며, 비량比量의 대상인 공상은 그와 같은 '효과적인 작용 능력'을 가지고 있지 않다.

예를 들어 눈으로 지각되는 불은 가까우면 또렷해지고 멀면 희미해지는 심상의 차이를 주고, 또 음식을 덥히거나 종이를 태우는 효과적 작용 능력을 갖지만, 연기로부터 추리된 대상으로서의 불은 그러한 효과적 작용 능력이 없는 개념적인 사물인 것과 같다.[96] 그런데 법칭은 자상인 인식대상이 극미의 적집을 원인으로 해서 발생한 것이라고 말한다. 그는 『프라마나 바르티카』에서 이렇게 말한다.

> 어떤 사물, [즉 흩어져 있는 여러 극미]가 결합하면, 다른 여러 미취(微聚, aṇu)들이 발생한다.
> 그 [여러 미취]들을 '적집한 [극미]'라고 말한다. 실로 그 [적집한 극미]들은 지식을 발생하게 하는 원인이다.(2-195)[97]

---

95) arthakriyāsamarthaṁ yat tad atra paramārthasat/
anyat saṁvṛtisat proktaṁ te svasāmānyalakṣaṇe// PV, 2-3.

96) 이지수(1992), 「다르마끼르띠(法稱)의 知覺論」, 751쪽.

그러나 이에 대해서 슈리라타가 주장했던 것처럼, 여러 극미들은 화집和集을 통해서는 인식의 대상이 될 수는 없다고 하는 반론이 예상된다. 법칭은 『프라마나 바르티카』에서 그와 같은 비판에 대해서 이렇게 답변한다.

> 혹은 만약 [접근이라는 연緣으로부터] 탁월성이 생긴 [다수의 극미]가 감관 등과 같이
> [각각] 동시에 [하나의] 지식의 원인이 된다면, 어떤 모순이 있겠는가?(2-223)[98]

> 원인인 것 이외에 대상인 것은 결코 없다.
> 거기서 지식이 그 [원인인 것]의 형상을 가질 때, 그것을 그 [지식]의 대상이라고 말한다.(2-224)[99]

앞에서 보았던 것처럼 10색처는 여러 극미의 적집이기 때문에 가유라고 주장했던 슈리라타에 대하여 세친은 10색처가 여러 극미의 적집임을 인정하면서도 그것을 실유라고 주장하였다. 그리고 야쇼미트라는 극미는 인식대상이 아니지만, 그것들이 모이게 되면 인식대상이 되는 것을 일꾼의 비유를 통하여 설명하였다. 즉 여러 일꾼들은 작은 힘밖에 없어서, 큰 나무를 운반할 수 없지만, 여러 일꾼이 모여서 힘을 합치면, 큰 나무를 움직이는 탁월한 힘이 생기는 것과 같다는 것이다.[100]

---

97) arthāntarābhisambandhājjāyante ye'ṇavo'pare/
uktaste sañcitāste hi nimittaṁ jñānajanmanaḥ//PV, 2-195.

98) ko vā virodho bahavaḥ saṁjātātiśayāḥ sakṛd/
bhaveyuḥ kāraṇaṁ buddher yadi nāmendriyādivat//PV, 2-223.

99) hetubhāvād ṛte nānyā grāhyatā nāma kācana/
tatra buddhir yadākārā tasyās tad grāhyam ucyate//PV, 2-224.

그런데 위의 인용문에서 보는 것처럼 법칭은 극미 각각은 인식을 발생시키는 힘이 없지만, 그것들이 적집하면 이전에는 없던 탁월한 힘을 가지게 되어, 인식을 발생시키는 효과적인 작용 능력을 가지게 된다고 말한다. 이로부터 적집한 극미들은 지식을 발생하게 하는 효과적인 작용 능력을 가지며, 그런 이유로 극미의 적집을 승의유라고 승인하는 법칭의 학설은 세친의 사상을 계승한 것임을 알 수 있게 된다.

본래 부파불교에서 실유는 '각종으로 분석하거나 다른 법을 배제해도, 그에 대한 인식이 남아 있는 단일한 사물'이라고 정의되었지만, 단일한 극미는 인식의 대상이 되지 못한다. 세친은 단일한 물질적 극미의 인식 불가능성에 따라, 극미의 복합체인 10색처를 실유라고 주장하면서, 기존의 실유 개념에서 한발 물러섰고, 법칭은 그와 같은 세친의 사고를 계승하여, 승의유를 '효과적인 작용 능력을 가진 것'으로 정의하였다.

법칭 이후에는 주로 그의 승의유 개념이 인도불교의 주요 개념으로 정착하게 되지만, 그가 언급하는 승의유는 이전의 승의유와는 그 의미가 다르다. 왜냐하면 그가 언급하는 승의유는 단일한 것이 아니기 때문에, '각종으로 분석하거나 다른 법을 배제해도, 그에 대한 인식이 남아 있는 단일한 사물'이라고 말하기는 곤란하기 때문이다. 그럴 경우 그가 언급하는 승의유는 실체라기보다는 실재, 즉 '진실한 존재'라는 의미에 가깝고, 그것은 단일한 사물인 실체에 근거해서 그 존재를 보장받는다고 생각할 수 있다.

본래 승의유paramārtha-sat는 '궁극적 의미의 존재', 혹은 '진실한 존재'라고 번역될 수 있는 용어이기 때문에, 그것을 실재實在의 의미로 사

---

100) 박창환(2009), 「法稱Dharmakirti의 감각지각indriyapratyaksa론은 과연 經量部적인가? : 上座슈리라타Srilata의 감각지각 불신론과 이에 대한 世親의 절충론을 통해 본 경량부 前5識說의 전개 과정」, 34쪽.

용한 것을 잘못이라고 말하기는 힘들다. 그러나 실재는 실체보다는 폭이 넓고, 존재보다는 폭이 좁은 개념이다. 다시 말하면 존재, 실재, 실체 가운데 그 개념이 가장 넓은 것은 존재이고, 그 개념이 가장 좁은 것은 실체이다. 설일체유부와 경량부에 따르면 '존재'란 '있는 것'을 의미하고, 거기에는 승의유와 세속유가 포함된다. 한편 '진실한 존재'와 '단일한 존재'를 의미하는 '실재'와 '실체'는 모두 승의유에 해당한다.

본래 바이세시카학파는 실재를 실체, 속성, 작용, 보편, 특수, 내속 등으로 구분하였고, 그 중에서 실체를 단일한 실체와 복합적인 실체로 구분하였지만, 설일체유부와 경량부는 속성과 작용의 배후에 존재하는 근거로서의 실체를 부정하고, 실체, 속성, 작용을 하나로 통합하고자 하였다. 그러므로 설일체유부와 경량부에서 실유, 실법, 승의유는 실체와 실재의 의미를 모두 가질 수 있고, 그 둘은 잘 구분되지 않는다.

그러나 동일한 지역에서 영향을 주고 받았던 바이세시카학파의 사고를 고려하면, 실재와 실체 가운데 개념이 더 넓은 것은 실재이다. 그러므로 엄밀하게 고찰하면 실체와 실재는 그 의미가 동일하지 않다는 점에서 주의할 필요가 있다.

(3) 심법과 심소법

경량부는 심법과 심소법을 실법으로 승인하였지만, 그것도 설일체유부의 그것과는 서로 다르다. 첫째, 설일체유부는 심법과 46종의 심소법이 모두 실법이라고 승인하였지만, 슈리라타는 심법과 수受, 상想, 사思라는 세가지 심소법만을 실법으로 승인하고, 그밖의 모든 심소법의 실체성을 부정하였다. 즉 심소법은 오직 수, 상, 사의 세 가지뿐이며, 그밖의 심소법은 실법이 아니라는 것이다.[101] 또한 그는 10대지법 가운

101) 加藤純章(1989),『經量部の研究』, 203쪽.

데 촉觸과 삼마지는 심법과 다른 것이 아니라고 주장하였다. 즉 슈리라타는 46종의 심소법 가운데 수, 상, 사의 3심소만을 실법으로 승인하고, 촉과 삼매를 제외한 나머지는 모두 사思의 차별에 지나지 않는다고 주장하였던 것이다.[102)]

둘째, 설일체유부는 심법과 심소법이 항상 함께 발생하고 함께 작용한다고 주장하지만, 경량부는 그와 같은 심법과 심소법의 동시발생을 승인하지 않는다. 설일체유부에 의하면 심법이 발생할 때 심소법 가운데 10종의 대지법이 항상 동시에 발생하여 상응한다고 말한다. 그러므로 예를 들면 수受라는 심소법이 심법과 상응하여 발생할 때에도 나머지 9종의 심소법은 항상 함께 발생한다. 그러나 수의 세력이 강하기 때문에 수만이 존재하는 것처럼 생각한다는 것이다.

그러나 슈리라타는 심법과 심소법의 상응적 발생을 부정하고, 심법과 심소법의 차제생기설을 주장하였다. 따라서 그는 제1찰나에 안근과 색경 등이 있고, 제2찰나에 그 둘을 인연으로 하여 식識이 발생하고, 제3찰나에 수受가, 제4찰나에 상想이, 제5찰나에 사思가 발생하고, 그 후에는 사로부터 찰나 찰나에 여러 가지 심소법이 나타난다고 주장한다.[103)]

셋째 설일체유부는 무형상지식론(無形象知識論, nirākārajñānavāda)에 따라 심법이 대상을 인식할 때에도 변화하지 않는 고정적인 것으로 해석하였지만, 경량부는 유형상지식론(有形象知識論, sākārajñānavāda)에 따라 심법이 외계의 대상을 인식할 때 대상에 따라 변화하는 것으로 해석하였다. 즉 경량부는 심법, 즉 지식은 대상을 직접 인식하는 것이 아니라, 그 대상을 원인으로 하여 자신 속에 발생한 그와 유사한 형상을 인식

102) 加藤純章(1989), 같은 책, 204~206쪽.
103) 加藤純章(1989), 같은 책, 216쪽.

하는 것이라고 주장하였다. 이는 지식이 대상을 원인으로 하여 그 대상과 유사하게 변화함으로써, 그와 유사한 형상으로 변화하는 것을 의미한다.

그러므로 경량부는 지식의 본질을 지식의 자기 인식이라고 말한다. 그들은 인식현상을 다음과 같이 설명한다. 지식의 원인인 외계 사물 X1은 그것과 병존하는 지식 J1을 자극하여 자신의 형상을 지식 속에 부과한다. 그 결과 외계 사물 X1의 형상 A1은 다음 순간에 존재하는 지식 J2 속에 생겨나게 된다. 이때 외계 사물 X1과 지식 J2는 원인과 결과의 관계에 있으므로 동일한 순간에 존재하는 것은 아니다.

지식 J2 속에 생겨난 형상 A1은 순수한 지각 표상으로서 개념을 포함하지 않는다. 이 단계가 현량지(現量知, pratyakṣajñāna) 가운데 감관지感官知에 해당한다. 그러나 J2는 효과적 작용 능력을 지니고 있기 때문에 다음 순간에 개념적인 형상 A2를 포함하는 지식 J3를 낳는다. 이 단계가 현량지 가운데 의지각(意知覺=意識)에 해당한다.[104)]

여기서 주의할 것은 우리의 지식 가운데 외계 사물 X1의 형상 A1이 생길 때, 즉 지식 J2가 존재할 때 외계 사물 X1은 이미 소멸해 버리고 존재하지 않는다는 점이다. 외계 사물 X1의 결과로 발생한 외계 사물 X2는 지식 J2와 병존하지만, 외계 사물 X2는 지식 J2의 대상은 아니다.

외계 사물 X1이 지식 J2 속에 자신과 유사한 형상 A1을 낳을 때 외계 사물 X1이 이미 소멸하고 존재하지 않는다는 것은 우리가 그 사물을 직접적으로 지각할 수 없음을 의미한다. 따라서 경량부의 인식론에 따르면 외계의 사물은 결코 직접적으로 지각되지 않는다. 우리가 보고

---

104) 따라서 감관지(感官知, indriyajñāna), 의지각(意知覺, mānasapratyakṣa), 자증지(自證知, svasaṁvedāna), 요가지yogijñāna 등 현량지에 포함되는 네 가지 지식 중에서 감관지와 의지각은 인과 관계에 있으며, 감관지는 의지각에 대해서 등무간연이라고 말해진다. 三枝充悳 저, 심봉섭 역(1995), 『인식론, 논리학』, 172~173쪽.

있는 것은 지식 J2 가운데 발생한 외계 사물 X1의 형상 A1이고, 우리가 인식의 대상으로 삼는 것은 그렇게 대상의 형상을 띠고 나타난 지식이다. 그러므로 경량부는 인식이란 곧 지식이 자기 자신을 보는 것에 지나지 않는다고 말하는 것이다.

그럼에도 불구하고 경량부는 지식 속에 자신의 형상을 부여하여 인식의 대상이 되는 어떤 사물이 외계에 실재한다고 주장한다. 경량부가 인식의 대상이 되는 사물이 외계에 실재한다고 생각하는 이유는 우리의 지식이 시간적으로나 공간적으로 한정되어 있다는 사실로부터 추리한 결과이다. 따라서 경량부는 외계의 사물은 직접적으로는 지각되지 않지만, 추리되고 요청된다고 말하는 것이다.[105)]

요컨대 경량부에 따르면 인식현상은 ①외계 사물이 지식 속에 자신의 형상을 부여하면, ②지식은 외계 사물과 유사한 형상을 띠고 나타나며, ③그때 지식은 자신 속에 나타난 그 형상을 스스로 자각하는 것이라고 설명된다. 이처럼 경량부의 인식론은 지식이 사물과 유사한 형상을 가지고 나타난다고 주장하기 때문에 유형상지식론이라고 부른다.

지식의 자기 인식을 심법으로 규정하는 경량부의 사고는 12세기경의 인물인 모크샤카라굽타의 『타르카바샤』에서도 발견된다. 그는 『타르카바샤』에서 경량부의 이론을 소개하면서 다음과 같이 말하고 있다.

> 경량부는 이렇게 말한다. 청靑 등의 형상으로 현현하는 모든 것은 지식jñāna이며, 외계의 대상이 아니다. 왜냐하면 무감각한 것jaḍa은 보여질 수 없기 때문이다.[106)]

105) 梶山雄一 저, 권오민 역(1994), 『인도불교철학』, 28~29쪽.

106) sautrāntikānāṁ matam - jñānamevedaṁ sarvaṁ nīlādyākāreṇa pratibhāsate, na bāhyo'rthaḥ, jaḍasya prakāśāyogāt / BTb, p. 94(3-4).

인용문에서 보는 것처럼 경량부에 따르면 외계의 사물은 무감각한 것이기 때문에, 그것이 직접 지식 속에 현현하는 일은 있을 수 없다. 따라서 지식 속에 발생한 대상의 형상은 곧 지식 자체이며, 결코 극미의 적집인 외계의 사물 그 자체가 아니다. 그렇다면 외계의 사물에 대한 인식은 어떻게 성립할 수 있는가 하는 것이 문제가 된다. 그에 대해서 『타르카바샤』는 다음과 같이 말한다.

> 감각기관의 대상은 보여지지 않는다. [그것은] 자신의 형상과 [유사한] 지식을 낳는 것이다.[107)]

즉 감각기관의 대상인 외계 사물 그 자체는 결코 지식에 의해서 직접적으로 지각되지 않으며, 다만 지식 속에 자신의 형상과 유사한 지식을 낳는다는 것이다. 그러므로 경량부에 따르면 외계 사물에 대한 인식은 오직 지식이 그 외계 사물과 유사한 형상을 가지고 나타남으로써 가능하며, 지식에 그런 작용이 없다면 외계 사물에 대한 인식은 불가능하다. 이런 이유로 경량부는 설일체유부가 주장하는 것과 같은 무형상 지식론을 부정한다. 『타르카바샤』는 다음과 같이 말한다.

> 지식은 반드시 [대상의] 형상을 가지고 나타나는 것이라고 생각해야 한다. 만약 지식이 [대상의] 형상을 가지고 나타나지 않는다면, [그와 같은] 무형상無形象의 [지식]은 모든 대상에 대해서 동일한 것이기 때문에, 서로 다른 대상의 차별이 성립하지 않을 것이다.[108)]

---

107) 'svākārajñānajanakā dṛśyā nendriyagocarāḥ'// BTb, p. 94(5).

108) 'sākāraṁ cedaṁ jñānameṣṭvyaṁ'/ yadi punaḥ sākāraṁ jñānaṁ neṣyate, tadā'nākāratvena sarvatra viṣayetulyatvāt vibhāgena viṣayavyavasthā na sidhyati/ BTb, p. 26(31)~27(2).

만약 지식이 외계 사물의 형상을 띠고 나타나지 않는다면, 그와 같은 무형상의 지식은 서로 다른 외계 대상을 인식할 때에도 동일한 것으로 남아 있을 것이다. 그럴 경우 지식은 서로 다른 사물을 인식할 때도 항상 동일한 것으로 남아 있기 때문에, 서로 다른 사물을 구분하는 것이 불가능해 질 것이다. 그러나 현실은 그렇지 않으므로 무형상지식론은 모순이라는 것이다.

이처럼 경량부에 따르면 지식 속에 떠오르는 각종 형상은 모두 외계 사물과 유사한 형상을 가지고 나타난 지식에 다름 아니다. 그러므로 경량부에 따르면 인식이란 지식이 자기 자신을 지각하는 것에 다름 아니다. 따라서 경량부의 인식론에서 외계 사물의 인식은 지식의 자각성自覺性이 없으면 불가능하다. 따라서 경량부는 자각성이야말로 지식이 가지고 있는 가장 중요한 특징이라고 생각한다. 그에 대해서 『타르카바샤』는 다음과 같이 말한다.

> 지식은 무감각한 물질과는 다른 것으로서 나타난다. 여기서 무감각하지 않은 것이 곧 [지식의] 자각성ātmasaṁvitti이다.[109)]

지식의 자각성을 주장하는 경량부의 인식론은 무형상지식론을 주장하는 설일체유부 등 여러 학파로부터 비판받는다. 그 가운데 설일체유부의 비판은 다음과 같다. 작용이라는 것은 서로 다른 사물 사이에서 성립한다. 예를 들면 절단이라는 작용은 목공과 목재가 별개의 것으로서 존재할 때 성립하며, 아는 것과 알려지는 것의 관계도 그와 같다. 따라서 지식이 그 자신을 안다고 주장하는 것은 모순이라는 것이다.[110)]

---

109) vijñānaṁ jaḍarūpabhyo vyāvṛttamupajāyate/ iyamevātmasaṁvittirasya yā'jaḍarūpatā// BTb, p. 23(13-14).

110) 梶山雄一 저, 권오민 역(1994), 『인도불교철학』, 53-54쪽; 그리고 91쪽.

그러나 이에 대해서 경량부는 다음과 같이 답변한다. 인식현상에서 아는 것과 알려지는 것의 관계는 작용하는 것과 작용되는 것의 관계가 아니라, 확인하는 것과 확인되는 것의 관계이다. 그것은 등불이 자기 자신을 비추는 것과 같다. 즉 인식현상에서 아는 것과 알려지는 것의 관계는 논리적 관계이며, 따라서 그 관계를 성립시키는 요소들은 실유가 아니라 논리적으로 설정된 것일 뿐이다. 그러므로 지식의 자각성에 모순은 없다는 것이다.[111)]

이처럼 경량부의 인식론에 따르면 외계 사물에 대한 인식은 오직 지식이 그 외계 사물과 유사한 형상을 가지고 나타남으로써 가능하며, 만약 지식에 그런 자각의 작용이 없다면 외계 사물의 인식은 불가능하다. 이와 같은 인식론을 통해서 『타르카바샤』가 편집되던 12세기 무렵에 경량부가 실법으로서 승인했던 심법이 구체적으로 무엇인지를 이해할 수 있다. 즉, 그들이 실법으로 승인하였던 심법이란 곧 '현재 외계 사물과 유사한 형상을 띠고 나타남으로써 외계 사물을 파악하도록 하는 효과적인 작용 능력을 가지고 있는 지식'인 것이다.

3) 현상세계의 설명

설일체유부가 과거법과 미래법의 존재를 승인한 이유는 과거법과 미래법에 대한 인식과 업의 인과론을 설명하기 위해서만이 아니라, 상주론이나 단멸론, 혹은 무인론에 빠지지 않고 여러 법의 발생과 소멸을 설명하기 위한 것이었다. 그렇다면 현재법의 존재만을 승인하는 경량부의 학설은 어떻게 그와 같은 사견邪見에 빠지지 않고 여러 법의 발생과 소멸을 설명할 수 있는 것일까?

---

111) 梶山雄一 저, 권오민 역(1994), 같은 책, 91~92쪽.

경량부는 이와 같은 의문에 대해서 설일체유부와 마찬가지로 찰나멸론과 상속설을 가지고 답변하였던 것으로 보인다. 즉 여러 유위법은 찰나멸이기 때문에 상주가 아니며, 소멸한 현재법을 원인으로 하여 그와 유사한 법이 인과관계를 이루면서 끊임없이 상속하기 때문에 무인론이나 단멸론이 아니라는 것이다.

그러나 경량부의 찰나멸론과 상속설은 설일체유부의 그것과는 그 내용이 서로 다르다. 경량부가 말하는 한 찰나란 설일체유부처럼 생주이멸의 네 단계를 의미하는 것이 아니라, 문자 그대로 발생한 그 다음 순간 즉시 소멸하는 것을 의미한다.[112] 또한 경량부가 말하는 상속이란 설일체유부처럼 미래로부터 동일한 종류의 법이 인과 연에 따라 현재로 오는 것이 아니라, 비존재였던 법이 인과 연에 따라 현재법으로서 존재하게 되는 것을 의미한다. 경량부는 이와 같은 사고에 따라 '여러 유위법은 본래 존재하지 않다가 지금 존재하게 되며, 존재하다가 다시 비존재가 된다'고 주장하였던 것이다.

따라서 그들은 설일체유부가 주장하는 생주이멸이라고 하는 4유위상의 실체도 인정하지 않는다. 그들에 의하면 4유위상이란 사물의 변화를 설명하기 위하여 설정된 개념에 지나지 않는다. 『구사론』은 그와 같은 경량부의 주장을 다음과 같이 설명한다.

> 유위의 상相을 간략하게 설명하면 다음과 같다. 이른바 유위법은 본래 존재하지 않다가 지금 존재하게 되며, 존재하다가 다시 비존재가 된다. 또한 상속相續하는 것이 주住이고, 이 [상속]의 전후前後가 다른 것

112) ko'yaṁ kṣaṇo nāma/ ātmalābho'nantaravināśī/ so'syāstīti kṣaṇakam/ daṇḍikavat/ sarvaṁhi saṁskṛtamātmalābhādūrdhvaṁ na bhavatīti/ Akb, p. 193(2-3).
剎那何. 謂得體無間滅. 有此刹那法名有刹那. 如有杖人名爲有杖. 諸有爲法纔得自體. 從此無間必滅歸無. 『구사론』 제13권, 대정 제29권, 67쪽 하.

이 이異이다. 이 가운데 생[주이멸] 등 별도의 사물이 무슨 필요가 있는가?[113)]

이처럼 경량부는 설일체유부와 마찬가지로 찰나멸론과 상속설을 인정하면서도, 세부적인 면에서는 서로 다른 주장을 펼친다. 먼저 설일체유부는 1찰나에 생주이멸이라는 4단계가 있다고 주장하지만, 경량부는 그와 같은 4단계를 부정하고 일체의 유위법은 발생한 다음 찰나에 즉시 소멸한다고 주장한다.

또한 설일체유부는 미래의 영역에 존재하던 법이 과거로 소멸해 간 현재법을 상속하여 현재의 영역으로 나타난다고 주장하지만, 경량부는 현재법이 소멸하면, 그 법을 연으로 하여 이전에는 존재하지 않던 새로운 유위법이 발생하여 소멸한 현재법을 상속한다고 주장한다. 여기서 상속이란 전 찰나의 유위법이 후 찰나의 유위법에 대하여 원인이 되고, 후 찰나의 유위법이 전 찰나의 유위법에 대하여 결과가 되면서 끊임없이 어어 지는 것을 의미한다.

예를 들면 여기 항아리가 있을 때, 그것은 찰나멸하는 여러 유위법들로 구성되어 있지만, 계속해서 머물러 있는 것처럼 보인다. 그때 경량부는 항아리의 지속을 다음과 같이 설명한다. 항아리를 구성하는 여러 유위법은 발생한 다음 찰나에 즉시 소멸하여 비존재가 된다. 그때 그와 동일한 종류의 다른 유위법이 미래로부터 현재로 나타나는 것이 아니라, 이전에는 존재하지 않던 유위법이 연에 따라 새롭게 현재에 나타나게 되고, 그것이 이전의 유위법을 대신하면서 상속한다. 그런 이유로 눈앞에 있는 항아리는 찰나멸이면서도 지속하는 것처럼 보인다는

113) 有爲之相 略顯示者. 謂有爲法 本無今有. 有已還無 及相續住. 卽此前後 相望別異. 此中何用 生等別物. 『구사론』, 대정 제29권, 28쪽 상.

것이다.[114)]

이처럼 경량부는 과거법과 미래법의 존재를 부정하고, 현재의 색법과 심법의 실체적 존재성만을 인정하면서도, 찰나멸론과 상속설을 통하여 자파의 학설이 상주와 단멸의 양 극단을 벗어나 있다고 주장하였다.

4. 법유론에 대한 용수의 비판

1) 설일체유부의 유위상 이론 비판

설일체유부는 여러 유위법이 삼세에 걸쳐서 자성을 지니고서 고정불변의 실체로 존재한다고 주장하면서도, 찰나멸론과 상속설을 통하여 여러 유위법의 발생과 소멸을 설명함으로써 자파의 학설이 상주론과 단멸론이 아님을 논증하였다. 그런데 설일체유부의 법유론에서 여러 유위법의 발생과 소멸에 대한 설명에는 찰나멸론과 상속설 외에도 유위상의 이론이 관련되어 있다.

설일체유부의 법유론에 의하면 일체의 유위법은 발생하는 순간 생·주·이·멸의 4상과 함께 발생하며, 4상 가운데 생상에 의해서 미래로부터 현재로 나타나게 되고, 주상과 이상에 의해서 잠시 머물면서 변화하고, 멸상에 의해서 소멸하여 과거의 영역으로 들어가게 된다고 한다. 설일체유부는 이 4상을 모든 유위법의 공통된 특징이라고 간주하여 4유위상이라고 부른다.

그러나 만약 유위상의 이론이 성립할 수 없다면 설일체유부의 찰나

114) 권오민(1994), 『유부아비달마와 경량부철학의 연구』, 245~246쪽.

멸론과 상속설은 무너지게 되고, 설일체유부의 법유론은 불상부단에 부합하지 못하는 불합리한 이론임이 밝혀지게 된다. 용수는 그런 관점에서 설일체유부의 유위상 이론에 대하여 각종으로 비판하지만, 여기서는 그 가운데 1) 순환 발생의 모순, 2) 삼상 결합 및 분리의 모순에 대한 비판만을 살펴보기로 한다.[115)]

설일체유부에 의하면 모든 유위법은 유위상을 가진다. 그렇다면 생 · 주 · 멸이라는 3상도 역시 유위법이기 때문에, 그것들도 다시 유위상을 가져야 한다. 그러나 두 번째의 유위상 역시 유위법이라고 인정하게 되면, 그것들도 다시 생 · 주 · 멸의 유위상을 가져야 하고, 그렇다면 그것은 무한소급에 빠지게 될 것이다.

설일체유부는 그와 같은 무한소급의 모순을 피하기 위하여, 두 번째의 유위상만을 인정한다. 그것이 곧 생생生生, 주주住住, 이이異異, 멸멸滅滅 등의 4수상隨相이다.[116)] 그리고 더 이상의 다른 수상은 인정하지 않는다. 그때 생 · 주 · 이 · 멸의 4상은 4수상에 대해서 4본상本相이라고 부른다. 그리고 『구사론』에 의하면 설일체유부는 여러 유위법의 발생에 대하여 다음과 같이 설명한다.

> 어떤 법이 생겨날 때에는 그 법 자체와 더불어 9법九法이 함께 일어난다. 법 자체가 하나이며, 본상本相과 수상隨相이 여덟이다. 본상 가운데 생상生相은 자신을 제외하고 나머지 8법八法을 생하게 한다. 수상인 생생상生生相은 9법 가운데 오직 본생本生만을 생하게 한다. 이른바 암탉이 어떤 때는 많은 계란을 낳고, 어떤 때는 하나만 낳는 것처럼, 생상과

115) 이 명칭들은 필자가 비판의 내용을 고려하여 설정한 것이다.
116) 『구사론』은 이렇게 말한다. '제행諸行이 유위라는 것은 4본상本相에 의한 것이다. 다시 본상本相이 유위라는 것은 4수상隨相에 의한 것이다.' 諸行有爲 由四本相. 本相有爲 由四隨相. 『구사론』 제5권, 대정 제29권, 27쪽 중.

생생상이 [각각] 8법을 낳고 1법을 낳는 힘도 역시 그와 같은 것이다. 본상 가운데 주상住相도 역시 자신을 제외하고 나머지 팔법을 머물게 하며, 수상인 주주상住住相은 9법 가운데 오직 본주本住만을 머물게 한다. 이상異相과 멸상滅相도 그와 마찬가지이다. 그러므로 생 등의 [유위]상은 다시 상相을 가지지만, 수상은 다만 넷일 뿐이므로 무한소급의 과실은 없다.[117)]

즉, 4유위상 가운데 하나인 본생本生은 자신을 제외한 나머지 8법八法을 발생하도록 하고, 그때 본생으로부터 발생한 수상 가운데 하나인 생생生生이 다시 본생本生을 발생하도록 한다. 예를 들어 심소법 가운데 하나인 탐법이 생한다고 하면, 그때 우선 본생이 자신을 제외한 나머지 8법, 즉 탐, 주, 이, 멸, 그리고 생생, 주주, 이이, 멸멸을 발생하도록 하고, 이어서 생생이 본생을 발생하도록 하여 9법이 함께 발생하는 것이기 때문에, 무한소급의 과실은 없다는 것이다. 용수는 『중송』에서 그와 같은 설일체유부의 이론을 다음과 같이 소개한다.

생생은 오직 본생을 생하고,
본생은 다시 생생을 낳는다.(7-4)[118)]

---

117) 謂法生時 幷其自體 九法俱起. 自體爲一 相隨相八. 本相中生 除其自性 生餘八法. 隨相生生 於九法內 唯生本生. 謂如雌雞 有生多子 有唯生一. 生與生生 生八生一 其力亦爾. 本相中住 亦除自性 住餘八法. 隨相住住 於九法中 唯住本住. 異及滅相 隨應亦爾. 是故生等 相復有相. 隨相唯四 無無窮失. 『구사론』 제5권, 대정 제29권, 27쪽 중.

118) utpādotpāda utpādo mūlotpādasya kevalam/
utpādotpādam utpādo maulo janayate punaḥ// MMK, 7-4.
『중송』은 생생이 먼저 본생을 생하고, 그런 후에 다시 본생이 생생을 낳는다고 말하고 있지만, 앞에서 본 것처럼 『구사론』에서는 그것이 정반대로 되어 있다. 즉, 『구사론』은 본생이 먼저 생생을 비롯한 8법을 생하도록 하고, 그런 후에 다시 생생이 본생을 생하도록 하는 것으로 설명하고 있는 것이다.

설일체유부는 이런 주장을 통하여 무한소급의 모순을 피하려고 하지만, 또 다른 모순에 직면하게 된다. 왜냐하면 거기에는 아버지가 아들을 낳고, 그 아들이 다시 아버지를 낳는다고 말하는 것과 같은 '순환 발생의 모순'이 발견되기 때문이다. 용수는 『중송』에서 설일체유부의 유위상 이론이 가지고 있는 그와 같은 불합리를 다음과 같이 지적한다.

> 그대의 [말처럼] 만약 본생에 의해서 생한 것, 그 [생생]이 본생을 생하도록 한다면,
> 어떻게 그 [생생]에 의해서 생하지 않은 본생, 그 [본생]이 그 [생생]을 생하도록 하는 것인가?(7-6)[119)]

즉, 설일체유부는 '본생本生은 자신을 제외한 나머지 8법八法을 발생하도록 하고, 본생으로부터 발생한 수상 가운데 생생生生이 다시 본생本生을 발생하도록 하여 모두 9법이 함께 발생한다'고 주장하지만, 그 9법은 모두 미래의 영역에 있고, 따라서 어떤 작용도 할 수 없다. 그렇다면 아직 생생에 의해서 생하지 않아서 미래의 영역에 있는 본생이 어떻게 생생 등 다른 8법을 발생하도록 작용할 수 있는가 하는 지적이다.

그런 모순을 피하기 위하여 생생이 본생을 생하도록 한다고 해도 그것 역시 올바른 설명이 되지는 못한다. 왜냐하면 생생은 본생이 생하도록 한 후에야 작용할 수 있겠지만, 생생은 아직 본생에 의하여 생하지 않았으므로 본생과 마찬가지로 미래의 영역에 있고, 따라서 어떤 작용도 할 수 없기 때문이다. 용수는 『중송』에서 그와 같은 불합리를 다음과 같이 지적한다.

---

119) sa te maulena janito maulaṃ janayate yadi/
maulaḥ sa tenājanitastamutpādayate katham// MMK, 7-6.

그대가 만약 생생이 본생을 생한다[고 주장한다]면,

본생에 의해서 [아직] 생하지도 않은 [생생]이 어떻게 [본생]을 생하겠는가?(7-5)[120)]

이처럼 설일체유부의 유위상 이론은 유위법의 발생을 올바르게 설명하지 못한다. 설일체유부의 유위상 이론에는 그밖에도 여러 가지 불합리가 발견되는데, 용수는 그 가운데 '삼상의 결합 및 분리의 모순'을 지적하기 위하여 이렇게 말한다.

생生 등의 세 가지가 분리되어 있다면, 상相의 작용은 불가능할 것이다.

[반대로 그것들이] 결합되어 있다면, 어떻게 동일 장소, 동일 시간[에 있을 수] 있겠는가?(7-2)[121)]

설일체유부에 의하면 일체의 유위법은 생·주·이·멸이라는 4유위상을 가진다고 하지만, 용수에 의하면 그와 같은 유위상은 분리되어서 작용할 수도 없고, 결합해서 함께 작용할 수도 없다. 만약 하나의 유위법에 생·주·멸의 3상이 분리되어서 각각 작용한다면, 생상이 존재할 때에는 주상과 멸상이 없고, 주상이 존재할 때에는 생상과 멸상이 없고, 멸상이 존재할 때에는 생상과 주상이 없을 것이다. 그렇다면 그것은 유위상이라고 말할 수 없으며, 또한 그 유위법은 생·주·멸의 특성을 가지지 않기 때문에 유위법이라고도 말할 수 없게 된다.

반대로 하나의 유위법에 생·주·멸의 3상이 결합하여 작용하는 것

---

120) utpādotpāda utpādo mūlotpādasya te yadi/
maulenājanitastaṃ te sa kathaṃ janayiṣyati// MMK, 7-5.

121) utpādādyāstrayo vyastā nālaṃ lakṣaṇakarmaṇi/
saṃskṛtasya samastāḥ syurekatra kathamekadā// MMK, 7-2.

도 불가능하다. 왜냐하면 생은 유위법이 생하는 것을 말하고, 주는 머무는 것을 말하고, 멸은 소멸하는 것을 말하지만, 하나의 유위법이 동시에 생하고, 머물고, 소멸하는 일은 있을 수 없기 때문이다. 그것은 밝음과 어둠이 동시에 한 장소에 존재할 수 없는 것과 같다. 청목은 『중론』에서 그런 모순을 다음과 같이 지적한다.

> 청목 석(7-2); 이 생 · 주 · 멸의 [삼]상이 각각 유위법을 위해서 상이 된다고 하거나, [그것들이] 화합해서 유위법을 위해서 상이 된다고 하거나, 그 둘은 모두 불합리하다.
>
> 왜냐하면 만약 각각이라면 동일한 장소에 유상有相이 있기도 하고 무상無相이 있기도 한 것이 된다. [왜냐하면] 생겨나고 있을 때에는 주상住相과 멸상滅相이 없고, 머물고 있을 때에는 생상生相과 멸상滅相이 없고, 소멸하고 있을 때에는 생상生相과 주상住相이 없기 때문이다.
>
> [반대로] 만약 화합이라면 전부 서로 위배되니 어떻게 동일 시간에 함께 있을 수 있겠는가?[122]

『중송』에서는 발견되지 않지만, 『구사론』에서는 이와 같은 비판에 대한 설일체유부의 답변이 발견된다. 『구사론』은 설일체유부의 답변을 다음과 같이 소개한다.

> 그런 비난은 옳지 않다. 작용하는 시간이 [서로] 다르기 때문이다. 이른바 생生의 작용은 미래에 있다. 현재는 이미 생한 것이니 다시 생할 [필요가] 없기 때문이다. 여러 법이 이미 생하여 현재에 있을 때 주住 등 3

122) 是生住滅相. 若一一能爲有爲法作相. 若和合能與有爲法作相. 二俱不然. 何以故. 若謂一一者. 於一處中或有有相. 或有無相. 生時無住滅. 住時無生滅. 滅時無生住. 若和合者. 共相違法. 云何一時俱. 『중론』 제2권, 대정 제30권, 9쪽 상~중.

상의 작용이 일어난다. 즉 생이 작용할 때 나머지 3[상의] 작용은 존재하지 않는 것이다. 그러므로 함께 있다고 해도 모순은 없다.[123)]

즉, 설일체유부에 의하면 생 · 주 · 이 · 멸의 4상 가운데 생상生相, 즉 본생本生은 미래의 영역에서 작용한다. 예를 들면 탐법이 일어날 때, 생상은 미래의 영역에 머물면서 탐 · 주 · 이 · 멸 · 생생 · 주주 · 이이 · 멸멸 등의 8법을 생하게 한다. 그리고 생상에 의해서 생한 수상 가운데 생생이 다시 생상을 생하도록 한다. 이처럼 4상은 작용하는 시간이 서로 다르기 때문에 함께 있다고 해도 모순은 없다는 것이다.[124)]

『중송』에서 이에 대한 재再비판은 발견되지 않지만, 세친은 『구사론』에서 그 불합리를 다음과 같이 지적한다.

> 마땅히 잘 생각해 보아야 할 것이다. 미래의 법체는 존재인가, 아니면 비존재인가? 그런 후에라야 생이 그 [미래] 위에서 작용을 가지는지 가지지 않는지 [논의가] 성립할 수 있을 것이다.
> 만약 미래[위]의 생이 작용을 가진다고 허락한다면, 어떻게 미래가 성립하겠는가? 마땅히 미래의 특징을 [다시] 설명해야 할 것이다. 또한 법이 현재에 있을 때 생의 작용이 이미 [과거로] 낙사했다면, 어떻게 현재가 성립하겠는가? 마땅히 현재의 특징을 [다시] 설명해야 할 것이다.[125)]

---

123) 此難不然. 用時別故. 謂生作用 在於未來. 現在已生 不更生故. 諸法生已 正現在時. 住等三相 作用方起. 非生用時 有餘三用. 故雖俱有 而不相違. 『구사론』 제5권, 대정 제29권, 28쪽 상.

124) 이것은 '순환발생의 모순'에 대한 답변이기도 하다.

125) 且應思擇. 未來法體 爲有爲無. 然後可成 生於彼位 有用無用. 設許未來 生有作用. 如何成未來. 應說未來相. 法現在時 生用已謝. 如何成現在 應說現在相. 『구사론』 제5권, 대정 제29권, 28쪽 상~중.

즉, 설일체유부에 의하면 일체법은 삼세에 걸쳐서 동일하게 실체로서 존재하며, 작용에 의해서 과거, 현재, 미래를 구분할 수 있다고 한다. 즉 법이 작용하고 있는 순간은 현재이며, 작용이 끝난 것은 과거, 작용이 아직 일어나지 않은 것은 미래라는 것이다. 그런데 지금 여기서는 '삼상의 결합 및 분리의 모순'을 피하기 위하여, 생상이 미래 위에서 작용한다고 주장한다. 그러나 그런 주장은 자신들의 학설과 위배되는 것이니, 그렇다면 지금 여기서 이전의 학설과 지금의 학설이 다른 이유를 설명해야만 한다고 지적하는 것이다.

이처럼 설일체유부의 유위상 이론은 여러 가지 모순을 드러내므로, 결국 그들의 유위상 이론은 성립할 수 없다. 유위상 이론이 성립할 수 없다면 그와 관련하여 여러 유위법의 발생과 소멸을 설명하는 찰나멸론과 상속설도 성립할 수 없으며, 그런 이유로 설일체유부의 법유론은 결국 불상부단이라는 불타의 가르침에 부합하지 못하는 것임을 알 수 있다는 것이다.

2) 경량부의 상속설 비판

경량부는 설일체유부와는 달리 여러 유위법이 현재의 한 찰나만 존재하며, 비존재로부터 인과 연에 따라 발생한 다음 찰나에 즉시 소멸하여 다시 비존재가 된다고 주장한다. 그러나 그들은 설일체유부와 유사하게 찰나멸론과 상속설을 통하여 여러 사물의 발생과 소멸을 설명함으로써 자파의 학설이 상주론과 단멸론이 아님을 논증하고자 하였다. 용수는 『중송』에서 경량부의 상속설을 다음과 같이 소개한다.

> 존재를 인정하는 사람도 단멸斷滅이나 상주常住에 [떨어지지] 않

는다.

생존이란 결과와 원인의 발생과 소멸이 연속하는 것이기 때문이다. (21-15)[126)]

월칭 석(21-15); 실로 원인과 결과라는 두 가지가 발생하고 소멸하면서 연속하는 것, 그것이 곧 우리들이 [말하는] 생존이고 윤회이다. 거기서 만약 원인이 억제되어 그것을 원인으로 하는 결과를 발생하지 못한다면, 그때에는 단멸론의 허물이 있을 것이다.

또 만약 원인이 억제되지 않아서, 본성으로서svarūpeṇa 존재한다면, 그때에는 상주론의 허물이 있을 것이다. 그렇지만 실로 이 [학설]은 그렇지 않다. 그러므로 존재를 인정한다고 해도 상주론과 단멸론이라는 두 가지 허물이 뒤따르지 않는다.

원인과 결과가 끊임없이 이어져서, 여러 유위법들의 발생과 소멸이 연속하는 것, 그것이 곧 윤회이다. 그러므로 우리들에게 [상주론과 단멸론이라는] 그런 허물은 없다.[127)]

요컨대 유위법이 상속할 때 여러 유위법은 인과관계를 이루면서 생멸하는데, 그때 원인이 억제되어 결과가 일어나지 않는다면 단멸론에 빠지게 되고, 원인이 억제되지 않아서 그대로 존재한다면 그것은 상주론에 빠지게 된다. 그러나 상속설은 원인과 결과의 소멸과 발생이 연

---

126) bhāvam abhyupapannasya naivocchedo na śāśvatam/
udayavyayasaṃtānaḥphalahetvor bhavaḥ sa hi// MMK, 21-15.

127) yo hi hetuphalayorudayavyayānuprabandhaḥ, sa hi asmākaṁ bhavaḥ saṁsāraḥ/ tatra yadi heturnirudhyeta, taddhetukaṁ phalaṁ notpadyeta, tadā syāducchedavādadoṣaḥ/
yadi ca heturna nirudhyeta, svarūpeṇāvatiṣṭhet, tadā syācchāśvatavādadarśanadoṣaḥ/ na caitadevamiti / tasmād bhāvābhyupagame'pi nāsti śāśvataucchedadarśanadoṣadvayaprasaṅgaḥ/
sa eva saṁsāraḥ yo'yaṁ hetuphalāvicchinnakramavartī utpādavyayānuprabanhaḥ saṁskārāṇāmiti / ato nāsti asmākamayaṁ doṣa iti //15//PP, p. 422.

속한다고 설하기 때문에, 상주론과 단멸론의 양 극단에는 빠지지 않는다는 것이다.

그러나 만약 경량부의 상속설에서 불합리가 발견된다면, 결국 그들이 제시하는 불상부단설은 성립할 수 없게 되고, 이어서 그들의 법유론도 불타의 가르침에 부합하지 못하는 불완전한 이론임이 밝혀지게 될 것이다. 용수는 그런 관점에서 경량부의 상속설을 각종으로 비판하고 있지만, 여기서는 그 가운데 1) 단멸론의 모순과 2) 상주론의 모순만을 살펴보기로 한다.[128] 용수는 먼저 경량부의 상속설에 '단멸론의 모순'이 있음을 지적하기 위하여 다음과 같이 말한다.

> 만약 존재가 결과와 원인의 발생과 소멸이 연속하는 것이라[고 말한다]면,
> 소멸한 것은 다시 발생하지 않으므로 원인은 단멸이 되고 말 것이다. (21-16)[129]

> 청목 석(21-16); 만약 그대가 여러 법은 인과의 상속相續이기 때문에 부단불상이라고 주장한다면, 소멸한 법은 이미 소멸했으므로 다시는 발생하지 않을 것이다. 그것은 곧 원인의 단멸이다. 만약 원인이 단멸한다면 어떻게 상속이 있겠는가? 이미 소멸한 것은 다시는 발생하지 않기 때문이다.[130]

---

128) 이 명칭 역시 설일체유부의 경우와 마찬가지로, 논자가 그 내용을 고려하여 설정한 것이다.

129) udayavyayasaṃtānaḥ phalahetvor bhavaḥ sa cet/
vyayasyāpunarutpatter hetūcchedaḥ prasajyate// MMK, 21-16.

130) 若汝說諸法 因果相續故 不斷不常. 若滅法已 滅更不復生. 是則因斷. 若因斷云何有相續. 已滅不生故.『중론』제3권, 대정 제30권, 29쪽 상.

용수가 경량부의 상속설이 원인의 단멸론에 빠지게 된다고 주장하는 이유는 다음과 같다. 경량부의 법유론에서 현재의 여러 유위법은 상속관계를 이루면서 찰나멸 찰나생하고 있다. 그런데 앞에서 언급했던 것처럼, 경량부는 그와 같은 유위법들의 발생과 소멸에 대하여, '여러 유위법은 본래 존재하지 않다가 지금 존재하게 되며, 존재하다가 다시 비존재가 된다'고 주장한다.

그러나 만약 그들이 주장하는 것처럼, 유위법이 발생한 다음 찰나에 즉시 소멸하여 비존재가 된다면, 자신의 결과를 산출하지는 못할 것이다. 왜냐하면 이미 소멸하여 비존재가 되어 버린 사물은 다시 발생할 수도 없고, 다른 사물을 발생하도록 하지도 못할 것이기 때문이다. 그런 이유로 용수는 경량부의 상속설에서 어떤 유위법이 발생한 다음 찰나에 즉시 소멸하여 비존재가 된다고 주장하면, 그것은 결국 단멸론이 되어 버리고 만다고 지적하는 것이다.

용수는 다시 경량부의 상속설에 '상주론의 모순'이 있음을 지적하기 위하여 다음과 같이 말한다.

> 자성에 의해서 [존재하는] 진실한 존재의 비존재는 타당하지 않다.(21-17ab)[131]

경량부는 색법과 심법 등의 여러 법이 실법이라고 인정한다. 그런데 경량부의 '본무금유 이유환무설本無今有 而有還無說'에 따르면, 그와 같은 실법이 발생한 즉시 소멸하여 비존재가 된다고 한다. 여기서 실법의 개념과 찰나멸론은 서로 충돌하게 된다. 실법이란 개념상 '실체로서 존재하는 법'이기 때문에 존재의 자성을 가지고 있다고 말하지 않

131) sadbhāvasya svabhāvena nāsadbhāvaśca yujyate/ MMK, 21-17ab.

을 수 없다. 그런데 그와 같은 실법이 발생한 즉시 소멸하여 비존재가 된다면, 소멸하는 순간에 하나의 사물이 존재의 자성과 비존재의 자성을 동시에 가지게 될 것이다. 그러나 그런 일은 있을 수 없다. 왜냐하면 하나의 사물이 동일한 순간에 존재와 비존재의 자성을 가지는 것은 불가능하기 때문이다. 요컨대 어떤 사물이 실법임을 인정한다면, 그 사물은 발생한 다음 찰나에 스스로 소멸할 수 없으며, 그런 이유로 그것은 상주론에 빠지게 된다는 것이다. 청목은 『중론』에서 그와 같은 불합리를 다음과 같이 지적한다.

> [어떤] 사물이 결정적으로 존재의 자상을 가진다면, 그럴 경우에는 비존재의 자상은 없을 것이다. 마치 항아리에 항아리의 자상이 결정적으로 존재한다면, 그때에는 [항아리의] 실괴상失壞相이 없는 것과 같다. …… 또한 상주 등의 허물이 있기 때문이다. 그러므로 하나의 사물에 존재[의 자상]과 비존재[의 자상]이 [동시에] 있을 수는 없다.[132)]

이처럼 경량부의 법유론이 설하는 찰나멸론과 상속설도 사물의 발생과 소멸을 올바르게 설명할 수 없다. 그러므로 그들의 학설도 설일체유부의 학설과 마찬가지로 불상부단이라는 불타의 가르침에 부합하지 못하는 것임을 알 수 있다는 것이다.

3) 두 학파에 대한 종합적인 비판

이처럼 용수는 『중송』에서 설일체유부든 경량부든 관계없이 실법을

132) 法決定在有相中. 爾時無無相. 如甁定在甁相. 爾時無失壞相. … 又有常等過故. 是故不應於一法 而有有無. 『중론』 제3권, 대정 제30권, 29쪽 상.

인정하게 되면 결국 상주론이나 단멸론에 빠지지 않을 수 없음을 지적하면서 비판하고 있다. 그런데 흥미롭게도 『중송』 제15장에는 두 학파에 대한 종합적인 비판이라고 할 만한 내용이 발견된다. 용수는 『중송』에서 이렇게 말한다.

> 또한 자성으로서 존재하는 것, 그것이 없어지지 않는다면 상주가 되고,
> 이전에 존재하던 것이 지금 없어졌다고 하면 단멸이 된다.(15-11)[133]

> 청목 석(15-11); 만약 법이 결정적으로 존재하여 유有의 자상을 가지고 있다면, 끝내 무無의 자상은 없을 것이다. [그러므로] 그것은 곧 상주론이 된다. 왜 그런가? 삼세[실유]를 설하는 것과 같다. 즉, 미래 속에 법의 자상自相이 있어서, 그 법이 현재에 이르고, 과거로 흘러 들어가지만, 본래의 자상을 버리지 않는다고 하면, 그것은 곧 상주론이 된다. 또한 원인 중에 미리 결과가 존재한다고 설하는 것 역시 상주론이다. 한편 결정적으로 존재하던 것이 무無가 [된다고] 설하면, 그 무無란 반드시 먼저 있던 것이 지금은 없어진 것을 의미하는 것이니, 이것은 곧 단멸론이다. 단멸이란 상속相續이 끊어진 것을 말하는 것이니, 이런 두 가지 견해 때문에 부처님의 가르침에서 멀리 벗어나게 되는 것이다.[134]

---

133) asti yad dhi svabhāvena na tan nāstīti śāśvatam/
nāstīdānīm abhūt pūrvam ity ucchedaḥ prasajyate// MMK, 15-11.

134) 若法定有有相. 則終無無相. 是卽爲常. 何以故. 如說三世者. 未來中有法相. 是法來至現在. 轉入過去. 不捨本相. 是則爲常. 又說因中先有果. 是亦爲常. 若說定有無. 是無必先有今無. 是則爲斷滅. 斷滅名無相續. 因由是二見. 卽遠離佛法. 『중론』 제3권, 대정 제30권, 20쪽 중. 이 인용문은 그 위치를 보면 제15장 제10송에 대한 설명인 것처럼 보이지만, 그 내용은 제15장 제11송에 대한 설명이다.

청목의 설명에서 보듯이 『중송』 제15장 제11송의 전반구는 설일체유부의 법유론에 대한 비판이라고 생각된다. 설일체유부는 실유인 일체법이 자성으로서 존재하며, 과거, 현재,미래의 삼세에 걸쳐서 진실로 존재한다고 주장하기 때문이다. 설일체유부가 상주론에 빠지지 않기 위하여 찰나멸론을 설한다고 해도, 그것이 온전한 해결책이라고 생각되지는 않는다. 왜냐하면 그들의 찰나멸론에 따르면 작용만이 찰나멸이며, 법체는 상주라고 말하지 않을 수 없기 때문이다.

한편 『중송』 제15장 제11송의 후반구는 경량부의 법유론에 대한 비판이라고 생각된다. 왜냐하면 경량부는 미래법과 과거법의 존재를 부정하고 현재법의 실재만 인정하는 입장에서 '여러 유위법은 본래 존재하지 않다가 지금 존재하게 되며, 존재하다가 다시 비존재가 된다'고 주장하기 때문이다. 경량부는 상속설을 주장하면서 자파의 학설이 단멸론이 아니라고 주장하지만, 경량부의 상속설은 이전에 존재하던 실법이 한 찰나 후에는 즉시 소멸하여 비존재가 된다고 주장하므로 결국 단멸론이라고 말하지 않을 수 없다는 것이다.

용수는 이런 방식으로 설일체유부와 경량부의 법유론에서 찰나멸론과 상속설이 모두 모순을 포함하고 있으며, 그런 이유로 그들의 실유론은 결국 상주론이나 단멸론에 빠질 수밖에 없음을 지적한다. 다시 말하자면 어떤 학설이든 유자성의 실체나 실재를 승인하면, 여러 사물의 발생과 소멸을 올바르게 설명할 수 없게 되어, 그 학설은 결국 상주론이나 단멸론 가운데 어느 하나가 되지 않을 수 없다는 비판인 것이다.

제3장
용수의
중관사상

제3장 용수의 중관사상

1. 기본 개념들

1) 연기, 무자성, 공의 논리적 관계

중관사상의 기본 개념은 연기, 무자성, 공, 가명, 중도이지만, 그중에서도 가장 중요한 개념은 연기이다. 왜냐하면 연기는 그 다섯 개념의 논리적 근거이기 때문이다. 연기는 불타의 근본 사상일 뿐 아니라 용수의 근본 사상이기도 하다. 그러므로 용수는 『중송』을 연기에 대한 언급으로부터 시작해서 연기에 대한 언급으로 끝맺고 있다. 그는 『중송』의 귀경게에서 다음과 같이 말한다.

> 불멸이고 불생인, 부단이고 불상인,
> 불일이고 불이인, 불래이고 불거인,
> 희론이 적멸하여 길상吉祥인 연기를 설해 주신 정각자,
> 여러 설법자 가운데 최고인 그에게 예배합니다.[135)]

이처럼 용수는 귀경게에서 불생불멸 등의 연기를 설한 불타에게 귀의하고 있다. 이로부터 『중송』은 연기로부터 시작하고 있는 것을 알 수 있다. 또 『중송』의 마지막 게송은 다음과 같다.

> [잘못된] 모든 견해를 제거하기 위하여 정법正法을 설하신
> 자비로운 부처님께 나는 귀의합니다.(27-30)[136]

> 월칭 석(27-30); 소멸하는 것도 아니고, 발생하는 것도 아니며, 단절되는 것도 아니고, 영원한 것도 아니며, 동일한 사물도 아니고, 다른 사물도 아니며, 오는 것도 아니고 가는 것도 아닌, 희론이 적멸하여 상서로운 정법正法을 연기라는 이름으로 설하신 분, …… 그 최고의 둘도 없는 설법자에게 나는 예배합니다.[137]

이처럼 월칭(月稱, Candrakīrti, 600~650년경)은 『중송』의 마지막 게송에서 용수가 말한 '정법'을 연기라고 주석하고 있다. 이로부터 『중송』은 연기로 시작하여 연기로 끝을 맺고 있는 것을 알 수 있고, 그런 사실로부터 연기는 『중송』 전체의 요지인 동시에 『중송』의 근본 사상임을 알 수 있다. 그런데 용수는 『중송』에서 다음과 같이 말한다.

---

135) anirodhamanutpādamanucchedamaśāśvatam/
anekārthamanānārthamanāgamamanirgamam//
yaḥ pratītyasamutpādaṃ prapañcopaśamam śivam/
deśayāmāsa saṃbuddhastaṃ vande vadatāṃ varaṁ// PP, p. 11(13-16).

136) sarvadṛṣṭiprahāṇāya yaḥ saddharmamadeśayat/
anukampāmupādāya taṃ namasyāmi gautamam// MMK, 27-30.

137) yaḥ saddharmam/ anirodhamanutpādamanucchedamaśāśvatam/ anekārthamanānārtham anāgamamanirgamam // /prapañcopaśamaṁ śivaṁ pratītyasamutpādasaṁjñayā hi deśitavān sarvadṛṣṭiprahāṇārthaṁ jagatāmanukampāmupādāya mahākaruṇāmevāśritya priyaikaputrādhikatarapremapātrasakalatribhuvanajanaḥ na lābhasatkārapratyupakārādi lipsayā, taṁ namasyāmi niruttaramadvitīyaṁ śāstāram / PP, p. 592~593.

연기인 것, 그것을 공성이라고 우리들은 부른다.
그 [공성]은 가명假名이며, 그 [공성]이야말로 중도이다.(24-18)[138]

연緣하지 않고서 발생한 사물은 아무것도 존재하지 않는다.
그러므로 공이 아닌 사물은 아무것도 존재하지 않는다.(24-19)[139]

여기서 보듯이 용수는 '연기인 것'을 '공인 것'이라고 말한다. 또 그는 이어서 일체법은 '연에 의해서 발생한 것이므로 공'이라고 말한다. 그러므로 그에게 일체법은 모두 연기이고, 일체법은 모두 공인 것이 된다. 이처럼 용수는 『중송』에서 연기와 공을 동의어로 사용하고 있다. 그런데 용수는 『회쟁론』에서 다음과 같이 말한다.

또 여러 사물에 연해서 존재하는 것, 그것을 공성이라고 말한다.
또 여러 사물에 연해서 존재하는 것, 실로 그것이 무자성인 것이다.(22)[140]

용수는 게송의 전반부에서 '여러 사물에 연해서 존재하는 것은 공인 것'이라고 말한다. 이는 연기인 것과 공인 것을 동의어로 사용한 것으로서, 위에서 보았던 『중송』의 게송과 동일한 맥락이다. 그런데 이 게송은 후반부에서 '여러 사물에 연해서 존재하는 것은 무자성인 것'이라고 말한다. 여기서는 연기와 무자성이 동의어로 사용되었다.

---

138) yaḥ pratītyasamutpādaḥ śūnyatāṁ tāṁ pracakṣmahe/
sā prajñaptirupādāya pratipatsaiva madhyamā// MMK, 24-18.
139) apratītya samutpanno dharmaḥ kaścinna vidyate/
yasmāttasmādaśūnyo hi dharmaḥ kaścinna vidyate// MMK, 24-19.
140) yaśca pratītyabhāvo bhāvānāṁ śūnyateti sāproktā/
yaśca pratītyabhāvo bhavati hi tasyāsvabhāvatvam// VV, 22.

이처럼 용수는 연기, 무자성, 공을 모두 동의어로 사용한다. 그러나 그 세 용어는 논리적인 선후 관계를 가지고 있다. 앞의 인용문에서 보는 것처럼 연기와 공의 관계를 보면, 언제나 '연기이기 때문에 공이다'라고 말하며, '공이기 때문에 연기이다'라는 표현은 발견되지 않는다. 즉 언제나 연기가 이유이며 공은 귀결이다. 또 연기와 무자성의 관계를 보면 언제나 '연기이기 때문에 무자성이다'라고 말하며, '무자성이기 때문에 연기이다'라는 표현은 발견되지 않는다. 즉 연기가 이유이며 무자성은 귀결인 것이다.

또한 무자성과 공의 관계를 보면 무자성이 이유이며 공은 귀결이다.[141] 즉 언제나 '무자성이기 때문에 공이다'라고 말해지며, 공이기 때문에 무자성이라고는 말하지 않는다. 따라서 연기는 항상 이유인 것이 되고, 공은 언제나 귀결인 것이 된다. 또한 무자성은 연기에 대해서는 귀결이지만, 공에 대해서는 이유가 된다. 즉 연기의 개념으로부터 무자성의 개념이 도출되고, 무자성의 개념으로부터 공의 개념이 도출되는 것이다. 용수는 『회쟁론』 제22송에 대한 주석에서 이렇게 말한다.

> 용수 석(22); 이와 같이 또한 나의 말도 연해서 일어난 것이기 때문에 무자성이고, 무자성인 것이기 때문에 공이라는 것이 성립한다.[142]

이 문구는 용수가 '만일 일체법이 무자성이라면 무자성이라고 하는 그대의 주장도 무자성인 것이 된다. 그렇다면 무자성인 주장을 통해서 자성을 부정하는 것은 불가능하다'고 하는 실유론자들의 비판에 답변

141) 월칭은 『프라산나파다』에서 다음과 같이 말한다. "[또] '일체법sarvadharmā은 무자성niḥsvabhāva이기 때문에 공śūnyā이다'라고 『반야경』에서 말하기 때문이다."
śūnyāḥ sarvadharmāniḥsvabhāvayogeneti prajñāpāramitābhidhānāt// PP, p. 500(11-12).

142) evaṁ madīyamapi vacanaṁ pratītyasamutpannatvānniḥsvabhāvaṁ niḥsvabhāvatvāc-chūnyamityupapannam/ VV, p. 24(8-10).

하는 대목이다. 용수는 그에 대한 답변으로 '공이라는 자신의 주장도 역시 연에 의해서 발생한 것이기 때문에 무자성이고, 무자성인 것이기 때문에 공'이라고 말한다. 월칭月稱도 『중송』 제24장 제14송에 대한 주석에서 다음과 같이 말한다.

> 월칭 석(24-14); 무엇 때문인가? 왜냐하면 실로 고통은 연에 의해서 발생한 것이고, 연에 의해서 발생하지 않은 것이 아니기 때문이다. 그래서 그 [고통]은 무자성인 것이기 때문에 공이다.[143)]

이처럼 월칭도 '고통은 연에 의해서 발생한 것이기에 무자성인 것이고, 무자성인 것이기에 공'이라고 말하고 있다. 이런 용수와 월칭의 언급에서 연기, 무자성, 공의 논리적인 선후 관계를 알 수 있다. 즉 연기, 무자성, 공이라는 용어는 동의어이면서도 논리적으로 서로 관련되어 있으며, 각각 앞의 용어는 뒤의 용어에 대해 논리적인 근거의 역할을 한다는 것이다. 그러므로 용수의 공사상에서 연기, 무자성, 공의 개념은 '일체법은 여러 연에 의해서 발생하는 것이기에 무자성인 것이며, 무자성인 것이기에 공인 것'이라고 관련지어 이해할 수 있음을 알 수 있다.

2) 연기와 무자성

용수가 연기인 것을 무자성이라고 말하는 이유는 자성의 개념과 관련되어 있다. 부파불교에서 자성이란 '고정불변의 독자적인 실체나 속성'을 의미했다. 그런데 설일체유부는 삼세실유 법체항유설에 따라 일체법이 '인과 연을 기다리지 않고 자성自性을 가지고 있다'고 말한다.

143) kathaṁ kṛtvā yasmātpratītyasamutpannameva hi duḥkhaṁ bhavatināpratītyasamutpannaṁ / tacca niḥsvabhāvatvācchūnyaṁ/ PP, p. 500(14-16).

설일체유부에서 일체법은 연에 의존해서 발생한 것이 아니라, 스스로 존재하는 독자적인 실체인 것이다.

한편 경량부는 현재실유 과미무체설에 따라 여러 유위법이 '인과 연에 따라 자체自體를 얻자마자 곧바로 소멸하여 비존재가 된다'고 말한다. 그들은 색법과 심법 등의 실체적 존재성을 승인하며, 그들이 언급하는 자체란 자성과 동일한 의미이기 때문에, 그들의 주장은 여러 유위법이 인과 연에 의존해서 독자적 실체를 갖게 되고, 다음 찰나에는 곧바로 소멸하여 비존재가 된다는 의미가 된다. 그러나 용수는 『중송』에서 이렇게 말한다.

> 또한 자성이 어떻게 만들어진 것이라고 부를 수 있겠는가?
> 자성은 ①만들어지지 않은 것이고, ②다른 것에 의존하지 않는 것이기 때문이다.(15-2)[144)]

> 월칭 석(15-2); 여기에서 자성은 '독자적인 사물'svo bhāvaḥ이다. 그러므로 어떤 사물, '그 자신의 본성'ātmīyaṁrūpaṁ인 것, 그것이 그것의 자성이라고 말해진다. 그러나 무엇이 무엇의 '그 자신의 것'ātmīya인가? '만들어지지 않은 것'akṛtrima이다. 그러나 '만들어진 것', 그것은 '그 자신의 것'이 아니다. 예를 들면 물의 열기와 같다.
> 또한 '그것에 의존하는 것'āyatta, 그것도 역시 '그 자신의 것'이다. 예를 들면 그 자신의 하인이나 재산과 같다. 그러나 타자에게 의존하는 것, 그것은 '그 자신의 것'ātmīya이 아니다. 그것은 마치 일정기간 동안 빌린 것이 자기에게 의존하지 않는 것과 같다. 그러므로 '만들어진

144) svabhāvaḥ kṛtako nāma bhaviṣyati punaḥ katham/
akṛtrimaḥ svabhāvo hi nirapekṣaḥ paratra ca// MMK, 15-2.

것'kṛtrima이나 '타자에 의존하는 것'paras-āpekṣa은 자성이라고 인정되지 않는다.[145)]

이렇듯 용수에 의하면, 자성이란 ①다른 것에 의해 만들어지지 않은 것, ②다른 것에 의존하지 않는 것이라는 두 가지 특징을 가지고 있다. 그리고 월칭은 자성을 불의 열기에 비유하여 설명하고 있다. 즉 물(水)의 열기처럼 타자에 의하여 만들어진 것이나, 일정 기간 빌린 물건처럼 타자에게 의존하는 것은 자성이 아니며, 불의 열기처럼 오직 그 자신만의 것, 그리고 그 자신에게만 의존하는 독자적인 실체가 자성이라는 것이다. 또 월칭은『중송』제13장 제4송에 대한 주석에서 이렇게 말한다.

월칭 석(13-4); 세간에서는 ③어떤 속성dharma이 어떤 사물을 떠나지 않을 때, 그 [속성]을 그 [사물]의 자성svābhava이라고 부른다. 왜냐하면 타자에게 의존하지 않기 때문이다. 불의 열기는 그것을 떠나지 않기 때문에, 세간에서 [불의] 자성이라고 부른다. 그러나 물(水)에서 인식되는 열기는 다른 [사물]을 연緣으로 해서 발생하였기 때문에 만들어진 것이고, 자성이 아니라고 [말한다].[146)]

즉 월칭의 설명에 의하면 자성이란 불의 열기와 같이 ③'어떤 사물

---

145) iha svo bhāvaḥ svabhāva iti yasya padārthasya yadātmīyaṁ rūpaṁ tattasya svabhāva iti vyapadiśyate / kiṁ ca kasyātmīyaṁ yadyasyākṛtrimam, yattu kṛtrimaṁ na tattasyātmīyaṁ tadyathā apāmauṣṇyam / yacca yasyāyattaṁ tadapi tadātmīyaṁ tadyathā sve bhṛtyāḥ, svāni dhanāni / yattu yasya parāyattaṁ na tattasyātmīyaṁ tadyathā tāvatkālikāyātcitakamasvatantram / yataścaivaṁ kṛtrimasya parasāpekṣasya ca svabhāvatvaṁ neṣṭam / PP, pp. 262~263.

146) iha yo dharmo yaṁ padārthaṁ na vyabhicarati, sa tasya svabhāva iti vyapadiśyate, aparapratibaddhatvāt / agnerauṣṇyaṁ hi loke tadavyabhicāritvāt svabhāva ityucyate / tadeva auṣṇyamapsūpalabhyamānaṁ parapratyayasaṁbhūtatvātkṛtrimatvānna svabhāva iti / PP, p. 241.

을 떠나지 않는 고유한 속성'이다. 그리고 그것은 용수가 『중송』 제15장 제2송에서 말했던 것처럼, '타자에 의해서 만들어지지 않은 것, 타자에 의존하지 않는 것'이다.

그러나 월칭은 연기를 '여러 사물이 인因과 연緣에 의존해서 발생하는 것'이라고 정의한다.[147] 따라서 용수와 월칭의 정의에 따르는 한, 인과 연에 의존해서 발생한 연기인 사물이 ①다른 것에 의해서 만들어지지 않은 것, ②다른 것에 의존하지 않는 것, 그리고 ③그 사물을 떠나지 않는 고유한 속성이라는 세 가지 특성으로 정의되는 자성을 갖지 못한다는 것은 당연하다.

또한 이로부터 '여러 사물에 연해서 존재하는 것, 실로 그것은 무자성인 것이다'라는 회쟁론 제22송의 언급과 '또한 자성이 어떻게 만들어진 것이라고 부를 수 있겠는가? 자성은 ①만들어지지 않은 것이고, ②다른 것에 의존하지 않는 것이기 때문이다'라는 『중송』 제15장 제2송의 언급은 각각 유부와 경량부의 법유론에 대한 비판도 포함하고 있음을 알 수 있다.

왜냐하면 일체법은 연기이기 때문에, 유부가 주장하는 것처럼 '인과 연을 기다리지 않고 결정되어 있는 자성'은 존재할 수 없으며, 또한 자성은 독자적인 실체이기 때문에, 경량부가 주장하는 것처럼, 여러 법이 '인과 연에 따라 자체를 얻는 것'과 '자체를 얻자마자 곧바로 소멸하여 비존재가 되는 것'은 모두 불가능하기 때문이다.

3) 무자성과 공

무자성인 사물을 공이라고 부르는 이유는 다음과 같이 설명할 수

147) tataśca hetupratyayāpekṣo bhāvānāmutpādaḥ pratītyasamutpādārthaḥ// PP, p. 5.

있다. 본래 공(空, śūnya)이라는 용어는 '결여한, 공허한, 텅 빈, 쓸모없는, 황량한, 황폐한, 없는'등을 의미하는 용어이다. 그래서 'ayaṁgṛho ghaṭena śūnyaṁ'이라는 말은 '이 집은 항아리를 결여하고 있다', 즉 '이 집에는 항아리가 없다.'는 의미가 된다.

이와 같은 공의 의미를 '색은 공이다'rūpaṁ śūnyam라는 『반야경』의 문구에 적용하면 그 말은 곧 '색은 존재하지 않는다'는 의미가 된다. 그러므로 일체법이 공이라고 주장하는 중관학파는 흔히 자신들의 의도와는 달리 허무론자라고 비판되었던 것이다. 실제로 『팔천송반야경』은 일반적으로 위와 같은 형식으로 공을 설하고 있다.

그러나 『일만팔천송반야경』이나 『이만오천송반야경』 등에서는 공을 표현하는 형식이 달라진다. 즉 거기서는 공을 표현하는 문구가 '색은 색의 자성으로서 공이다'rūpaṁ śūnyaṁ rūpasvabhavena, '법은 자성으로서 공이다'dharmaḥ svabhāvena śūnyāḥ, '일체법은 자성공이다'sarvadharmaḥ svabhāva śūnyāḥ라는 형태로 바뀐다.

이와 같이 『일만팔천송반야경』이나 『이만오천송반야경』 등은 '자성으로서(=자성이라는 점에서)'라는 한정어를 부가해서 공을 표현한다. 즉 『일만팔천송반야경』이나 『이만오천송반야경』 등은 『팔천송반야경』에서 '색은 공이다'라고 말했던 것을 '색은 자성으로서 공이다'라고 표현함으로써 색이 결여하고 있는 것이 자성임을 분명히 밝히고 있다.

또 『일만팔천송반야경』이나 『이만오천송반야경』 등에서는 '색의 자성은 존재하지 않는다. 자성이 존재하지 않는 것, 그것은 무자체이다'rūpasya svabhāvo nāsti yasya svabhāvo nāsti so'bhāvaḥ, '복합인 것의 자성인 것, 그것은 무자체이다'yasya sāṁyogikaḥ svabhāvo so'bhāvaḥ, '여러 법의 자성은 존재하지 않는다'dharmāṇāṁ svabhāvo nāsti, '실로 일체법은 무자체이다'abhāva eva sarvadharmāḥ라는 표현도 발견된다. 그럴 경우 '없다, 존재하지 않는다'nāsti고 말해지는 것은 색rūpa과 법dharma이 아니라 자성(svabhāva, 自體)이다.148) 또한 청목은『중송』제24장 제18송을 주석하면서 이렇게 말한다.

> 청목 석(24-18); 여러 인연에서 발생한 법을 나는 공空이라고 말한다. 왜 인가? 여러 연緣이 갖추어지고 화합해서 사물이 발생한다. 그 사물은 여러 인연에 속하는 것이기 때문에 무자성이다. [또한] 무자성이기 때문에 공이고, 공도 또한 공이다. [왜냐하면] 다만 중생을 인도하기 위하여, 가명假名으로 설한 것이기 때문이다.
> [여러 인연에서 발생한 법은] 존재와 비존재의 양 극단을 떠났기 때문에 중도中道라고 부른다. 이 법은 무자성이기 때문에 존재라고 부르지 못한다. 또한 공도 존재하지 않기 때문에 비존재라고 부르지도 못한다. 만일 법에 [자]성이나 [자]상이 있다면, 여러 연을 기다리지 않고 존재할 것이다. [그러나] 여러 연을 기다리지 않으면 법도 존재하지 않는다. 그러므로 불공인 법은 존재하지 않는다.149)

요컨대 연기인 여러 사물은 인과 연에 의해서 만들어진 것이고, 인과 연에 의존하는 것이기 때문에, ①만들어지지 않은 것, ②다른 것에 의존하지 않는 것, 그리고 ③그 사물을 떠나지 않는 고유한 속성이라는 세 가지 특징으로 정의되는 자성을 가지지 못한다. 그러므로 연기인 사물은 모두 무자성이라고 말한다. 이처럼 연기인 사물의 특징은 자성의 결여이며, 그것이 바로 용수가 설하는 공의 의미이다.

---

148) 森山清徹(1979),「自性の考察」, 754~755쪽.

149) 衆因緣生法. 我說卽是空. 何以故. 衆緣具足和合而物生. 是物屬衆因緣故無自性. 無自性故空. 空亦復空. 但爲引導衆生故. 以假名說. 離有無二邊故名爲中道. 是法無性故不得言有. 亦無空故不得言無. 若法有性相. 則不待衆緣而有. 若不待衆緣則無法. 是故無有不空法.『중론』제4권, 대정 제30권, 33쪽 중.

그렇다고 '공인 것'이라는 사물이 별도로 존재하는 것도 아니다. 그러므로 공도 또한 공이라고 말하고, 중생을 위하여 존재하지 않는 것에 잠시 이름을 붙였으므로 '가명'이라고 말한다. 또한 연기인 사물은 어떤 자성도 갖지 못하기 때문에 존재성도 비존재성도 갖지 못한다. 따라서 연기인 사물은 비유비무非有非無인 것이고, 존재와 비존재 등의 여러 극단을 떠났다는 점에서 중도라고 말해진다는 것이다.

그리고 청목은 그와 같은 사실을 귀류법으로 논증하고 있다. 즉 만약 여러 사물이 자성을 가지고 있다면, 연을 기다리지 않고 존재할 것이다. 그러나 현실에서 그런 사물은 발견되지 않는다. 따라서 일체법은 무자성, 즉 공성이고, 불공인 것은 존재하지 않음을 알 수 있다는 것이다.

이와 같은 언급들을 통해서 회쟁론에서 발견되는 '무자성인 것niḥsvabhāvatva이기 때문에 공'śūnya이라고 하는 용수의 언급을 이해할 수 있다. 즉 용수에게 공이란 사물의 비존재를 의미하는 말은 아니라, 연기인 일체의 사물이 '자성을 결여하고śūnya 있는 것'을 의미하는 말인 것이다. 그런 점에서 '연기인 것, 그것을 공인 것이라고 우리들은 부른다'라고 하는 『중송』 제24장 제18송의 전반부의 의미를 이해할 수 있다. 즉 그 게송은 '연기인 여러 사물, 그것을 우리들은 고정불변의 독자적인 실체나 속성인 자성을 결여한 것이라고 부른다'라는 의미인 것이다.

4) 가명과 중도

용수는 『중송』 제24장 제18송의 후반구에서 '그 공인 것은 가명假名이며, 그 공인 것이야말로 중도이다'라고 말한다. 이 게송에서 공성은 가명 및 중도와 동의어로 사용되었음을 알 수 있다. 이처럼 용수는 연기, 무자성, 공, 가명, 중도를 모두 동일한 의미로 사용하고 있다. 월칭은 『중송』 제

24장 제18송을 다음과 같이 주석한다.

> 월칭 석(24-18); 또 이 자성의 공성svabhāva-śūnyatā, 그것이 가명, [즉 연에 의한 명칭]이다. 실로 이 공성이야말로 가명假名이라고 확립된다. 바퀴와 같은 마차의 부분들에 의해서 마차가 알려진다. 그 자신의 부분에 의한 명칭인 것, 그것은 자성으로서 불생인 것svabhāvena-anutpatti이다. 또 자성으로서 불생인 것, 그것이 공성이다. 실로 이 자성으로서 불생인 것을 특징으로 하는 공성이야말로 중도中道라고 확립된다. 왜냐하면 자성으로서 불생인 것, 그것의 존재성은 없으며, 또 자성으로서 불생인 것에는 소멸이 없기 때문에, 비존재성도 없기 때문이다. 그러므로 존재와 비존재의 양 극단을 떠나 있는 것이기 때문에, 모든 자성으로서 불생인 것을 특징으로 하는 공성은 '중中의 길'madhyamā pratipat, 즉 중도madhyamo mārga라고 말해진다. 그러므로 이와 같이 공성과 가명과 중도는 연기의 다른 이름이다.[150]

월칭月稱의 설명에 따르면 무자성이고 공인 것은 가명, 즉 '연에 의존해서 시설된 명칭'에 지나지 않는다. 그것은 여러 부분에 의존해서 시설되어 있는 수레와 같다. 즉 수레는 수레의 각 부분인 수레바퀴 등이 모여서 형성되는 것으로 각 부분이 없으면 수레는 존재하지 않는다. 이때 수레는 바퀴 등의 여러 연에 의해서 임시로 시설된 명칭에 불

150) yā ceyaṁ svabhāvaśūnyatā sā prajñaptirupādāya/ saiva śūnyatā upādāya prajñaptiriti vyavasthāpyate/ cakrādīnyupādāya rathāṅgāni rathaḥ prajñapyate/ tasya yā svāṅgānyupādāya prajñaptiḥ sā svabhāvenānutpattiḥ yā ca svabhāve[nā]nutpāttiḥ sā śūnyatā// saiva svabhāvānutpattilakṣaṇā śūnyatā madhyamā pratipaditi vyavasthāpyane/ yasya hi svabhāvenānutpattistasyāstitvābhāvaḥ svabhāvena cānutpannasya vigamābhāvānnāstitvābhāva iti/ ato bhāvābhāvāntadvayarahitatvātsarvasvabhāvānutpattilakṣṇā śūnyatā madhyamā pratipanmadhyamo mārga ityucyate// tadevaṁ pratītyasamutpādasyaivaitā viśeṣasaṁjñāḥ śūnyatā upādāya prajñaptirmadhyamā pratipaditi// PP, p. 504(8-15).

과하다. 따라서 수레는 곧 가명이다.

이와 같은 가명 개념은 설일체유부의 가유 개념과 유사하다. 설일체유부에서 가유는 복합적인 사물을 의미했다. 그리고 그것은 숲이나 모래 더미와 같이 그 이름에 해당하는 실체가 없기 때문에 다만 가유일 뿐이다. 이처럼 설일체유부는 복합적인 사물은 실유인 연에 의해서 시설된 '명칭으로서의 존재'에 지나지 않는다고 말한다.

한편 용수는 연에 의해서 발생한 사물을 '연에 의해서 임시로 설정된 명칭'에 불과하다고 말한다. 용수와 설일체유부는 모두 연에 의해서 발생한 사물에 그 명칭에 해당하는 고유한 실체가 없다고 생각한다는 점에서 동일하다. 그러나 설일체유부는 연에 의해서 발생한 사물을 가유(假有, prajñapti-sat)라고 불러서 그것을 일종의 존재로 간주하는 반면, 용수는 연에 의해서 발생한 사물을 다만 가명(假名, prajñapti)이라고 불러서 그 존재성을 인정하지 않는다. 즉 연에 의해서 발생한 사물을 존재의 범주에 포함하지 않는다는 점에서 용수의 가명 개념은 설일체유부의 가유 개념과 서로 다른 것이다.

또 다른 차이점은 설일체유부가 복합적 사물인 가유의 발생을 설명하기 위해서 실유를 승인하였던 반면에, 용수는 설일체유부와는 달리 가명을 설명하기 위해서 실유를 승인하지 않는다는 점이다. 따라서 용수의 경우 일체의 사물은 연에 의존해서 시설된 가명에 지나지 않는다. 즉 용수는 일체의 사물이 모두 연에 의해서 시설된 것이므로, 일체법은 모래 더미와 같이 그 이름에 해당하는 고유한 실체를 지니지 못하는 가명일 뿐이라고 생각하였던 것이다.

그런데 위의 인용문에서 보듯이 월칭은 '그 자신의 부분에 의한 명칭인 것, 그것은 자성으로서 불생인 것'이라고 말한다. 따라서 월칭에게 가명은 곧 '자성으로서 불생인 것'이다. 그는 다시 불생의 개념을 중도의 개념과 관련짓는다. 따라서 월칭에게 가명은 '자성으로서 불생인 것'이고, 그것은 곧 비유비무의 중도인 것이 된다. 가명과 불생과 중도가 동일한 의미인 것은 다음과 같이 설명할 수 있다.

연에 의해서 발생한 일체의 사물은 다만 연에 의해서 시설된 명칭에 지나지 않으며, 연에 의해서 시설된 명칭에는 자성, 즉 '고정불변의 독자적인 실체나 속성'이 없다. 따라서 일체의 사물은 무자성인 것으로 발생하며, 자성인 것으로 발생하는 것은 아니다. 이때 연에 의해서 발생한 사물은 무자성인 명칭일 뿐이며, 그런 이유로 일체의 사물은 '자성으로는 불생'이다. 예를 들면 바퀴 등의 연에 의해서 발생한 마차는 자성으로서 발생한 것이 아니라, 무자성인 명칭으로서 발생한 것이다. 따라서 마차의 발생은 '자성으로서는 불생'이다.

'자성으로서 불생인 것'은 자성으로서 소멸하는 것도 아니다. 즉 일체의 사물은 무자성인 것으로 소멸하며, 자성인 것으로 소멸하는 것이 아니라는 것이다. 이때 연에 의해서 소멸한 것은 무자성인 명칭일 뿐이다. 따라서 일체의 사물은 '자성으로서는 불멸'이다. 예를 들면 자성으로 불생인 마차의 소멸은 자성으로 소멸한 것이 아니라, 무자성인 명칭으로 소멸한 것이다. 따라서 마차의 소멸은 '자성으로서는 불멸'이다.

자성으로 불생인 사물에는 고정 불변의 존재성이 없으며, 자성으로 불멸인 사물에는 고정 불변의 비존재성도 없다. 여기서 자성으로 불생인 것과 자성으로 불멸인 것은 모두 가명의 다른 이름에 지나지 않으며, 그것은 또 연에 의해서 발생한 사물을 의미한다. 이처럼 연에 의해서 발생한 사물에는 고정 불변의 존재성도 없고 고정 불변의 비존재성도 없으므로, 존재(bhāva, 有)도 아니고 비존재(abhāva, 無)도 아니라고 말해진다. 그리고 이렇게 연에 의해서 발생한 모든 사물은 존재와 비존재의 두 가지 극단을 떠나 있기 때문에 중도라는 것이다.

이로부터 용수의 중관사상을 형성하는 기본 개념들은 '고정불변의 독자적인 실체나 속성'인 자성의 부정에 초점이 맞추어져 있고 그 논리적 근거는 연기인 것을 알 수 있다. 다시 말하자면 용수는 연기에 근거해서 여러 학파들의 실재론을 비판하고, 나아가 일체법이 무자성, 공, 가명, 중도라는 최고의 진실을 밝히고자 했던 것이다.

2. 상호의존적 연기설

1) 상호의존적 연기설의 목적

또한 용수는 『중송』 제24장 제19송에서 '연緣하지 않고서 발생한 사물은 아무것도 존재하지 않는다. 그러므로 공이 아닌 사물은 아무것도 존재하지 않는다'고 말한다. 여기서도 그가 일체법이 모두 공임을 주장하는 논리적 근거는 연기인 것을 알 수 있다.

그런데 용수의 『중송』에는 두 종류의 연기설이 발견된다. 그것은 12연기설과 상호의존적 연기설이다. 12연기설은 『중송』 제26장에서 발견되는데 그것은 설일체유부에서 설하는 삼세양중의 인과와 거의 동일한 방식으로 중생의 윤회와 해탈을 설명하고 있다.

한편 상호의존적 연기, 즉 상호의존의 연기란 두 개의 사물, 혹은 여러 사물이 상호의존해서 성립하는 것을 말하는데, 용수는 주로 상호의존적 연기를 통해서 일체법이 무자성, 공임을 밝히고자 하였다. 그는 『중송』에서 상호의존의 연기를 다음과 같이 설명한다.

> 행위자kāraka는 행위를 연해서, 행위karma는 행위자를 연緣해서 일어난다.
> 우리들은 그 이외의 다른 성립의 원인을 보지 못한다.(8-12)[151]

> 이와 같이 집착upādāna을 알아야 한다. 행위와 행위자가 부정되었기 때문이다.
> 행위와 행위자를 통해서 나머지 사물들도 [그렇게] 알아야 한다.(8-13)[152]

이처럼 용수는 행위자와 행위가 상호의존해서 성립한다고 말하고, 나머지 사물에 대해서도 그와 같이 알아야 한다고 말한다. 월칭은 『중송』 제8장 제13송에 대한 주석에서 이렇게 말한다.

> 월칭 석(8-13cd); 행위와 행위자, 집착의 대상과 집착하는 자 이외의 다른 사물들, 즉 태어나는 것과 낳는 것, 가는 것과 가는 작용, 보여지는 것과 보는 것, 특징지워지는 것과 특징, 발생되는 것과 발생시키는 것, 부분과 부분을 가지는 것, 속성과 속성을 가지는 것, 인식수단과 인식대상 등을 포함하는 모든 사물들, 그것들은 행위자와 행위에 대한 고찰을 통하여 자성으로서의 존재성이 부정되고, 상호의존을 통해서만 성립한다는 것이 [확인된다].[153]

---

151) pratītya kārakaḥ karma taṃ pratītya ca kārakam /
karma pravartate nānyat paśyāmaḥ siddhikāraṇam // MMK, 8-12.

152) evaṃ vidyādupādānaṃ vyutsargāditi karmaṇaḥ/
kartuśca karmakartṛbhyāṃ śeṣān bhāvān vibhāvayet// MMK, 8-13.

153) karmakārakaupādeyaupādātṛvyatiriktā ye'nye bhāvā janyajanaka gantṛgamanadraṣṭavyadarśanalakṣyalakṣaṇautpādyautpādakāḥ, tathā avayavāvayaviguṇaguṇipramāṇaprameyādayo niravaśeṣā bhāvāḥ, teṣāṁ kartṛkarmavicāreṇa svabhāvato'stitvaṁ pratiṣidhyaparasparāpekṣikīmeva siddhiṁ/ PP, p. 190.

이처럼 월칭은 행위와 행위자, 집착의 대상과 집착하는 자만이 아니라, 그밖의 모든 사물들, 즉 태어나는 것과 낳는 것, 가는 것과 가는 작용 등의 모든 사물들이 상호의존의 연기에 의해서 성립한다고 말한다. 그럴 경우 연기인 사물은 모두 무자성이기 때문에 일체법은 무자성이고 공인 것이 된다.

연기인 사물이 무자성인 이유는 앞에서 설명했던 것처럼, 다른 사물에 의존해서 성립한 연기인 사물은 ①다른 것에 의해서 만들어지지 않은 것, ②다른 것에 의존하지 않는 것, 그리고 ③그 사물을 떠나지 않는 고유한 속성이라고 정의되는 자성을 갖지 못하기 때문이다. 이로부터 용수는 두 종류의 연기설 가운데 상호의존적 연기설을 통해서 일체법의 무자성, 공, 가명, 중도를 밝히고자 했던 것을 알 수 있다.

2) 상호의존적 연기설의 형태

(1) 작용, 행위, 행위자의 상호의존적 연기

『중송』에서 상호의존적 연기의 형태가 비교적 자세하게 언급되고 있는 곳은 제8장과 제2장이다. 앞에서 보았듯이 용수는 『중송』 제8장 제12송에서 행위와 행위자의 상호의존적 연기를 "행위자kāraka는 행위를 연해서, 행위karma는 행위자를 연緣해서 일어난다. 우리들은 그 이외의 다른 성립의 원인을 보지 못한다"라고 말했다. 그리고 월칭은 그 게송을 주석하면서 이렇게 말한다.

> 월칭 석(8-12); 이 세상에서 ①행위를 행하지 않고, [행위에] 의존하지 않는 행위자는 존재하지 않기 때문에, 행위자의 행위자성은 행위에 의존하는 것이다. [그리고] ②행위자에 의하여 현재 행해지지 않는 어떤 행

> 위도 존재하지 않기 때문에, 그리고 행위자에 의해서 지금 행해지고 있는 것이야말로 행위라고 말해지기 때문에, 그 행위자에 연緣하여 행위는 일어난다. ③이와 같이 행위와 행위자의 상호의존에 의한 성립 parasparāpekṣikīṁ siddhiṁ 이외에 다른 성립의 원인을 우리들은 보지 못한다.[154]

여기서 월칭의 설명에 따라 행위karma와 행위자kāraka의 상호의존적 연기의 형태를 정리하면 다음과 같다. ①행위를 행하지 않고, 행위에 의존하지 않는 행위자는 존재하지 않는다. 또한 사람들이 그를 행위자라고 부르는 이유는 그가 행위를 하기 때문이고, 행위하지 않는 사람을 행위자라고 부르지는 않는다. 그러므로 행위자는 행위에 의존해서 성립하는 것을 알 수 있다.

그리고 ②행위자에 의해서 지금 행해지지 않는 어떤 행위도 존재하지 않으며, 사람들은 행위자에 의해서 행해지는 것만을 행위라고 말한다. 그러므로 행위는 행위자에 의존해서 성립하는 것을 알 수 있다는 것이다. 이처럼 월칭은 현실의 경험적인 상황에 근거해서 행위와 행위자의 상호의존적 연기의 형태를 설명한다.

그런데 용수는 제8장 제13송에서 다시 "이와 같이 집착upādāna을 알아야 한다. 행위와 행위자가 부정되었기 때문이다. 행위와 행위자를 통해서 나머지 사물들도 [그렇게] 알아야 한다"라고 말한다. 즉 행위와 행위자가 상호의존적 연기에 의해서 성립하기 때문에 그 자성이 부정되는 것처럼, 집착과 자아도 상호의존적 연기에 의해서 성립하기 때문에

154) iha akurvāṇasya karmanirapekṣasya kārakatvābhāvāt karmāpekṣya kārakasya kārakatvaṁ bhavati / kārakeṇa cākriyamāṇasya kasyacitkarmatvābhāvāt kriyamāṇasyaiva karmavyapadeśāt, taṁ kārakaṁ pratītya karma pravartate ityevaṁ karmakārakayoḥ parasparāpekṣikīṁ siddhiṁ muktvā nānyatsiddhikāraṇaṁ paśyāmaḥ// PP, p. 189.

그 자성이 부정된다. 그리고 행위와 행위자가 상호의존적 연기에 의해서 성립하는 것처럼 다른 사물들도 그와 마찬가지로 상호의존적 연기에 의해서 성립함을 알아야 한다는 것이다. 위의 게송에 대한 월칭의 주석은 다음과 같다.

> 월칭 석(8-13ab); '이와 같이'라는 이 [말]에 의해서 바로 앞에서 [행해진] 행위와 행위자의 시설이 보여진다. ①집착upādāna이란 집착하는 행위이다. 그 [행위]에 의해서 집착하는 작용upātti kriyām을 말했다. ②그 [집착하는 작용]은 자신을 성립시키는 행위자인 집착하는 자upādātāraṁ와 행위인 집착을 드러나게 한다. ③그리고 집착의 대상upādeya과 집착하는 자는 행위와 행위자처럼 상호의존해서 성립하며, 자성으로서 [성립하는 것]이 아니다.[155)]

이처럼 월칭은 용수의 게송을 주석하면서, 작용kriyā과 행위karma 및 행위자kāraka가 상호의존해서 성립한다고 설명한다. 그런데 위의 인용문에서 ①은 행위에 의존해서 작용이 성립하는 것을 의미하고, ②는 작용에 의존해서 행위와 행위자가 성립하는 것을 의미한다. 또한 ③에서는 집착의 대상과 집착하는 자로 상호의존적 연기의 범위를 확장하고 있다.

이와 같은 월칭의 주석으로부터 작용, 행위, 행위자의 삼자三者는 중층적인 상호의존적 연기의 관계를 형성하고 있음을 알 수 있다. 즉 행위는 행위자에 의존해서 성립하고, 행위자는 행위에 의존해서 성립한다. 그리고 다시 행위에 의존해서 작용이 성립하고, 작용에 의존해서

---

155) evamityanena anantarāṁ karmakārakaprajñaptiṁ darśayati / upāttirupādānam / anena caupātti kriyāmāha / sā ca svasādhanaṁ kartāramupādātāraṁ karma caupādānaṁ saṁnidhāpayati / tayośca upādeyaupādātroḥ parasparāpekṣayoḥ karmakārakavadeva siddhirna svābhāvikī/ PP, p. 189.

행위와 행위자가 성립한다는 것이다.

작용은 설일체유부에서 삼세三世를 구분하는 기준으로 사용되었고, 세친과 법칭은 그 개념을 실재인 사물을 구분하는 기준으로 사용하였다. 그런데 위에서 보듯이 용수는 작용이 행위 및 행위자와 상호의존해서 성립한다고 말함으로써 작용의 존재성을 부정한다. 왜냐하면 용수는 작용도 다른 사물과 마찬가지로 상호의존적 연기에 의해서 성립하는 것이므로, 무자성이고 공인 것에 지나지 않는다고 생각하기 때문이다.

그러나 용수가 작용의 존재성을 부정했다고 해도 그 개념의 중요성까지 간과했던 것은 아니다. 그는 작용을 비존재가 아닌 사물의 판단 기준으로 사용하고 있기 때문이다. 즉 그는 연기이기 때문에 무자성인 사물을 존재로서 인정하지 않지만, 자신의 '목적을 위한 작용 능력'kārya-kriyā-samartha을 가진 사물을 비존재라고 주장하지 않는다.

예를 들면 옷은 연기이기 때문에 무자성이지만, 추위와 더위와 바람을 막는 목적을 위해서 작용한다. 그럴 경우 옷은 연기이고 무자성이기 때문에 존재라고 말할 수는 없지만, 자신의 '목적을 위한 작용 능력'을 가지는 것이기 때문에 비존재라고 말하지도 않는다는 것이다.[156]

(2) 존재인 행위자와 행위의 불성립

용수는 작용, 행위, 행위자가 상호의존적 연기에 의해서 성립한다고 말한다. 그러나 행위가 행위자에 의존해서 성립하는 것은 이해하기가 쉽지만, 반대로 행위자가 행위에 의존해서 성립한다는 것은 이해하기가 쉽지 않다. 그와 유사하게 원인이 결과에 의존해서 성립한다든가, 아버지가 아들에 의존해서 성립한다든가, 씨앗이 싹에 의존해서 성립한다는 주장도 쉽게 이해되지 않는다.

156) 齋藤明(1998),「ナ-ガ-ルジュナにおける「存在」の兩義性」, 204(920)쪽.

그 이유는 우리가 여러 사물을 유자성인 사물, 즉 고정불변의 독자적인 실체로 간주하는 습관에 물들어 있기 때문이다. 즉 우리들은 일반적으로 인식되고 지각되는 것은 모두 실체로서 존재한다고 생각하는 습관을 지니고 있기 때문에, 실체로서 존재하는 행위자가 실체로서 존재하는 행위를 행한다고 생각하게 되고, 그런 경향 때문에 상호의존적 연기를 이해하기가 쉽지 않다는 것이다.

용수는 그와 같은 사고의 불합리를 설명하기 위하여, 행위와 행위자에 대해서 각각 존재, 비존재, 존재인 동시에 비존재인 경우를 설정한 후, 다시 그 양자의 다양한 조합을 설정하고 그에 대해서 고찰한다. 그리고 그 모든 경우에 행위자가 행위를 행하는 것이 불가능함을 논증한다. 용수는 먼저 존재인 행위자가 행위한다는 주장을 부정하기 위해서 『중송』 제8장 제2송에서 이렇게 말한다.

> 존재인 [행위자]의 작용kriyā은 존재하지 않는다. [그러므로] 그 행위는 행위자가 없는 것이 된다.(8-2ab)[157]

> 월칭 석(8-2ab); 행위자라는 명칭은 작용kriyā를 원인으로 하는 것이기 때문에, 그가 작용과 결합해서 [어떤 행위를] 행할 때에만 존재인 행위자sadbhūtaḥ kāraka라는 명칭을 얻게 된다. 그런데 그가 그렇게 작용을 원인으로 해서 [존재인] 행위자라는 명칭을 얻을 때, 그가 행위를 행할 다른 작용은 존재하지 않는다.
>
> [다른] 작용이 존재하지 않기 때문에, 행위자가 행위를 행하지 않을 때, 그때 행위자에게 의존하지 않는, 행위자가 없는 행위가 있게 될 것이다. 그러나 행위자가 없는 행위는 존재하지 않는다. 예를 들면 석녀石女의

157) sadbhūtasya kriyā nāsti karma ca syādakartṛkam / MMK, 8-2ab.

아들이 항아리의 원인이라고 말하는 것과 같다.

우선 이와 같이 '존재인 [행위자]의 작용은 존재하지 않는다. [그러므로] 그 행위는 행위자가 없는 것이 된다.(8-2ab)'라고 하는 오류가 뒤따른다. 그러므로 존재인 행위자는 행위를 하지 않는다.[158)]

즉 월칭의 설명에 의하면 행위자는 작용을 원인으로 해서 성립하는 것이기 때문에, '존재인 행위자'란 작용과 결합해서 존재로서 결정되어 있는 행위자를 의미한다. 그러므로 존재인 행위자에게는 다른 행위를 성립하게 하는 다른 작용이 존재하지 않는다. 그러므로 존재인 행위자가 행위한다고 주장하면, 그 행위는 행위자도 없이 존재하는 것이 되겠지만, 행위자도 없이 행위만 존재하는 일은 현실에서 발견되지 않는다. 그것은 존재하지도 않는 석녀石女의 아들이 항아리를 만드는 행위를 하는 것이 현실에서 발견되지 않는 것과 같다. 그러므로 존재인 행위자가 행위한다고 주장하는 것은 불합리함을 알 수 있다는 것이다.

이제 용수는 계속해서 행위자가 '존재인 행위'를 행한다는 주장을 부정하기 위해서 계속해서 이렇게 말한다.

존재인 [행위]의 작용은 존재하지 않는다. [그러므로] 그 행위자는 행위를 소유하지 않는 자가 된다.(8-2cd)[159)]

월칭 석(8-2cd); 존재인 행위는 작용과 결합되어 있다. 그것이 작용을 원

---

158) kriyānibandhanatvātkārakavyapadeśasya, karoti kriyāyukta eva kaścitsadbhūtaḥ kārakavyapadeśaṁ labhate, tataśca tasyaivaṁvidhasya kriyāhetukalabdhakārakavyapadeśasya aparā kriyā nāsti yayā karma kuryāt / kriyābhāvācca yadā kārakaḥ karma na karoti, tadā kārakanirapekṣamakartṛkaṁ karma syāt / na cākartṛkaṁ karma saṁbhavati vandhyāsūnoriva ghaṭakaraṇamiti / evaṁ tāvat sadbhūtasya kriyā nāsti karma ca syādakartṛkam / iti doṣaprasaṅgāt sadbhūtaḥ kārakaḥ karma na karoti / PP, p. 181.

159) sadbhūtasya kriyā nāsti kartā ca syādakarmakaḥ// MMK, 8-2cd.

인으로 해서 행위라는 명칭을 얻게 되면, 행위가 행해질 다른 작용은 존재하지 않는다. 이와 같이 존재인 행위에는 [다른] 작용이 존재하지 않는다. 다른 작용이 존재하지 않을 때, 행위자는 그 존재인 행위를 행하지 않는다.

그가 행위하지 않을 때, 행위에는 두 개의 작용이 존재하지 않기 때문에, 그때에는 행위를 소유하지 않는 자, 지금 존재하지 않는 행위를 소유하는 자가 그 행위의 행위자가 될 것이다. 그러나 그것은 불합리하다. 무간업無間業을 짓지 않은 자가 무간업의 작자로서 보여지지 않는 것과 같다.[160]

'존재인 행위'란 앞에서와 마찬가지로 작용과 결합해서 존재로서 결정되어 있는 행위를 말한다. 월칭이 언급하는 것처럼 행위에는 두 개의 작용이 존재하지 않고, 여기서도 행위는 이미 작용과 결합해 있기 때문에, 그밖의 다른 작용은 존재하지 않는다. 다른 작용이 존재하지 않기 때문에 행위자는 다른 행위를 행하지 못하게 된다.

그러므로 그럴 경우에는 '행위를 소유하지 않는 자', 혹은 '지금 존재하지 않는 행위를 소유하는 자'를 행위자라고 주장하는 것이 된다. 그러나 행위도 없이 행위자만 존재한다고 하는 주장은 무간업無間業을 짓지도 않은 자를 무간업의 행위자라고 말하는 것과 마찬가지로 불합리하다. 그러므로 행위와 행위자의 양자 가운데 어떤 것이 존재라고 간주되어도, 행위자가 행위하는 것은 성립하지 못하는 것을 알 수 있다

160) sadbhūtaṁ nāma karma kriyāyuktam / tasyaidānīṁ kriyānibandhanalabdhakarmavyapadeśasyāparā kriyā nāsti yayā karma kriyeteti / evaṁ tāvatsadbhūtasya karmaṇaḥ kriyā nāsti / yadā nāsti parā kriyā, tadā kārakastatsadbhūtaṁ karma naiva karoti / yadā ca na karoti karmaṇo dvitīyakriyābhāvāt, tadā akarmaka eva avidyamānakarmaka eva tasya karmaṇaḥ kārakaḥ syāt / na caitadyuktam / na hi akṛtānantaryakarmaṇaḥ ānantaryakarmakārakatvaṁ dṛṣṭamiti // PP, p. 181.

는 것이다.

용수는 그밖에도 비존재인 행위자가 비존재인 행위를 행한다고 주장하면 무인론無因論에 떨어지게 됨을 지적하고,[161] 존재인 동시에 비존재인 행위자가 존재인 동시에 비존재인 행위를 행한다는 주장에 대해서는 하나의 사물에 존재와 비존재의 상반되는 속성을 가진 두 종류의 사물이 동시에 존재할 수 없음을 지적하고 있다.[162] 이와 같은 고찰을 통해서 행위와 행위자는 존재도 아니고, 비존재도 아니고, 존재인 동시에 비존재도 아닌 무자성의 사물임이 확인된다.

이와 같이 행위와 행위자가 모두 무자성이고, 실체로서 존재하지 않음을 이해한 후, 행위가 일어나는 순간을 중심으로 해서 생각하면, 비로소 행위에 의존해서 행위자가 성립하는 것을 이해할 수 있다. 예를 들면 '말하는 자'는 '말하는 행위'에 앞서서 실체로서 존재하는 것이 아니라, '말하는 작용'을 일으켜서 '말하는 행위'를 할 때, 그 '말하는 행위'에 의존해서 '말하는 자'로서 성립된다는 것이다. 여기서 행위자는 행위에 의존해서 성립하는 것을 알 수 있다.

그러나 용수의 최종 목적은 상호의존적 연기를 논증하는 것이 아니라, 상호의존적 연기의 논증을 통하여 일체법이 무자성이라는 승의제를 밝히고, 승의제의 규명을 통하여 희론이 적멸한 열반에 도달하는 것이기 때문에, 용수는 승의제의 관점에서는 상호의존적 연기도 부정한다. 그는 『중송』 제10장 제11송에서 이렇게 말한다.

> 의존해서 성립하는 사물, 그것이 아직 성립하지 않았다면 어떻게 의존하겠는가?

---

161) 『중송』 제8장 제3송~제6송.
162) 『중송』 제8장 제7송~제11송.

또한 이미 성립한 것이 의존한다고 해도, [그런] 의존은 불합리하다.(10-11)[163)]

월칭 석(10-11); 불이라는 사물이 땔감이라는 사물에 의존해서 성립하는 것, 그것은 [불]이 성립하지 않았을 때 땔감에 의존하거나, 성립하였을 때 [땔감에 의존할 것이다]. [그러나] ①만약 성립하지 않았을 때 [땔감에 의존한다면], 그때에는 성립하지 않았기 때문에, 당나귀의 뿔처럼 땔감에 의존하지 않을 것이다. [그러나] ②만일 성립하였을 때, [땔감에 의존한다면], 성립하였는데 무엇 때문에 땔감에 의존하겠는가? 이미 성립한 것이 다시 성립하는 것은 무의미하기 때문이다. 땔감에 대해서도 그와 같이 말할 수 있다. 그러므로 불과 땔감은 상호의존에 의해서 혹은 동시에 성립하는 것이 아니다.[164)]

즉 불이 땔감에 의존하여 성립한다면, 그것은 불이 성립하지 않았을 때 의존하거나, 불이 성립하였을 때 의존하거나 둘 중의 하나일 것이다. 그러나 ①불이 아직 성립하지 않았다면, 그것은 아직 존재하지 않는 것이기 때문에 땔감에 의존할 수 없다. 마치 존재하지도 않는 당나귀 뿔이 어떤 것에 의존하는 일이 있을 수 없는 것과 같다. 반대로 ②불이 이미 성립하였다면 이미 성립하였는데 무슨 이유로 다시 땔감에 의존하겠는가? 이미 성립한 것이 다시 성립하는 것은 무의미한 일이기 때문이다.

163) yo'pekṣya sidhyate bhāvaḥ so'siddho'pekṣate katham /
athāpyapekṣate siddhastvapekṣāsya na yujyate // MMK, 10-11.

164) yo hi agnyākhyo bhāvaḥ indhanākhyaṁ bhāvamapekṣya sidhyati, saḥ asiddho vā indhanamapekṣate siddho vā/ yadi asiddhaḥ, tadā asiddhatvāt kharaviṣāṇavannaindhanamapekṣeta / atha siddhaḥ, siddhatvāt kimasyaindhanaapekṣayā? na hi siddhaṁ punarapi sādhyate vaiyarthyāt / evamindhane'pi vācyam / tasmānnāgnīndhanayoḥ parasparāpekṣayā yaugapadyena vā siddhiriti //11// PP, p. 209.

이는 불만이 아니라 땔감에 대해서도 동일하게 적용되는 것이므로, 불과 땔감이 상호의존해서 성립한다거나, 혹은 동시에 성립하는 일도 있을 수 없다. 그리고 그것은 다른 모든 사물의 상호의존적 연기에도 동일하게 적용된다. 그러므로 상호의존적 연기는 오직 세속제의 관점에서만 승인되며, 승의제에서는 그것도 부정된다는 것이다.

3) 상호의존적 연기의 논증 논리

(1) 차연성과 불일불이

용수는 불과 땔감의 비유를 통해서 자아自我와 소취所取의 상호의존적 연기를 고찰한 후, 『중송』 제10장 제15송에서 이렇게 말한다.

> 불과 땔감에 의해서 자아와 소취所取에 대한 [논증] 방법krama은
> 모두 남김없이 설명되었다. [그리고] 항아리와 옷감 등도 함께 [설명되었다]. (10-15)[165]

위의 인용문에서 보듯이 용수는 불과 땔감의 비유를 통해서 자아와 소취, 즉 푸드갈라와 오온의[166] 상호의존적 연기에 대한 논증의 방법이 모두 설명되었다고 말하고 있다. 월칭은 이 게송의 전반부를 이렇게 설명한다.

---

165) agnīndhanābhyāṁ vyākhyāta ātmaupādānayoḥ kramaḥ/
sarvo niravaśeṣeṇa sārdhaṁ ghaṭapaṭādibhiḥ// MMK, 10-15.

166) 여기서 자아를 푸드갈라로, 소취를 오온五蘊으로 해석한 것은 山口益의 설명에 따른 것이다. 山口益 譯註(1968), 『月稱造 中論釋 1,2 合本』, 430쪽의 번역과 432쪽의 각주 ①을 보라. 그리고 게송의 비유에서 불은 자아에 해당하고, 땔감은 오온에 해당한다. 게송의 비유에서 불은 자아에 해당하고, 땔감은 오온五蘊에 해당한다.

월칭 석(10-15ab); 거기서 ①소취所取가 바로 자아라고 하는 것은 행위자와 행위의 동일성이라는 오류가 뒤따르기 때문에 타당하지 않다. 또한 ②소취와 취자取者는 서로 다른 것도 아니다. [그렇다면 오]온五蘊을 떠나서도 자아가 인식된다는 오류가 뒤따르기 때문이다. 또한 '남에게 의존하지 않기 때문에(10-3송a)라고 하는 것과 같은 오류가 뒤따르기 때문이다.

③동일성과 상이성이 모두 부정되었기 때문에, [오]온을 소유하는 자아는 존재하지 않는다. 또한 ④상이성이 존재하지 않기 때문에, 자아 속에 오온은 존재하지 않으며, ⑤오온 속에 자아는 존재하지 않는다. 이와 같이 다섯 종류의 양태 속에 자아의 존재성은 없다. 그러므로 행위와 행위자처럼 자아와 소취의 상호의존적인 성립은 확립된다.[167]

월칭의 주석에 따라서 용수가 푸드갈라와 오취온의[168] 상호의존적 연기를 논증하는 방법을 정리해 보면 다음과 같다. 즉 푸드갈라와 오취온은 밀접하게 관련되어 있다. 그러나 ①푸드갈라와 오취온은 동일한 사물이 아니다. 왜냐하면 거기에는 행위와 행위자가 동일하다는 오류가 뒤따르기 때문이다. 또한 ②푸드갈라와 오취온은 다른 사물도 아니다. 왜냐하면 거기에는 오취온을 떠나서도 푸드갈라가 인식된다고 하는 오류와 푸드갈라가 무원인無原因이라는 오류가 뒤따르기 때문이다.

그리고 동일성과 상이성이 부정되면, ③푸드갈라가 오취온을 소유

167) tatra yadevaupādānaṁ sa eva ātmā, ityevaṁ kartṛkarmaṇorekatvaprasaṅgānna yujyate nāpyanyadupādānamanya upādātā, skandhavyatirekeṇāpyātmāupalabdhiprasaṅgāt, paratra nirapekṣatvādityādiprasaṅgācca / ekatvānyatvapratiṣedhācca skandhavānapyātmā na bhavati / anyatvābhāvācca nātmani skandhā na skandheṣvātmā/ yata evaṁ pañcasu prakāreṣu ātmano na sattvam, tasmātkarmakārakavadeva ātmāupādānayoḥ parasparāpekṣikī siddhiriti sthitam // PP, p. 212.

168) 오취온이란 오온을 의미하기도 하고, 경우에 따라서는 오온에 대한 집착을 의미하기도 한다.

한다는 주장과 ④푸드갈라 속에 오취온이 존재한다는 주장과 ⑤오취온 속에 푸드갈라가 존재한다는 주장도 파기된다. 왜냐하면 별개의 사물로서 성립해 있지 않은 것을 소유한다든지, 포함하는 일은 있을 수 없기 때문이다. 이처럼 푸드갈라와 오취온은 다섯 종류의 모습으로 존재하지 않으므로, 행위와 행위자처럼 상호의존해서 성립하는 것을 알 수 있다는 것이다.

그런데 용수는『중송』제9장 제5송에서 푸드갈라와 오취온의 관계를 이렇게 설명한다.

> 무엇인가에 의해서 무엇인가가 알려지고, 무엇인가에 의해서 무엇인가가 알려진다.
> 어떻게 아무것도 없이 무엇인가가 [알려지고], 어떻게 아무것도 없이 무엇인가가 [알려지겠는가]?(9-5)[169]

> 월칭 석(9-5); 씨앗이라고 말해지는 원인에 의하여 싹이라고 말해지는 어떤 결과가 알려지고, 그 결과에 의하여 씨앗이라고 말해지는 어떤 원인이 알려진다. [그럴 경우] 그것은 그것의 원인이고, 그것은 그것의 결과라고 말해진다.
> 그와 같이 ①만약 보는 것 등의 어떤 소취(所取, upādāna)에 의하여 어떤 자아의 자성이 알려질 때, 이 [자아의 자성]은 그 [소취]의 취자(取者, upādātṛ)라고 말해진다. 또한 ②그 어떤 자아에 의하여 보는 것 등의 어떤 소취所取가 알려지면, 이 [소취]는 저 [자아]의 소취라고 말해진다. 이런 경우에 소취와 취자는 상호의존에 의하여 성립할 것이다.

---

169) ajyate kenacitkaścit kiṁcitkenacidajyate /
kutaḥ kiṁcidvinā kaścit kiṁcitkaṁcidvinā kutaḥ// MMK, 9-5.

> 그러나 보는 것 등의 소취가 취자를 떠나서 별개[의 사물]로서 성립한다고 승인하면, 그럴 경우 그 [소취]는 의지처가 없기 때문에, 그 둘의 성립은 존재하지 않는다. 그러므로 취자가 보는 것 등과 별개의 사물로서 확립되어 있다는 주장은 불합리하다.[170]

월칭의 주석을 통해서 용수가 게송에서 언급하는 '무엇'과 '무엇'은 각각 소취와 자아, 즉 오취온과 푸드갈라임을 알 수 있다. 그리고 월칭의 설명 ①로부터 오취온에 의존해서 푸드갈라가 알려짐을 알 수 있고, ②로부터 푸드갈라에 의존해서 오취온이 알려지는 것을 알 수 있다. 이와 같은 월칭의 설명으로부터 양자는 상대방이 있으면 알려지고, 상대방이 없으면 알려지지 않는 관계인 것을 알 수 있다. 그리고 월칭이 언급하는 '알려진다'는 말은 그 존재가 알려진다는 의미이기 때문에, 양자는 하나가 있으면 다른 것도 있고, 하나가 없으면 다른 것도 없는 그런 관계인 것을 알 수 있다.

이와 같은 푸드갈라와 오취온의 관계는 불타가 설하는 연기의 관계와 상응한다. 왜냐하면 불타가 설하는 연기의 기본 공식은 "이것이 있으면 저것이 있고, 이것이 생하면 저것이 생한다. 이것이 없으면 저것이 없고, 이것이 멸하면 저것도 멸한다"는 것이기 때문이다.[171] 그런데 불타는 연기를 차연성(此緣性, idappaccayatā)이라고 말했으므로,[172] 『중송』

---

170) iha bījākhyena kāraṇena kiṁcitkāryamabhivyajyate'ṅkurākhyam, tena ca kāryeṇa kiṁcit kāraṇamabhivyajyate bījākhyam; asyaidaṁ kāraṇamidamasya kāryamiti / evaṁ yadi kenaciddarśanādikenaupādānena kaścidātmasvabhāvo 'bhivyajyate asyāyamupādātaiti, kenaciccātmanā kiṁcidupādānaṁ darśanādikamabhivyajyate idamasyaupādānamiti, tadānīṁ syātparasparāpekṣayorupādānaupādātroḥ siddhiḥ yadā tu upādātāraṁ vinā pṛthak siddhaṁ darśanādikamabhyupagamyate, tadā tannirāśrayamasadeva tasmānnāstyubhayorapi siddhiḥ, iti na yuktametat; darśanādibhyaḥ pṛthagavasthita upādātaiti //5// PP, p. 194.

171) Imasmiṃ sati idaṃ hoti. Imassuppādā idaṃ uppajjati. Imasmiṃ asati idaṃ na hoti. Imassa nirodhā idaṃ nirujjhati. SN, 12:21, vol2, p. 28. 12:37, p. 65. 12:41, p. 70 등.

에서 언급하는 푸드갈라와 오취온은 연기의 관계, 혹은 차연성의 관계로 관련되어 있음을 알 수 있다.[173)]

그러므로 이와 같은 사실들을 고려해서 용수가 상호의존적 연기를 논증하는 방법을 도출해 보면 다음과 같다. 상호의존적 연기에 대한 논증의 핵심은 차연성의 관계에 있는 사물들의 동일성과 상이성을 부정하는 데 있다. 즉 차연성의 관계에 있는 여러 사물들의 동일성과 상이성이 부정되면, 그 사물들은 상호의존적 연기에 의해서 성립해 있는 것을 논증할 수 있다는 것이다. 따라서 상호의존적 연기의 논증 논리는 차연성과 불일불이의 개념에 근거하고 있음을 알 수 있다.

(2) 차연성과 불일불이의 역할

차연성과 불일불이의 개념을 통하여 여러 사물들의 상호의존적 연기를 논증할 수 있는 이유는 ①차연성은 논점이 되는 여러 사물들이 연기의 관계에 있음을 보여주고, ②그런 사물들에 대한 동일성의 부정은 그 사물들의 관련가능성을 보장해 주고, ③상이성의 부정은 그 사물들의 상호인과관계와 비실체성을 반증하기 때문이다.

먼저 ①에 대해서는 더 이상 설명할 필요가 없을 것이다. 앞에서 보았듯이 붇타는 연기를 차연성이라고 설하고 있기 때문이다. 그리고 ②동일성의 부정이 차연성의 관계에 있는 사물들의 관련가능성을 보장하는 이유는 동일한 사물이 아닌 경우에만 사물들은 관련을 맺을 수 있기 때문이다.

한편 ③상이성의 부정이 차연성의 관계에 있는 사물들의 상호인과

---

172) SN, 12:20, vol.2, p. 25.

173) 그러므로 본서에서 언급하는 '차연성의 관계'란 '이것이 있으면 저것이 있고, 이것이 생하면 저것이 생한다. 이것이 없으면 저것이 없다. 이것이 멸하면 저것도 멸한다.'고 말해지는 연기의 관계를 의미한다.

관계와 비실체성을 반증하는 이유를 이해하기 위해서는 먼저 설일체유부에서도 상호의존적 연기와 유사하게 여러 사물들의 상호인과관계가 승인되고 있었음을 아는 것이 도움이 된다. 그것은 예를 들면 구유인(俱有因, sahabhū-hetu)과 같은 것인데, 『구사론』은 그것을 다음과 같이 말한다.

> 구유[인]이란 서로에 대하여 결과가 되는 것이다.
> 예를 들면 대종大種, 마음과 마음에 따르는 것, 능상能相과 소상所相같은 것이다.(2-50bcd)[174]

이처럼 구유인이란 함께 존재하면서 상호간에 결과가 되는 사물을 말한다. 예를 들면 색법의 원인이라고 말해지는 지수화풍의 4대종大種, 능상能相과 소상所相, 그리고 심법과 심수전법心隨轉法은[175] 상호간에 결과가 되기 때문에 구유인이라는 것이다. 그런데 『구사론』은 그것들이 상호간에 원인이 되고 결과가 된다고 생각해야 하는 이유를 이렇게 설명한다.

> 범어 역; 인명가因明家들은 원인과 원인을 가지는 것(=결과)의 특징을 이렇게 말한다. "만약 [어떤 사물의] 존재와 비존재가 [어떤 사물의] 존재와 비존재라면, 틀림없이 그것은 원인이고 다른 것은 원인을 갖는 것이다." 그러므로 함께 존재하는 여러 법들 가운데 하나가 있으면 모두가 있고, 하나가 없으면 모두가 없다고 하면, 원인과 결과의 관계

174) sahabhūrye mithaḥphalāḥ/
bhūtavacchittacittānuvartilakṣaṇalakṣyavat // Akb, 2-50bcd.

175) 심수전법心隨轉法에 대해서는 권오민 역주(2002), 『아비달마구사론』 제1권, 271~273쪽 참조.

가 입증된다.[176]

현장 역; 인명因明에 뛰어난 사람들은 인과의 특징에 대하여 말하기를 "만약 이것이 있거나 없을 때, 저것도 [그에] 따라서 있거나 없다면, 이것은 결정적으로 원인이 되고, 저것은 결정적으로 결과가 된다"고 하였다. 구유俱有인 법 가운데 하나가 있으면 일체가 있고, 하나가 없으면 일체가 없다면, 이치적으로 인과가 성립한다.[177]

위에서 보듯이 『구사론』은 만약 이것이 있거나 없을 때, 저것도 그에 따라서 있거나 없다면, 그 사물들 사이에는 인과관계가 성립하며, 앞의 것은 원인이고 뒤의 것은 결과라고 말한다. 그런데 지 · 수 · 화 · 풍의 4대종은 항상 함께 존재하면서 하나가 있으면 나머지도 있고, 하나가 없으면 나머지도 없는 관계이기 때문에, 거기에 상호인과관계가 성립한다고 알아야 한다는 것이다.[178] 이처럼 부파불교의 이론에 따르면, 여러 사물이 함께 존재하면서 차연성의 관계에 있는 것은 곧 그 사물들이 상호인과관계에 있는 것을 반증한다.

그런데 월칭은 『프라산나파다』에서 팔불八不 가운데 불일불이不一不異를 설명하면서 동일한 사물과 상이한 사물을 다음과 같이 정의한다.

월칭 석(귀경게); 동일한 사물eka-artha이란 그것이 하나의 사물, 나누어지지 않은 사물, 분리되지 않은 사물이라는 의미이다. 상이한 사물

176) etaddhi hetuhetumato lakṣaṇamācakṣate haitukāḥ/ yasya bhāvābhāvayoḥ yasya bhāvābhāvau niyamataḥ sa heturitaro hetumāniti / sahabhuvāṁ ca dharmāṇāmekasya bhāve sarveṣāṁ bhāva ekasyābhāve sarveṣābhāva iti yukto hetuphalabhāvaḥ/ Akb, pp. 84~85.

177) 善因明者. 說因果相言 若此有無 彼隨有無者. 此定爲因 彼定爲果. 俱有法中 一有一切有. 一無一切無. 理成因果. 『구사론』 제6권, 대정 제29권, 31쪽 상.

178) 櫻部建(1979), 『俱舍論の研究』, 京都: 法藏館, 358쪽.

> nānā-artha이란 나누어진 사물bhinna-artha, 분리된 사물pṛthag-artha이라는 의미이다.[179]

위에서 보듯이 월칭은 상이한 사물을 '나누어진 사물, 분리된 사물'이라고 정의한다. 그러므로 상이성의 부정은 여러 사물이 '나누어진 사물, 분리된 사물'임을 부정하는 것이고, 그것은 그 사물들이 '별개의 사물로서 독립해서 존재하지 않는 것, 혹은 그 사물들이 항상 함께 존재하는 것'을 의미한다. 그리고 구유인에 대한 『구사론』의 설명에서 보았던 것처럼, 항상 함께 존재하는 여러 사물들이 차연성의 관계에 있는 것은 그 사물들이 상호인과관계에 있음을 반증한다. 그러므로 『중송』에서 차연성의 관계에 있는 것으로 간주되는 푸드갈라와 오온도 상호인과관계에 있는 것을 알 수 있다.

그런데 상이성의 부정은 실체의 부정도 함축한다. 왜냐하면 월칭이 언급하는 '상이한 사물'이란 설일체유부의 실체 개념과 상응하기 때문이다. 『구사론』은 설일체유부의 실유를 이렇게 정의한다.

> 무엇이 실체實體로서 [있는 것]이고, 또 무엇이 명칭名稱으로서 [있는 것]이라고 알아야 하는가? 색色 등과 같이 '별개로 존재하는 사물bhāva-antara' 을 실체로서 [있는 것]이라고 알아야 한다. 우유 등과 같이 '취합聚合인 것samudāya'을 명칭으로서 [있는 것]이라고 알아야 한다.[180]

이처럼 설일체유부의 논사들은 실유, 즉 실체를 '별개로 존재하는

---

179) ekaścāsāvarthaścaityekārtho 'bhinnārthaḥ/ na pṛthagityarthaḥ/ nānāartho bhinnārthaḥ/ pṛthagityarthaḥ/ PP, p. 4.

180) kiṁ caidaṁ dravyata iti kiṁ vā prajñaptitaḥ/ rūpādivat bhāvāntaraṁ cet dravyataḥ/ kṣīrādivatsamudāyaścet prajñaptitaḥ/ Akb, p. 461(15). 『구사론』 제29권, 대정 제29권, 152쪽 하.

사물'이라고 정의하며, 그것은 더 이상 분석되지 않는 단일한 사물을 의미한다. 왜냐하면 단일한 사물은 복합적인 사물과는 달리 다른 것으로부터 독립해서 '별개로 존재하는 것'이기 때문이다. 그리고 그와 같은 사물들이 바로 설일체유부가 설하는 5위 75법과 같은 법들이다.

그런데 월칭이 언급하는 상이성, 즉 '나누어진 사물, 분리되어 있는 사물'이란 곧 설일체유부에서 말하는 실체, 즉 '별개로 존재하는 사물'과 동일한 의미이기 때문에, 상이성의 부정, 즉 여러 사물들이 독립해서 별개로 존재하지 않는다는 것은 곧 그 사물들이 실체가 아니라는 것과 동일한 의미가 된다. 그러므로 차연성의 관계에 있는 사물들에 대한 상이성의 부정은 곧 그 사물들의 상호인과관계와 비실체성을 반증하는 것을 알 수 있다.

여기서 용수가 차연성의 개념과 불일불이의 개념을 중심으로 해서 상호의존적 연기의 논증 논리를 구성하게 되었던 이유를 알 수 있게 된다. 왜냐하면 ①차연성의 개념은 논점이 되는 여러 사물들이 연기의 관계에 있음을 보여주고, ②그 사물들에 대한 동일성의 부정은 그 사물들의 관련가능성을 보장하고, ③그 사물들에 대한 상이성의 부정은 그 사물들의 상호인과관계와 비실체성을 반증하기 때문이다.

(3) 상호의존적 연기의 논증 논리 적용

월칭은『중송』제8장 제13송에 대한 주석에서 행위와 행위자와 작용의 상호의존적 연기를 설명하고,『중송』제10장 제15송에 대한 주석에서 자아와 소취의 상호의존적 연기를 설명한 후에 각각 이렇게 말한다.

> 월칭 석(8-13d); [게송의 마지막에] '지혜로운 사람'이라는 말이 보충되

어야 한다. 행위karma와 행위자kāraka, 소취(所取, upādeya)와 취자(取者, upādātṛ) 이외의 다른 사물들, 즉 소생(所生, janya)과 능생(能生, janaka), 가는 자gantṛ와 가는 행위gamana, 보여지는 대상draṣṭavya과 보는 것(darśana, 눈), 소상(所相, lakṣya)과 능상(能相, lakṣaṇa), 소생(所生, utpādya)과 능생(能生, utpādaka), 부분avayava과 유분(有分, avayavi), 속성guṇa과 유덕(有德, guṇi), 인식수단pramāṇa과 인식대상prameya 등을 포함하는 모든 사물들, 그것들은 행위자와 행위에 대한 고찰을 통하여 자성으로서의 존재성이 부정되고, 상호의존을 통해서만 성립한다는 것이 [확인된다]. 해탈을 위해서 늙음과 출생과 죽음 등의 속박으로부터 벗어나기를 바라는 지혜로운 사람은 [그와 같은 사실을] 분명하게 알아야 한다.[181)]

월칭 석(10-15d); 또한 그 자아自我와 소취所取에 대한 [논증의] 방법은 그것들 둘만이 아니라, "항아리와 옷감 등과 함께"(10-15d) 남김없이 모든 사물에 대하여 모든 경우에 적용된다고 알아야 한다. 항아리 등은 결과와 원인이 되고, 부분과 유분有分이 되고, 능상能相과 소상所相이 되고, 속성屬性과 유덕有德이 될 것이다. 이 경우에 진흙, 막대기, 물레, 실, 물, 도공의 만드는 노력 등은 항아리의 원인이 되고, 항아리는 결과가 된다. 뚜껑 등이나 청색 등은 부분들이 되고, 항아리는 유분이 된다. 넓은 밑바닥, 아래로 내려간 주둥이, 긴목 등은 능상들이고, 항아리는 소상이다. 군청색 등은 속성이고, 항아리는 유덕이다.

이와 같이 설정되고 불과 땔감에 대한 것과 동일한 [논증] 방법이 적용되어야 한다. 항아리 등과 자아와 소취에 대한 설명은 『입중송』에서

181) prājña iti vākyaśeṣaḥ/ karmakārakaupādeyaupādātṛvyatiriktā ye'nye bhāvā janyajanaka gantṛgamanadraṣṭavyadarśanalakṣyalakṣaṇautpādyautpādakāḥ, tathā avayavāvayavi guṇaguṇipramāṇaprameyādayo niravaśeṣā bhāvāḥ, teṣāṁ kartṛkarmavicāreṇa svabhāvato'stitvaṁ pratiṣidhya parasparāpekṣikīmeva siddhiṁ/ prājño nirmumukṣurjarājātimaraṇādibandhanebhyo mokṣāya vibhāvayet // PP, p. 190.

확인할 수 있다.[182)]

이처럼 월칭은 『중송』 제8장 제13송에 대한 주석에서 1) 행위와 행위자에 대한 고찰을 통해서, 2) 소취所取와 취자取者, 3) 소생所生과 능생能生, 4) 가는 자와 가는 행위 등을 포함하는 모든 사물들이 상호의존적 연기에 의해서 성립함이 확인된다고 말하고, 『중송』 제10장 제15송에 대한 주석에서는 자아와 소취에 대한 논증 방법이 그밖의 모든 사물에 대해서도 적용됨을 알아야 한다고 말하면서, 항아리의 예를 통해서 ⓐ 원인과 결과, ⓑ부분과 유분有分, 즉 부분과 부분의 소유자, ⓒ능상과 소상所相, 즉 특징과 특징지워지는 것, ⓓ속성과 유덕有德, 즉 속성과 속성을 가지는 것 등을 언급하고 있다.

이와 같은 월칭의 설명을 통해서 『중송』 제8장 제12송과 제13송에서 발견되는 행위와 행위자와 작용에 대한 설명은 상호의존적 연기의 전형적인 형태이고, 『중송』 제10장 제15송에서 발견되는 자아와 소취, 혹은 불과 땔감에 대한 설명은 상호의존적 연기의 전형적인 논증 논리임을 알 수 있다. 그러므로 이제 자아와 소취에 대한 설명에서 발견되는 상호의존적 연기의 논증 논리를 적용해서 월칭이 『중송』 제8장 제13송의 주석에서 언급하는 1) 행위와 행위자의 상호의존적 연기를 논증해 보도록 한다.

논의의 편의를 위하여 행위와 행위자의 상호의존적 연기를 언급하는

182) yaścāyamātmaupādānayoḥ kramaḥ, sa nānayoreva, kiṁtarhi; sārdhaṁ ghaṭapaṭādibhiḥ//10-15d//niravaśeṣaiḥ padārthaiḥ sarvathā vyākhyāto veditavyaḥ/ ghaṭādayo hi kāryakāraṇabhūta avayavāvayavibhūtā lakṣaṇalakṣyabhūtā guṇaguṇibhūtā vā syuḥ/ tatra mṛddaṇḍacakrasūtrasalilakulālakaravyāyāmādayo ghaṭasya kāraṇabhūtāḥ, ghaṭaḥ kāryabhūtaḥ/ kapālādayo nīlādayo vā avayavabhūtāḥ ghaṭo'vayavī/ pṛthubudhnalambauṣṭhadīrghagrīvatvādīni lakṣaṇāni ghaṭo lakṣyaḥ/ śyāmatvādayo guṇāḥ, ghaṭo guṇī/ ityevaṁ vyavasthāpyāgniindhanavat kramo yojyaḥ/ eṣāṁ ca ghaṭādīnāmātmāupādānayośca madhyamakāvatāraprakaraṇād vyākhyānamavaseyam //15// PP, p. 213~214.

『중송』 제8장 제12송에 대한 월칭의 주석을 다시 인용한다.

> 월칭 석(8-12); 이 세상에서 ① 행위를 행하지 않고, [행위에] 의존하지 않는 행위자는 존재하지 않기 때문에, 행위자의 행위자성은 행위에 의존하는 것이다. [그리고] ② 행위자에 의하여 현재 행해지지 않는 어떤 행위도 존재하지 않기 때문에, 그리고 행위자에 의해서 지금 행해지고 있는 것이야말로 행위라고 말해지기 때문에, 그 행위자에 연緣하여 행위는 일어난다. ③ 이와 같이 행위와 행위자의 상호의존에 의한 성립 parasparāpekṣikīṁ siddhiṁ 이외에 다른 성립의 원인을 우리들은 보지 못한다.[183]

위의 인용문 가운데 월칭의 설명 ①로부터 행위가 없으면 행위자도 존재하지 않는 것을 알 수 있고, ②로부터 행위자가 없으면 행위도 존재하지 않는 것을 알 수 있다. 여기서 양자는 차연성의 관계, 즉 항상 함께 존재하면서, 하나가 있으면 다른 것도 있고, 하나가 없으면 다른 것도 없는 관계인 것을 알 수 있다. 그런데 용수는 『중송』 제2장 제19송과 제20송에서 가는 행위와 가는 자의[184] 동일성과 상이성을 부정하기 위하여 이렇게 말한다.

> 만약 가는 행위가 곧 가는 자라면,
> 행위자와 행위가 하나라고 하는 [오류]가 뒤따르게 된다.(2-19)[185]

---

183) iha akurvāṇasya karmanirapekṣasya kārakatvābhāvāt karmāpekṣya kārakasya kārakatvaṁ bhavati / kārakeṇa cākriyamāṇasya kasyacitkarmatvābhāvāt kriyamāṇasyaiva karmavyapadeśāt, taṁ kārakaṁ pratītya karma pravartate ityevaṁ karmakārakayoḥ parasparāpekṣikīṁ siddhiṁ muktvā nānyatsiddhikāraṇaṁ paśyāmaḥ// PP, p. 189.

184) 『중송』 제2장과 제8장은 서로 연결되는 구조로 되어 있다. 그러므로 제2장에서 설하는 가는 행위와 가는 자의 관계는 제8장에서 설하는 행위와 행위자의 관계와 동일하다고 생각할 수 있다.

반대로 가는 자와 가는 동작이 서로 다르다고 분별한다면,
가는 자가 없어도 가는 행위가 있고, 가는 행위가 없어도 가는 자가 있게 될 것이다.(2-20)[186]

위에서 보는 것처럼 용수에 의하면 가는 행위와 가는 자는 동일한 사물이 아니다. 양자가 동일한 사물이라면 관련을 맺을 수 없으며, 행위자와 행위가 동일하다는 오류가 뒤따르기 때문이다. 또한 양자는 상이한 사물도 아니다. 양자가 상이한 것이라면 나누어지고 분리된 사물로서 발견되어야 하겠지만, 양자는 그런 모습으로 발견되지 않기 때문이고, 그렇다면 양자가 무원인無原因의 사물이라는 오류가 뒤따르기 때문이다. 이처럼 행위와 행위자는 차연성의 관계에 있으면서, 동일한 것도 아니고 상이한 것도 아니다. 그러므로 양자는 상호의존적 연기에 의해서 성립하는 것을 알 수 있다는 것이다.

그러므로 행위와 행위자의 상호의존적 연기의 논증 방법은 ① 양자가 차연성의 관계로 항상 함께 존재하는 것을 밝히고, ② 양자의 동일성을 부정함으로써 양자의 관련가능성을 보장하고, ③ 양자의 상이성을 부정함으로써 양자의 상호인과관계와 비실체성을 반증하여, ④ 양자의 상호의존적 연기를 논증하는 구조로 이루어져 있는 것을 알 수 있다.

이번에는 상호의존적 연기의 논증 논리를 『중송』 제8장 제13송에 대한 월칭의 주석에 따라, 2) 소취와 취자, 즉 오취온과 푸드갈라의 상호의존적 연기를 논증하는 데 적용해 보면 다음과 같다. ① 오취온과

185) yadeva gamanaṁ gantā sa eva hi bhavedyadi /
ekībhāvaḥ prasajyeta kartuḥ karmaṇa eva ca // MMK, 2-19.

186) anya eva punargantā gateryadi vikalpyate /
gamanaṁ syādṛte ganturgantā syādgamanādṛte // MMK, 2-20.

푸드갈라는 항상 함께 존재하면서, 하나가 있으면 다른 것도 있고, 하나가 없으면 다른 것도 없기 때문에, 차연성의 관계에 있음을 알 수 있다.[187] ② 그러나 양자는 동일한 사물이 아니다. 양자가 동일한 사물이라면 관련을 맺을 수 없으며, 오취온과 푸드갈라가 동일하다는 오류가 뒤따르기 때문이다. ③ 또한 양자는 상이한 사물도 아니다. 양자가 상이한 사물이라면 나누어지고 분리된 것으로서 발견되어야 하겠지만, 그런 모습으로 발견되지 않기 때문이고, 만약 그렇다면 양자는 무원인이라는 오류가 뒤따르기 때문이다.[188] ④ 여기서 오취온과 푸드갈라의 상호인과관계와 비실체성이 반증되고, 양자는 상호의존적 연기에 의해서 성립해 있는 것이 논증된다.

이번에는 상호의존적 연기의 논증 논리를 『중송』 제10장 제15송에 대한 월칭의 주석에 따라 ⓐ 원인과 결과의 상호의존적 연기를 논증하는 데 적용해 보면 다음과 같이 된다. 즉 ① 원인과 결과는 항상 함께 존재하면서, 하나가 있으면 다른 것도 있고, 하나가 없으면 다른 것도 없기 때문에, 차연성의 관계에 있음을 알 수 있다.[189] ② 그러나 양자는 동일한 사물이 아니다. 양자가 동일한 사물이라면 관련을 맺을 수 없으며, 진흙이나 물 등이 곧 항아리라는 오류가 뒤따르기 때문이다. ③ 또한 양자는 상이한 사물도 아니다. 양자가 상이한 사물이라면 나누어

187) 『중론』 제9장 제5송.
188) 땔감이 그대로 불이라면, 행위자와 행위는 동일한 것이 될 것이다.
불이 땔감과 다르다면, [불은] 연료가 없이도 존재할 것이다. 『중송』 10-1.
yadindhanaṁ sa cedagnirekatvaṁ kartṛkarmaṇoḥ/
nyaścedindhanādagnirindhanādapyṛte bhavet // MMK, 10-1.
*위의 게송에서 불과 땔감은 각각 푸드갈라와 오온을 의미한다.
189) 이것들을 연緣해서 [결과가] 발생할 때, 이것들이 [그 결과의] 연들이라고 말한다.
이 [결과]들이 [아직] 발생하지 않았다면, 어떻게 [그것들은] 비연非緣이 아니겠는가? 1-5)
utpadyate pratītyaimānitiime pratyayāḥ kila /
yāvannotpadyata ime tāvannāpratyayāḥ katham // MMK, 1-5.

지고 분리된 것으로서 발견되어야 하겠지만, 그런 모습으로 발견되지 않기 때문이고, 만약 그렇다면 양자는 무원인이라는 오류가 뒤따르기 때문이다.[190] ④ 여기서 원인과 결과의 상호인과관계와 비실체성이 반증되고, 양자는 상호의존적 연기에 의해서 성립해 있는 것이 논증된다.

위의 논리는 ⓑ부분과 유분(有分, 부분을 가지는 것)의 상호의존적 연기에 대해서도 그대로 적용할 수 있다. ① 부분과 유분은 항상 함께 존재하면서, 하나가 있으면 다른 것도 있고, 하나가 없으면 다른 것도 없기 때문에 차연성의 관계에 있음을 알 수 있다.[191] ② 그러나 양자는 동일한 사물이 아니다. 양자가 동일한 사물이라면 관련을 맺을 수 없으며, 항아리의 뚜껑 등이 곧 항아리라는 오류가 뒤따르기 때문이다. ③ 또한 양자는 상이한 사물도 아니다. 양자가 상이한 사물이라면 나누어지고 분리된 것으로서 발견되어야 하겠지만, 그런 모습으로 발견되지 않기 때문이고, 만약 그렇다면 양자는 무원인이라는 오류가 뒤따르기 때문이다.[192] ④ 여기서 부분과 유분의 상호인과관계와 비실체성이 반증되고, 양자는 상호의존적 연기에 의해서 성립해 있는 것이 논증된다.

이처럼 차연성과 불일불이의 개념을 중심으로 하는 용수의 상호의

---

190) 원인과 결과가 동일하다는 것은 실로 불합리하다.
원인과 결과가 다르다는 것도 실로 불합리하다.(20-19)
hetoḥ phalasya caikatvaṃ na hi jātuupapadyate /
hetoḥ phalasya cānyatvaṃ na hi jātuupapadyate // MMK, 20-19.

191) 색色의 원인이 없으면 색은 인식되지 않는다.
색이 없어도 색의 원인은 보이지 않는다.(4-1)
rūpakāraṇanirmuktaṃ na rūpamupalabhyate /
rūpeṇāpi na nirmuktaṃ dṛśyate rūpakāraṇam // MMK, 4-1.
*여기서 색의 원인은 지수화풍의 4대종을 의미한다. 그런데 색법은 항상 4대종으로 구성된다고 말해지기 때문에, 4대종은 부분들이고 색은 유분有分이라고 할 수 있다.(1-5)

192) [색의] 원인이 결과와 동일하다고 하는 것은 성립하지 않는다.
[색의] 원인이 결과와 상이하다고 하는 것도 성립하지 않는다.(4-6)
na kāraṇasya sadṛśaṃ kāryamityupapadyate /
na kāraṇasyāsadṛśaṃ kāryamityupapadyate // MMK, 4-6.

존적 연기의 논증 논리는 월칭이 언급하는 것처럼, 그밖의 다른 모든 사물에도 적용 가능한 것을 알 수 있다.

4) 상호의존적 연기설에 대한 의문들

(1) 한 사람의 행위자와 두 개의 작용

여기서 상호의존적 연기에 대해서 몇가지 의문들이 제기된다. 첫 번째 의문은 '한 사람의 행위자에게 두 개의 작용이 있다면, "존재인 행위자는 존재인 행위를 행한다"고 하는 주장이 성립될 수 있는 것이 아닐까?'라고 하는 것이다. 그러나 용수는 『중송』 제2장 제6송에서 이렇게 말한다.

> 가는 행위가 둘이라면 가는 자도 둘이 되어야 할 것이다.
> 왜냐하면 가는 사람을 떠나서 가는 행위는 성립할 수 없기 때문이다.(2-6)[193]

앞에서 보았듯이 행위와 행위자는 상호의존해서 성립하기 때문에, 가는 행위와 가는 자의 관계는 '가는 행위가 있으면 가는 자도 있고, 가는 행위가 없으면 가는 자도 없다'고 설명될 수 있다. 그러므로 용수는 게송에서 '가는 행위가 둘이라면 가는 자도 둘이 되어야 한다'고 말한 것이다. 한편 월칭은 위의 게송을 주석하면서 반대자와 다음과 같이 문답하고 있다.

---

193) dvau gantārau prasajyete prasakte gamanadvaye /
gantāraṃ hi tiraskṛtya gamanaṃ naupapadyate // MMK, 2-6.

> 월칭 석(2-6); 묻는다. 그러면 다음과 같을 것이다. 즉 서 있는 데바닷타가 말하면서 보지 않는가? 그럴 경우 한 [사람]에게 여러 가지 작용이 [있는 것이] 관찰된다. 그와 같이 한 사람의 가는 자에게 두 개의 작용이 존재할 것이다.
> 답한다. 그렇지 않다. 행위자는 실체dravya가 아니라 능력śakti이다. 또한 작용kriyā은 구분되기 때문에, 그 [작용]을 성립시키는 능력의 구분도 성립한다. 서 있는 작용에 의해서 말하는 자가 존재하는 것은 아니다. 실체가 하나라고 한다면, 그것은 그럴 것이다.
> 그러나 행위자는 실체가 아니라 능력이고 그것은 구분된다. 유사한 두 개의 작용을 [동시에 행하는] 행위자는 동일한 장소에서 관찰되지 않는다. 그러므로 한 명의 가는 자에게 두 개의 가는 행위는 존재하지 않는다.[194)]

여기서 반론자의 주장은 다음과 같다. 즉 우리는 현실에서 말하면서 보는 사람을 볼 수 있으며, 그와 같이 한 사람에게 여러 개의 작용이 있는 것을 본다. 따라서 『중송』 제8장 제2송a, b에서 발견되는 '존재인 행위자의 작용은 존재하지 않는다. 그러므로 그 행위는 행위자가 없는 것이 된다'라고 하는 용수의 주장은 성립하지 않는다는 것이다.

그러나 월칭은 그에 대하여 행위자는 실체가 아니라 '작용을 성립시키는 능력'이라고 답변한다. 그러므로 월칭에 의하면 행위자는 작용에 앞서서 미리 존재하는 것이 아니라, 작용이 성립할 때 비로소 행위

194) atha syāt; yadāyaṁ devadattaḥ sthitaḥ, sa na bhāṣate? paśyati na? tadāiko'nekakriyo dṛṣṭaḥ, evamekasmin gantari kriyādvayaṁ bhaviṣyati iti / naivam / śaktirhi kārako na dravyam / kriyābhedācca tatsādhanasyāpi śakteḥ siddha eva bhedaḥ/ na hi sthitikriyayā vaktā syāt / dravyamekamiti cet, bhavatu evam, na tu dravyaṁ kārakaḥ, kiṁ tarhi śaktiḥ, sā ca bhidyata eva / api ca / sadṛśakriyādvaya kārakatvaṁ naikadaiśikasya dṛṣṭam, ato naikasya ganturgamanadvayam // PP, p.96.

자로서 성립하게 된다. 즉 말하는 작용이 성립하면, 그 말하는 작용에 의해서 말하는 행위와 말하는 자가 성립하게 되고, 보는 작용이 성립하면, 그 보는 작용에 의해서 보는 행위와 보는 자가 성립하게 된다. 그러므로 행위에 앞서서 미리 존재하면서, 여러 개의 작용이나 여러 개의 행위를 동시에 가지는 행위자는 존재하지 않는 것으로서 부정된다는 것이다. 여기서 상호의존적 연기에 대한 첫 번째 의문이 해소된다.

(2) 원인과 결과의 상호의존

두 번째로 다음과 같은 의문이 제기될 수 있다. 즉 월칭은 『중송』 제10장 제15송d의 주석에서 진흙, 물레, 도공 등은 원인이고 항아리는 결과라고 말하면서, 양자가 상호의존적 연기에 의해서 성립한다고 주장한다. 그러므로 월칭의 주장에 따르면 상호의존적 연기가 성립하기 위해서는 우선 원인과 결과가 차연성의 관계에 있으면서 항상 함께 인식되어야 한다. 그러나 현실에서 물레나 도공 등의 원인이 결과인 항아리와 항상 함께 인식되는 것은 아니지 않는가 하는 것이다.

이와 같은 의문에 대해서는 『중송』 제1장 제5송에서 그 답변을 발견할 수 있다. 용수는 이렇게 말한다.

> 이것들을 연緣해서 [결과가] 발생할 때, 이것들이 [그 결과의] 연들이라고 말한다.
> 그 [결과]들이 [아직] 발생하지 않았다면, 어떻게 [그것들은] 비연非緣이 아니겠는가?(1-5)[195]

195) utpadyate pratītyaimānitiime pratyayāḥ kila /
yāvannautpadyata ime tāvannāpratyayāḥ katham // MMK, 1-5.

청목 석(1-5); 여러 연緣은 결정되어 있지 않다. 왜인가? 만약 결과가 아직 발생하지 않았다면, 그때는 연이라고 부르지 않기 때문이다. 다만 눈으로 연으로부터 결과가 발생하는 것을 보기 때문에 그것을 연이라고 부르는 것이다. [그러므로] 연은 결과로 말미암아 성립하는 것이다. 결과는 나중이고 연은 먼저이기 때문에, 만약 결과가 아직 없다면 어떻게 연이라고 부를 수 있겠는가?

그것은 항아리와 같다. 물과 흙이 화합하므로 항아리의 발생이 있다. 항아리의 연緣을 보기 때문에, 물과 흙 등이 항아리의 연이라고 안다. 만약 아직 항아리가 발생하지 않았다면, 어떻게 물과 흙 등을 비연非緣이라고 부르지 않겠는가?[196]

용수는 위의 게송에서 어떤 사물에 의존해서 어떤 결과가 발생하는 순간을 언급하고 있다. 그리고 청목은 그것을 주석하면서 '[그러므로] 연은 결과로 말미암아 성립하는 것이다'라고 설명하고 있다. 즉 결과가 발생하는 바로 그 순간에 그 결과에 의존해서 어떤 사물들이 연이라고 알려진다는 것이다. 그러므로 용수는 게송에서 '그 [결과]들이 [아직] 발생하지 않았다면, 어떻게 [그것들은] 비연非緣이 아니겠는가?'라고 말하고 있는 것이다.

예를 들면 물과 흙이 화합할 때 항아리의 발생이 있다. 그리고 그렇게 항아리가 만들어지고 난 후에, 사람들은 물과 흙 등이 항아리의 원인이라고 알게 되고, 그것들을 항아리의 원인이라고 부르게 된다. 여기서 원인과 결과의 상호의존적 연기의 관계는 다음과 같다. 즉 결과인

---

196) 諸緣無決定. 何以故. 若果未生. 是時不名爲緣. 但眼見從緣生果. 故名之爲緣. 緣成由於果. 以果後緣先故. 若未有果何得名爲緣. 如瓶以水土和合故有瓶生. 見瓶緣知水土等是瓶緣. 若瓶未生時. 何以不名水土等爲非緣. 『중론』 제1권, 대정 제30권, p. 2하.

항아리는 원인인 물과 흙 등에 의존해서 발생하며, 결과가 발생하는 바로 그 순간에 물과 흙 등은 항아리에 의존하여 원인으로서 성립된다. 그러므로 항아리가 발생하는 순간을 중심으로 해서 생각하면, 진흙, 물레, 도공 등의 원인과 결과인 항아리는 항상 함께 인식되는 것을 알 수 있다.

아버지와 아들의 상호의존적 연기의 관계도 그와 동일하게 생각할 수 있다. 즉 아들은 아버지에 의존해서 발생하며, 아들이 잉태되는 그 순간에 그는 아들에 의존해서 아버지로서 성립한다. 그러므로 아들이 잉태되는 순간을 중심으로 생각하면 아버지와 아들은 항상 함께 인식되는 것을 알 수 있다. 여기서 두 번째 의문이 해소된다.

(3) 존재의 의존과 개념의 의존

세 번째로 다음과 같은 의문이 제기될 수 있다. 아들은 아버지에 의존하여 존재로서 발생하지만, 아버지는 아들에 의존하여 존재로서 발생하는 것은 아니다. 그러므로 결과는 원인에 대해서 존재적으로 의존하지만, 원인은 결과에 대해서 개념적으로 의존할 뿐이다. 이처럼 아버지와 아들, 원인과 결과의 의존관계는 질적으로 상이한 것이기 때문에, 양자의 관계를 상호의존적 연기라거나 상호의존에 의한 성립이라고 말하는 것은 부당한 것이 아닌가 하는 것이다.

그에 대한 답변은 앞에서 보았던 소취와 취자, 즉 오온五蘊과 푸드갈라의 상호의존을 설명하는 곳에서 찾을 수 있다. 이해를 돕기 위하여『중송』제9장 제5송을 다시 인용해 보면 다음과 같다.

> 무엇인가에 의해서 무엇인가가 알려지고, 무엇인가에 의해서 무엇인가가 알려진다.

어떻게 아무것도 없이 무엇인가가 [알려지고], 어떻게 아무것도 없이 무엇인가가 [알려지겠는가]?(9-5)[197]

월칭 석(9-5); 씨앗이라고 말해지는 원인에 의하여 싹이라고 말해지는 어떤 결과가 알려지고, 그 결과에 의하여 씨앗이라고 말해지는 어떤 원인이 알려진다. [그럴 경우] 그것은 그것의 원인이고, 그것은 그것의 결과라고 말해진다.

그와 같이 만약 보는 것 등의 어떤 소취(所取, upādāna)에 의하여 어떤 자아의 자성이 알려질 때, 이 [자아의 자성]은 그 [소취]의 취자(取者, upādātṛ)라고 말해진다. 또한 그 어떤 자아에 의하여 보는 것 등의 어떤 소취所取가 알려지면, 이 [소취]는 저 [자아]의 소취라고 말해진다. 이런 경우에 소취와 취자는 상호의존에 의하여 성립할 것이다.

그러나 보는 것 등의 소취가 취자를 떠나서 별개[의 사물]로서 성립한다고 승인하면, 그럴 경우 그 [소취]는 의지처가 없기 때문에, 그 둘의 성립은 존재하지 않는다. 그러므로 취자가 보는 것 등과 별개의 사물로서 확립되어 있다는 주장은 불합리하다.[198]

용수의 게송에서 '알려진다'는 ajyate를 번역한 것이고, 그 말은 √añj에서 파생한 것으로서, 'to decorate, prepare, to cause to appear; to speak' 즉

197) ajyate kenacitkaścit kiṁcitkenacidajyate /
kutaḥ kiṁcidvinā kaścit kiṁcitkaṁcidvinā kutaḥ// MMK, 9-5.

198) iha bījākhyena kāraṇena kiṁcitkāryamabhivyajyate'ṅkurākhyam, tena ca kāryeṇa kiṁcit kāraṇamabhivyajyate bījākhyam; asyaidaṁ kāraṇamidamasya kāryamiti / evaṁ yadi kenaciddarśanādikenaupādānena kaścidātmasvabhāvo 'bhivyajyate asyāyamupādātaiti, kenaciccātmanā kiṁcidupādānaṁ darśanādikamabhivyajyate idamasyaupādānamiti, tadānīṁ syātparasparāpekṣayorupādānaupādātroḥ siddhiḥ yadā tu upādātāraṁ vinā pṛthak siddhaṁ darśanādikamabhyupagamyate, tadā tannirāśrayamasadeva tasmānnāstyubhayorapi siddhiḥ, iti na yuktametat; darśanādibhyaḥ pṛthagavasthita upādātaiti //5// PP, p.194.

'꾸미다, 준비하다, 나타나게 하다, 말하다' 등의 의미이다. 그리고 월칭은 그 말을 abhivyajyate라고 주석하였는데, 그 말은 'become manifest' 즉 '명백해지다, 명백하게 드러나다'는 의미이다.

이처럼 용수와 월칭은 씨앗과 싹의 성립에 대해서 동일한 용어를 사용하며, 양자의 성립을 존재와 개념의 성립으로 구분해서 언급하지 않는다. 그 이유는 바이세시카학파나 설일체유부와 같은 실재론자들은 일반적으로 무형상지식론無形象知識論에 따라서 인식을 발생시키는 것은 존재라고 생각하기 때문이다. 설일체유부는 그런 관점에서 현재의 대상과 마찬가지로 과거와 미래의 대상도 외계에 실재한다고 주장하며, 중현衆賢이 존재를 정의하면서 '인식(覺)을 일으키는 대상은 [모두] 참된 존재(眞有)이다'[199]라고 말한 것도 그런 맥락에서 이해해야 한다. 그러므로 용수는 자신이 비판하고자 하는 실재론자들의 학설에 따라 씨앗과 싹의 성립을 존재의 성립과 개념의 성립으로 구분해서 설하지 않았던 것이다.

또한 불교에서는 바이세시카학파에서 설하는 것과 같은 속성과 작용의 기체로서 존재하는 실체dravya를 인정하지 않으므로, 속성 및 작용과 실체는 서로 다른 것이라고 말하기 힘들다. 앞에서 보았듯이 용수는 행위와 행위자와 작용의 상호의존적 연기를 주장하며, 월칭은 『중송』 제2장 제6송에 대한 주석에서 행위자는 실체가 아니라 '작용을 성립시키는 능력'이라고 말한다.[200] 그럴 경우 작용이 달라진 것은 그 존재가 달라진 것과 동일한 의미가 되기 때문에, 개념적으로 의존하는 것과 존재적으로 의존하는 것을 질적으로 다른 것이라고 말하기는 힘들다.

---

199) 爲境生覺是眞有相. 『순정리론』 제50권, 대정 제29권, 621쪽 하.
200) śaktirhi kārako na dravyam / PP, p. 96.

그것을 아버지와 아들의 경우에 적용해서 생각하면 다음과 같다. 즉 아버지와 아들은 모두 실체, 혹은 결정적인 존재로서 인정되지 않는다. 양자는 모두 업業에 의존해서 형성되어가는 중생의 모습일 뿐이다. 아들이 발생하기 이전에 그는 아버지의 속성과 작용을 가지고 있지 않았다. 그는 아들이 잉태되는 그 순간 비로소 아버지의 속성과 작용을 가지게 되고, 바로 그 순간부터 아버지라고 불려지게 된다.

그의 속성과 작용은 아들의 발생에 의해서 달라졌고, 속성과 작용이 달라졌기 때문에 이전의 그와 지금의 그는 존재적으로도 다른 사물이라고 보아야 한다. 그렇다면 아들이 아버지에게 의존해서 발생하는 것과 똑같이 아버지도 아들에게 의존해서 발생하는 것이라고 보아야 함을 알 수 있다. 그러므로 아버지와 아들의 상호의존관계는 질적으로 다른 것이 아니라는 것이다. 여기서 세 번째 의문이 해소된다.

3. 팔불중도설

1) 의미와 목적

앞에서 보았던 것처럼 용수는 상호의존적 연기설을 통해서 일체법이 무자성인 것을 논증하고자 하였다. 그리고 용수에 의하면 무자성인 일체법은 공, 가명, 중도이다. 왜냐하면 그에게 공과 가명이란 연기인 일체법에 고정불변의 독자적인 실체나 속성인 '자성이 존재하지 않는 것'을 의미하는 말이고, 비유비무非有非無의 중도란 무자성인 일체법이 '존재의 자성과 비존재의 자성을 가지지 못하는 것'을 의미하는 말이기 때문이다.

그런데 용수는 다시 무자성에 근거하여 팔불중도를 설명한다. 팔불이란 불생불멸 등에 포함되어 있는 '불不'의 숫자에 따라 그렇게 부른 것이고, 중도란 무자성이기 때문에 비유비무의 중도인 일체법이 실체적인 발생과 실체적인 소멸 등과 같은 모든 극단을 떠나 있기 때문에 그렇게 부른 것이다.

용수는 팔불중도를 통해서 연기이고 무자성이고 중도인 일체법의 진실을 보여주고자 하였다. 그러나 거기에도 실재론에 대한 비판이 포함되어 있다. 그것은 불타가 상응부 경전에서 고통의 발생에 대하여 묻는 깟싸빠에게 고통의 자작, 타작, 공작, 무인작을 부정하고, 고통은 연에 의해서 발생한다는 진실을 보여준 것과 유사하다.[201]

그러므로 여기서도 팔불중도의 내용을 '유자성론에 대한 비판'과 '무자성인 사물의 진실'이라는 두 항목으로 구분해서 살펴 보기로 한다.

2) 불생

(1) 유자성론에 대한 비판으로서의 불생

팔불 가운데 첫 번째인 불생不生은 중관학파에서 매우 중요한 것으로 간주된다. 왜냐하면 중관사상에 의하면 불생이 논증됨으로써, 팔불이 모두 논증된다고 말하기 때문이다. 그런 점에서 불생은 팔불을 대표하는 것이라고 생각하는 것도 가능하다. 용수는 『중송』 제1장 제1송에서 이렇게 말한다.

> 자신으로부터, 타자로부터, 그 양자로부터, [혹은] 무원인無原因으로부

201) SN, 12:17, vol.2, pp. 18~22.

터,

발생한 사물은, 어디에서도, 어떤 것도, 결코 발견되지 않는다.(1-1)[202]

위에서 보는 것처럼 용수는 자생自生, 타생他生, 공생共生, 무인생無因生을 모두 부정한다. 이와 같은 네 종류의 발생에 대한 부정을 사불생四不生이라고 부른다. 이처럼 네 종류의 발생을 부정함으로써 사물의 실체적 발생은 모두 부정된다.

사불생의 의미에 대해서는 불호(佛護, Buddhapālita, 470~540년경)의 설명이나 월칭의 설명을 소개하는 것이 일반적인데,[203] 그것을 간략하게 소개하면 다음과 같다. 먼저 자생이 부정되는 이유는 '그런 발생은 무익無益할 뿐 아니라, 적용범위가 지나치게 넓어진다는 오류에 빠지기 때문이고',[204] 타생이 부정되는 이유는 '모든 것으로부터 모든 것이 발생한다는 오류가 뒤따르기 때문이고',[205] 공생이 부정되는 이유는 '위의 두 가지에 지적되었던 오류가 모두 뒤따르기 때문이고',[206] 무인생이 부정되는 이유는 '원인이 존재하지 않으면 결과와 원인도 존재하지 않는다는 오류가 뒤따르거나, 혹은 항상 모든 것으로부터 모든 것이 발생한다고 하는 오류가 뒤따르기 때문'이라고[207] 한다.

한편『중송』및 청목과 월칭의 주석에는 위의 설명과는 다른 방식의 설명도 발견되는데, 그것은 연기인 사물의 자성이 원인 속에서 발견되

---

202) na svato nāpi parato na dvābhyāṁ nāpyahetutaḥ/
utpannā jātu vidyante bhāvāḥ kvacana kecana // MMK, 1-1.

203) 中村元 저, 남수영 옮김(2010),『용수의 중관사상』, 190~191쪽.

204) 김정근 역주(2011),『쁘라산나빠다』제1권, pp. 44-45. 이미 존재하는 사물들은 다시 발생할 필요가 없다는 점에서 무익하다고 말해지고, 이미 존재하는 사물들이 다시 자신을 발생하도록 한다면, 언제나 발생하지 않을 때가 없을 것이라는 점에서 적용범위가 지나치게 넓어진다고 말해진다.

205) 김정근 역주(2011), 같은 책, p. 78.

206) 김정근 역주(2011), 같은 책, pp. 79~80.

207) 김정근 역주(2011), 같은 책, p. 80.

지 않는다는 사실을 입증함으로써 사불생을 논증하는 방식이다. 용수는 『중송』 제1장 제3송에서 이렇게 말한다.

> 실로 사물들의 자성은 연緣 등에 존재하지 않는다.
> 자성自性이 존재하지 않으므로 타성他性도 존재하지 않는다.(1-3)[208]

> 월칭 석(1-3); 만일, 다른 사물인 인因이나 연緣들 속에, 즉 [그것들이] 결합해 있는 것 속에, 흩어져 있는 것들 속에, 흩어져 있으면서 결합해 있는 것들 속에, 혹은 인과 연의 모임과는 다른 어떤 곳에, 결과인 사물들이 발생하기 이전에 존재sattva가 있다면, 그것들로부터 발생이 있을 것이다. 그러나 사물이 발생하기 이전에 [그 사물이] 존재하지는 못할 것이다. 만일 [그것이] 존재한다면 인식될 것이고, 발생은 불필요할 것이다. 그러므로 사물들의 자성svabhāva은 연들 속에는 존재하지 않는다.[209]

요컨대 어떤 방식으로 생각해도 결과인 사물들의 자성(=실체)은 원인인 사물 속에 존재하지 않는다. 예를 들면 부싯돌과 나무를 연으로 해서 불이 일어날 때, 불의 자성인 열기가 불의 연緣들인 부싯돌이나 나무속에 있는 것은 아니다. 그럼에도 불구하고 여러 연에 의존해서 불이 발생하고 열기가 생겨난다. 그러므로 연기의 결과인 사물들의 자성은 연기의 원인인 사물 속에 존재하지 않음을 알 수 있다는 것이다. 그

208) na hi svabhāvo bhāvānāṁ pratyayādiṣu vidyate /
avidyamāne svabhāve parabhāvo na vidyate // MMK, 1-3.

209) yadi hi hetvādiṣu parabhuteṣu pratyayeṣu samasteṣu vyasteṣu vyastasamasteṣu hetupratyaya sāmagryā anyatra vā kvacid bhāvānāṁ kāryāṇāmutpādātpūrvaṁ sattvaṁ syāt, syāttebhya utpādaḥ/ na caivaṁ yadutpādātpūrvaṁ saṁbhavaḥ syāt / yadi syāt gṛhyeta ca utpādavaiyarthyaṁ ca syāt / tasmānna cāsti bhāvānāṁ pratyayādiṣu svabhāvaḥ/ PP, p. 78.

리고 그와 같은 사실로부터 자생과 타생이 모두 부정된다. 청목과 월칭은『중론』과『프라산나파다』에서 이렇게 말한다.

> 청목 석(1-4); 여러 법의 자성自性은 여러 연緣들 속에 존재하지 않는다. 다만 여러 연들이 화합하기 때문에 그런 이름을 얻은 것뿐이다. 자성이란 곧 자체自體를 말한다. 여러 연들 속에는 자성이 없다. 자성이 없으므로 자생自生이 아니다.
>
> 자성이 존재하지 않기 때문에 타성他性도 역시 존재하지 않는다. 왜인가. 자성을 원인으로 해서 타성이 존재하기 때문이다. 타성이란 그 타자에 있어서 또한 그것의 자성이다. 만약 자성을 논파하면 타성도 논파된다. 그러므로 타성으로부터의 발생도 불합리하다.[210]

> 월칭 석(1-3); 자성自性이 존재하지 않을 때, 타성他性도 존재하지 않는다. 거기서 성(性, bhāva)이란 사물들의 발생이다. [그러므로] 타성parabhāva이란 다른 것들로부터의 발생이다. 그러나 그 [타성]은 존재하지 않는다. 그러므로 다른 사물들로부터 사물들이 발생한다고 말하는 것은 불합리하다.[211]

요컨대 불의 자성인 열기가 부싯돌이나 나무 등의 속에 존재하지 않는 것처럼, 연기의 결과인 사물들의 자성은 연기의 원인인 사물 속에 존재하지 않는다. 그리고 그런 사실로부터 연기의 결과인 사물은 자생

---

210) 諸法自性不在衆緣中. 但衆緣和合故得名字. 自性卽是自體. 衆緣中無自性. 性無故不自生. 自性無故他性亦無. 何以故. 因自性有他性. 他性於他亦是自性. 若破自性卽破他性. 是故不應從他性生.『중론』제1권, 대정 제30권, 2쪽 중.

211) avidyamāne ca svabhāve nāsti parabhāvaḥ/ bhavanaṁ bhāva utpādaḥ, parebhya utpādaḥ parabhāvaḥ, sa na vidyate / tasmādayuktametat parabhūtebhyo bhāvānāmutpattiriti // PP, p. 78.

自生, 즉 자신으로부터 발생한 것이 아님을 알 수 있다. 왜냐하면 자성이야말로 그 사물 자신이기 때문이다.

자성의 부정으로부터 타성도 부정된다. 자성은 연기의 결과인 사물 속에서도 발견되지 않으며, 연기의 원인인 사물 속에서도 발견되지 않는다. 그리고 그것은 모든 사물의 경우에 동일하게 적용된다. 그 말은 결국 어떤 사물의 자성도 발견되지 않는다는 의미이다. 왜냐하면 상호 의존적 연기 속에서 연기의 결과물이 아닌 사물은 존재할 수 없기 때문이다.

이로부터 타성도 존재하지 않음을 알 수 있다. 왜냐하면 어떤 사물에 대해서 다른 사물의 자성이 타성이지만, 모든 사물이 연기일 경우에는 어떤 사물의 자성도 인정되지 않으므로, 다른 사물의 자성도 함께 부정되기 때문이다. 이렇게 타성도 존재하지 않기 때문에, 다른 사물로부터의 발생인 타생도 인정되지 않는다는 것이다. 청목은 다시 『중송』 제1장 제4송을 주석하면서 이렇게 말한다.

> 청목 석(1-4); 만약 자성과 타성을 논파하면 공생共生도 논파된다. 무인생無因生에는 큰 허물이 있다. 유인생有因生도 논파할 수 있는데, 하물며 무인생이겠는가. 이처럼 사구四句 가운데에서 발생은 불가득이므로 불생인 것이다.[212)]

즉 공생이 논파되는 이유는 자성과 타성이 논파됨으로써 자생과 타생이 모두 논파되었기 때문이고, 무인생은 큰 허물이 있기 때문이라는 것이다. 청목은 그 허물이 무엇인지를 말하고 있지 않지만, 그것은 앞에서 언급했던 것처럼 '원인이 존재하지 않으면 결과와 원인도 존재하지

---

212) 若破自性他性卽破共義. 無因則有大過. 有因尙可破. 何況無因. 於四句中生不可得. 是故不生. 『중론』 제1권, 대정 제30권, 2쪽 중.

않는다는 오류가 뒤따르거나, 혹은 항상 모든 것으로부터 모든 것이 발생한다고 하는 오류가 뒤따르기 때문'이라고 생각할 수 있을 것이다.

이처럼 사불생을 논증하는 방법은 한 가지가 아니지만, 그중에서도 지금 소개한 방법은 중요한 의미를 지니고 있다. 왜냐하면 연기의 원인인 사물 속에 연기의 결과인 사물의 자성이 발견되지 않는다는 사실을 통하여, 어떤 사물이 자성을 가지고 발생한다고 주장하는 학설들 뿐 아니라, 어떤 사물이 자성을 가지고 있는 사물에 의해서 발생한다고 주장하는 학설들도 모두 희론에 지나지 않음이 밝혀지기 때문이다.

이처럼 사불생을 통해서 유자성인 사물의 발생은 어떤 방식으로 생각해도 불가능하다는 사실이 밝혀지고, 다시 그로부터 유자성인 사물의 발생을 주장하는 학설은 모두 불합리한 견해에 지나지 않는다는 사실이 밝혀진다.

(2) 진실로서의 불생

용수는 유자성론에 근거한 사물의 발생을 부정하지만, 발생을 전면적으로 부정하지는 않는다. 왜냐하면 사물의 발생을 전면적으로 부정하는 것은 현실과 모순되는 것이기 때문이다. 그런 점에서 그가 승인하는 사물의 발생은 연기緣起, 즉 '연에 의한 사물의 발생'이다. 그러나 그렇다고 해서 그가 연기인 사물의 자성을 승인하는 것은 아니다. 그는 『중송』 제24장 제18송에서 이렇게 말한다.

> 연기인 것, 그것을 공성(空性, śūnyatā)이라고 우리들은 부른다.
> 그 [공성]은 가명假名이며, 그 [공성]이야말로 중도中道이다.(24-18)[213]

213) 『중송』 제24장 제18송.

월칭 석(24-18); 연기는 인과 연에 의존해서 싹이나 식識 등이 발생하는 것이다. 그것은 '자성으로서 불생svabhāvena-anutpādaḥ'이다. 또한 자성으로서 불생인 사물들, 그것이 공성이다. [도무열뇌지경에서] 세존께서 말씀하신 것과 같다. "연들에 의해서 발생한 것, 그것은 무생無生이다. 그것들의 발생은 자성으로서 있는 것이 아니다. 연에 의존해서 [발생한 것]은 공空이라고 말한다. 공성을 아는 자는 방일하지 않는다.[214]

위에서 보듯이 용수는 연기인 것을 공성이라고 말한다. 그리고 월칭은 '연기인 것'을 인과 연에 의존해서 싹이나 식 등이 발생하는 것이라고 설명하고, 그 싹이나 식 등은 '자성으로서 불생'이라고 말한다. 월칭이 인과 연에 의존해서 발생한 싹이나 식 등을 '자성으로서 불생'이라고 말하는 이유는 연기의 결과인 싹이나 식 등에는 '고정불변의 독자적인 실체나 속성'인 자성이 없기 때문이다.

앞에서 보았던 것처럼 연기의 결과인 사물은 무자성이고, 연기의 원인인 사물 속에서도 자성은 발견되지 않는다. 그러므로 연에 의존해서 사물이 발생할 때, 그 사물의 발생은 자성을 가지는 사물에 의한, 그리고 자성을 가지는 사물로서의 발생이 아니라, 무자성인 사물에 의한, 무자성인 사물로서의 발생이라고 말하지 않을 수 없다.

그런데 월칭은 발생을 정의하면서 '자체自體를 가지고 나타나는 것'이라고 정의한다.[215] 이와 같은 월칭의 정의에 의하면, 발생이란 이전에는 존재하지 않던 사물이 실체를 가지고 존재하게 되는 것을 말한다.

---

214) yo 'yaṁ pratītyasamutpādo hetupratyayānapekṣya aṅkuravijñānādīnāṁ prādurbhāvaḥ, sa svabhāvenānutpādaḥ/ yaśca svabhāvenānutpādo bhāvānāṁ sā śūnyatā/ yathā bhagavatāuktam ; yaḥ pratyatyairjāyati sa hyajāto na tasya utpādu svabhāvato 'sti / yaḥ pratyayādhīnu sa śūnya ukto yaḥ śūnyatāṁ jānati so 'pramattaḥ// iti / PP, pp. 503~504.

215) utpādanamutpādaḥ/ ātmabhāvonmajjanamityarthaḥ/ PP, p. 4.
생生이란 생겨나는 것으로서, 자체自體를 가지고 나타난다는 의미이다.

그러나 무자성인 사물은 실체를 가지고 나타나는 것이 아니기 때문에 존재라고 말할 수 없다. 이처럼 무자성인 사물의 발생은 발생의 정의에 부합하지 않으므로, 무자성인 사물의 발생도 역시 불생이라고 말하게 된다. 즉 연기인 사물은 인과 연에 의존해서 발생하는 것이기 때문에, 자성을 가지고 발생하는 것이 아니며, 따라서 그런 사물의 발생은 '자성으로서 불생'이라는 것이다.

(3) 불생과 팔불

청목과 월칭에 의하면 불생으로부터 팔불이 모두 입증된다고 한다. 두 사람은 『중론』과 『프라산나파다』에서 다음과 같이 말한다.

> 청목 석(1-2); 불멸不滅이란 [다음과 같다]. 만약 무생無生이라면 어떻게 소멸이 있겠는가? 무생무멸이기 때문에 나머지 여섯도 없다.[216]

> 월칭 석(1-1); 발생이 존재하지 않기 때문에, 불생 등의 [여덟 가지] 특징을 지닌 연기는 논증되었다.[217]

위의 두 논사가 불생으로부터 팔불이 모두 논증된다고 말하는 이유는 다음과 같은 용수의 언급과 무관하지 않다. 용수는 『중송』에서 이렇게 말한다.

> 모든 사물이 공이라면, 무엇이 무변無邊이고 무엇이 유변有邊인가?
> 무엇이 무변인 동시에 유변이고, 무엇이 무변도 아니고 유변도 아닌가?(25-22)[218]

---

216) 不滅者. 若無生何得有滅. 以無生無滅故. 餘六事亦無. 『중론』 제1권, 대정 제30권, 1쪽 하.

217) utpādāsaṁbhavācca siddho 'nutpādādiviśiṣṭa pratītyasamutpāda iti // PP, p. 39.

> 무엇이 같고, 무엇이 다른가? 무엇이 상주常住이고, 무엇이 무상無常인가?
> 무엇이 무상인 동시에 상주이고, 거기서 또 무엇이 그 둘도 아닌가?(25-23)[219]

> 월칭 석(25-23); 사물의 본성bhāva-svarūpa이 존재하지 않을 때, 이 열네 가지 무기無記의 명제들도 존재하지 않는다. 그러나 [사람들은] 사물의 본성을 설정하고, 그 [사물]의 소멸이나 비소멸이라는 견해를 일으켜서 집착한다. 그들의 이와 같은 집착은 열반의 성으로 향하는 길을 가로막아서, [그들을] 윤회의 고통과 결합하게 만든다는 것을 알아야 한다.[220]

즉, 여러 사물은 오직 연에 의해서 발생할 수 있으며, 연기인 것은 무자성이기 때문에 '자성으로서 불생'이다. 그러나 무자성인 사물은 고정불변의 존재성을 갖지 못하기 때문에 존재라고 말할 수 없다. 그러므로 존재도 아닌 사물에 대해서, 유변이나 무변, 혹은 상주나 무상 등을 논하는 것은 그 자체가 무의미한 일이라고 말하지 않을 수 없다.

그럼에도 불구하고 사람들은 무자성인 사물에 대하여 자성을 설정하고, 그 사물들에 대하여 소멸이나 비소멸 등 각종 견해를 일으켜서 거기에 집착한다. 그리고 바로 그런 집착 때문에 윤회 속에서 고통 받

218) śūnyeṣu sarvadharmeṣu kimanantaṃ kimantavat/
kimanantamantavacca nānantaṃ nānatavacca kim// MMK, 25-22.

219) kiṃ tadeva kimanyatkiṃ śāśvataṃ kimaśāśvatam/
aśāśvataṃ śāśvataṃ ca kiṃ vā naubhayamapyataḥ// MMK, 25-23.

220) caturdaśāpyetāni avyākṛtavastūni asati bhāvasvarūpe naiva yujyante/ yastu bhāvasvarūpamadhyāropya tadvigamāvigamataḥ etā dṛṣṭīrutpādya abhiniviśate, tasyāyamabhiniveśo nirvāṇapuragāminaṁ panthānaṁ viruṇaddhi, sāṁsārikeṣu ca duḥkheṣu niyojayatiiti vijñeyam / PP, p. 537.

게 된다는 것이다. 또한 월칭은 다른 곳에서도 무자성이기 때문에 존재라고 말할 수 없는 사물에 대해서 유변과 무변, 상주와 무상 등을 논하는 것은 마치 존재하지도 않는 석녀石女의 아들에 대해서 그의 피부가 검은가, 그렇지 않은가를 논하는 것과 다를 바가 없다고 말한다.[221]

이와 같은 언급들로부터 두 논사가 불생이 논증됨으로써, 팔불이 모두 밝혀진다고 말했던 이유를 알 수 있다. 즉 무자성이기 때문에 존재라고 말할 수 없는 연기인 사물에 대해서 생멸거래生滅去來와 일이단상一異斷常을 논하는 것은 모두 무의미한 일이라는 것이다.

3) 불생불멸

(1) 유자성론에 대한 비판으로서의 불생불멸

앞에서 보았듯이 용수는 무자성인 사물에 대해서 유변이나 무변 등을 논하는 것은 무의미한 일이라고 말하고, 청목과 월칭은 용수의 언급에 따라 불생의 논증을 통해서 팔불이 모두 입증된다고 말하지만, 그들이 팔불의 다른 항목들에 대해서 침묵하고 있었던 것은 아니다. 용수는 『중송』 제20장 제17송에서 유자성론에 대한 비판으로서 불생불멸을 다음과 같이 설한다.

> 불공不空인 결과는 발생하지 않을 것이다. 불공인 것은 소멸하지 않을 것이다.
>
> [그래서] 불공인 [결과]는 불생불멸이 될 것이다.(20-17)[222]

---

221) '석녀의 아들'에 대한 비유는 『중송』 제27장 제28송에 대한 월칭의 주석을 참조하라.

222) phalaṃ nautpatsyate 'śūnyamaśūnyaṃ na nirotsyate/ aniruddhamanutpannamaśūnyaṃ tadbhaviṣyati// MMK, 20-17.

청목 석(20-17); 결과가 만약 불공이라면 마땅히 불생불멸일 것이다. 왜 인가? 만약 결과가 원인 속에 미리 결정적으로 존재한다면, 다시 발생할 필요는 없을 것이다. 발생이 없으므로 소멸도 없다. 그러므로 결과가 불공이기 때문에 불생불멸이 된다.[223)]

여기서 불공인 결과란 '공이 아닌 결과', 즉 '자성을 가지는 사물', 혹은 '실체를 가지는 사물'을 의미한다. 그런데 실체를 가지는 사물은 이미 존재하고 있는 것이기 때문에, 결과로서 새롭게 발생할 필요가 없다. 또한 자성을 가지고 있다면 소멸하지 못하는 것도 당연하다. 왜냐하면 자성은 변화하지 않는 것이고, 변화하지 못한다면 소멸하는 것도 불가능하기 때문이다.[224)]

그렇다면 유자성인 여러 사물은 불생불멸이고 상주불변이라고 말해야 하겠지만, 그것은 현실과 일치하지 않을 뿐 아니라, 여러 사물의 발생과 소멸을 승인하는 자신들의 학설과도 일치하지 않는다. 그러므로 유자성인 사물을 인정하면서 그와 같은 사물의 발생과 변화와 소멸을 주장하는 학설들은 모두 불합리한 희론에 지나지 않음을 알 수 있다는 것이다.

(2) 진실로서의 불생불멸

한편 연기이기 때문에 무자성인 사물도 불생불멸임을 밝히기 위하여 용수는 『중송』 제20장 제18송에서 이렇게 말한다.

---

223) 果若不空. 不應生不應滅. 何以故. 果若因中先決定有. 更不須復生. 生無故無滅. 是故果不空故. 不生不滅. 『중론』 제3권, 대정 제30권, 27쪽 중.

224) 용수는 『중송』 제15장 제8송에서 "자성prakṛti이 변화하는 것은 결코 성립하지 않는다"고 말하고 있다.

공空인 [결과]가 어떻게 발생하겠는가? 공인 [결과]가 어떻게 소멸하겠는가?
그 공인 [결과]도 불생불멸이 될 것이다.(20-18)[225]

청목 석(20-18); 만약 결과가 공이기 때문에 생멸이 있다고 말하면 그것도 불합리하다. 왜인가? 만약 결과가 공이라면 공이란 존재하지 않는 것을 말하는 것인데, 어떻게 생멸이 있을 수 있겠는가? 그러므로 결과가 공이기 때문에 불생불멸이라고 설하는 것이다.[226]

이처럼 용수에 의하면 무자성인 사물도 불생불멸이다. 우선 앞에서 언급했던 것처럼, 무자성인 것은 실체를 가지고 나타나는 것이 아니기 때문에 발생이라고 말할 수 없다. 따라서 무자성인 사물의 발생은 '자성으로서 불생'이다.

또한 월칭은 소멸을 찰나멸刹那滅이라고 정의한다.[227] 따라서 발생에 대한 그의 정의를 고려하면, 소멸이란 자체(=실체)를 가지고 존재하던 사물이 다음 순간에 찰나멸하여 비존재가 되는 것을 의미한다. 그러나 무자성인 사물은 존재라고 말할 수 없기 때문에, 무자성인 사물의 소멸은 그와 같은 정의에 부합하지 않는다. 그러므로 무자성인 사물에는 발생과 소멸이 존재하지 않음을 알 수 있다는 것이다.

또한 용수는『중송』제21장 제9송 ab에서 "공인 사물의 발생과 소멸은 결코 성립하지 않는다"라고 말하고, 월칭은 그에 대해서 무자성인

225) kathamutpatsyate śūnyaṃ kathaṃ śūnyaṃ nirotsyate/
śūnyamapyaniruddhaṃ tadanutpannaṃ prasajyate// MMK, 20-18.
226) 若謂果空故有生滅. 是亦不然. 何以故. 果若空. 空名無所有. 云何當有生滅. 是故說果空故不生不滅.『중론』제3권, 대정 제30권, 27쪽 중.
227) tatra niruddhirnirodhaḥ/ kṣaṇabhaṅgo nirodha ityucyate/ PP, p. 4.
거기서 멸滅이란 소멸하는 것으로서, 찰나멸刹那滅이 멸이라고 말해진다.

사물은 존재가 아니기 때문에, 마치 허공 속의 그림이 의지처가 없어서 존재하지 못하는 것처럼, 발생과 소멸의 의지처가 되지 못한다고 설명하고 있다.[228]

한편 청목은 『중론』에서 불생불멸이라는 무자성인 사물의 진실을 곡식의 비유를 통해서 설명한다.

> 청목 석(1-2); 세간 [사람들은] 눈으로 겁초劫初의 곡식[으로부터] 불생을 본다. 왜인가? 겁초의 곡식을 떠나면 지금의 곡식은 불가득이다. 만약 겁초의 곡식을 떠나서 지금의 곡식이 있다면 마땅히 발생發生이 있다고 할 것이다. 그러나 실은 그렇지 않다. 그러므로 불생이다. ……
> 세간 [사람들은] 눈으로 겁초의 곡식[으로부터] 불멸을 본다. 만약 [겁초의 곡식이] 소멸했다면 지금은 마땅히 곡식이 있지 않을 것이다. 그러나 실은 곡식은 있다. 그러므로 불멸이다.[229]

청목의 설명에는 자성이나 실체라는 용어가 발견되지 않지만, 월칭이 연기인 사물의 발생을 '자성으로서 불생'이라고 말하는 것처럼, 여기에도 자성이나 실체라는 말을 포함시켜서 생각하면 이해가 수월해진다.

즉 지금의 곡식은 겁초의 곡식에 의존해서 발생한 것으로서, 자성을 가지고 발생한 것이 아니다. 왜냐하면 그것은 겁초의 곡식이라는 타자에 의존해서 발생한 것이기 때문에, 자성으로서 발생한 것이라고 승인되지 않기 때문이다. 따라서 지금 곡식의 발생은 '자성으로서 불생'이다.

소멸에 대해서도 다음과 같이 생각하는 것이 가능하다. 즉 겁초의

---

228) saṁbhavo vibhavaścaiva na śūnyasyaupapadyate / MMK, 21-9ab
avidyamānāśrayatvādākāśacitravadityabhiprāyaḥ/ PP, pp. 417~418.

229) 世間眼見劫初穀不生. 何以故. 離劫初穀. 今穀不可得. 若離劫初穀有今穀者. 則應有生. 而實不爾. 是故不生. …… 世間眼見劫初穀不滅. 若滅今不應有穀而實有穀. 是故不滅. 『중론』 제1권, 대정 제30권, 2쪽 상.

곡식이 자성으로서 소멸하였다면, 그것은 자신의 자성에 의해서 완전한 비존재로 머물면서 결과를 발생시킬 수 없을 것이다. 그러나 사실은 그렇지 않기 때문에 지금의 곡식이 있다. 따라서 겹초 곡식의 소멸은 '자성으로서 불멸'이다.

요컨대 무자성인 사물은 실체로서 존재하는 것이 아니기 때문에, 자성을 가지고 발생하는 것도 아니고, 자성을 가지고 소멸하는 것도 아니다. 따라서 '자성으로서 불생불멸'이라는 것이다.

4) 불거불래

(1) 유자성론에 대한 비판으로서의 불거불래

월칭의 정의에 따르면 '오는 것'이란 먼 곳에 머물던 것이 가까운 곳으로 오는 것을 의미하고, '가는 것'이란 가까운 곳에 머물던 것이 먼 곳으로 가는 것을 의미한다.[230] 그런데 여러 학파의 실재론에 따르면 오고 가는 '사물'과 오고 가는 '작용'등은 모두 실재로서 인정된다. 예를 들면 바이세시카학파가 실체와 속성과 작용 등을 모두 실재實在로서 인정하는 것과 같다.

그러므로 그들의 실재론에 따르면 '가는 현상'은 실재하는 가는 자가 실재하는 가는 작용과 결합함으로써 성립한다고 말하게 된다. 그러나 용수는 『중송』 제2장 제24송에서 그와 같은 주장의 불합리를 비판하기 위해서 이렇게 말한다.

---

230) āgatirāgamaḥ, viprakṛṣṭadeśāvasthitānāṁ saṁnikṛṣṭadeśāgamanam/ nirgatirnirgamaḥ saṁnikṛṣṭadeśāvasthitānāṁ viprakṛṣṭadeśagamanam/ PP, p. 4.
래來는 오는 것으로서, 멀리 있던 것이 가까운 곳으로 오는 것이다. 거去는 가는 것으로서, 가까이 있던 것이 먼 곳으로 가는 것이다.

> 진실로 존재하는 가는 자는 세 종류의 가는 작용으로 가지 않는다.
> 진실로 존재하지 않는 가는 자도 세 종류의 가는 작용으로 가지 않는다.(2-24)[231]

> 청목 석(2-25); 결정決定이라고 하는 것은 본래부터 진실로 존재하는 것을 말하는 것으로서, 가는 작용을 원인으로 해서 발생하는 것이 아니다. 가는 작용이란 몸의 움직임을 말하는 것이고, 세 종류란 아직 가지 않은 것, 이미 가버린 것, 지금 가고 있는 것을 말한다.
> 만약 가는 자가 결정적으로 존재하다면, 마땅히 가는 작용을 떠나서 가는 자가 존재해야 할 것이고, 마땅히 [가는 자는] 멈추지 않을 것이다. 그러므로 가는 자가 결정적으로 존재한다고 말하지만, [그가] 세 종류의 가는 작용을 사용할 수는 없다.
> 만약 가는 자가 불결정不決定이라면, 불결정이란 본래 진실로 존재하지 않는 것을 말하는 것이다. [그럴 경우에는] 가는 작용을 원인으로 해서 가는 자라는 이름을 얻게 되는 것인데, 가는 작용이 존재하지 않으므로 [가는 자도 존재하지 않으니, 역시] 세 종류의 가는 작용을 사용할 수 없다.[232]

용수가 말하는 '진실로 존재하는 가는 자'와 '진실로 존재하지 않는 가는 자'란 각각 '가는 작용과 결합해 있는 가는 자'와 '가는 작용을 갖지 못한 가는 자'를 의미한다.[233] 청목은 그것을 각각 '결정적으로 존재하는 가

231) sadbhūto gamanaṃ gantā triprakāraṃ na gacchati/
nāsadbhūto 'pi gamanaṃ triprakāraṃ gacchati// MMK, 2-24.

232) 決定者. 名本實有. 不因去法生. 去法名身動. 三種名未去 已去去時. 若決定有去者. 離去法應有去者. 不應有住. 是故說決定有去者 不能用三去. 若去者不決定. 不決定名本實無. 以因去法得名去者. 以無去法故 不能用三去. 『중론』 제1권, 대정 제30권, 5쪽 중~하.

는자'와 '불결정인가는자'라고표현하였다.

그중에서 '진실로 존재하는 가는 자', 즉 '가는 작용과 결합해 있는 가는 자'는 '아직 가지 않은 것, 이미 가버린 것, 지금 가고 있는 것'과 같은 세 종류의 가는 작용을 필요로 하지 않고 이미 성립해 있는 것이 된다. 그렇다면 그는 자신의 가는 작용 때문에 항상 가기만 하고 멈추지 못하게 될 것이다. 그러나 그런 일은 현실에서 발견되지 않기 때문에 불합리하다. 그러므로 진실로 존재하는 가는 자가 어떤 형태의 가는 작용과 결합해서 간다고 주장해도, 그것은 모두 불합리한 견해에 지나지 않음을 알 수 있다.

반대로 '진실로 존재하지 않는 가는 자', 즉 '가는 작용을 갖지 못한 가는 자'의 경우, 가는 자와 가는 작용은 상호의존해서 성립하는 것이기 때문에, 가는 자는 가는 작용이 있어야 성립할 수 있지만, 아직 가는 작용은 존재하지 않는다. 왜냐하면 가는 작용은 가는 자에 의존해서 비로소 성립하는 것이기 때문이다.

이렇게 가는 작용이 존재하지 않으므로 가는 자도 존재할 수 없다. 따라서 진실로 존재하지 않는 가는 자도 '아직 가지 않은 것, 이미 가버린 것, 지금 가고 있는 것'과 같은 세 종류의 가는 작용과 결합해서 가지 못한다. 그러나 그와 같은 일도 현실과 부합하지 않는다. 그러므로 진실로 존재하지 않는 가는 자가 어떤 형태의 가는 작용으로 간다고 주장해도, 그것은 모두 불합리한 견해에 지나지 않음을 알 수 있다.

요컨대 진실로 존재한다고 하거나, 진실로 존재하지 않는다고 하거나, 유자성인 사물은 가지도 못하고 오지도 못할 것이다. 왜냐하면 유자성인 사물은 다른 모습으로 변화할 수 없기 때문이다. 그러므로 유자성인 사물의 가고 옴을 주장하는 것은 불합리함을 알 수 있다는 것이다.

---

233) 『중송』 제2장 제25송에 대한 월칭의 주석을 참조.

(2) 진실로서의 불거불래

용수에 의하면 가는 자, 가는 작용, 가는 장소의 세 가지는 모두 상호의존해서 성립하는 것이기 때문에 자성으로서 존재하는 것이 아니다. 그리고 그와 같은 무자성인 사물들을 존재라고 말할 수는 없다. 따라서 용수는 『중송』 제2장 제25송에서 다음과 같이 말한다.

> 그러므로 가는 작용, 가는 자, 가야할 곳은 모두 존재하지 않는다.(2-25cd)[234)]

> 청목 석(2-25); 가는 작용, 가는 자, 가는 장소, 이와 같은 사물들은 모두 상호의존하는 것이어서, 가는 작용을 원인으로 해서 가는 자가 있고, 가는 자를 원인으로 해서 가는 작용이 있는 것이다. [그리고] 그와 같은 두 가지 사물을 원인으로 해서 가는 장소가 있는 것이다. [그러므로 그것들은] 결정적으로 존재한다고도 말할 수 없고, 결정적으로 존재하지 않는다고도 말할 수 없다.
> 그러므로 [그와 같은] 세 가지 사물은 허망한 것이고, 공인 것이어서 진실로 존재하는 것이 아니고, 다만 가명으로서 존재하는 것이고, 환영과 같고 신통력으로 만들어진 [사물]과 같다고 분명하게 알아야 할 것이다.[235)]

용수에 의하면 가는 자, 가는 작용, 가는 장소는 모두 상호의존해서 성립한다. 따라서 그것들은 모두 자성을 가지고 존재하는 사물들이 아

---

234) tasmādgatiśca gantā ca gantavyaṃ ca na vidyate// MMK, 2-25cd.

235) 去法去者所去處. 是法皆相因待. 因去法有去者. 因去者有去法. 因是二法則有可去處 不得言定有. 不得言定無. 是故決定知. 三法虛妄. 空無所有. 但有假名. 如幻如化. 『중론』 제1권, 대정 제30권, 5쪽 하.

니라, 무자성인 사물들임을 알 수 있다. 그것들은 모두 무자성이기 때문에 결정적인 존재라고도 말할 수 없고, 결정적인 비존재라고도 말할 수 없다. 청목은 그와 같은 사물들을 '허망한 것, 공인 것' 등으로 표현하였다.

그와 같이 무자성인 가는 자가 무자성인 가는 작용에 의지해서 가는 것은 '자성으로서는 불거'라고 말하는 것이 마땅하다. 왜냐하면 자성으로서 존재하는 가는 자가 자성으로서 존재하는 가는 작용을 가지고 가는 것이 아니기 때문이다. 그리고 그것은 '오는 현상'에 대해서도 동일하게 적용될 수 있다. 따라서 무자성인 사물이 가거나 오는 현상은 '자성으로서 불거불래'라고 말하게 된다는 것이다. 청목은 『중론』에서 불거불래라는 무자성인 사물의 진실을 곡식과 싹의 비유를 통해서 설명한다.

> 청목 석(1-2);세간 사람들은 눈으로 만물이 불래不來임을 본다. 마치 곡식 열매 가운데 싹이 어디서 오는 것이 아닌 것과 같다. 만약 오는 것이라면, 마치 새가 나무에 깃들 듯이, 싹은 마땅히 다른 장소에서 와야 할 것이다. 그러나 실은 그렇지 않다. 그러므로 불래이다. ……
> 세간 사람들은 눈으로 만물이 불출不出인 것을 본다. 만약 출이 있다면, 마치 뱀이 굴에서 나가는 것처럼, 마땅히 싹이 곡식으로부터 나가는 것이 보일 것이다. 그러나 실은 그렇지 않다. 그러므로 불출이다.[236)]

청목은 여기서도 자성이나 실체라는 말을 사용하지 않지만, 다음과 같이 이해하는 것이 가능하다. 즉 곡식으로부터 싹이 발생할 때, 싹이

236) 世間眼見萬物不來. 如穀子中芽無所從來. 若來者. 芽應從餘處來. 如鳥來栖樹. 而實不爾. 是故不來. … 世間眼見萬物不出. 若有出. 應見芽從穀出. 如蛇從穴出. 而實不爾. 是故不出.『중론』제1권, 대정 제30권, 2쪽 상.

실체를 가지고 오는 것이라면, 마치 새가 날아오는 것처럼, 싹이 다른 장소로부터 오는 것이 인식될 것이다. 그러나 그와 같은 일은 인식되지 않는다. 그러므로 싹은 실체를 가지고 다른 장소에서 오는 것이 아님을 알 수 있다.

또한 싹이 실체를 가지고 나가는 것이라면, 뱀이 굴에서 나가는 것처럼, 싹이 곡식으로부터 나가는 것이 인식될 것이다. 그러나 그와 같은 일도 인식되지 않는다. 그러므로 싹이 실체를 가지고 나가는 것도 아님을 알 수 있다. 요컨대 무자성인 사물은 자성을 가지고 존재하는 것이 아니기 때문에, 실체를 가지고 가는 것도 아니고, 실체를 가지고 오는 것도 아니다. 따라서 '자성으로서 불거불래'라는 것이다.

5) 불일불이와 불상부단

(1) 유자성론에 대한 비판으로서의 불일불이

월칭의 정의에 의하면 일의一義란 원인과 결과가 동일한 사물이라는 의미이고, 이의異義란 원인과 결과가 다른 사물이라는 의미이다.[237] 그러나 용수에 의하면 원인과 결과가 동일한 사물이라고 하거나, 다른 사물이라고 하는 것은 모두 불합리한 견해에 지나지 않는다. 용수는 『중송』 제20장 제20송에서 이렇게 말한다.

> 결과와 원인이 동일하다면, 낳는 것과 낳아지는 것이 같은 것이 될 것이다.

237) ekaścāsāvarthaścetyekārtho 'bhinnārthaḥ/ na pṛthagityarthaḥ/ nānārtho bhinnārthaḥ/ pṛthagityarthaḥ/ PP, p. 4.
그것이 하나이고, 또 대상對象이라고 하는 것이 일의一義이다. [그것은] 다르지 않다는 의미이고, 분리되어 있지 않다는 의미이다. 이의異義란 다르다는 의미인데, 분리되어 있다는 의미이다.

결과와 원인이 다르다면, 원인과 비원인非原因이 같은 것이 될 것이다.(20-20)[238]

월칭 석(20-20); 만일 원인과 결과가 동일하다면 낳아지는 것과 낳는 것의 동일성이 성립할 것이다. 그러나 그 둘은 동일한 것이 아니다. 아버지와 아들, 눈과 안식眼識, 씨앗과 싹이 동일하다는 오류가 뒤따르기 때문이다. 이와 같이 원인과 결과의 동일성은 존재하지 않는다.

이제 상이성도 존재하지 않는다. 왜인가? 만일 원인과 결과의 상이성이 그대의 주장에 의해서 승인된다면, 그럴 경우 [결과가] 다른 것에 의존하는 것은 아니기 때문에, 결과는 원인에 의존하지 않게 될 것이다. 그러나 그것은 그렇지 않다. 그러므로 원인과 결과의 상이성도 존재하지 않는다.[239]

결과란 원인에 의해서 낳아지는 사물을 말하고, 원인이란 결과를 낳는 사물을 말한다. 그러나 만약 그 둘이 동일한 사물이라고 한다면, 낳는 것과 낳아지는 것이 하나의 사물이라고 말해야만 할 것이다. 그럴 경우 아버지와 아들, 씨앗과 싹 등이 동일한 사물이라고 말해져야 하겠지만, 그런 주장은 불합리하다. 그러므로 원인과 결과의 동일성은 성립하지 않는다.

또한 만약 원인과 결과가 상이한 사물이라고 한다면, 그 둘은 관계

238) ekatve phalahetvoḥ syādaikyaṃ janakajanyayoḥ/
pṛthaktve phalahetvoḥ syāttulyo heturahetunā// MMK, 20-20.

239) yadi hetoḥ phalasya ca ekatvaṁ syāt, tadā janyajanakayorekatvamabhyupetaṁ syāt / na cānayorekatvam, pitāputrayoścakṣuścakṣurvijñānayorbījāṅkurayoścaikyaprasaṅgāt / evaṁ tāvad hetoḥ phalasya ca ekatvaṁ nāsti //idānīmanyatvamapi nāsti / kiṁ kāraṇam? yadi hetoḥ phalasya ca bhavanmatenābhimatamanyatvaṁ syāt, tadā paratra nirapekṣatvād hetunirapekṣameva phalaṁ syāt / na caitadevam ityataḥ anyatvamapi hetoḥ phalasya ca na saṁbhavati / PP, p. 404.

를 맺을 수 없다. 예를 들면 물의 냉기에서 불의 열기가 나오지 않는 것과 같다. 그러므로 결국 원인과 결과의 상이성을 주장하는 것은 원인과 비원인非原因의 동일성을 주장하는 견해와 다를 것이 없게 된다. 따라서 원인과 결과가 동일하다고 하거나 상이하다고 하는 견해는 모두 불합리한 견해에 지나지 않음을 알 수 있다.

요컨대 유자성인 원인과 결과는 동일하거나 상이하거나 둘 중의 하나일 것이다. 그러나 원인과 결과가 자성으로서 동일하다면, 낳는 것과 낳아지는 것이 동일하다고 하는 오류에 빠지게 되고, 원인과 결과가 자성으로서 상이하다면 원인이 곧 비원인이라고 하는 오류에 빠지게 된다. 따라서 유자성인 사물을 인정하면서 그런 사물들의 인과관계를 논하는 것은 불합리하다는 것이다.

(2) 유자성론에 대한 비판으로서의 불상부단

월칭의 정의에 따르면 상주란 항상 동일하게 머물러 있다는 의미이고, 단멸이란 상속의 단절이라는 의미이다.[240] 그런데 용수는 『중송』 제15장 제11송에서 이렇게 말한다.

> 또한 자성으로서 존재하는 것, 그것이 없어지지 않는다면 상주가 되고, 이전에 존재하던 것이 지금 없어졌다고 하면 단멸이 된다.(15-11)[241]
>
> 월칭 석(15-11); 자성으로서svabhāvena 존재한다고 말하는 것은, 자성의 비소멸성 때문에 어떤 때에도 존재하지 않는다고는 [말할 수] 없다. 이

240) ucchittirucchedaḥ/ prabandhavicchittirityarthaḥ/ śāśvato nityaḥ/ sarvakāle sthāṇurityarthaḥ/ PP, p. 4.
단斷이란 단절하는 것으로서, 상속相續의 단절이라는 의미이다. 상常이란 상주로서, 일체시에 불변不變이라는 의미이다.

241) asti yad dhi svabhāvena na tan nāstiiti śāśvatam/
nāstiidānīm abhūt pūrvam ity ucchedaḥ prasajyate// MMK, 15-11.

와 같이 사물의 존재성을 승인하면 상주론에 빠지게 된다. 또 먼저 현재의 상태에서 사물의 본성svarūpa을 승인하고, 지금 그것이 소멸했기 때문에 존재하지 않는다고, 나중에 승인하면 단멸론에 빠지게 된다.[242)]

앞에서 언급했던 것처럼 자성은 변화하지 않는 것이고,[243)] 따라서 소멸하지 않는 것이다. 그러므로 자성을 가지고 존재하는 사물을 인정하면 반드시 상주론에 빠지게 된다. 왜냐하면 유자성인 사물은 변화하지도 않고 소멸하지도 않을 것이기 때문이다.

한편 유자성인 사물을 인정하고 나서 나중에 그 사물이 소멸했다고 말하게 되면, 그것은 단멸론이 된다. 왜냐하면 자성을 가지고 소멸한 사물은 자신의 자성에 의해서 항상 비존재인 상태로 머물게 될 것이기 때문이다.

요컨대 유자성인 사물을 인정하게 되면 반드시 상주론이나 단멸론이라는 불합리한 견해에 빠지게 된다. 그러므로 유자성인 사물을 주장하는 것은 올바르지 않다는 것이다.

(3) 진실로서의 불일불이와 불상부단

한편 용수는 『중송』 제18장 제10송에서 불일불이와 불상부단이라는 무자성인 사물의 진실을 드러내기 위하여 다음과 같이 말한다.

연해서 존재하는 것, 그 [결과]는 그 [원인]과 같은 것도 아니고,
다른 것도 아니다. 그러므로 단멸도 아니고 상주도 아니다.(18-10)[244)]

---

242) yat svabhāvenāstiityucyate, svabhāvasyānapāyitvān na tat kadācidapi nāstiiti, evaṁ vbhāvasyāstitvābhyupagame sati śāśvatadarśanamāpadyate / pūrvaṁ ca vartamānāvasthāyāṁ bhāvasvarūpamabhyupetya idānīṁ tadvinaṣṭatvānnāstiiti paścādabhyupagacchataḥ ucchedadarśanaṁ prasajyate / PP, p. 273.

243) 『중송』 제15장 제8송을 참조하라.

청목 석(18-12); 실상을 깨달은 사람은 여러 법은 여러 연을 따라 생하니, 원인과 같은 것도 아니고, 원인과 다른 것도 아니라고 말한다. 그러므로 단멸도 아니고, 상주도 아니다. 만약 결과가 원인과 다르다고 하면 단멸이 되고, [결과가] 원인과 다르지 않다고 하면 상주가 된다.[245]

월칭 석(18-10); 성스러운 『신통유희경』에서 말하는 것과 같다. "씨앗이 있을 때 싹이 있다. 그러나 씨앗은 결코 싹이 아니다. 다른 것도 아니고, 동일한 것도 아니다. 이와 같이 법성法性은 상주도 아니고 단멸도 아니다."[246]

즉, 어떤 사물이 연에 의존해서 발생할 때, 그 사물은 무자성이기 때문에 연과 자성으로서 동일한 것도 아니고, 자성으로서 다른 것도 아니다. 예를 들면 씨앗을 연으로 해서 싹이 발생할 때, 그 두 사물이 자성으로서 동일한 것도 아니고, 자성으로서 다른 것도 아니라고 말하는 것과 같다.

만약 씨앗과 싹이 자성으로서 동일하다고 말하면 상주론이 된다. 왜냐하면 싹이 돋아났을 때에도 씨앗은 여전히 소멸하지 않는 것이 되기 때문이다. 반대로 씨앗과 싹이 자성으로서 다르다고 말하면 단멸론이 된다. 왜냐하면 싹이 돋아났을 때 씨앗은 완전히 소멸한 것이 되기 때문이다.

그러나 씨앗을 연으로 해서 싹이 발생할 때, 그 양자는 모두 무자성

244) pratītya yadyadbhavati na hi tāvattadeva tat/
na cānyadapi tasmānnaucchinnaṃ nāpi śāśvatam// MMK, 18-10.

245) 得實相者. 說諸法從衆緣生. 不卽是因 亦不異因. 是故不斷不常. 若果異因則是斷. 若不異因則是常. 『중론』 제3권, 대정 제30권, 25쪽 중.

246) yathāuktaṁ ca āryalalitavistarasūtre : bījasya sato yathāṅkuro na ca yo bīja sa caiva aṅkuro / na ca anyu tato na caiva tadevamanuccheda aśāśvata dharmatā// PP, pp. 376~377.

이기 때문에, 씨앗과 싹이 자성으로서 동일한 것도 아니고, 자성으로서 다른 것도 아니라고 설명하면, 그것은 상주도 아니고 단멸도 아닌 무자성인 사물의 진실을 올바르게 설명할 수 있다는 것이다.

불일불이와 불상부단의 진실은 자생과 타생의 부정 속에서도 발견된다. 먼저 자생의 부정은 원인과 결과의 동일성에 대한 부정이고, 그것은 다시 상주론의 부정을 함축한다. 왜냐하면 연기에서 원인과 결과가 상속할 때, 그 양자에는 모두 자성이 발견되지 않으므로, 자성으로서의 동일성이 부정되고, 그에 따라서 원인의 상주성이 부정되기 때문이다.

한편 타생의 부정은 원인과 결과의 상이성에 대한 부정이고, 그것은 다시 단멸론의 부정을 함축한다. 왜냐하면 연기에서 원인과 결과가 상속할 때, 그 양자에는 모두 자성이 발견되지 않으므로, 자성으로서의 상이성이 부정되고, 그에 따라서 원인의 단멸성도 부정되기 때문이다.

청목은 『중론』에서 불일불이와 불상부단이라는 무자성인 사물의 진실을 곡식과 싹의 비유를 통하여 설명한다.

> 청목 석(1-2); 세간 사람들은 눈으로 만물이 불일인 것을 본다. 곡식이 싹이 아니고, 싹이 곡식이 아닌 것과 같다. 만약 곡식이 싹이고, 싹이 곡식이라면 마땅히 동일하다고 할 것이다. 그러나 실은 그렇지 않다. 그러므로 불일이다. ……
> 세간 사람들은 눈으로 만물이 불이인 것을 본다. 만약 다르다면 그 곡식의 싹, 그 곡식의 줄기, 그 곡식의 잎이라고 분별하겠는가? [또한] 그 나무의 싹, 그 나무의 줄기, 그 나무의 잎이라고 말하지도 못할 것이다. 그러므로 불이이다.[247)]

247) 世間眼見萬物不一. 如穀不作芽芽不作穀. 若穀作芽芽作穀者. 應是一. 而實不爾. 是故不一. … 世間眼見萬物不異. 若異者. 何故分別穀芽穀莖穀葉. 不說樹芽樹莖樹葉. 是故不異. 『중론』 제1권, 대정 제30권, 2쪽 상.

세간 [사람들은] 눈으로 만물이 불상임을 본다. 곡식의 싹이 틀 때 씨앗은 변화하고 소멸한다. 그러므로 불상이다. ……

세간 사람들은 눈으로 만물이 부단임을 본다. 곡식으로부터 싹이 나오는 것과 같다. 그러므로 부단이다. 만일 단멸이라면 마땅히 상속은 없을 것이다.[248)]

즉 곡식으로부터 싹이 발생할 때, 곡식은 싹이 아니고, 싹도 곡식이 아니다. 그러므로 원인과 결과는 자성으로서 동일한 사물이 아님을 알 수 있다. 또한 곡식과 싹은 자성으로서 다른 것도 아니다. 만약 곡식과 싹이 자성으로서 다른 사물이라면, 그 곡식의 싹, 그 곡식의 줄기, 그 곡식의 잎이라고 분별하지 못할 것이기 때문이다.

또한 싹이 발생할 때 곡식은 무자성이기 때문에 변화하고 소멸한다. 그러므로 곡식은 상주가 아니다. 한편 곡식은 자신과 유사한 사물인 싹으로 상속되면서 단절되지 않는다. 따라서 곡식은 단멸도 아님을 알 수 있다.

요컨대 연기에서 원인인 사물과 결과인 사물은 모두 무자성이기 때문에, 자성으로서 동일하거나 상이한 것이 아니다. 또한 무자성인 원인은 변화하여 사라지기 때문에 상주가 아니지만, 유사한 사물로 상속되기 때문에 단멸도 아니라는 것이다.

이처럼 팔불 중도는 상호의존적 연기에 의해서 밝혀진 무자성이라는 사물의 진실에 근거해서 설해진 것으로서, 유자성론에 근거한 희론들에 대한 비판과 무자성인 사물의 진실 규명이라는 두 가지가 주요 내용으로 되어 있다.

---

248) 世間眼見萬物不常. 如穀芽時種則變壞. 是故不常. … 世間眼見萬物不斷. 如從穀有芽. 是故不斷. 若斷不應相續. 『중론』 제1권, 대정 제30권, 2쪽 상.

이로부터 팔불이 설해진 목적은 유자성론에 근거해서 설해지는 여러 견해들의 불합리를 비판하고, 무자성, 공, 가명, 중도 등으로 설해지는 연기인 일체법의 진실을 분명하게 깨닫도록 돕기 위한 것임을 알 수 있다.

4. 용수의 이제설

용수는 연기인 일체법이 무자성, 공, 가명, 중도라는 진실에 근거해서, 일체법은 자성으로서 불생불멸 등이라고 설하지만, 그의 팔불중도는 불타의 12연기설과 불일치하는 것처럼 보인다. 왜냐하면 용수는 일체법이 불생불멸이라고 설하지만, 불타는 12연기설에서 무명으로부터 노사가 발생하고, 무명의 소멸로부터 노사의 소멸이 있다고 설했기 때문이다. 이 문제에 대해 월칭은 『중송』 제1장 제1송에 대한 주석에서 다음과 같이 비판자와 문답하고 있다.

> 월칭 석(1-1); 묻는다. 만일 사물들이 자기로부터, 타자로부터, 양자로부터, 무원인으로부터 발생하지 않는다면, 세존은 어째서 "무명을 연해서 행行들이 [있다]"라고 설하셨는가?
> 답한다. 그것은 세속제世俗諦이지 진실이 아니다.
> 묻는다. 무엇이 세속제의 건립이라고 말해야 하는가?
> 답한다. 오직 차연성(此緣性, idaṁ-pratyayatā)에 의하여 세속제의 성립은 인정된다. 그러나 [자생과 타생 등] 네 종류의 주장명제의 승인에 의해서 [세속제의 성립이 인정되는 것은] 아니다. 왜냐하면 [그것은] 유자성

론有自性論으로 귀착되기 때문이고, 그것은 불합리하기 때문이다. 오직 차연성만이 인정될 때, 원인과 결과는 상호의존하기 때문에 자성의 성립은 존재하지 않는다. 그러므로 유자성론은 존재하지 않는다.[249)]

위의 인용문에서 비판자들은 용수가 설하는 팔불중도가 불타의 12연기설과 불일치하는 이유를 묻고 있다. 즉 용수가 설하는 것처럼 일체법이 불생불멸 등의 팔불이라면, 어째서 불타는 12연기를 설하면서 무명과 행 등의 발생과 소멸을 설했는가 하는 것이다.

월칭은 비판자의 물음에 대하여 불타가 12연기를 설하면서 발생과 소멸을 언급한 것은 세속제에 근거한 것이라고 답변하고 있다. 여기서 월칭이 불타의 12연기를 언급하면서 원인과 결과의 상호의존성을 함께 언급하고 있는 것이 주목된다. 왜냐하면 그것은 그가 불타의 12연기설과 용수의 상호의존적 연기설이 모두 세속제에 속한다고 생각하였음을 보여주기 때문이다. 월칭은 『중송』 제24장 제8송에 대한 주석에서 다음과 같이 말한다.

> 월칭 석(24-8); ① 완전히 덮는 것varaṇa이 세속saṁvṛti의 의미이다. 실로 무지ajñāna가 모든 사물의 진실tattva을 완전히 덮어 감춘다고 말하기 [때문이다]. 혹은 ② 상호간에 함께 존재하는 것paraspara-saṁbhavana이 세속이다. 상호간에 서로를 근거āśraya로 해서 존재한다는 의미이다. 혹은 또 ③ 세속이란 [세간의] 약속saṁketa이고, 세간의 언설vyavahāra이

249) atrāha: yadi svataḥ parataḥ ubhayato 'hetutaś ca nāsti bhāvānām utpādaḥ, tatra katham avidyāpratyayāḥ saṁskārā ity uktaṁ bhagavatā? ucyate / saṁvṛtir eva na tattvam // kiṁ saṁvṛter vyavasthānaṁ vaktavyam? idaṁpratyayatāmātreṇa saṁvṛteḥ siddhir abhyupagamyate / na tu pakṣacatuṣṭayābhyupagamena sasvabhāvavādaprasaṅgāt, tasya cāyuktatvāt / idaṁpratyayatāmātrābhyupagame hi sati hetuphalayor anyonyāpekṣatvān nāsti svābhāvikī siddhir iti nāsti sasvabhāvavādaḥ/ PP, p. 54~55.

라는 의미이다. 그것은 또 언설abhidhāna과 언설의 대상abhidheya, 지식 jñāna과 지식의 대상jñeya 등의 [관계]를 특징으로 한다.[250)]

위의 인용문 ②에서 보듯이 월칭은 '상호간에 서로를 근거로 해서 존재하는 사물', 즉 '상호의존적인 사물'도 세속이라고 말한다. 이로부터 월칭은 불타의 12연기설만이 아니라 용수의 상호의존적 연기설도 세속제로 간주하였음을 알 수 있다.

그렇다면 세속제란 무엇인가? 세속제란 승의제와 함께 이제二諦, 즉 '두 가지 진리'라고 말해진다. 세속제의 문자적 의미는 '세간에서 통용되는 진리'라는 의미이고, 승의제의 문자적 의미는 '가장 뛰어난 의미의 진리'라는 의미이다. 중관사상에서 그 두 가지 진리가 설해지게 된 이유는 다음과 같다.

언어는 인간이 사용하는 도구 가운데 가장 뛰어난 것이다. 언어를 통해서 의사소통이 가능해지며, 의사소통이 가능하기 때문에 인간으로서의 생활이 가능해진다. 학문, 예술, 문화 등 거의 모든 인간의 생활은 언어를 통해서 가능하며, 언어를 통하지 않고는 그와 같은 인간의 생활은 불가능하다.

그러나 언어를 통해서 진실을 완전하게 전달할 수는 없다. 왜냐하면 언어는 진실 그 자체가 아니라 진실을 가리키는 기호에 지나지 않기 때문이다. 또한 언어는 변화하는 진실을 그대로 드러내지 못한다. 왜냐하면 언어는 일정 기간 동안 불변하는 의미를 내포함으로써 의사소통을 가능하게 하기 때문에, 오히려 변화하는 사물의 진실을 감추고 왜곡

250) samantād varaṇaṁ saṁvṛtiḥ/ ajñānaṁ hi samantāt sarvapadārthatattvāvacchādanāt saṁvṛtir ity ucyate / parasparasaṁbhavanaṁ vā saṁvṛtir anyonyasamāśrayeṇety arthaḥ/ atha vā saṁvṛtiḥ saṁketo lokavyavahāra ity arthaḥ/ sa cābhidhānābhidheyajñānajñeyādilakṣṇaḥ// PP, p. 492.

하여, 여러 사물들을 불변의 실체로 착각하도록 만들기 때문이다.

불타는 자신이 깨달은 진실을 언어를 통해서 온전하게 전할 수 없음을 알면서도, 언어를 사용하여 자신이 깨달은 진실을 설했다. 왜냐하면 언어를 통하지 않고는 자신이 깨달은 최고의 진실을 전달하기가 힘들고, 최고의 진실을 깨닫지 못하면, 고통에서 벗어나 열반을 성취하는 것이 불가능하기 때문이다.

그럴 경우 불타가 깨달은 최고의 진실을 승의제라 부르고, 언어를 통해서 설해진 최고의 진실을 세속제라고 부른다. 용수는 『중송』 제24장 제8송에서 이렇게 말한다.

> 여러 부처님의 가르침은 두 가지 진실에 근거한다.
> [그것은] 세속제와 승의제이다.(24-8)[251]

> 월칭 석(24-8); 세간의 세속에 의한 진리가 세속제世俗諦이다. 언어와 언어의 대상, 지식과 지식의 대상 등 [세간의] 언설은 모두 세속제라고 말한다. 그러나 승의勝義로서 그 언설들은 존재하지 않는다. 거기서 실로 "마음의 작용하는 영역이 사라지면, 언어의 대상도 사라진다. 실로 불생이고 불멸인 법성法性은 열반과 같다"(18-7)라고 말하기 때문에, 어떻게 승의에 언어의 작용이나 지식의 작용이 있겠는가?
> [또한] 승의勝義는 타자에 연하지 않는 것, 적정寂靜, 성자들의 자내증의 대상, 모든 희론의 초월이다. 그것은 [언어에 의해서] 지시되지 않으며, 알려지지 않는다. 그러므로 앞에서 이렇게 말했다. "타자에 연하지 않고, 적정인 것, 희론에 의해서 희론되지 않는 것, 무분별이고, 다양하지

251) dve satye samupāśritya buddhānāṃ dharmadeśanā/
lokasaṃvṛtisatyaṃ ca satyaṃ ca paramārthataḥ// MMK, 24-8.

않은 것, 그것이 진리의 모습이다."(18-9) 그것은 최고이고, 그것은 대상이기 때문에 승의勝義라고 한다. 그리고 그것이야말로 진리이기 때문에 승의제勝義諦이다.[252]

월칭의 주석에 의하면 세속제란 '세간 세속에 의한 진실'을 의미하는 것으로서, 언어와 언어의 대상, 지식과 지식의 대상 등에 대한 세간의 언설을 의미한다. 한편 승의제란 용수가 『중송』 제18장 제9송에서 말하는 것처럼, '타자에 연하지 않고, 적정인 것, 희론에 의해서 희론되지 않는 것, 무분별이고, 다양하지 않은 것'이고, 열반의 성취를 위하여 '최고의 대상이 되는 진실'로서, 일체법이 무자성이고 공이라는 진실을 의미한다.

용수는 『중송』 제18장 제7송에서 승의제에서는 언어의 작용이나 지식의 작용이 존재하지 않는다고 말한다. 그러나 불타가 승의제, 즉 일체법의 무자성성이나 공성에 대한 가르침을 설하지 않았던 것은 아니다. 그러므로 월칭은 『중송』 제1장 제1송에 대한 주석에서 이렇게 말한다.

월칭 석(1-1); 성스러운 『무진의보살경』에서 다음과 같이 말하였다. "무엇이 불요의경不了義經이고, 무엇이 요의경了義經인가? 도道에 들어가도록 하기 위하여 설해진 경전들을 불요의경이라고 하고, 과果에 들

---

252) lokasaṁvṛtyā satyaṁ lokasaṁvṛtisatyam / sarva evāyam abhidhānābhidheyajñānajñeyādi vyavahāro 'śeṣo lokasaṁvṛtisatyam ity ucyate / na hi paramārthata ete vyavahārāḥ saṁbhavanti / tatra hi / nivṛttam abhidhātavyaṁ nivṛtte cittagocare / anutpannāniruddhā hi nirvāṇam iva dharmatā// (18-7) iti kṛtvā kutas tatra paramārthe vācāṁ pravṛttiḥ kuto vā jñānasya ? sa hi paramārtho 'parapratyayaḥ śāntaḥ pratyātmavedya āryāṇāṁ sarvaprapañcātītaḥ/ sa nopadiśyate na cāpi jñāyate / uktaṁ hi pūrvam / aparapratyayaṁ śāntaṁ prapañcair aprapañcitam / nirvikalpam anānārtham etat tattvasya lakṣaṇam //iti / (18-9) paramaś ca asāv arthaś ceti paramārthaḥ/ tad eva satyaṁ paramārthasatyam / PP, pp. 493~494.

어가도록 하기 위하여 설해진 경전들을 요의경이라고 한다. 또한 공성空性, 무상無相, 무원無願, 무작無作, 무출생無出生, 무발생無發生, 무존재無存在, 무자아無自我, 무중생無衆生, 무소유無所有라는 해탈문을 설한 경전들, 그것을 요의경이라고 한다. 사리불존자여, 이것은 요의경에 근거한 것이고, 불요의경에 근거한 것이 아니다."[253]

이처럼 월칭에 의하면 요의경이란 공성空性, 무상無相, 무원無願, 무작無作, 무출생無出生 등의 가르침을 담고 있는 경전들, 즉 승의제에 근거해서 궁극적인 진실을 설함으로써 해탈로 인도하기 위해 설해진 경전들을 말하며, 불요의경이란 도道, 즉 불법에 입문하도록 하기 위해서 설해진 경전들을 말한다.

여기서 세속제는 다시 요의설과 불요의설로 구분되는 것을 알 수 있다. 즉 일체법의 무자성이나 공성에 대한 가르침은 언어로 설해진 것이기 때문에 세속제이지만, 승의제에 근거해서 설해진 것이기 때문에 요의설이며, 그와 마찬가지로 팔불중도에서 설하는 불생불멸도 언어로 설해진 것이기 때문에 세속제에 속하지만, 그것도 역시 승의제에 근거해서 설해진 것이기 때문에 요의설이라는 것이다.

그러나 12연기설과 상호의존적 연기설은 모두 불요의설이다. 왜냐하면 그것들은 모두 요의설과는 달리 연에 의한 발생을 '발생'이라고 설하거나 상호의존에 의한 성립을 '성립'이라고 설하기 때문이다. 용수는 『중송』 제1장 제10송에서 이렇게 말한다.

---

253) uktaṁ ca āryākṣayamatisūtre / katame sūtrāntā neyārthāḥ katame nītārthāḥ? ye sūtrāntā mārgāvatārāya nirdiṣṭāḥ, ima ucyanteḥ neyārthāḥ/ ye sūtrāntāḥ phalāvatārāya nirdiṣṭāḥ, ima ucyante neyārthāḥ/ yāvad ye sūtrāntāḥ śūnyatānimittāpraṇihitānabhisaṁskārājātānutpādābhāvanirātmaniḥsattvanirjīvaniḥpudgalāsvāmikavimokṣa mukhā nirdiṣṭāḥ ta ucyante nītārthāḥ/ iyam ucyate bhadanta śāradvatīputra nītārthasūtrāntapratiśaraṇatā, na neyārthasūtrāntapratiśaraṇatā iti // PP, p. 43.

무자성인 사물들에는 존재성이 성립하지 않기 때문에,

'이것이 있음에 저것이 있다'고 하는 것 또한 성립되지 않는다.(1-10)[254]

청목 석(1-12); 경전에서는 '이것이 있기 때문에 저것이 있다'라고 설한다. 그러나 그것은 그렇지 않다. 왜인가? 여러 법은 여러 연을 따라서 생하기 때문에 스스로 정해진 자성이 없다. 스스로 정해진 자성이 없기 때문에 유상有相도 없다. 그런데 어떻게 '이것이 있기 때문에 저것이 있다'고 말할 수 있겠는가? 그러므로 증상연增上緣도 없다. 부처님은 유와 무를 분별하는 범부들의 [근기에] 따라서 [그렇게] 설하신 것이다.[255]

요컨대 무자성이고 공인 사물들을 '있다'고 말하거나 '성립한다'고 말하는 것은 승의제에 부합하지 않기 때문에, 승의제를 전제로 하면 '이것이 있으면 저것이 있다'고 말하거나, '여러 법이 상호의존해서 성립한다'고 말할 수 없다는 것이다.[256] 그러나 불타는 중생들을 승의제와 열반으로 인도하기 위하여 세속제에 근거하여 가르침을 설하였다. 그러므로 용수는 『중송』 제24장 제10송에서 이렇게 말한다.

세간의 언설에 의지하지 않으면 승의는 가르쳐질 수 없다.

승의에 도달하지 않으면 열반은 증득되지 않는다.(24-10)[257]

---

254) bhāvānāṃ niḥsvabhāvānāṃ na sattā vidyate yataḥ/
satīdam asmin bhavatīty etan naiva upapadyate // MMK, 1-10.

255) 經說十二因緣. 是事有故是事有. 此則不然. 何以故. 諸法從衆緣生故 自無定性. 自無定性故 無有有相. 有相無故. 何得言是事有故是事有. 是故無增上緣. 佛隨凡夫分別有無故說. 『중론』 제1권, 대정 제30권 3쪽 중. 게송과 주석의 번호가 다른 것은 청목의 주석과 월칭의 주석에서 게송의 순서가 서로 다르기 때문이다.

256) 그러므로 용수는 승의제의 관점에서는 상호의존적 연기의 성립도 부정한다. 『중송』 제10장 제11송을 보라.

이처럼 용수는 세속제에 의지하여 승의제가 설해지며, 승의제에 도달함으로써 열반을 증득하게 된다고 말한다. 여기서 연기, 무자성, 공, 가명, 중도라고 하는 중관사상을 형성하는 기본 개념들이 이제二諦 가운데 어디에 속하며, 그것들이 어떻게 수행자를 열반으로 인도하는지를 구분해서 설명하면 다음과 같다.

연기란 12연기와 상호의존적 연기를 의미하고, 그것들은 모두 세속제 가운데 불요의설에 속한다. 왜냐하면 그것들은 연기인 여러 사물의 발생과 성립을 '발생과 성립'이라고 설하기 때문이다. 한편 무자성, 공, 가명, 중도는 승의제에 대한 언어 표현이기 때문에 세속제에 속하지만, 그것들은 세속제 중에서도 요의설에 속한다. 왜냐하면 그것들은 무자성, 공, 가명, 중도인 승의제를 진실 그대로 설하기 때문이다. 그러므로 월칭의 주석에 따라 용수의 이제설을 정리하면 다음과 같다.

승의제	무자성, 공의 진실 그 자체	
세속제	요의설	도과道果에 들어가도록 하기 위해 설해진 무자성, 공, 가명, 중도, 불생 등의 가르침들
	불요의설	불도佛道에 입문하도록 하기 위해 설해진 연기, 사성제 등의 가르침들

여기서 이제설과 열반의 성취를 설명하면 다음과 같다. 즉 수행자는 12연기설과 상호의존적 연기설이라는 불요의설을 통해서, 무자성, 공, 가명, 중도 등의 요의설을 이해하게 된다. 그는 요의설에 대한 반복적인 학습을 통하여 일체법이 무자성, 공, 가명, 중도라는 승의제를 분명

257) vyavahāram anāśritya paramārtho na deśyate /
paramārtham anāgamya nirvānaṃ nādhigamyate // MMK, 24-10.

하고 완전하게 깨닫게 된다. 그리고 그는 그런 깨달음을 통하여 마침내 열반에 도달하게 된다는 것이다.

5. 중관사상에 대한 비판과 용수의 답변

1) 논리적 비판에 대한 답변

여러 학파들이 제시하는 실유와 실법에 대한 용수의 전면적인 비판과 부정은 실재론자들의 거센 반발을 불러 일으켰다. 용수의 『중송』과 『회쟁론』에는 그의 공사상에 대한 실재론자들의 비판이 소개되어 있는데, 그것은 크게 두 종류로 구분될 수 있다. 하나는 논리적 비판이고, 다른 하나는 실천적 비판이다. 먼저 논리적 비판과 그에 대한 용수의 답변을 살펴보기로 한다. 용수는 『회쟁론』에서 실재론자들의 논리적 비판을 다음과 같이 소개하고 있다.

> 만약 이 모든 사물들 속에 자성이 전혀 존재하지 않는다면,
> 무자성인 그대의 주장도 자성을 폐기할 수 없다.(1)[258]

즉 용수는 일체법이 무자성이라고 말하지만, 그렇다면 '일체법이 무자성이고 공이다'라고 하는 그의 주장도 무자성일 것이다. 그렇다면 무자성인 주장을 가지고 자성을 부정하는 것은 불가능할 것이다. 예를

258) sarveṣāṁ bhāvānāṁ sarvatra na vidyate svabhāvaścet/
tvadvacanamasvabhāvaṁ na nivartayituṁ svabhāvamalam// VV 1.

들면 사물은 존재하지 않는 불에 의해 태워지지 않으며, 존재하지 않는 칼에 의해 잘려지지 않으며, 존재하지 않는 물에 의해 젖지 않는다. 그와 마찬가지로 무자성인 주장을 가지고 일체 사물의 자성을 부정할 수는 없다는 것이다.

그러나 만약 이에 대해서 용수가 자신의 주장만은 유자성이라고 주장하면, 또 다른 모순에 봉착하게 된다. 『회쟁론』은 그와 같은 실재론자들의 비판을 이렇게 소개한다.

> [그러나 만약] 그대의 주장이 유자성이라면, [그대의] 이전의 주장pratijñā이 깨어질 것이다.
> 거기에는 [논리적인] 모순이 있으며, 그대는 [다른 사람의 주장에는 자성이 없고 자신의 주장에는 자성이 있다고 하는] 그 차이점의 이유를 말해야만 할 것이다.(2)[259]

이처럼 실재론자들은 일체법이 무자성이고 공임을 주장하는 용수의 학설이 논리적인 일관성을 가질 수 없음을 지적한다. 즉 일체가 무자성이라면 용수의 주장도 무자성일 것이고, 그렇다면 용수의 주장은 진리성을 상실하게 되어 여러 사물의 자성을 부정할 수 없다. 그러나 그와 같은 곤란을 피하기 위하여, 자신의 주장만은 유자성이라고 주장하게 되면, 이번에는 논리적인 일관성이 무너지게 되어, 일체는 무자성이지만 자신의 주장만은 유자성인 이유를 설명해야 한다. 따라서 일체법이 무자성임을 설하는 공사상은 성립할 수 없다는 것이다. 이에 대해서 용수는 『회쟁론』에서 다음과 같이 답한다.

---

259) atha sasvabhāvametadvākyaṁ pūrvā hatā pratijñā te/
vaiṣamikatvaṁ tasmin viśeṣahetuśca vaktavyaḥ// VV 2.

> 만일 인과 연의 화합이든 또 그와는 별개이든 나의 주장이 존재하지 않는다면,
> [나의 주장도] 무자성이기 때문에, [모든] 사물들의 공성은 성립하지 않겠는가?(21)[260]

즉 용수는 자신의 주장도 무자성임을 인정하기 때문에, 일체법이 무자성이고 공이라는 자신의 주장은 논리적인 모순을 일으키지 않고 성립한다는 것이다. 더구나 용수에 의하면 공성이란 사물의 비존재를 말하는 것이 아니라, 어떤 사물이든 반드시 다른 사물에 의존해서 발생하고 존재하는 것을 의미할 뿐이며, 오히려 일체의 사물은 공이고 무자성이기 때문에 자신의 작용을 수행할 수 있다. 그러므로 용수는 『회쟁론』에서 다음과 같이 말한다.

> 용수 석(22); 그러므로 [모든 사물들은] 무자성이고 무자성이기 때문에 공이라고 생각된다. 이와 같이 '나의 주장도 연에 의해서 발생한 것이기 때문에 무자성이고, 무자성이기 때문에 공이다'라는 것은 타당하다. 예를 들면 연에 의해서 발생한 것이기 때문에 자성이 없는 수레와 물단지와 옷감 등이, 각각 나무와 풀과 흙을 운반하고, 꿀과 물과 우유를 담으며, 추위와 바람과 더위를 막아주는 등의 작용kārya을 수행하는 것처럼, 그와 같이 나의 이 주장도 연에 의해서 발생한 것이기 때문에 역시 무자성이고, [그러므로] 사물들이 무자성이라는 것을 증명하는 [작용을] 수행하는 것이다.[261]

---

260) hetupratyayasāmagryāṃ ca pṛṭhak cāpi madvaco na yadi/
nanu śūnyatvaṃ siddhaṃ bhāvānāmasvabhāvatvāt// VV 21.

261) tasmānniḥsvabhāvā niḥsvabhāvatvācchūnyā ityabhidhīyante/ evaṃ madīyamapi vacaṃ pratītyasamutpannatvānniḥsvabhāvaṃ niḥsvabhāvatvācchūnyamityupapannam/ yathā ca pratītyasamutpannatvāt svabhāvaśūnyā api rathapaṭaghaṭādayaḥ sveṣu

이처럼 용수에 의하면 모든 사물은 무자성일 때 비로소 작용을 수행할 수 있다. 반대로 유자성인 사물은 어떤 작용도 할 수 없다. 고정 불변의 사물은 결코 변화하지 않을 것이기 때문이다. 예를 들면 다른 것에 의존하여 발생하고 존재하는 수레와 항아리는 무자성이고 공이다. 그리고 수레와 항아리는 무자성이고 공이기 때문에 나무와 풀을 운반하고, 꿀과 물 등을 담는 작용을 한다.

그러나 만약 그것들이 자성을 가지고 있어서 고정 불변의 사물이라면 어떤 작용도 할 수 없을 것이다. 그와 같이 자신의 주장도 자성을 가지고 있다면 어떤 작용도 할 수 없겠지만, 자신의 주장도 무자성이기 때문에 일체법이 무자성임을 증명하는 작용을 수행할 수 있다는 것이다.

2) 실천적 비판에 대한 답변

용수는『중송』제24장 제1송으로부터 제6송에서 실재론자들의 실천적 비판을 다음과 같이 소개하고 있다.

> 만약 이 모든 것이 공空이라면 생성도 없고 소멸도 없는 것이 된다.
> [그렇다면] 그대에게는 사성제도 존재하지 않는 것이 된다.(24-1)[262]

> [그렇다면 고통을 보는] 지혜와 [갈애의] 단멸과 [팔정도의] 수행과 [열반의] 중득도,

---

kāṣṭhatṛṇamṛttikāharaṇe madhūdakapayasāṃ dhāraṇe śītavātātapaparitrāṇaprabhṛtiṣu vartante, evamidaṃ madīyavacanaṃ pratītyasamutpannatvān niḥsvabhāvamapi niḥsvabhāvatvaprasādhane bhāvānāṃ vartate/ VV, p. 24(7-15).

262) yadi śūnyam idaṃ sarvam udayo nāsti na vyayaḥ/
caturṇām āryasatyānām abhāvas te prasajyate// MMK, 24-1.

사성제가 존재하지 않기 때문에 [역시] 성립하지 않는다.(24-2)[263)]

[사성제]가 존재하지 않기 때문에 네 종류의 성스러운 과보果報도 성립하지 않는다.
과보가 존재하지 않기 때문에 과보에 머무는 자와 [과보를] 향하여 나아가는 자도 존재하지 않는다.(24-3)[264)]

만약 그 여덟 종류의 사람들이 존재하지 않는다면 승단僧團도 존재하지 않는다.
또 사성제가 존재하지 않기 때문에 정법正法도 성립하지 않는다.(24-4)[265)]

정법과 승가가 없다면 어떻게 부처가 존재할 수 있겠는가?
이와 같이 [일체가 공이라고] 말하는 것은 삼보三寶를 파괴한다.(24-5)[266)]

[이처럼] 공성을 [주장하면] 과보의 실재, 선업과 악업, 그리고,
세간의 모든 관습을 파괴하게 된다.(24-6)[267)]

중관사상은 일체법이 무자성이며, 따라서 일체법은 자성으로서 불

---

263) parijñā ca prahāṇaṃ ca bhāvanā sākṣikarma ca/
caturṇām āryasatyānām abhāvān nopapadyate// MMK, 24-2.

264) tadabhāvān na vidyante catvāry āryaphalāni ca/
phalābhāve phalasthā no na santi pratipannakāḥ// MMK, 24-3.

265) saṃgho nāsti na cet santi te 'ṣṭau puruṣapudgalāḥ/
abhāvāc cāryasatyānāṃ saddharmo 'pi na vidyate// MMK, 24-4.

266) dharme cāsati saṃghe ca kathaṃ buddho bhaviṣyati/
evaṃ trīṇy api ratnāni bruvāṇaḥ pratibādhase// MMK, 24-5.

267) śūnyatāṃ phalasadbhāvam adharmaṃ dharmam eva ca/
sarvasaṃvyavahārāṃś ca laukikān pratibādhase// MMK, 24-6.

생불멸이라고 설한다. 그러나 만약 일체법이 불생불멸이라면 고통과 번뇌도 역시 불생불멸이라고 말해야 할 것이다. 그렇다면 그것은 사성제를 부정하는 것과 다름이 없다. 왜냐하면 사성제는 고통의 발생과 소멸, 그리고 고통의 원인과 고통의 소멸 방법을 설하는 가르침이기 때문이다.

사성제의 존재를 부정하면 고통을 보는 지혜, 갈애의 단멸, 팔정도의 수행, 열반의 증득도 모두 존재하지 않는 것이 된다. 그렇다면 예류과, 일래과, 불환과, 아라한과도 존재하지 않는 것이 되고, 수행의 과보가 존재하지 않기 때문에 수행의 과보를 얻기 위하여 수행을 닦는 자도 존재하지 않게 된다. 그리하여 사향사과四向四果가 부정되면 승단도 존재하지 않는 것이 된다.

또한 사성제의 부정은 부처님의 가르침을 모두 부정하는 것과 다름이 없다. 불타는 수많은 설법을 하였지만, 그중에서도 가장 중요한 것은 사성제의 가르침이다. 사성제는 불타 정각후 첫 번째 가르침인 초전법륜에서 설해진 것으로서, 불타의 모든 가르침을 포섭한다고 말해지기 때문이다. 그러므로 불생불멸을 주장하여 사성제를 부정하면 불타의 가르침을 모두 부정하는 것이 된다. 이렇게 하여 법보와 승보가 무너지게 되면 어떻게 불보가 존재할 수 있겠는가? 그러므로 일체가 무자성 공이라고 설하면 삼보를 파괴하게 된다.

뿐만 아니라 일체법이 불생불멸이라면, 선·악업에 따른 과보도 불생불멸이라고 해야 할 것이다. 그러나 그렇게 되면 세간의 인과법과 모든 언어 관습도 무너지게 된다. 그러므로 일체법이 무자성이고 공이라고 하는 주장은 삼보를 파괴하고, 세간의 인과법과 언어 관습을 모두 파괴하는 올바르지 못한 학설이라는 것이다. 이에 대하여 용수는 『중송』 제24장 제7송에서 다음과 같이 답변한다.

> 여기서 우리들은 말한다. '그대는 공성의 목적과 공성과 공성의 의미를 알지 못한다. 그래서 그렇게 [공성을] 거부하는 것이다.(24-7)[268]

즉 실재론자들은 공성을 설하는 목적, 일체법이 공성인 이유, 그리고 공성의 의미를 올바르게 알지 못하기 때문에 그렇게 공성을 비판하는 것이고, 그것은 진실에 대한 무지에 지나지 않는다는 것이다. 용수는 『중송』 제25장 제2송에서 이렇게 말한다.

> 만일 이 모든 것이 불공不空이라면, 발생도 없고 소멸도 없을 것이다. 무엇의 단멸과 [무엇의] 소멸로부터 열반이 구해지겠는가?(25-2)[269]

용수에게 공이란 무자성, 가명과 동의어이고, 불공이란 자성, 실유, 실법과 동의어이다. 따라서 위의 게송에서 '이 모든 것이 불공이라면' 이라는 말은 '이 모든 것이 자성으로서 존재한다면', 혹은 '이 모든 것이 실유로서 존재한다면'이라는 의미가 되고, 그것은 '이 모든 것이 고정 불변의 실체로서 존재한다면'이라는 의미가 된다.

그러나 만약 모든 것이 고정 불변의 실체로서 존재한다면, 번뇌도 역시 고정 불변의 실체로서 존재한다고 생각해야 할 것이다. 만약 그렇다면 번뇌는 단절되지도, 소멸되지도 않을 것이며, 그렇게 되면 열반을 성취하는 것은 불가능해 질 것이다. 열반은 번뇌의 단절과 소멸로부터 성취되는 것이기 때문이다. 그러므로 용수에 의하면 공을 주장함으로써 수행과 열반이 불가능해 지는 것이 아니라, 오히려 불공을 주장

268) atra brūmaḥ śūnyatāyāṃ na tvaṃ vetsi prayojanam/
śūnyatāṃ śūnyatārthaṃ ca tata evaṃ vihanyase// MMK, 24-7.
269) yadyaśūnyamidaṃ sarvamudayo nāsti na vyayaḥ/
prahāṇādvā nirodhādvā kasya nirvāṇamiṣyate//MMK, 25-2.

함으로써 수행과 열반이 불가능해 진다는 것이다. 또 용수는 『중송』 제24장 제20송에서 다음과 같이 말한다.

> 만일 이 모든 것이 불공不空이라면, 발생도 없고 소멸도 없을 것이다. [그렇다면] 사성제가 존재하지 않는 것이 된다.(24-20)[270)]

이 게송은 일체법이 불공이라면 사성제도 성립하지 못하는 모순이 발생함을 지적하고 있다. 불타는 삼법인의 가르침에서 무상인 것은 고통이라고 설하였지만, 고통이 불공, 즉 유자성이라면 무상이 고통이라고 말할 수는 없을 것이다. 자성은 변화하지 않는 것이기 때문이다. 그러므로 유자성론에서 고성제는 성립하지 못하게 된다.[271)]

불타의 사성제에 따르면 고통은 갈애로부터 발생하는 것이다. 그러나 고통이 유자성이라면 갈애로부터 발생한다고 말할 수 없게 된다. 왜냐하면 자성은 인과 연을 기다리지 않고 결정되어 있는 것이기 때문에 새롭게 발생한다고 말할 수 없기 때문이다. 그러므로 유자성론에서는 집성제도 성립하지 못하게 된다.[272)]

불타는 고통의 소멸이 멸성제라고 설하였지만, 고통이 유자성이라면 소멸할 수 없을 것이다. 자성은 변화하지 않는 것이므로 소멸할 수도 없기 때문이다. 그렇다면 멸성제도 성립하지 못하게 된다.[273)]

고통이 유자성이라면 수행도 불가능해 진다. 도道가 유자성이어서 고정불변이라면 수행을 통하여 증장될 수 없기 때문이다. 그렇다면 도성제도 성립하지 못하게 된다.[274)] 따라서 유자성론에서 사성제는 성립

---

270) yadyaśūnyamidaṃ sarvamudayo nāsti na vyayaḥ/
caturṇāmāryasatyānāmabhāvaste prasajyate//MMK, 24-20.

271) 『중송』 제24장 제21송.

272) 『중송』 제24장 제22송.

273) 『중송』 제24장 제23송.

하지 못한다. 사성제가 성립하지 못하게 되면, 삼보도 성립하지 못하게 된다.

즉 고통이 고정불변의 자성을 가지는 실체라면 변화하지 않을 것이다. 그렇다면 이전에 보지 못했던 고통을 새롭게 보지는 못할 것이다. 왜냐하면 자성은 변화하지 않는 것이기 때문이다.[275] 고통을 볼 수 없다면 갈애를 끊는 것, 해탈을 증득하는 것, 팔정도를 수행하는 것, 즉 불타가 초전법륜에서 설했던 견고見苦, 단집斷集, 증멸證滅, 수도修道가 모두 성립하지 못하게 된다.[276]

이처럼 수행이 성립하지 못하기 때문에, 수행의 과보도 성립하지 못하게 된다.[277] 그렇게 되면 승보가 성립하지 못하게 된다.[278] 또한 사성제가 성립하지 못한다면, 법보가 성립하지 못하게 된다. 이렇게 법보와 승보가 성립하지 못하면 불보도 성립하지 못하게 된다는 것이다. 그러므로 용수는 『중송』 제24장 제30송에서 이렇게 말한다.

> [사]성제가 존재하지 않기 때문에 정법正法도 존재하지 않는다.
> 법[보]와 승[보]가 존재하지 않는다면, 어떻게 불[보]가 존재하겠는가?(24-30)[279]

또 용수는 계속해서 이렇게 말한다.

---

274) 『중송』 제24장 제24송.
275) 『중송』 제24장 제26송.
276) 『중송』 제24장 제27송 전반부.
277) 『중송』 제24장 제27송 후반부.
278) 『중송』 제24장 제29송.
279) abhāvāccāryasatyānāṃ saddharmo 'pi na vidyate/
dharme cāsati saṃghe ca kathaṃ buddho bhaviṣyati// MMK, 24-30.

또 [일체법이 불공이라면] 누구도 선업과 악업을 짓지 못할 것이다. 어떻게 불공인 것이 만들어지겠는가? 자성은 만들어지지 않는 것이기 때문이다.(24-33)[280)]

[그러므로] 연기인 공성을 파괴하는 것,
[그것은] 모든 세간의 관습을 파괴하는 것이다.(24-36)[281)]

일체법이 고정불변의 실체라면, 선·악업을 짓는 일도 불가능해질 것이다. 왜냐하면 자성과 실체는 만들어지는 것이 아니기 때문이다. 그러므로 용수에 의하면 사성제를 파괴하고, 삼보를 무너뜨리고, 인과와 세간의 관습을 파괴하는 것은 일체법의 무자성임을 주장하는 공사상이 아니라, 오히려 일체법이 유자성이라고 승인하는 실재론들이다.

용수가 유자성론에서 사성제와 삼보, 인과와 세간의 관습이 모두 성립하지 못한다고 비판하는 주된 이유는 유자성론에서 주장하는 자성의 개념이 인연의 부정, 인과의 부정, 생멸의 부정을 내포하고 있기 때문이다.[282)] 그와 같은 용수의 비판이 타당하다는 것은 『대비바사론』의 다음과 같은 문구 속에서 확인된다.

자성을 포섭한다는 것은 때時와 원인因을 기다리지 않으면서 포섭한다는 뜻이다. 이것이 구경究竟의 포섭이다. 때를 기다리지 않는다는 것은 여러 법이 자성을 포섭하지 않는 때가 없다는 것이니, 그것(=法)은 모든 때에 자체自體를 버리지 않기 때문이다. 원인을 기다리지 않는다

280) na ca dharmamadharmaṃ vā kaścijjātu kariṣyati/
kimaśūnyasya kartavyaṃ svabhāvaḥ kriyate na hi// MMK, 24-33.
281) sarvasaṃvyavahārāṃś ca laukikān pratibādhase/
yat pratītyasamutpādaśūnyatāṃ pratibādhase// MMK, 24-36.
282) 『중송』 제24장 제16~17송.

는 것은 여러 법이 원인이 없이도 자성을 포섭한다는 것이니, 인연을 기다리지 않으면서도 자체를 가지기 때문이다.[283]

즉 『대비바사론』은 여러 법이 인연을 기다리지 않고도 자성(=자체)을 가지며, 모든 때에 자성을 버리지 않는다고 말한다. 그것은 여러 법의 자성이 인연을 기다리지 않고 결정되어 있으며, 변화하지 않는다는 것과 동일한 의미이다. 그렇다면 유자성론에서 고통의 발생과 소멸에 대한 설명이 불가능한 것은 당연하다. 왜냐하면 변화하지 않는 사물은 새롭게 발생할 수도 없고 소멸할 수도 없기 때문이다. 따라서 용수는 일체법이 불공이라고 주장하는 유자성론이야말로 사성제와 삼보, 인과와 세간의 관습을 모두 파괴하고 무너뜨리는 그릇된 학설이라고 비판하였던 것이다.

6. 열반의 성취

용수에 따르면 사성제의 진리를 파괴하고, 불법을 무너뜨리는 것은 일체법이 무자성이라고 주장하는 중관사상이 아니라 오히려 일체법이 불공이라고 주장하는 유자성론이며, 오히려 중관사상은 수행과 열반을 가능하게 하는 가장 뛰어난 가르침이다. 그렇다면 용수는 열반의 성취를 어떻게 설명하는 것인가? 용수는 『중송』 제24장 제10송에서 다음과

283) 攝自性者. 不待時因而有攝義. 是究竟攝. 不待時者. 諸法無時不攝自性. 以彼一切時不捨自體故. 不待因者. 諸法無因而攝自性. 以不待因緣而有自體故. 『대비바사론』 제59권, 대정 제27권, 307쪽 상.

같이 말한다.

> 세속[제]에 의지하지 않으면 승의제는 알려지지 않는다.
> 승의제에 도달하지 않으면 열반은 성취되지 않는다.(24-10)[284)]

용수에게 승의제는 사물의 실상인 무자성, 공성 등의 궁극적인 진리를 의미한다. 따라서 위의 게송은 사물의 실상인 무자성, 공성 등을 알지 못하면 열반이 달성될 수 없음을 의미한다. 또 이는 무자성, 공성 등에 대한 자각이 열반의 필수 조건이라는 의미이다. 그렇다면 무자성, 공성 등 사물의 실상에 대한 자각은 어떤 과정을 거쳐서 수행자를 해탈로 인도하는 것인가 하는 의문이 제기된다. 용수는『중송』제18장 제5송에서 이렇게 말한다.

> 업業과 번뇌煩惱의 소멸로부터 해탈이 [있다]. 업과 번뇌는 분별로부터 [있는 것]이다.
> 그 [분별]은 희론에 의해서 [일어난다]. 그러나 희론은 공성에서 사라진다.(18-5)[285)]

위에서 보듯이 용수는 업과 번뇌가 분별로부터 발생하며, 분별은 희론으로부터 발생한다고 말한다. 일반적으로 부파불교에서는 혹업고惑業苦의 삼도설三道說을 통해서 고통의 발생과 소멸을 설명하지만, 용수의 설명에는 삼도설에서 발견되지 않는 희론과 분별이라는 항목이 추

284) vyavahāramanāśritya paramārtho na deśyate/
paramārthamanāgamya nirvānaṃ nādhigamyate// MMK, 24-10.

285) karmakleśakṣayān mokṣaḥ karmakleśā vikalpataḥ/
te prapañcāt prapañcas tu śūnyatāyāṃ nirudhyate// MMK, 18-5.

가되어 있다. 그러므로 고통의 발생과 소멸에 대한 용수의 설명을 이해하기 위해서는 희론prapañca과 분별vikalpa의 의미를 파악하는 것이 중요하다. 월칭은 위의 게송을 다음과 같이 설명한다.

> 월칭 석(18-5); 색 등에 대하여 올바르지 못하게 분별하는 범부들에게 탐욕 등의 번뇌는 일어난다. [용수 논사는 뒤에서 이렇게] 말할 것이다. "탐욕과 성냄과 어리석음은 분별로부터 발생한다고 설해진다. 청정과 부정과 전도들을 연해서 발생하기 때문이다."(23-1) …… 이와 같이 업과 번뇌들은 분별로부터 발생한다. 또한 그 분별들은 무시의 윤회에서 반복된 지식과 지식의 대상, 언어와 언어의 대상, 행위자와 행위, 원인과 결과, 항아리와 옷감, 왕관과 마차, 색色과 수受, 여자와 남자, 이익과 손실, 즐거움과 괴로움, 아름다움과 추함, 비난과 칭찬 등의 특징을 가지는 다양한 희론으로부터 발생한다. 이와 같은 세간의 희론은 공성에서, 즉 모든 것은 자성공自性空이라는 견해가 있을 때 남김없이 소멸한다.[286)]

이와 같은 월칭의 주석으로부터 희론이란 지식과 지식의 대상, 언어와 언어의 대상, 행위자와 행위, 원인과 결과 등의 여러 사물들과 관련되어 있음을 알 수 있고, 그의 주석에 포함되어 있는 『중송』 제23장 제1송의 언급으로부터 분별이란 청정과 부정과 전도를 말하는 것임을 알

---

286) ayoniśo hi rūpādikaṁ vikalpayato bālapṛthagjanasya kleśa upajāyate rāgādikaḥ vakṣyati hi : saṁkalpaprabhavo rāgo dveṣo mohaś ca kathyate /śubhāśubhaviparyāsān saṁbhavanti pratītya hi // ... evaṁ tāvat karmakleśā vikalpataḥ pravartante / te ca vikalpāḥ anādimatsaṁsārābhyastāj jñānajñeyavācyavācakakartṛkarmakaraṇakriyāghaṭapaṭamukuṭaratharūpavedanāstrīpuruṣalābhālābhasu-khaduḥkhayaśo'yaśonindāpraśaṁsādilakṣaṇād vicitrāt prapañcād upajāyate / sa cāyaṁ laukikaḥ prapañco niravaśeṣaḥ śūnyatāyāṁ sarvasvabhāvaśūnyatādarśane sati nirudhyate | PP, p. 350.

수 있다. 그러나 그것만으로는 희론과 분별의 의미를 분명하게 파악하기가 힘들다. 그런데 월칭은『중송』제18장 제3송과 제9송에 대한 주석에서 다음과 같이 말한다.

> 월칭 석(18-3); 그러므로 [세존께서는『삼매왕경』에서 이렇게 말씀하셨다]. "또한 공인 법을 사유하는 자, 그도 나쁜 길을 가는 어리석은 자이다. 공인 법들이 언어로 말해지지만, 그것들은 말해질 수 없는 것들이 언어로 말해진 것이다. 적멸해서 적정인 법들을 사유하는 것, 그 마음도 결코 진실로 성립되어 있는 것이 아니다. 모든 희론은 마음에 의해서 생각되어진 것이다. 너희들은 여러 법이 사유될 수 없는 것임을 알아야 한다."[287)]

> 월칭 석(18-9); 또한 그 [진실]은 적정의 자성이다. 눈병에 걸리지 않은 사람이 [존재하지도 않는] 머리카락을 보지 않는 것처럼, 자성을 떠나 있다는 의미이다. 그러므로 그 [진실]은 희론에 의해서 희론되지 않는다. 희론은 언어이고, [언어가 존재도 아닌 사물들의] 의미를 확산시키는 것이라면, 희론에 의해서 희론되지 않는다는 것은 언어에 의해서 표현되지 않는다는 의미이다. 그 [진실]은 무분별이다. 분별이란 마음의 작용이다. 그 [마음의 작용]을 떠났기 때문에 진실은 무분별이다.[288)]

287) tathā: yo 'pi ca cintayi śūnyakadharmān so 'pi kumārgapapannaku bālaḥ/ akṣara kīrtita śūnyaka dharmāḥ te ca anakṣara akṣara uktāḥ // śānta *paśānta ya cintayi dharmān so 'pi ca cit tu na jātu na bhūtaḥ/ cittavitarkaṇa sarvi papañcāḥ tasya acintiya budhyatha dharmān // iti | PP, pp. 348~349. *praśānta

288) etac ca śāntasvabhāvam ataimirikakeśādarśanavat svabhāvavirahitam ity arthaḥ/ ata eva tat prapañcair aprapañcitam/ prapañco hi vāk, prapañcayati arthān iti kṛtvā/ prapañcair aprapañcitaṁ vāgbhir avyāhṛtam ity arthaḥ// nirvikalpaṁ ca tat/ vikalpaś cittapracāraḥ/ tad rahitatvāt tat tattvaṁ nirvikalpam / PP, pp. 373~374.

이처럼 월칭은 『중송』 제18장 제3송에 대한 주석에서 경전의 가르침을 인용하면서 '공인 법들이 언어로 말해지지만, 그것들은 말해질 수 없는 것들이 언어로 말해진 것'이라고 말하고, 『중송』 제18장 제9송에 대한 주석에서 '희론은 언어이고, 언어야말로 존재도 아닌 사물들의 의미들을 확산시키는 것'이라고 말한다.

그러므로 그의 주석에 의하면 희론이란 '무자성이고 공이기 때문에 언어로 표현될 수 없는 사물들을 언어를 통해서 표현함으로써, 여러 가지 의미들을 확산시키는 것'임을 알 수 있다. 그런 이해는 '확장하는 것, 부풀어 오른 것'이라는 '희론prapañca'의 사전적 의미와도 잘 부합한다.[289)]

한편 용수는 『중송』 제23장 제1송에서 분별로부터 번뇌가 일어나는 것을 다음과 같이 설명한다.

> 탐욕과 성냄과 어리석음은 분별로부터 발생한다고 설해진다.
> 청정과 부정과 전도들을 연해서 발생하기 때문이다.(23-1)[290)]

> 월칭 석(23-1); 여기서 청정śubha의 행상을 연해서 탐욕이 발생한다. 부정aśubha[의 행상]을 연해서 증오가 발생한다. 전도viparyāsa들에 연하여 어리석음이 발생한다. 그리고 분별saṁkalpa은 그 셋의 발생에서 공통적인 원인이다.[291)]

---

289) A.A. Macdonell(1954), *A Practical Sanskrit Dictionary*, 'prapañca' 항목 참조.

290) saṃkalpaprabhavo rāgo dveṣo mohaś ca kathyate/
śubhāśubhaviparyāsān saṃbhavanti pratītya hi// MMK, 23-1.

291) tatra hi śubham ākāraṁ pratītya rāga utpadyate, aśubhaṁpratītya dveṣaḥ, viparyāsān pratītya moha utpadyate / saṁkalpas tu eṣāṁ trayāṇām api sādhāraṇakāraṇam utpattau | PP, p. 452.

이처럼 용수는 청정을 연해서 탐욕이, 부정을 연해서 증오가, 전도들에 연해서 어리석음이 발생하며, 그 셋의 발생에서 공통적인 원인은 분별이라고 말한다. 여기서 '분별'로 번역한 saṁkalpa의 사전적 의미는 '개념, 관념, 의지, 생각'이지만, 그것은 결국 vikalpa와 마찬가지로 '올바르지 못한 생각'을 의미한다.[292)]

위의 게송에서 언급하는 '분별'속에 포함되어 있는 전도顚倒는 초기 불교에서 무상, 고, 무아, 부정인 것을 상, 낙, 아, 정이라고 뒤바꿔서 생각하는 것을 말하지만, 용수의 경우 무자성이고 공인 사물은 언어로 말해질 수 없는 것이므로, 그런 사물들을 무상, 고, 무아, 부정이라고 생각하는 것도 전도가 된다.[293)]

그럴 경우 청정과 부정은 모두 전도 속에 포함되기 때문에, 청정과 부정과 전도라는 세 가지 항목 가운데 번뇌의 발생에서 가장 중요한 역할을 하는 것은 전도가 된다. 그리고 그 중에서도 번뇌의 발생에서 뿌리가 되는 것은 아견을 바탕으로 하는 유신견有身見이다.[294)]

왜냐하면 월칭은 『중송』 제18장 제4송에 대한 주석의 끝부분에서 다음과 같이 말하고 있기 때문이다.

> 월칭 석(18-4); 경전에서 "모든 번뇌는 유신견을 뿌리로 하는 것이고, 유신견으로부터 발생하는 것이고, 유신견을 원인으로 하는 것이다"라고 말하였다. 나와 나의 것을 인식하지 않음으로써 유신견은 제거된다.

---

292) 용수가 『중송』 제18장 제5송에서 언급하는 '분별'vikalpa의 사전적 의미는 '다양성, 구분, 상상, 잘못된 관념'이다. 이것은 제23장 제1송에서 언급하는 '분별'saṁkalpa의 사전적 의미와 다소 다르지만, 그 둘은 모두 '올바르지 못한 생각'을 의미하는 용어로 사용되었다고 생각된다. 왜냐하면 그 두 게송은 동일하게 '올바르지 못한 생각'으로부터 번뇌가 발생하는 것을 설명하고 있기 때문이다.

293) 『중송』 제23장 제22~23송.

294) 유신견이란 자아도 아니고 아소我所도 아닌 오온을 자아라고 생각하거나 나의 소유물이라고 잘못 생각하는 것을 말한다.

그것을 제거함으로써 욕취, 견취, 계금취, 아어취와 같은 사취四取가 제거된다. [사]취의 소멸로부터 재유再有의 특징을 가지는 생生의 지멸이 있다.[295]

그러므로 분별의 사전적 의미와 앞에서 인용한 용수와 월칭의 언급을 고려하면, 분별이란 '희론에 근거해서 무자성이고 공인 사물들을 청정이라든가 부정, 혹은 자아라든가 아소我所라고 전도하여 올바르지 못하게 생각하는 것'임을 알 수 있다.

이제 앞에서 살펴본 내용들을 종합해서 용수가 『중송』에서 언급하는 고통의 발생을 설명해 보면 다음과 같다.

1) 어리석은 사람들은 일체법이 무자성이고 공인 것을 알지 못한다.

2) 그들은 무자성이고 공이기 때문에 언어로 표현될 수 없는 여러 사물들을 언어와 명칭을 가지고 말하여 다양한 의미들을 확산시킨다. 이것이 희론이다.

3) 희론을 연으로 해서 분별이 발생한다. 분별이란 희론에 근거해서 무자성이고 공인 사물들을 청정이라든가 부정, 혹은 나라든가 나의 것이라고 전도하여 올바르지 못하게 생각하는 것을 말한다.

4) 분별을 연으로 해서 탐 · 진 · 치 등의 번뇌가 일어난다. 청정을 연해서 탐욕이 일어나고, 부정을 연해서 증오가 일어나며, 전도를 연해서 어리석음이 일어난다.

5) 번뇌가 일어나면 그에 근거해서 업을 짓는다.

6) 번뇌에 근거한 업으로부터 고통이 발생한다.

---

295) satkāyadṛṣṭimūlakāḥ satkāyadṛṣṭisamudayāḥ satkāyadṛṣṭihetukāḥ sarvakleśāḥ sūtre uktāḥ/ sā ca satkāyadṛṣṭir ātmātmīyānupalaMvbāt prahīyate, tat prahāṇāc ca kāmadṛṣṭiśīlavrataātmavādopādānacatuṣṭayaṁ prahīyate, upādānakṣayāc ca janmanaḥ punarbhavalakṣaṇasya kṣayo bhavati // PP, p. 349.

번뇌에 근거한 행위로부터 고통이 발생하는 이유는 그 행위들이 희론에 근거해 있고, 희론은 진실과 일치하지 않기 때문이다.

따라서 용수의 『중송』에서 고통의 발생은 공성의 비자각 → 희론의 발생 → 분별의 발생 → 번뇌의 발생 → 업의 발생 → 고통의 발생으로 도식화된다. 한편 용수는 『중송』 제18장 제5송에서 '희론은 공성에 의해서 사라진다'고 말하기 때문에, 고통의 소멸은 공성의 자각 → 희론의 소멸 → 분별의 소멸 → 번뇌의 소멸 → 업의 소멸 → 고통의 소멸로 도식화된다.

그러므로 용수에 의하면 고통의 소멸을 위해서 일체법이 무자성이고 공임을 깨닫는 것은 필수적이다. 월칭은 『프라산나파다』에서 그 이유를 다음과 같이 설명한다.

> 월칭 석(18-5); 왜 그런가? 그것은 다음과 같다. 사물들에 대한 인식이 존재할 때 앞에서 말했던 희론의 그물이 존재할 것이다. [그러나] 석녀石女의 딸에게 아름다움과 젊음이 인식되지 않는다면, 탐욕의 소유자들이 그런 대상에 대해서 희론을 행하지는 않을 것이다. 희론을 행하지 않는다면, 그 대상에 대해서 불합리한 분별을 행하지 않을 것이다. 분별의 그물을 행하지 않는다면, 유신견有身見을 뿌리로 가지는 나와 나의 것이라는 집착으로부터 번뇌의 무리들이 발생하지 않을 것이다. 유신견의 본체로부터 번뇌의 무리들이 발생하지 않는다면, 청정과 부정과 부동不動의 업을 짓지 않을 것이다. 그리고 업을 짓지 않는 자들은 생·노·사, 근심, 슬픔, 고통, 고뇌가 하나의 그물로 이루어져 있는 윤회의 깊은 숲을 경험하지 않을 것이다.[296]

---

296) kathaṁ kṛtvā? yasmāt sati hi vastunaṁ upalaMvbe syād yathā uditaprapañcajālam | na hi anupalabhya vandhyāduhitaraṁ rūpalāvaṇya yauvanavatīṁ tad viṣayaṁ prapañcam

따라서 월칭의 주석에 의하면 고통의 소멸은 다음과 같이 설명된다.

1) 일체법이 무자성이고 공임을 아는 수행자는 모든 사물을 석녀의 딸과 같이 존재가 아니라고 생각하여 그것의 자성을 인식하지 않는다.

2) 자성을 인식하지 않기 때문에 그 사물들에 대하여 언어를 가지고 희론하여 의미를 확산시키지 않는다.

3) 희론을 행하지 않기 때문에 청정과 부정과 전도 등과 같은 이치에 맞지 않는 분별을 일으키지 않는다.

4) 분별을 일으키지 않기 때문에, 유신견을 뿌리로 가지는 '나'와 '나의 것'이라는 집착으로부터 탐 · 진 · 치 등의 번뇌를 일으키지 않는다.

5) 번뇌를 일으키지 않기 때문에 번뇌에 근거해서 업을 짓지 않는다.

6) 업을 짓지 않기 때문에 생 · 노 · 병 · 사와 같은 윤회의 고통을 받지 않는다는 것이다.

청목은 『중송』 제18장 제4송과 제5송에 대한 주석에서 이렇게 말한다.

> 청목 석(18-4~5); 범부인 사람들은 나와 나의 것[이라는 분별]이 지혜의 눈을 가려서 진실을 보지 못한다. 그러나 성자들은 나도 없고 나의 것도 없다고 [알기] 때문에 여러 번뇌도 역시 소멸한다. 여러 번뇌가 소멸하기 때문에 능히 제법의 실상을 본다. 안팎에서 나와 나의 것이 소멸했기 때문에 여러 집착도 소멸한다. 여러 집착이 소멸하기 때문에 한량없는 후신後身도 역시 모두 소멸한다. 이것을 무여열반이라고 부른다. ……

---

avatārayanti rāgiṇaḥ/ na ca anavatārya prapañcaṁ tad viṣayam ayoniśo vikalpamavatārayanti | na cānavatārya kalpanājālam ahaṁmamety abhiniveśāt satkāyadṛṣṭi mūlakān kleśagaṇān utpādayanti | na cānutpādya satkāyadṛṣṭayātmakān kleśagaṇān karmāṇi śubhāśubhāniñjyāni kurvanti/ na ca akurvāṇāḥ karmāṇi jātijarāmaraṇaśokaparidevaduḥkhadaurmanasya … ekajālībhūtaṁ saṁsārakāntāram anubhavanti|PP, pp. 350~351.

> 여러 번뇌와 업이 소멸하기 때문에 마음이 해탈했다고 말한다. 여러 번뇌와 업은 모두 망상妄想과 분별分別로부터 일어나는 것이니 그 실체가 존재하지 않는다. 또한 망상과 분별은 모두 희론으로부터 발생하는 것이니, 여러 법의 실상인 필경공畢竟空을 깨달으면 여러 희론은 소멸한다. 이것을 유여열반이라고 한다.[297]

즉 여러 번뇌와 업은 망상과 분별로부터 일어나는 것이기 때문에 그 실체가 없으며, 망상과 분별은 희론으로부터 발생하는 것이다. 그러므로 제법의 진실인 공성을 깨달으면 희론이 소멸하여 번뇌와 업이 소멸하고 마음이 청정해져서 심해탈을 성취하게 되는데, 그것이 유여열반이다.

한편 제법의 진실인 공성을 깨달으면 자아와 나의 소유에 대한 분별과 집착이 사라지며, 나와 나의 소유에 대한 분별과 집착이 사라지면 번뇌도 사라진다. 여러 번뇌가 사라지면 제법의 실상인 공성을 보며, 번뇌와 집착에 근거한 업을 짓지 않기 때문에 한량없는 다음 생도 역시 사라진다. 이렇게 해서 다음 생을 받지 않는 것이 무여열반이라는 것이다.

여기서 부파불교의 유자성론에 근거한 고통의 발생과 소멸에 대한 설명과 용수의 무자성론에 근거한 고통의 발생과 소멸에 대한 설명을 비교해 보면 다음과 같은 사실을 알 수 있다.

즉 부파불교의 유자성론에서 자성의 개념은 인연의 부정, 인과의 부정, 생멸의 부정을 내포하기 때문에, 고통의 발생과 소멸에 대한 설명이 힘들어지지만, 용수의 무자성론에서는 일체법이 비존재의 자성을 가진다고 말하지 않기 때문에 고통의 발생을 설명하는 것이 용이해지

---

297) 凡夫人以我我所障慧眼故. 不能見實. 今聖人無我我所故. 諸煩惱亦滅. 諸煩惱滅故. 能見諸法實相. 內外我我所滅故諸受亦滅. 諸受滅故無量後身皆亦滅. 是名說無餘涅槃. … 諸煩惱及業滅故. 名心得解脫. 是諸煩惱業. 皆從憶想分別生無有實. 諸憶想分別皆從戲論生. 得諸法實相畢竟空. 諸戲論則滅. 是名說有餘涅槃. 『중론』 제3권, 대정 제30권, 24쪽 하.

고, 존재의 자성을 가진다고 말하지 않기 때문에 고통의 소멸을 설명하는 것도 용이해진다는 것이다.[298]

용수는 『중송』 제24장 제10송에서 '세속[제]에 의지하지 않으면 승의제는 알려지지 않는다. 승의제에 도달하지 않으면 열반은 성취되지 않는다'고 말했다. 여기서 승의제란 최고의 진실 그 자체이고, 세속제는 승의제에 대한 언어 표현을 말한다. 그런데 세속제에는 불요의설과 요의설이 있다. 여기서 세속제와 승의제, 그리고 열반의 관계를 다시 한 번 살펴보면 다음과 같다.

즉 불요의설인 12연기설과 상호의존적 연기설을 통해서, 일체법이 무자성, 공, 가명, 중도이고, 따라서 자성으로서 불생불멸 등이라고 설하는 요의설을 이해하게 된다. 그는 요의설에 대한 반복적인 학습을 통하여 일체법이 무자성, 공, 가명, 중도이고, 따라서 자성으로서 불생불멸이라는 승의제를 더욱 분명하고 완전하게 깨닫게 된다. 승의제를 분명하고 완전하게 깨닫게 되면 희론과 분별이 모두 사라지게 된다. 희론과 분별이 사라지면 번뇌와 업이 모두 소멸하게 되고, 나아가 윤회의 고통도 모두 소멸한 길상의 특징인 열반에 도달하게 된다는 것이다.

298) 『중송』 제24장 제18송과 그에 대한 월칭의 주석에 따르면, 연기인 것은 무자성(=자성의 공성)이고, 무자성인 것은 존재성과 비존재성의 두가지 극단을 떠나 있기 때문에 중도라고 말해진다.

제4장 유식학파의 유식사상

제4장 유식학파의 유식사상

1. 유식학파의 기본입장

유식학파는 『반야경』의 공사상을 받아들이면서도 그것을 새롭게 해석하였다. 그 결과 유식학파는 식과 공성의 존재를 주장하면서, 일체법의 존재를 부정하는 중관학파를 허무론이라고 비판하였다. 또한 유식학파는 부파불교의 법유론에 대해서도 비판적인 관점을 가지고 있었다. 그와 같은 유식학파의 기본 입장은 다음과 같은 『해심밀경』의 삼시법륜三時法輪설에서 분명하게 발견된다.

> 이때 승의생보살이 부처님께 말했다. "세존이시여, 처음 어느 때 파라니사婆羅泥斯의 선인이 사는 곳, 시녹림施鹿林에 계실 때, 오직 성문승聲聞乘을 향해서 나아가는 이들을 위하여 사성제의 형태로 바른 법륜을 굴리셨나이다. 이는 비록 매우 기이하고 매우 희유하여 일체의 하늘과 인간들이 일찍이 이와 같은 법륜을 굴린 자가 없었지만, 그때 굴린 법륜은 더 나은 것이 있고 더 받아들일 것이 있어서 미료의未了義였으

니, 이는 여러 가지 논쟁이 발을 붙일 곳이 되었나이다.

세존이시여, 옛날 두 번째 시기에 오직 대승大乘을 향하여 수행하는 이들을 위하여, 일체법은 모두 무자성無自性이어서 발생도 없고 소멸도 없으며, 본래 적정하고 자성이 열반이라는 [가르침]에 의지하여 은밀상隱密相으로써 바른 법륜을 굴리시었나이다. 비록 매우 기이하고 매우 희유하였지만, 그때에 굴린 법륜 역시 위가 있고 더 받아들일 것이 있어서, 여전히 미료의였으니, 여러 가지 논쟁이 발을 붙일 곳이 되었나이다.

세존이시여, 지금 세 번째로 널리 일체승一切乘을 향하여 나아가는 이들을 위하여, 일체법은 모두 무자성이어서 발생도 없고 소멸도 없고, 본래 적정하여 자성이 열반인 무자성성이라는 [가르침]에 의지하여 현료상顯了相으로써 바른 법륜을 굴리시나이다. 이는 가장 기이하고 가장 희유하나이다. 지금 세존께서 굴리신 바 법륜은 위도 없고 더 받아들일 것도 없어서 이야말로 진정한 요의了義이니, 여러 논쟁이 발을 붙일 곳이 되지 않습니다."[299]

즉 『해심밀경』에 따르면 불타는 성도 후 처음으로 바라나시에서 성문들을 위하여 사성제의 가르침을 설했지만, 이 가르침은 아직 완전한 것이 아니어서 여러 논쟁이 일어났다. 두 번째로 대승으로 나아갈 자

299) 爾時勝義生菩薩白佛言. 世尊. 初於一時在婆羅泥斯. 仙人墮處施鹿林中. 惟爲發趣聲聞乘者. 以四諦相轉正法輪. 雖是甚奇甚爲希有. 一切世間諸天人等. 先無有能如法輪者. 而於彼時所轉法輪. 有上有容是未了義. 是諸諍論安足處所. 世尊. 在昔第二時中. 惟爲發趣修大乘者. 依一切法皆無自性無生無滅. 本來寂靜自性涅槃. 以隱密相轉正法輪. 雖更甚奇甚爲希有. 而於彼時所轉法輪. 亦是有上有所容受. 猶未了義. 是諸諍論安足處所. 世尊. 於今第三時中. 普爲發趣一切乘者. 依一切法皆無自性無生無滅. 本來寂靜自性涅槃無自性性. 以顯了相轉正法輪. 第一甚奇最爲希有. 于今世尊所轉法輪. 無上無容是眞了義. 非諸諍論安足處所. 『해심밀경』 제2권, 대정 제16권, 697쪽 상~중.

들을 위하여 일체법 무자성의 가르침을 은밀상隱密相으로 설하였지만, 이 역시 완전한 가르침이 아니어서 여러 논쟁이 일어났다. 세 번째로 일체승을 향해 나아갈 자들을 위하여 일체법 무자성의 가르침을 현료상顯了相으로 설하였으니, 이 가르침이야말로 완전한 가르침이어서 어떤 논쟁도 일어나지 않았다는 것이다.

『해심밀경』이 설하는 불타의 첫 번째 가르침은 곧 『아함경』의 가르침과 부파불교의 법유론을 의미한다. 두 번째 가르침은 『반야경』의 가르침과 중관학파의 중관사상을 의미한다. 그리고 세 번째로 설해진 완전한 가르침이란 곧 『해심밀경』 등의 가르침과 유식학파의 유식사상이다. 즉 『해심밀경』에 따르면 유식사상이야말로 부파불교의 법유론이나 중관학파의 중관사상을 능가하는 뛰어난 가르침이라는 것이다. 유식학파의 그와 같은 관점은 『유가사지론석』의 다음과 같은 문구에서도 드러난다.

> 부처님이 열반에 든 후 마사魔事가 어지럽게 일어나고, 부집部執이 다투듯 일어나니, 대개 그들은 유견有見에 집착한다. 용맹 보살은 극희지極喜地를 증득하고, 대승의 무상공교無相空教를 채집하여 『중송』 등을 짓고, 널리 진실한 가르침을 펴서 유견들을 제거하고, 제바 등의 여러 대 논사는 『백론』 등을 지어서 널리 대의를 펴니, 이로 말미암아 중생들은 다시 공견空見에 집착하였다. 이에 무착 보살은 초지初地에 올라 법광정法光定을 증득하고 대신통大神通을 얻어 대자존大慈尊으로 하여금 이 『[유가]론』을 설하여 줄 것을 청했다.[300)]

300) 佛涅槃後魔事紛起. 部執競興多著有見. 勇猛菩薩證極喜地. 採集大乘無相空教. 造中論等. 究暢眞要際彼有見. 聖提婆等諸大論師. 造百論等弘闡大義. 由是衆生復著空見. 無著菩薩位登初地. 證法光定得大神通. 事大慈尊請說此論. 『유가사지론석』 제1권, 대정 제30권, 883쪽 하.

『해심밀경』이나 『유가사지론석』 등 유식학파의 경론에 따르면, 불타의 가르침은 다음과 같은 세 단계로 나누어진다. 첫 번째로 불타는 사성제의 가르침을 설했다. 이 시기를 대표하는 경전은 『아함경』이다. 이 가르침을 계승한 설일체유부와 경량부 등 부파불교에서는 여러 법이 실유實有라고 주장하기 때문에, 이 시기의 가르침을 유교有敎라고 부른다. 이 가르침은 비록 훌륭한 것이기는 하지만 완전한 것이 아니어서 각종 논쟁이 일어났다.

두 번째로 불타는 일체법 무자성의 가르침을 은밀상隱密相으로 설했다. 그것은 이른바 『반야경』의 일체법 무자성의 가르침이다. 용수는 『반야경』의 가르침을 '연기이기 때문에 무자성이며, 무자성이기 때문에 공이다'라고 해석하였고, 이에 따라 일체법을 무자성이고 공이라고 말하기 때문에 공교空敎라고 말해진다. 이 가르침도 훌륭한 것이기는 하지만 역시 완전한 것은 아니어서 각종의 논쟁이 일어났다.

세 번째로 불타는 일체법 무자성의 가르침을 현료상顯了相으로 설했다. 이 시기를 대표하는 경전은 유식사상을 설하는 『해심밀경』 등이다. 유식학파에 따르면 이 시기에 설해진 유식사상은 비유비공非有非空의 중도를 설하는 가장 완전한 가르침이기 때문에 아무런 논쟁도 일어나지 않았다는 것이다.

이처럼 유식학파는 부파불교의 유견有見과 중관학파의 공견空見을 지양한 제3의 입장인 비유비공의 중도를 확립하기 위해서 흥기하였기 때문에, 부파불교의 법유론뿐 아니라, 중관학파의 중관사상에 대해서도 비판적인 관점을 가지고 있었다. 따라서 유식학파는 심법을 제외한 일체법의 존재를 부정함으로써 부파불교의 외경실재론을 비판하는 동시에, 심법과 공성의 존재를 승인함으로써 중관학파의 중관사상을 비판하였던 것이다.

2. 유식학파의 외경실재론 비판

1) 유식의 의미

'유식'(唯識, vijñaptimātra)은 유식무경唯識無境을 줄인 말이다. '유식무경'이란 '오직 식만 존재하고, 외계의 인식대상은 존재하지 않는 것'을 의미하는데, 그 말은 유식학파의 입장을 분명하게 보여준다.[301] 유식이라는 용어는 유식학파의 초기 논서인 『유가사지론』「본지분」에서는 발견되지 않으며, 『해심밀경』의 「분별유가품」에서 처음으로 발견된다. 『해심밀경』은 다음과 같이 말한다.

> 자씨보살이 다시 부처님께 여쭈었다. '세존이시여, 모든 비발사나와 삼마지 중에서 나타나는 영상은 마땅히 이 마음(心)과 같은 것입니까, 다른 것입니까?
> 부처님께서 자씨보살에게 말씀하셨다. '선남자여, 마땅히 다름이 없다. 왜냐하면 그 영상은 다만 식識이기 때문이다. 선남자여, 식의 대상所緣은 다만 식이 현현한 것이기 때문이다.'[302]

위의 인용문에서 『해심밀경』은 비파사나와 사마타, 즉 지관止觀을 행하는 유가행자의 마음에 나타난 영상은 마음과 다르지 않으며, 그 영상은 '다만 식일 뿐'이라고 설하고, 다시 식의 대상은 '다만 식이 현현

---

301) 유식이라는 용어는 '오직 식만이 존재한다'고 하는 유식학파의 최대 명제를 나타내는 말이다. 三枝充悳 저, 송인숙 역(1993), 『세친의 삶과 사상』, 86쪽.

302) 慈氏菩薩復白佛言. 世尊諸毘鉢舍那三摩地所行映像. 彼與此心當言有異當言無異. 佛告慈氏菩薩曰. 善男子. 當言無異. 何以故. 由彼映像唯是識故. 善男子. 我說識所緣唯識所現故. 『해심밀경』 제3권, 대정 제16권, 698쪽 상~중.

한 것일 뿐'이라고 설하고 있는데, 여기서 유식이라는 용어가 분명하게 발견된다.

유식사상의 성립에는 『화엄경』의 '삼계유심'三界唯心이라는 사상이 크게 작용하였으며, 세친도 『유식이십론』의 첫머리에서 『화엄경』의 이 문장을 인용해서 교증으로 삼고 있다. 그러나 요가의 수행을 설명하는 『해심밀경』의 「분별유가품」에서 비로소 유식이라는 용어가 나타나고 있는 것으로부터도 알 수 있듯이, 유식사상 성립의 원동력은 요가 수행의 체험이었다고 할 수 있다. 왜냐하면 위의 인용문은 요가를 행하는 수행자의 마음에 나타난 영상이 다만 식에 지나지 않는다고 말하기 때문이다. 『해심밀경』은 이어서 다음과 같이 말하고 있다.

> '세존이시여, 모든 유정이 자성에 머무르면서 색色 등을 소연所緣으로 해서 마음으로 그려내는 영상, 그것도 또한 이 마음과 다름이 없습니까?
> '선남자여, 역시 다름이 없다. 그러나 어리석은 범부들은 잘못된 생각으로 인하여, 그 여러 영상에 대하여 '이것은 다만 식'이라고 여실하게 알지 못하고 잘못된 생각을 하는 것이다.'[303]

이처럼 『해심밀경』은 '모든 유정이 자성에 머무르면서 색 등을 소연으로 해서 마음으로 그려내는 영상'도 다만 식일 뿐이라고 말한다. 여기서 '모든 유정이 자성에 머무르면서 색 등을 소연으로 해서 마음으로 그려내는 영상'이란 형태나 색깔을 가지고 있는 구체적인 영상, 즉 일상적인 감각이나 지각에 나타나는 표상을 말한다.

303) 世尊. 若諸有情自性而住. 緣色等心所行映像. 彼與此心亦無異耶. 善男子. 亦無有異. 而諸愚夫由顚倒覺. 於諸映像不能如實知唯是識. 作顚倒解. 『해심밀경』 제3권, 대정 제16권, 698쪽 중.

따라서 그 표상들도 '마음과 다름이 없다'는 말 속에는 이미 '다만 식만 존재할 뿐 외계의 대상은 존재하지 않는다'는 유식무경설이 암시되어 있다고 할 수 있다. 그러나 『해심밀경』이 그와 같은 내용의 유식무경설을 구체적으로 언급하는 것은 아니다.[304)]

그러므로 내용적으로 볼 때 유식무경설이 구체적으로 드러나 있는 것은 미륵의 『중변분별론송』이라고 할 수 있다. 거기서는 허망분별虛妄分別의 존재만이 인정되고 변계소집성인 외계 대상의 존재는 부정되고 있기 때문이다.[305)] 그런데 『섭대승론』은 이렇게 같이 말한다.

> 이들 여러 식識은 그 대상don이 없으므로 유식唯識이라고 말하지만, 거기에 어떤 비유가 있는가?[306)]

여기서 보듯이 『섭대승론』은 '외계의 대상은 존재하지 않으며無境, 의식 속에 나타난 여러 표상은 다만 식일 뿐唯識'이라고 분명히 말하고 있다. 이로부터 '유식무경'이라는 표현과 내용이 정말로 구체적으로 드러나 있는 곳은 『섭대승론』인 것을 알 수 있다. 세친은 『섭대승론』의 그런 사고를 계승하여, 『유식이십론』에서 다음과 같이 말한다.

> 이것들은 '다만 식일 뿐(唯識)이다. 존재하지도 않는 대상(無境)이 나타난 것이기 때문이다.
>
> [그것은] 예를 들면 눈병이 걸린 사람에게 존재하지도 않는 머리카락

---

304) 三枝充悳 저, 송인숙 역(1993), 『세친의 삶과 사상』, 87~88쪽.
305) 横山紘一 저, 묘주 역(1989), 『유식철학』, 46쪽.
306) rnam par rig pa ḥdi dag ni don med paḥi phyir rnam par rig pa tsam mo źes bya ba ḥdi la dpe ci yod ce na/ 長尾雅人, 『攝大乘論』, 附錄 티벳역 『攝大乘論』, II. 6. p. 60.
又此諸識皆唯有識. 都無義故. 此中以何爲喩顯示. 『섭대승론본』 제2권, 대정 제31권, 138쪽 상.

> 이나 달 등이 보이는 것과 같다.(1)[307]
>
> 만약 식일 뿐이고 대상이 존재하지 않는다면(唯識無境),
> 장소와 시간의 결정, 상속相續의 불결정, [그리고] 작용의 성취는 불합리하다.(2)[308]

이처럼 세친은 『유식이십론』 제1송과 제2송에서 유식무경설을 설명하고, 그에 대한 타 학파의 반박을 소개하고 있다. 제1송은 유식학파의 근본학설인 유식무경설을 설명한 것이다. 즉 외계의 대상은 존재하는 것이 아니기 때문에, 우리들의 의식 속에 나타나는 표상들은 다만 식에 지나지 않으며, 그것은 마치 눈에 병이 걸린 사람에게 시각적인 착각이 일어나는 것과 같다는 것이다.

제2송은 유식사상에 대한 경량부의 반박이다. 즉 만약 유식학파의 주장처럼 오직 식만 존재하며, 외계의 대상이 존재하지 않는다면, 우리들의 인식 속에 표상이 일어날 때 장소와 시간 등이 결정되어 있는 사실 등을 설명하기가 힘들다는 것이다. 이와 같은 『섭대승론』과 『유식이십론』의 언급을 통하여 유식학파에서 유식이란 '오직 식만 존재하며, 외계의 대상은 존재하지 않음'을 의미하는 용어임을 알 수 있다.

그런데 평천창平川彰은 유식의 의미에 대하여 '유식이란 외계의 사물이 존재하지 않는다는 것이 아니라, 자기의 마음에 인식되는 외계는 인식된 그대로 존재하는 것은 아니라는 의미이다'라고 말하고, 나아가 '그러나 우리들에게 있어서는 인식된 세계만이 자기의 것이기 때문에,

307) vijñaptimātramevaitadasadarthāvabhāsanāt/
yadī taimirikasyāsatkeśacandrādidarśanam// Viṁ, 1.

308) yadi vijñaptiranarthāni yamo deśakālayoḥ/
santānasyāniyamaśca yuktā kṛtyakriyā na ca// Viṁ, 2.

설령 외계가 그와 다르다고 하더라도 인식되지 않는 것에 대해서는 아무 말도 할 수 없는 것이다. 여기에 유식의 참 뜻이 있다고 하겠다'라고 말한다.[309)]

그러나 이와 같은 평천창의 설명에는 다음과 같은 문제점이 발견된다. 즉 그가 말하는 대로 유식학파가 외계 대상의 존재를 부정하지 않았다면, 그것은 유식무경의 의미에 부합하지 않는다. 또한 그의 말대로 유식학파가 외계 대상의 존재를 부정하지 않았다면 유식사상과 외경실재론을 구분하기가 힘들어진다. 즉 유식학파가 외계 대상의 존재를 부정하지 않았다면, 유식사상 역시 외경실재론에 포함되어 과연 유식학파가 설일체유부와 경량부를 비롯한 외경실재론 학파들을 비판하였던 이유가 무엇인지를 알 수 없게 되어 버리는 것이다.

유식학파에 따르면 인식의 대상은 외계에 있는 것이 아니라 아뢰야식으로부터 나타난 표상이고, 인식이란 아뢰야식으로부터 전변한 여러 식識들이 그 표상을 지각하는 것이라고 설명된다. 그러므로 유식학파가 외계 대상의 존재를 부정하지 않았다고 생각하는 것은 무리가 있으며, '유식'이라는 용어는 '유식무경'이라는 말이 의미하는 것처럼, '오직 식만이 존재하며, 외계의 대상은 존재하지 않는 것'을 의미한다고 생각하는 것이 옳을 것이다.

2) 네 가지 지혜에 근거한 비판

유식무경설은 외계 대상의 존재를 부정하는 동시에 식과 공성의 존재를 승인하는 학설이기 때문에, 부파불교의 외경실재론에 대한 비판과 중관학파의 중관사상에 대한 비판을 동시에 포함한다. 그중에서 부

---

309) 平川彰(1985),『インド佛教史』下, 135~136쪽.

파불교의 외경실재론에 대한 비판은 주로 유식무경에 대한 논증으로 구성되어 있다. 『섭대승론』은 유식무경을 논증하면서 이렇게 말한다.

> [물음:] 여러 대상(=義)이 눈앞에 분명하게 나타남에도 불구하고, 이것들이 존재하지 않는다고 하는 것은 어떻게 알 수 있는가?
> [답변:] 부처님께서 "만약 여러 보살이 네 가지 법法을 성취한다면, 능히 일체는 다만 식이고 대상은 전혀 존재하지 않음을 깨달을 수 있다"고 말한 바와 같다.[310)]

이처럼 『섭대승론』은 네 가지 법法, 즉 네 가지 지혜를 획득함으로써 유식무경을 이해할 수 있다고 설하는데, 네 가지 지혜를 통해서 유식무경을 논증하는 방법은 『유식이십론』 이전에 널리 사용되었던 것이다. 그 네 가지 지혜 가운데 첫째는 '상위식상지'이다. 『섭대승론』은 이렇게 말한다.

> 첫째는 상위식상지相違識相智를 성취하는 것이다. 아귀, 축생, 여러 천인 등은 동일한 한 가지 현상에 대해서도 그 인식하는 바에 차이가 있기 때문이다.[311)]

상위식상지란 인식하는 주체에 따라서 동일한 사물이 다르게 인식됨을 아는 지혜이다. 예를 들면 아귀는 동일한 강을 고름이나 피가 가득 찬 강으로 보고, 고기는 자신이 살아가는 장소나 통로로 보며, 천인

---

310) 諸義現前分明顯現. 而非是有云何可知. 如世尊言. 若諸菩薩成就四法能隨悟入. 一切唯識都無有義. 『섭대승론본』 제2권, 대정 제31권, 139쪽 상.
311) 一者成就相違識相智. 如餓鬼傍生及諸天人同於一事. 見彼所識有差別故. 『섭대승론본』 제2권, 대정 제31권, 139쪽 상.

은 보석으로 장식된 땅으로 보고, 인간은 깨끗한 물로 보는 것과 같다. 만약 외계의 인식대상이 실재라면 그런 일은 있을 수 없다. 그러므로 외계의 인식대상은 실재가 아니라는 것이다. 둘째는 '무소연식현가득지'이다. 『섭대승론』은 다음과 같이 말한다.

> 둘째는 무소연식현가득지無所緣識現可得智를 성취하는 것이다. 과거, 미래, 꿈, 영상 등의 대상에 대해서도 인식되는 것이 있기 때문이다.[312)]

'무소연식이'란 '실재가 아닌 사물을 대상으로 하여 발생하는 인식'을 말한다. 따라서 '무소연식현가득지'란 '비존재를 대상으로 하여 발생하는 인식이 현실적으로 존재함을 아는 지혜'를 말한다. 예를 들면 과거나 미래의 사물, 꿈속의 사물, 물이나 거울에 비친 영상 등은 실재가 아니지만, 우리는 그것들을 대상으로 하여 인식을 일으키는 것과 같다.

설일체유부는 '무소연식은 존재하지 않는다'는 입장에서 외계의 대상이 실재임을 인정하고, 나아가 그와 같은 인식론을 통해서 삼세실유론을 논증하고자 하였다. 즉 비존재인 사물이 인식되는 일은 없다. 그런데 우리들에게는 과거나 미래의 사물이 대상으로서 인식된다. 그러므로 과거나 미래의 사물 등도 실재라고 인정해야 한다는 것이다.

그러나 유식학파는 그와 같은 설일체유부의 인식론을 인정하지 않는다. 왜냐하면 유식학파는 과거나 미래의 사물 등을 실재라고 승인하지 않기 때문이다. 그러므로 어떤 사물에 대한 인식이 발생했다고 해서, 그 사물이 반드시 외계에 실재한다고 생각해서는 안 된다는 것이다. 따라서 무소연식현가득지는 무소연식의 존재를 부정하는 설일체

---

312) 二者成就無所緣識現可得智. 如過去未來夢影緣中有所得故. 『섭대승론본』 제2권, 대정 제31권, 139쪽 상.

유부에 대한 반박이기도 하다. 셋째는 '응리공용무전도지'이다. 『섭대승론』은 이렇게 말한다.

> 셋째는 응리공용무전도지應離功用無顚倒智를 성취하는 것이다. 대상이 있는 중에서 대상을 인식한다면 식은 무전도無顚倒가 되고, 노력에 의하지 않고도 그 지혜는 진실한 것이 되기 때문이다.[313]

응리공용무전도지란 외계의 인식대상이 실재라면, 노력하지 않고도 올바른 지혜를 얻게 되는 오류가 발생함을 아는 지혜이다. 즉 만약 외계의 대상이 인식되는 것과 동일한 것으로서 존재한다면, 범부도 일체법의 진실을 인식한다고 말해야 할 것이다.

그러나 그렇게 되면 범부들이 수행을 닦지 않고도 해탈하게 된다는 모순이 발생하게 된다. 따라서 어떤 사물에 대한 인식이 발생한다고 해서, 그 인식대상이 인식된 그대로 외계에 실재한다고 생각해서는 안 된다는 것이다. 넷째는 '삼종승지수전묘지'이다. 『섭대승론』은 이렇게 말한다.

> 넷째는 삼종승지수전묘지三種勝智隨轉妙智를 성취하는 것이다. 무엇이 세 가지인가? 첫째, 마음의 자재를 얻은 모든 보살과 정려를 얻은 자에게는 승해勝解의 힘에 따라서 여러 대상이 현현한다. 둘째 사마타를 얻어서 법관法觀을 닦는 자에게는 조금 작의作意할 때에도 곧 여러 대상이 현현한다. 셋째 이미 무분별지를 얻은 자에게는 무분별지가 현현할 때 모든 대상이 현현하지 않는다.[314]

313) 三者成就應離功用無顚倒智. 如有義中能緣義識無顚倒. 不由功用智眞實故. 『섭대승론본』 제2권, 대정 제31권, 139쪽 상.
314) 四者成就三種勝智隨轉妙智. 何等爲三. 一得心自在一切菩薩得靜慮者. 隨勝解力

삼종승지수전묘지란 세 가지의 뛰어난 지혜를 얻은 수행자에게는 인식대상이 갖가지로 바뀌는 것을 아는 지혜이다. 그 세 가지는 다음과 같다. ① 마음에 자재함을 얻은 보살이나 선정을 성취한 수행자에게는 그 뛰어난 지혜의 힘에 따라서 마음먹은 대로 대상이 나타난다. ② 지관을 닦는 수행자가 부처님의 교법을 관찰하고 사색할 때, 대상은 사색하는 대로 갖가지 형상으로 나타난다. ③ 무분별지가 일어날 때에는 어떤 대상도 현현하지 않는다. 그러나 만약 인식대상이 외계에 실재한다면 이와 같은 세 가지 일은 있을 수 없다는 것이다. 이어서 『섭대승론』은 다음과 같이 결론짓는다.

> 여기서 말한 삼종승지수전묘지三種勝智隨轉妙智와 앞에서 말한 세 가지 인연으로 말미암아 여러 대상이 존재하지 않는다는 도리가 성립한다.[315)]

즉 여기서 말한 세 가지 뛰어난 지혜에 따라 나타나는 미묘한 지혜와 앞에서 말한 상위식상지 등 세 가지 지혜를 합한 네 가지 지혜를 통해서, 일체는 다만 식이고 외계의 대상이 실재가 아님을 알 수 있다는 것이다. 그러므로 『섭대승론』은 요가의 관법을 통해서 얻어지는 네 가지의 지혜를 근거로 하여 부파 불교의 외경실재론을 비판하고 유식무경설을 확립하고자 하였음을 알 수 있다.

諸義顯現. 二得奢摩他修法觀者. 纔作意時諸義顯現. 三已得無分別智者. 無分別智現在前時. 一切諸義皆不顯現. 『섭대승론본』 제2권, 대정 제31권, 139쪽 상.

315) 由此所說三種勝智隨轉妙智. 及前所說三種因緣諸義無義道理成就. 『섭대승론본』 제2권, 대정 제31권, 139쪽 상.

3) 극미설의 모순에 근거한 비판

네 가지 지혜에 근거한 외경실재론 비판은 주로 요가 수행의 관법에 기초한 것이라고 할 수 있다. 그러나 『유식이십론』은 극미설의 모순을 지적함으로써 외경실재론을 비판하고 유식무경을 논증하고자 한다. 즉 외계 대상의 실재를 인정하는 설일체유부, 경량부, 바이세시카학파 등은 외계의 물질적 대상은 모두 극미로 구성되어 있다고 주장한다.

그러나 만약 극미설의 모순을 지적하여 극미가 성립할 수 없음을 논증한다면, 물질적 대상도 외계에 실재하는 것으로서 성립할 수 없음을 논증할 수 있다는 것이다. 이것은 네 가지 지혜에 근거한 비판보다 더욱 철학적이고 논리적인 방법이라고 할 수 있는데, 『유식이십론』은 그런 관점에 따라 설일체유부 등 외경실재론자들이 주장하는 극미설을 차례로 논파한다.

설일체유부 등의 외경실재론자들은 극미설을 통해서 물질적 사물인 색법을 설명한다. 즉 색법은 파괴되거나 변화될 수 있으며, 특정 공간을 점유하고 다른 색법이 동일 공간에 들어오는 것을 막는 특징을 가지고 있다.[316] 그러므로 색법의 특징은 '변화와 장애'라고 한다.[317] 그런데 장애성을 가지고 있는 색법은 모두 연장을 가지고 있으며, 연장이 있는 것은 반드시 더욱 분석될 수 있다. 이와 같은 색법을 분석해서 더 이상 분석할 수 없는 극한에 이른 것을 극미(極微, paramāṇu)라고 한다.[318]

설일체유부에 따르면 이 극미는 혼자서는 존재할 수 없으며, 반드시

---

316) Stcherbatsky는 그것을 '불가침투성impenetrability, sa-pratighatva'이라는 용어로 설명하고 있다. Th. Stcherbatsky(1979), *The Central Conception of Buddhism and the Meaning of the Word Dharma*, p. 11.

317) 變礙故名爲色. 『구사론』 제1권, 대정 제29권, 3쪽 하.

318) 分析諸色至一極微, 故一極微爲色極少. 『구사론』 제12권, 대정 제29권, 62쪽 상.

7개의 극미가 함께 결합한 상태로 존재한다. 즉 하나의 극미를 중심으로 해서 상하와 사방으로 모두 7개의 극미가 결합하여 하나의 단위를 이룬다는 것이다. 이와 같은 극미의 단위를 미취微聚라고 하는데,[319] 이 미취는 다시 동일한 방법으로 모여서 차례로 금진金塵, 수진水塵, 토모진兎毛塵, 양모진羊毛塵, 우모진牛毛塵, 극유진隙遊塵 등을 형성한다.

극유진이란 창문 틈으로 들어오는 광선에 비치는 미세한 먼지를 가리킨다. 여기서 극미는 처음으로 우리의 눈에 보이는 물질을 형성하게 된다. 그리고 다시 이것들이 동일한 방법으로 모여서 점차 커다란 물질적 존재를 형성하게 되어 마침내는 산하대지 등을 형성하게 된다고 한다.[320]

한편 설일체유부와 경량부는 모두 극미설을 인정하면서도 그것의 방분에 대해서는 견해를 달리하였다. 왜냐하면 설일체유부는 극미가 무방분無方分, 즉 연장이 없다고 주장하였고, 경량부는 극미가 유방분有方分, 즉 연장이 있다고 주장하였기 때문이다.[321] 또한 설일체유부와 경량부는 극미의 결합 방식에 대해서도 서로 다른 학설을 주장하였다. 『구사론』은 다음과 같이 말한다.

> 또한 여러 극미는 서로 접촉하는가, 그렇지 않은가? 가습미라국의 비바사사는 서로 접촉하지 않는다고 말한다. 그 이유는 무엇인가? 만약 여러 극미의 체體가 상호간에 두루 접촉한다고 하면, 곧 사실의 물체가 서로 섞이게 된다는 허물이 있다. 만약 일부가 접촉한다고 하면 나

---

319) 深浦正文(1979), 『俱舍學槪論』, 34쪽. 미취微聚는 미진微塵, 혹은 단순히 미(微, aṇu)라고 부르기도 한다.

320) 極微爲初. 指節爲後. 應知後後皆七培增. 謂七極微爲一微量. 積微至七爲一金塵. 積七金塵爲水塵量. 水塵積至七爲一兎毛塵. 積七兎毛塵爲羊毛塵量. 積羊毛塵七爲一牛毛塵. 積七牛毛塵爲隙遊塵量. 隙塵七爲蟣. 七蟣爲一虱. 七虱爲穬麥. 七麥爲指節. 三節爲一指. 『구사론』 제12권, 대정 제29권, 62쪽 중.

321) 佐佐木月樵, 山口益 譯著(1977), 『唯識二十論の對譯硏究』, 22쪽.

> 누어진다는 허물이 있게 된다. 그러나 여러 극미는 다시 세분할 수 없는 것이다. ……
> 존자 세우世友는 여러 극미가 서로 접촉한다면 곧 후념後念에 이르기까지 머무는 것이 될 것이라고 말한다. 그러나 대덕大德은 일체의 극미가 사실은 서로 접촉하지 않으며, 다만 간격을 두지 않고 모여 있는 것을 비유적으로 말한 것이라고 한다. 이 대덕의 설은 응당 받아들일 만하다.[322)]

이처럼 설일체유부와 경량부는 모두 극미설을 인정하면서도 극미의 결합 방식과 연장의 유무 문제에 대해서는 서로 다른 견해를 가지고 있었다. 왜냐하면 인용문에서 보듯이 비바사사, 즉 설일체유부는 극미가 서로 접촉하지 않은 채 간격을 두고 결합한다고 주장하였고, 대덕, 즉 경량부의 슈리라타는 극미가 서로 접촉하지 않은 채 간격 없이 결합한다고 주장하였기 때문이다.

바이세시카학파도 극미설을 인정하였는데, 그들에 따르면 외계의 물질적인 사물은 지, 수, 화, 풍이라는 네 가지 종류의 극미로 구성된다고 한다. 그들은 단일한 극미는 지각의 대상이 될 수 없으며, 많은 극미가 결합해서 하나의 복합체가 되었을 때, 그 전체가 하나의 구체적인 형상을 가진 사물로서 지각된다고 한다. 『바이세시카 수트라』는 외계의 물질적 사물이 지, 수, 하, 풍의 극미로부터 형성되는 과정을 다음과 같이 설명한다.

---

322) 又諸極微爲相觸不. 迦濕彌羅國毘婆沙師說不相觸. 所以者何. 若諸極微遍體相觸. 卽有實物體相雜過. 若觸一分成有分失. 然諸極微更無細分. … 尊者世友說. 諸極微相觸卽應住至後念. 然大德說. 一切極微實不相觸. 但由無間假立觸名. 此大德意應可愛樂. 『구사론』 제2권, 대정 제29권, 11쪽 하.

> 지금 여기서 결과를 본질로 하는 지地 등의 네 가지에 생기와 소멸의 과정을 설명한다. 주재신의 형성하고자 하는 욕구에 의해서 원자에 운동이 생긴다. 그 운동으로부터 2개의 원자가 결합해서 2원자체가 생긴다. 3개의 2원자체에 의해서 3원자체가 생긴다. 동일하게 4원자체 등등의 과정을 거쳐서 커다란 지地, 커다란 수水, 커다란 화火, 커다란 풍風이 생긴다.[323]

즉 바이세시카학파에 따르면 최초에 주재신(Īśvara)의 욕구에 의해서 극미에 운동이 생겨난다. 그에 따라 극미는 결합하게 되는데, 2개의 극미가 결합하여 2원자체를 형성하고, 다시 2원자체 3개가 결합하여 3원자체를 형성한다. 그리고 그와 같은 과정을 반복해서 마침내 산하대지 등 커다란 물질적 사물이 형성된다는 것이다.

이때 바이세시카학파는 지, 수, 화, 풍의 극미로 구성된 물질적 복합체를 극미와는 다른 별도의 실체로 인정한다. 즉 그들은 부분과 전체를 서로 다른 별개의 실체로 간주하는 것이다. 예를 들면 옷감은 많은 섬유로 만들어지는데, 그들에 의하면 옷감과 그 옷감을 구성하는 요소인 섬유는 별개의 실체라고 한다. 따라서 바이세시카학파는 사람이 옷감을 지각할 때 수많은 섬유를 지각하는 것이 아니라, 그들 섬유로 구성된 단일체로서의 옷감을 지각한다고 주장하는 것이다.[324] 그와 마찬가지로 그들은 지地 등의 극미와 그 극미들로 이루어진 커다란 지地 등은 별개의 실체라고 생각한다.

이로부터 설일체유부, 경량부, 바이세시카학파는 모두 동일하게 외

---

323) *Tarkadīpikā*, Bombay Skt & Pkt S, No. LV, p. 9. 石飛道子(1982), 「Vaiśeṣika哲學における原子論」 456쪽에서 재인용.

324) 이는 바이세시카 학파의 인중무과론에 의한 것이다. R. Puligandla, 이지수 역(1991), 『인도철학』, 177~178쪽.

계의 물질적 사물이 극미로 이루어져 있다고 생각하면서도, 지각에 의해서 포착되는 물질적인 인식대상이 무엇인가에 대해서는 상이한 견해를 가지고 있었던 것을 알 수 있다. 즉 ① 바이세시카학파는 여러 극미를 부분으로 가지고 있는 단일체가 인식의 대상이 된다고 생각하는 반면, ② 설일체유부는 간격을 두고서 결합해 있는 무방분의 여러 극미가 인식의 대상이라고 생각하고, ③ 경량부는 간격 없이 결합해 있는 유방분인 여러 극미의 복합체가 인식의 대상이 된다고 생각했던 것이다.[325] 그러나 세친은 『유식이십론』에서 이들 세 학파가 상정하는 외계의 물질적 대상에 대해서 다음과 같이 말한다.

> 그것이 단일한 것이라고 해도, 또 단일하지 않은 것이라고 해도 극미는 [인식의] 대상이 아니다.
> 또한 화합和合한 것이라고 해도 [인식의 대상이 아니다]. 극미는 성립하지 않기 때문이다.(11)[326]

위의 인용문에서 '단일한 것'이란 바이세시카학파가 상정하는 외계의 물질적 대상을 가리킨다. 그들은 극미의 복합체를 극미와는 구분되는 별도의 단일한 실체로서 인정하고 있기 때문이다. '단일하지 않은 것'이란 설일체유부가 상정하는 외계의 물질적 대상을 가리킨다. 설일체유부는 간격을 두고 화집和集해 있는 여러 극미가 동시에 인식의 대상이 된다고 주장하기 때문이다. '화합한 것'이란 경량부가 상정하는 외계의 물질적 대상을 가리킨다. 경량부는 간격 없이 화합和合한 극미의 복합체가 인식의 대상이 된다고 생각하기 때문이다.

---

325) 三枝充悳 저, 송인숙 역(1993), 『세친의 삶과 사상』, 91쪽.
326) na tadekaṁnna cānekaṁ viṣayaḥ paramāṇuśaḥ/
na ca te saṁghatā yasmāt paramānurna sidhyati// Vim, 11.

그런데 위의 인용문에서 보듯이 세친은 극미가 성립하지 않기 때문에 그 세 학파가 상정하는 물질적 사물은 모두 인식의 대상이 될 수 없다고 말한다. 극미가 성립하지 않는다면 극미의 복합체인 물질적 사물도 성립할 수 없음은 당연하다. 이처럼 『유식이십론』은 세 종류의 극미설을 종합적으로 비판한 후, 다시 다음과 같이 극미의 불성립을 논증한다.

> 하나의 극미가 동시에 여섯 개[의 다른 극미]와 결합한다면, 여섯 개의 부분을 가진 것이 [될 것이다].
> 여섯 개[의 극미]가 같은 공간을 점유한다면, 결합한 것도 다만 극미 하나의 크기가 될 것이다.(12)[327]

여기서 세친은 극미가 결합할 때 발생하는 모순을 지적하고 있다. 만약 7개의 극미가 화합해서 극미의 복합체인 미취微聚를 이룬다면, 그 결합 방식에는 두 가지가 있을 수 있다. 하나는 부분적으로 결합하는 것이고, 다른 하나는 전체적으로 결합하는 것이다.

먼저 부분적으로 결합한다고 하면, 하나의 극미는 중앙에 있고, 나머지 6개의 극미는 6측면에서 그 하나의 극미와 결합하게 될 것이다. 그렇다면 중앙에 있는 극미는 6개의 부분을 갖는다고 말하지 않으면 안 된다. 그러나 6개의 부분을 갖는다면 그것은 더욱 분석될 수 있는 것이라고 생각해야 한다. 그러나 본래 극미는 더 이상 나누어질 수 없는 것이다. 그러므로 이 경우 극미는 성립하지 않는다.

그와 같은 모순을 피하기 위해서 전체적으로 결합한다고 하더라도 또 다른 모순이 있다. 만약 7개의 극미가 동일한 곳에서 전체적으로 결

327) ṣadkena yugapadyogātparamāṇoḥ ṣaḍaṁśatā/
ṣaṇṇāṁ samānadeśatvātpiṇḍaḥ syādaṇumātrakaḥ// Viṁ, 12.

합한다면 그 여러 극미들은 어떤 방식으로 결합한다고 해도, 그 크기는 항상 극미 하나의 크기와 동일하기 때문에 연장을 가진 취색聚色, 즉 물질적 덩어리를 이루지 못할 것이다.

물질적 덩어리를 이루지 못하면, 물질적 덩어리와 극미의 차별이 없어질 것이다. 그렇다면 물질적 덩어리도 극미와 마찬가지로 인식의 대상이 될 수 없을 것이다. 그러나 이는 현실을 올바르게 설명하지 못한다. 이와 같은 비판은 2원자체나 3원자체 등의 결합을 주장하는 바이세시카학파의 경우에도 동일하게 적용된다.

이처럼 세친은 극미가 어떤 방식으로 결합한다고 해도 모순을 피하지 못함을 지적하고 나서 다시 『유식이십론』 제13송에서 다음과 같이 말한다.

> 극미의 결합이 불가능하다면, 어떻게 그것의 덩어리가 있을 수 있겠는가?
> 또한 극미의 무방분성 때문에 그 결합이 성립하지 않는 것은 아니다.(13)[328]

즉 극미가 어떤 방식으로 결합한다고 하더라도 모순을 피할 수 없으므로, 외계의 물질적 대상을 여러 극미가 결합한 것이라고 하는 주장은 성립할 수 없다는 것이다. 이와 같이 극미의 결합 방식으로부터 발생하는 모순을 고찰한 후 세친은 다시 설일체유부의 극미 무방분설과 경량부의 극미 유방분설을 함께 비판한다. 앞에서 언급했던 것처럼 설일체유부는 극미가 무방분이라고 주장하고, 경량부는 극미가 유방분이라

328) paramāṇorasaṁyogāt tatsaṁghāte'stikasya saḥ/
na cānavayavatvena tatsaṁyogo na sidhyati// Viṁ, 13.

고 주장하였다. 그러나 세친은 『유식이십론』 제14송에서 그 각각의 모순을 다음과 같이 지적한다.

> 공간적인 부분으로 나누어지는 것, 그것의 단일성은 입증되지 않는다. 만약 그와 달리 [부분이 없다면], 어떻게 그림자나 장애가 [있을 수 있겠는가]? 그 [그림자와 장애]는 결합한 것에 속할 수 없을 것이다.(14)[329]

경량부는 극미가 유방분이라고 주장하지만, 그렇다면 그것은 반드시 더욱 분석될 수 있을 것이다. 그러나 그것은 극미의 개념과 모순된다. 반대로 그런 모순을 피하기 위해서 극미가 무방분이라고 주장하면 또 다음과 같은 모순에 봉착한다.[330]

첫째, 만약 극미에 방분이 없다면, 햇빛이 기둥의 동쪽을 비출 때 동시에 기둥의 서쪽을 비추는 것이 된다. 그렇다면 서쪽에 그림자가 생길 수 없을 것이다. 그러나 현실은 그와는 달리 기둥의 동쪽은 햇빛을 받고 서쪽은 그림자를 드리우고 있다. 따라서 극미에 방분이 없다는 주장은 성립하지 않는다.

둘째, 우리들은 손으로 박수를 칠 때 양손이 서로 장애하는 것을 본다. 만약 극미에 방분이 없다면, 여러 극미가 어떤 방식으로 결합한다고 해도 서로 장애하는 물질적 덩어리를 이루지는 못할 것이며, 그 결과 양손이 서로 때릴 때 동시에 동일한 곳을 점유하게 되어 서로 장애하지 못할 것이다. 그러나 현실은 이와 반대로 물질은 항상 동시에 동일한 곳을 점유하지 못하고, 박수를 칠 때 양손은 서로 장애한다. 따라서 극미 무방분설도 성립할 수 없다는 것이다.

---

329) digbhāgabhedo yasyāsti tasyaikatvaṁna yujyate/
chāyāvṛtī kathaṁ vā anyo na piṇḍaścenna tasya te// Viṁ, 14,

330) 佐佐木月樵, 山口益 譯著(1977), 『唯識二十論の對譯研究』, 23~24쪽.

요컨대 그들의 극미설에는 다음과 같은 난점이 있다. 즉 극미가 유방분이라면 다시 더욱 분석될 수 있다고 생각해야 한다. 그것은 숫자 1을 아무리 큰 숫자로 나누어도 다시 나누어질 수 있는 것과 같다. 그러나 더욱 분석되는 것은 극미라고 부를 수가 없다.

그러나 반대로 극미가 무방분이라면 그와 같은 극미는 어떤 방식으로 결합한다고 해도 유방분인 사물을 형성하지는 못할 것이다. 그것은 숫자 0을 아무리 큰 숫자로 곱해도 0 이상의 숫자를 이루지 못하는 것과 같다. 그러므로 극미유방분설과 극미무방분설은 모두 성립할 수 없다는 것이다.

이어서 『유식이십론』은 바이세시카학파의 극미설을 논파한다. 앞에서 언급했듯이 바이세시카학파는 극미의 복합체인 여러 물질적 사물이 극미와는 구분되는 단일한 실체라고 생각한다. 『유식이십론』은 그 모순을 다음과 같이 지적한다.

> 단일한 것이라면, 점진적인 보행步行, 동시적인 파악把握과 비파악非把握,
> 여러 사물들의 간격, 미세한 것을 보기 힘든 현상 등은 존재하지 않을 것이다.(15)[331]

즉 세친은 극미의 복합체를 극미와는 다른 단일한 실체라고 간주하는 바이세시카학파의 이론에 다음과 같은 모순이 있음을 지적한다.[332]

첫째, 만일 그들이 주장하는 대로 땅 등의 물질적 사물이 복합체가

331) ekatve na krameṇetiryugapanna grahāgrahau/
vicchinnānekavṛttiśca sūkṣmānīkṣāca no bhavet// Viṁ, 15.

332) 佐佐木月樵, 山口益 譯著(1977), 『唯識二十論の對譯研究』, 26~27쪽.

아니고 단일한 것이라면, 사람이 A라는 곳에서 B라는 곳으로 걸어갈 때, A라는 장소는 곧 B라는 장소와 동일하기 때문에 A라는 장소에서 한 걸음 내디디면 곧바로 B라는 장소에 도달하게 되어 점진적인 보행이 불가능해 질 것이다. 그러나 사실은 이와 달리 점진적인 보행이 가능하다. 이는 땅 등의 물질적 사물이 단일하지 않음을 입증한다.

둘째, 만약 물질적인 사물이 단일한 것이라면, 어떤 사물을 손으로 잡을 때 곧 그 사물의 전체가 손 안에 쥐어져야 할 것이다. 그러나 사실은 그렇지 않다. 예를 들어 우리들이 붓을 손에 쥘 때, 손은 붓의 전체를 잡지 못하고 다만 자루를 잡거나 털을 잡을 뿐이다. 이것도 물질적 사물이 단일한 것이 아님을 반증한다.

셋째, 만약 땅 등의 물질적 사물이 단일한 것이라면, 여러 사물의 중간에 간격이 있을 수 없다. 그렇다면 A라는 사람이 어떤 곳에 머물 때 그가 머무는 땅이 단일하기 때문에 B라는 사람도 동일한 곳에 머문다고 말해야 할 것이다. 그러나 현실은 그렇지 않다. 즉 A라는 사람과 B라는 사람 사이에는 간격이 있는 것이다. 이는 곧 땅 등의 물질적 대상이 단일하지 않음을 보여준다.

넷째, 강물 속에는 보기 어려운 미세한 곤충이 있다. 만일 물질적 대상인 강물이 단일한 것이라면, 미세한 곤충이 의지하는 바의 강물과 큰 물고기가 의지되는 바의 강물은 다른 것이 될 수 없을 것이다. 그렇다면 강물에 의지하는 곤충 및 물고기와 의지되는 바의 강물은 동일한 연장을 가진다고 말해야 할 것이다. 그렇다면 보기 어려운 미세한 곤충도 큰 물고기와 마찬가지로 보기 힘든 일이 없어야만 한다. 그러나 사실은 그렇지 않다. 이는 곧 강물 등의 물질적 대상이 단일한 것이 아님을 반증한다.

따라서 설일체유부, 경량부, 바이세시카학파의 극미설은 모두 성립할 수 없음이 밝혀진다. 이와 같은 방식으로 세친은 『유식이십론』에서 설일체유부 등이 주장하는 극미설을 차례로 논파하고 나서 다음과 같이 말한다.

> 또한 그 [극미]가 단일한 것임은 증명되지 않는다. 그 [단일성]이 성립하지 않으므로 색色 등이 안眼 등의 대상이라는 것도 증명되지 않는다. 그러므로 [그 모든 것은] '유식唯識'이라는 것이 성립한다.[333)]

이처럼 세친은 『유식이십론』에서 극미설을 논파함으로써, 물질적 사물들이 외계에 실재하는 것이 아님을 밝히고, 우리의 지식 속에 나타나는 물질적 대상의 형상은 외계에 실재하는 것이 아니라, 다만 우리의 아뢰야식으로부터 나타난 표상에 지나지 않음을 논증하고자 하였다.

그러나 물질적 사물, 즉 색법의 실재성 논파만으로 모든 것이 유식임이 성립한다고 말하는 것은 쉽사리 납득하기 힘들다. 설일체유부의 경우 식은 단일한 자성과 단일한 작용을 가지고 있는 것으로, 그 내부에 심소心所 등의 어떤 법도 포함하지 않는다.

또한 설일체유부는 무소연식의 존재를 부정하기 때문에, 그들의 입장에서 보면 외계에 실재하는 인식의 대상은 색법에 국한되지 않으며, 심법을 제외한 나머지 일체법이 외계에 실재하는 인식대상이라고 생각해야 한다.

그러므로 엄밀하게 생각해 보면 유식무경을 논증하기 위해서는 색법만이 아니라, 무위법, 심불상응행법, 심소법, 그리고 과거와 미래의 법 등이 모두 실재가 아님을 논증해야 한다. 그러나 앞에서 보았던 것처럼

---

333) sa caiko na sidhyati/ tasyāsiddho rūpādīnāṁ cakṣurādiviṣayatvamasiddhamiti siddhaṁ vijañaptimātraṁ bhavatīti/ Viṁ, p. 18(1-2).

세친은 색법의 실재성만 논파함으로써 유식의 의미가 잘 성립한다고 말한다. 그의 언급은 다음과 같은 방식으로 이해하는 것이 가능하다.

즉 설일체유부의 법유론에서 과거법, 미래법, 심소법, 심불상응행법, 무위법의 실재성은 이미 경량부에 의해서 논파되었기 때문에, 세친은 그에 대해서는 경량부의 논파를 그대로 수용하고, 다만 경량부가 실재로서 승인하는 색법의 실재성만 논파함으로써, 유식의 의미가 잘 성립한다고 말했다는 것이다.

이처럼 유식학파는 네가지 지혜와 극미설의 모순 등에 근거하여 부파불교의 외경실재론을 비판하였다. 그러나 유식학파는 거기에 그치지 않고 중관학파의 중관사상에 대해서도 이의를 제기한다.

3. 유식학파의 중관사상 비판

1) 유식학파의 존재 개념

유식학파는 『반야경』의 공사상을 받아들이면서도 그것을 중관학파와는 다르게 해석한다. 왜냐하면 유식학파는 선정 속에서 마지막까지 '남아 있는 것'을 존재라고 인정하며, 허망분별과 공성은 선정 속에서 마지막까지 남아 있는 것이라고 생각하기 때문이다. 따라서 중관학파는 일체법은 모두 무자성이고 공이라고 주장하지만, 유식학파는 일체법이 무자성인 것은 맞지만, 허망분별과 공성은 존재이기 때문에, 일체가 공인 것은 아니라고 주장한다.

이와 같은 유식학파의 사고는 『소공경』의 사고를 계승한 것인데, 그 경전은 불타가 아난에게 공주空住를 설명하는 내용으로 되어 있다. 불타는 『소공경』에서 다음과 같이 말한다.

> 아난이여, 나는 이전에도 지금에도 자주 공空의 이치에 머문다. 비유하자면, 이 녹모 강당은 코끼리, 말, 암말에 대해서 공(空, sūñño), 금이나 은에 대해서도 공, 여자와 남자의 모임에 대해서도 공이다. 그러나 또 그 [녹모 강당]은 이 비구들의 모임이라는 한 가지에 대해서는 불공(不空, asuññata)이다.
>
> 이와 같이 아난이여, 비구는 마을에 대한 생각을 작의하지 않고, 사람들에 대한 생각을 작의하지 않고, 숲에 대한 생각 한 가지에 대해서만 작의한다. [그리하여] 그의 마음은 숲에 대한 생각으로 들어가서, [그것을] 신뢰하고 정립하고 해탈한다.
>
> 그는 이렇게 안다. '[이전에는] 마을에 대한 생각 때문에 번뇌가 있었지만, 지금은 그런 것이 없다. [이전에는] 사람들에 대한 생각 때문에 번뇌가 있었지만 지금은 그런 것이 없다. 그러나 약간의 번뇌는 있다. [그것은] 오직 이 숲에 대한 생각 때문이다.'
>
> 그는 [또한] '이런 생각의 부류는 마을에 대한 생각에 대해서 공이다' 라고 알고, '이런 생각의 부류는 사람들에 대한 생각에 대해서 공이다' 라고 안다. '그러나 또 그것은 불공不空이다. [그것은] 오직 숲에 대한 생각 하나 때문이다'라고 [안다].
>
> 이와 같이 거기에 없는 것, 그것에 대해서 그것을 공이라고 올바르게 관찰한다. [그러나] 거기에 남아 있는 것avasiṭṭhaṁ이 있으면, 그 존재하는 것을 '이것은 있다'라고 안다. 이와 같이, 아난이여, 이것이야말로 여실하고 전도되지 않은 청정한 공성에 대한 언급인 것이다.[334]

334) Pubbe cāhaṁ, Ananda, etarahi ca suññatāvihārena bahulaṁviharāmi. Seyyathāpi ayaṁ

위의 인용문에서 불타는 공空과 불공不空을 공관空觀과 관련지어서 설명하고 있다. 즉 수행자는 처음에 마을이나 마을 사람들에 대한 생각을 끊고 다만 숲에 대한 생각만 한다. 수행자는 그렇게 함으로써 마을이나 마을 사람들에 대한 번뇌를 끊는다. 그러나 그에게 번뇌가 완전히 끊어진 것은 아니다. 그때 번뇌는 오직 숲에 대한 생각 때문에 끊어지지 않고 남아 있다.

이 경우 그의 생각은 마을과 마을 사람들에 대해서는 공이지만 숲에 대해서는 불공이다. 경전에 따르면 그 다음 단계에서는 숲에 대한 생각이 부정된다. 이때 숲에 대한 생각은 공으로서 부정되지만 다시 지地에 대한 생각은 불공인 것으로 남는다. 이와 동일한 관찰이 공무변처空無邊處 등의 4무색정의 각각에 대해서도 반복된다.

각 단계들은 공에 대한 깨달음을 드러내는 동시에 다시 한 번 번뇌로 작용하며 그것은 차례로 부정된다. 최후로 무상無相의 삼매, 즉 가장 공에 잘 머무는 것(空住)이 설해지지만, 그때에도 여전히 육근六根을 갖추고 있는 육신의 존재는 부정되지 않는다. 그것은 '남아 있는 것'으로서 불공이다.

이상 각각의 단계에서 거기에 존재하지 않는 것은 공이라고 말해지

Migāramātu pāsādo sūñño hatthigavāssavaḷavena, suñño jātarūparajatena, suñño itthipurisa-sannipātena; atthi c'ev'idaṁ asuññataṁ yadidaṁ bhikkhusaṁghaṁ paṭicca ekataṁ.
evam eva kho, Ananda, bhikkhu amanasikaritvā gāmasaññaṁ amanasikaritvā manussa-saññaṁ araññasaññaṁ paṭicca manasikaroti ekattaṁ. Tassa araññasaññāya cittaṁ pakkhan-dati pasīdati santiṭṭhati vimuccati.
So evaṁ pajānāti: Ye assu darathā gāmasaññaṁ paṭicca, te'dha na santi; ye assu da-rathā manussasaññaṁ paṭicca, te'dha na santi; atthi c'evāyaṁ darathamattā yadidaṁ araññasaññaṁ paṭicca ekattan ti.
So: Suññam idaṁ saññāgataṁ gāmasaññāyāti pajānāti; Suññam idaṁ saññāgataṁ manussa-saññāyāti pajānāti. Atthi c'ev'idaṁ asuññataṁ yadidaṁ araññasaññaṁ paṭicca ekattan ti.
Iti yaṁhi kho tattha na hoti, tena taṁ suññaṁ samanupassati; yaṁ pana tattha avasiṭṭhaṁ hoti, Taṁ santaṁ idam atthīti pajānāti. Evam pi'ssa esā, Ananda, yathābhuccā avipallatthā parisuddhā suññatāvakkan ti bhavati. MN. III, pp. 104~105.

고, '거기에 남아 있는 것'은 불공不空이며 따라서 "'이것은 있다'고 안다"는 문장이 반복된다. 그리고 『소공경』에 따르면 그것이야말로 여실하고 전도되지 않은 청정한 공성에 대한 언급이라는 것이다. 이처럼 불타는 『소공경』에서 공과 불공을 설명하면서 '남아 있는 것'을 존재로서 인정하였다.

'남아 있는 것'은 존재라는 표현은 유식학파에서 공성의 올바른 특징을 드러내는 것으로 간주되며, 『유가사지론(보살지)』, 『중변분별론』, 『구경일승보성론』, 『현양성교론』 등 유식학파의 각종 경론에서 발견된다.[335] 또한 그 표현은 『중변분별론』 제1장 제1송에 대한 세친의 주석에서도 발견된다. 세친은 『변중변론』에서 이렇게 말한다.

> 이와 같이 어떤 것이 어떤 장소에 없을 때, 그 [어떤 장소]는 그 [어떤 것]에 대해서 공이라고 여실하게 관찰한다. 또 거기에 '남아 있는 것이 있다면, 그것은 곧 존재라고 여실하게 안다' 라고 말하는 [것과 같이 설해진] 공성śūnyatā의 특징이 [이 제1송에 의해서] 분명하게 되었다.[336]

여기서 세친은 공성의 특징을 설명하고 있다. 즉 그에 의하면 공성의 특징에 대한 올바른 이해란 'A라는 어떤 장소에 B라는 어떤 사물이 없으면, 그 장소 A는 그 사물 B에 대해서 공이지만, A라는 어떤 장소에 C라는 어떤 사물이 남아 있다면, 그 사물 C는 존재라고 여실하게 아는 것'을 말한다는 것이다. 이처럼 유식학파는 『소공경』의 사고를 계승하여, 불공인 것이 존재한다고 생각하였기에, 일체법이 무자성임을 인정

---

335) 長尾雅人(1968), 「餘れるもの」, 497쪽.
336) evaṁ yad yatra nāsti tat tena śūnyam iti yathābhūtaṁ samanupaśyati, yat punar atrā'vaśiṣṭaṁ bhavati tat sad ihāstīti yathābhūtaṁ prajñānātīty aviparītaṁ śūnyatālakṣaṇam udbhāvitaṁ bhavati// Mvb, p. 18(4-7).

하면서도, 일체가 공이라고 주장하는 중관학파를 비판하였던 것이다.

2) 유식학파의 중도

유식학파는 식과 공성의 존재를 승인하기 때문에, 중도에 대해서도 중관학파와는 다른 학설을 펼친다. 『중변분별론』 제1장 제1송은 다음과 같이 말한다.

> 허망분별虛妄分別은 있다. 거기서 두 가지는 존재하지 않는다.
> 실로 여기에 공성이 있고, 그 속에 또 그것이 존재한다.(1-1)[337]

여기서 허망분별이란 아뢰야식을 말한다.[338] 그리고 두 가지란 소취所取와 능취能取를 말한다. 그것은 구체적으로 말하자면 허망분별이 분별해 낸 결과인 대상, 중생, 자아, 의식의 네 가지를 말한다. 이중에서 앞의 둘은 인식대상이며, 뒤의 둘은 인식주관이다. 세친의 주석에 따르면 자아란 제7말나식을 의미하며 의식이란 제6의식을 의미한다. 그와 같은 인식대상과 인식주관인 소취와 능취는 모두 허망분별의 소산이라는 것이다.[339]

따라서 이 게송의 전반부는 아뢰야식은 있고, 인식주관과 인식대상은 모두 존재하지 않음을 말하는 것이 된다. 한편 게송의 후반부는 허망분별과 공성이 상호 포섭의 관계에 있음을 말하고 있다. 그러므로 그것은 허망분별과 공성이 실은 둘이 아님을 의미한다. 이어서 『중변

---

337) abhūtaparikalpo 'sti dvayaṁ tatra na vidyate/
śūnyatā vidyate tv atra tasyām api sa vidyate// Mvb, 1-1.
338) 『중변분별론』 제1-9송, 그리고 高崎直道 저, 이지수 역(1997), 『유식입문』, 99쪽.
339) 『중변분별론』 제1-3송, 그리고 高崎直道 저, 이지수 역(1997), 『유식입문』, 65쪽 이하.

분별론』 제1장 제2송은 다음과 같이 말한다.

> 그러므로 일체는 공空도 아니고, 불공(不空, aśūnya)도 아니라고 말해진다.
> 존재이기 때문에, 비존재이기 때문에, 또 존재이기 때문이다. 그것이 [곧] 중도이다.(1-2)[340]

세친 석(1-2); '공도 아니다'라는 것은 공성과 허망분별이 [있기] 때문이다. '불공도 아니다'라는 것은 소취와 능취라는 두 가지가 [없기] 때문이다. '일체란 유위有爲인 허망분별이라고 말해지는 것과 무위無爲인 공성이라고 말해지는 것이다. '말해진다'는 [것은] 설명된다[는 의미이다]. '존재이기 때문에'란 허망분별이 [존재이기 때문이고], '비존재이기 때문에'란 [소취와 능취의] 두 가지가 [비존재이기 때문이고], '또 존재이기 때문에'란 허망분별에 공성이 [있기] 때문이고, 또 그 [공성]에 허망분별이 [있기] 때문이다. '그것이 중도中道이다'란 일체가 일방적으로 공空인 것도 아니고, 일방적으로 불공不空인 것도 아닌 것[을 말한다]. 이렇게 여기서 말해진 것은 반야바라밀다 등에서 '이 일체는 공도 아니고, 또 불공도 아니다'라고 설해지는 것과 일치한다.[341]

---

340) na śūnyaṁ nā'pi cā'śūnyaṁ tasmāt sarvaṁ vidhīyate/
sattvādasattvāt sattvācca madhyamā pratipacca sā// Mvb, 1-2.

341) na śūnyaṁ śūnyatayā cā'bhūtaparikalpena ca/ na cā'śūnyaṁ dvayena grāhyena grākeṇa ca/ sarvaṁ saṁskṛtaṁ cā'bhūtaparikalpākhyam/ asaṁskṛtaṁ ca śūnyatākhyam/ vidhīyate nirdiśyate/ sattvād abhūtaparikalpasya/ asattvād dvayasya/ sattvāc ca śūnyatāyā abhūtaparikalpe, tasyāṁ cā'bhūtaparikalpasya sāca madhyamā pratipat/ yat sarvaṁ/ naikāntena śūnyaṁ, naikāntenā'śūnyam/ evam ayaṁ pāṭhaḥ prajñāpāramitādiṣv anulomito bhavati "sarvam idaṁ na śūnyaṁnā'pi cā'śūnyam" iti// Mvb, p. 18(10-17).
論曰. 一切法者. 謂諸有爲及無爲法. 虛妄分別名有爲. 二取空性名無爲. 依前理故說一切法非空非不空. 由有空性虛妄分別故說非空. 由無所取能取性故說非不空. 有故者. 謂有空性虛妄分別故. 無故者. 謂無所取能取二性故. 及有故者. 謂虛妄分別中有空性故. 及空性中有虛妄分別故. 是卽契中道者. 謂一切法非一向空. 亦非

세친의 주석을 참고해서 『중변분별론』 제1장 제2송을 살펴보면, 우선 일체란 유위와 무위의 일체법이다. 유식학파는 일체법 중에서 허망분별과 공성의 존재만을 인정한다. 그중에서 허망분별은 유위이고 공성은 무위이다.

그런데 일체법 중에서 공성과 허망분별은 불공으로서 존재이기 때문에 일체법은 공이 아니다. 또 일체법 중에서 소취와 능취라는 두 가지는 공으로서 비존재이기 때문에 일체법은 불공도 아니다. 그리고 다시 상호 포섭 관계에 있는 허망분별과 공성은 존재한다. 바로 여기서 일체법은 공도 아니고 불공도 아니라는 중도가 성립한다는 것이다.

유식학파에서 공성이 존재라는 주장은 다음과 같은 독특한 사고와도 관련되어 있다. 『중변분별론』 제1장 제13송은 허망분별과 공성을 다음과 같이 설명한다.

> 실로 [소취와 능취라는] 두 가지의 비존재와 그 비존재의 존재(abhāvasy-abhāva, 無의 有)가 공의 특징이다.
> [그것은] 존재bhāva도 아니고, 또 비존재abhāva도 아니다. 또 [그것은 허망분별과] 다른 특징[을 가진 것]도 아니고, 동일한 [특징을 가진 것]도 아니다.(1-13)[342]

여기서 보듯이 유식학파는 '소취와 능취의 비존재(=空性)'를 존재로 간주하고 있다. 이것을 이른바 '비존재의 존재'라고 부른다.[343] 또 유식

向不空. 如是理趣妙契中道. 亦善符順般若等經說一切法非空非有. 『변중변론』 상권, 대정 제31권, 464쪽 중~하.

342) dvayā'bhāvo hyabhāvasyabhāvaḥ śūnyasya lakṣaṇam/
na bhāvo nā'pi cā'bhāvaḥ napṛthaktvaikalakṣaṇam// Mvb, 1-13.

343) 長尾雅人(1968), 「餘れるもの」, 24쪽.

학파에서 공성은 허망분별과 불일불이不一不異이다. 이처럼 허망분별과 공성을 존재로 간주하는 유식학파의 관점은 매우 독특한 것인데, 그것은 위에서 보았던 '남아 있는 것'은 존재라는 사고를 고려할 때 이해할 수 있다.

우리들의 인식은 인식대상과 인식주관을 원인으로 해서 발생한다. 그 인식대상과 인식주관이 곧 소취와 능취이다. 그러나 유식사상에 의하면 이 두 가지는 허망분별에 의해서 발생한 결과물에 지나지 않는다. 그러므로 그들에 의하면 이 두 가지는 모두 비존재이다. 따라서 깊은 선정 속에서 소취와 능취가 비존재임을 여실하게 깨닫게 되면 허망분별의 결과인 능취와 소취는 더 이상 지각되지 않는다.

그러나 그 때에도 거기에 '남아 있는 것'이 있다. 즉 소취와 능취의 발생 원인이었던 허망분별은 그때에도 사라지지 않고 남아 있다. 왜냐하면 허망분별은 깊은 선정 속에서 더이상 작용하지 않지만, 그 존재가 소멸한 것은 아니기 때문이다. 그리고 거기 홀로 남아 있는 허망분별은 곧 능취와 소취의 비존재성(=空性)을 함축한다.

따라서 능취와 소취가 사라진 그 자리에 '남아 있는 것'은 곧 상호 구분되지 않는 허망분별과 공성이다. 그 둘은 능취와 소취가 사라진 후에도 '남아 있는 것'이기 때문에 존재이며, 그 둘은 상호 구분되지 않는 것이기 때문에 불일불이의 관계라는 것이다. 이런 사고에 따라서 유식학파는 허망분별과 공성을 존재로 간주하였던 것이다.

또한 『중변분별론』에서 중도는 능취와 소취의 '공'(=非有)과 허망분별과 공성의 '불공'(=非無)으로 설명된다. 따라서 유식학파는 일체법을 공도 아니고 불공도 아니라고 이해하는 것이야말로 중도에 대한 올바른 이해라고 말하게 된다. 여기서 유식학파에서 공과 불공으로 말해지는 것을 표로 정리해 보면 다음과 같다.

표) 유식학파의 중도관(1)

능취와 소취	공, 비존재, 무, 비유
허망분별과 공성	불공, 존재, 유, 비무

위에서 보듯이 유식학파는 소취와 능취는 공으로 간주하고, 허망분별과 공성은 불공으로 간주한다. 이때 공인 소취와 능취는 비존재이고 불공인 허망분별과 공성은 존재이다. 이처럼 유식학파는 공인 것을 비존재로 간주한다. 이와 같은 이해는 유식학파가 중관학파를 비판하는 동기를 설명해 준다.

즉 유식학파는 『소공경』의 가르침에 따라 주관과 객관이 모두 사라져 버린 깊은 선정 속에서도 남아 있는 것인 '허망분별과 공성'을 존재로 간주하고, 허망분별의 결과인 능취와 소취를 공인 동시에 비존재로 간주함으로써, 일체법이 공이라고 주장하는 중관학파를 허무론이라고 비판하게 되었던 것이다.

유식학파의 삼성설三性說도 그들의 독특한 중도관을 반영하는데, 『중변분별론』 제1장 제5송은 삼성설을 다음과 같이 설명한다.

> 분별된 것(遍計所執性), 타에 의존하는 것(依他起性), 완전하게 성취된 것(圓成實性)은
> [각각] 대상이기 때문에, 허망분별이기 때문에, 또 두 가지의 비존재이기 때문에 설해졌다.(1-5)[344]
> 세친 석(1-5); 대상은 변계소집성이다. 허망분별은 의타기성이다. 소취와 능취의 비존재는 원성실성이다.[345]

---

344) kalpitaḥ paratantraśca pariniṣpanna eva ca/
arthādabhūtakalpācca dvayā'bhāvācca deśitaḥ// Mvb, 1-5//

345) arthaḥ parikalpitaḥ svabhāvaḥ/ abhūtaparikalpaḥ paratantraḥ svabhāvaḥ/ grāhyagrāhakā'bh

이처럼 세친의 주석은 변계소집성은 대상, 의타기성은 허망분별, 소취와 능취의 비존재는 원성실성이라고 설명한다. 여기서 소취와 능취의 비존재란 곧 공성을 의미하기 때문에 원성실성은 결국 공성이다. 또 대상이란 제1장 제1송에서 말하는 소취와 능취이기 때문에 여기서 말하는 변계소집성이란 결국 능취와 소취이다. 물론 의타기성이란 허망분별로서의 아뢰야식이다.

그런데 앞에서 보았듯이 소취와 능취는 비존재이며 허망분별과 공성은 존재이다. 따라서 이 게송으로부터 변계소집성은 비존재이고 의타기성과 원성실성은 존재라는 말이 성립한다. 이처럼 유식학파의 삼성설 역시 유식학파의 독특한 중도관을 반영한다. 여기서 유식학파의 삼성설에 근거한 중도관을 표로 그려보면 다시 다음과 같은 두 가지가 가능하다.

표) 유식학파의 중도관(2)

변계소집성	소취와 능취	비존재, 무, 공
의타기성	허망분별	존재, 유, 불공
원성실성	허망분별에서 소취와 능취가 없는 것	존재, 유, 불공

표) 유식학파의 중도관(3)

의타기성	변계소집성의 비존재	비존재, 무, 공
	원성실성의 존재	존재, 유, 불공

위에서 제시된 두 개의 표를 비교해보면 두 번째 표는 의타기성을 중심으로 해서 중도를 설명하고 있는데, 이는 첫 번째 표보다 삼성의

āvaḥ pariniṣpannaḥ svabhāvaḥ/ Mvb, p. 19(19-20).

관계를 더욱 선명하게 보여준다. 그러나 위의 두 표는 모두 유식학파의 중도관을 보여주는 것이며, 그 두 종류의 중도관은 모두 중관학파의 중도관과는 다르다. 왜냐하면 중관학파는 일체법은 모두 무자성이고 공이기 때문에 일체법은 모두 비유비무의 중도라고 주장하지만, 유식학파는 일체법 중에서 능취, 소취의 비존재(=非有)와 허망분별 및 공성의 존재(=非無)를 통해서 비유비무의 중도를 설명하고 있기 때문이다.

3) 악취공과 선취공

이와 같은 유식학파의 중도관은 일체를 공이라고 주장하는 중관학파에 대한 비판으로 이어진다. 『유가사지론』은 다음과 같이 말한다.

> 그러므로 어떤 한 무리의 사람들은 대승과 관련되어 있거나, 심오한 공성śūyatā과 관련되어 있는 이해하기 어려운 경전을 밀의密意로서 듣고서, 그 말하는 바의 의미를 여실하게 이해하지 못하고, 불합리한 분별이 인도하는 대로 생각하여, 이와 같이 보고 이와 같이 논하기를 "일체는 다만 명칭(prajñapti, 假名)일 뿐이다. 그것이 진실이다. 이와 같이 보는 것이 바르게 보는 것이다"라고 말한다.
>
> [그러나] 그들에게는 그 명칭의 의지처인 실재하는 사물이 존재하지 않기 때문에, 일체는 명칭이 되고 모든 점에서 존재하지 않는 것이 된다. 그러나 어떻게 다만 '명칭일 뿐'이라는 것이 진실이겠는가? 이와 같은 이치에 따라 그에게는 진실과 명칭이라는 두 가지가 모두 훼손된다. 또한 명칭과 진실이 모두 훼손되기 때문에 [그들은] 극단적인 허무론자라고 알아야 한다. 지혜로운 사람과 범행을 구족한 사람은 그와 같은 허무론자와 함께 말하지 말고 함께 머물지 말아야 할 것이다.

그는 자신을 파괴하며, 또한 그의 견해를 따르는 세상 사람들을 파괴한다.[346)]

이『유가사지론』의 문구는 다음과 같은 의미이다. 앞에서 보았던 것처럼 중관학파는 '연에 의해서 시설된 사물'을 가명이라고 말한다. '연에 의한 시설'이라는 말이 의미하는 것처럼, 가명은 연에 의지해서 시설되는 것이기 때문에, 가명이 성립하기 위해서는 가명의 연이 되고 의지처가 되는 사물의 존재를 부정해서는 안 된다.

그런데 중관학파는 일체법을 가명이라고 말하면서 가명의 의지처가 되는 사물의 존재를 부정한다. 그러나 가명의 연이 되고 의지처가 되는 사물의 존재를 부정하면 가명은 성립할 수 없고, 그 경우 일체는 모든 점에서 비존재가 된다. 그러므로 중관학파의 중관사상은 가명과 진실을 모두 훼손하는 극단적인 허무론이라는 것이다.

이와 유사한 취지의 언급이『현양성교론』에서도 발견되는데, 여기서는 유식학파가 식의 존재를 인정하는 이유를 더욱 분명하게 확인할

---

346) ato ya ekatyādurvijñeyān sūtrāntān mahāyānapratisaṁyuktāṁ gaMvbīrāṁ cchūyatāpratisaṁyuktān ābhiprāyikārthanirūpitāṁ cchrutvā yathābhūtaṁ bhāṣtasyārtham anabhijñāyāyoniśo vikalpyāyogavihitena tarkamātrakeṇaivaṁ dṛṣṭayo bhavanty evaṁ vādinaḥ. prajñaptimātram eva sarvam etat tattvaṁ. yaś caivaṁ paśyati sa samyak paśyatīti.
teṣāṁ prajñaptyadhiṣṭhānasya vastumātrasyābhāvāt saiva prajñaptiḥ sarveṇa sarvaṁ na bhavati. kutaḥ punaḥ prajñaptimātraṁ tattvaṁbhavisyati. tad anena paryāyeṇa tais tattvam api prajñaptir api tadubhayam apy apavāditaṁ bhavati. prajñaptitattvāpavādac ca pradhāno nāstiko veditavyaḥ. sa evaṁ nāstikaḥ sannakathyo bhavaty asaṁvāsyo vijñānāṁ sabrahmacāriṇām. sa ātmānam api visaṁpādayati. loko'pi yo'sya dṛṣṭyanumata āpādyate. Bbh., p. 46(7-21).
如有一類聞說難解. 大乘相應空性相應. 未極顯了密意趣意甚深經典. 不能如實解所說義. 起不如理虛妄分別. 由不巧便所引尋思. 起如是見立如是論. 一切唯假是爲眞實. 若作是觀名爲正觀.
彼於虛假所依處所實有唯事. 撥爲非有. 是則一切虛假皆無. 何當得有一切唯假是爲眞實. 由此道理彼於眞實及以虛假二種俱謗都無所有. 由謗眞實及虛假故. 當知是名最極無者. 如是無者一切有智同梵行者不應共語不應共住. 如是無者能自敗壞. 亦壞世間隨彼見者.『유가사지론』제36권, 대정 제30권, 488쪽 중~하

수 있다. 그 논서는 이렇게 말한다.

> (1) 마땅히 일체의 법이 가유라고 말해서는 안 된다. 왜냐하면 가법은 반드시 소의인所依因을 가지기 때문이다. 실물實物이 없는 것이 아니면 가법은 성립한다. 만약 그렇지 않다면 실물이 없으므로 가법 역시 비존재가 될 것이다.
> (2) 그러면 곧 두 가지 법이 파괴될 것이다. 두 가지 법이 파괴되므로 잡염雜染의 법은 마땅히 얻어지지 않을 것이다. 그러나 잡염의 법이 현실에서 얻어지고 있으므로 반드시 의타기자성이 있다고 알아야 할 것이다.[347]

(1)은 『유가사지론』의 언급과 동일한 취지의 주장이다. 즉 가법(=가유)은 반드시 실물인 소의인에 의해서 시설되는 것이고, 그것의 소의인인 실물의 존재를 부정하면 가법 역시 성립할 수 없는 모순이 일어나기 때문에, 소의인인 실물의 존재를 인정하지 않으면 안 된다는 것이다. 여기서 소의인이란 『유가사지론』에서 언급하는 의지처에 해당하고, 가법은 『중송』의 가명에 해당하는 것을 알 수 있다.

(2)에서는 가법의 소의인, 혹은 의지처가 식(=의타기자성)인 것이 분명하게 드러나 있지만, 이 문구는 유식학파의 해탈론과 관련해서 생각하지 않으면 그 의미를 분명하게 이해하기 힘들다. 그러므로 먼저 『중변분별론』을 중심으로 해서 유식학파의 해탈론을 간략하게 살펴보면 다음과 같다.

유식학파에 따르면 식은 본래 자성으로서 명정明淨이지만,[348] 그것이

---

347) 不應宣說諸法唯是假有. 何以故假法必有所依因故. 非無實物假法成立. 若異此者. 無實物故假亦是無. 卽應破壞二法. 二法壞故. 雜染之法應不可得. 由雜染法現可得故. 當知必有依他起自性. 『현양성교론』 대정 제31권, 558쪽 하-559쪽 상.

작용하게 되면 소취와 능취로서 현현한다.[349] 그러나 소취와 능취는 본래 비존재인 것이 현현한 것이고, 이때 식은 본래 비존재인 소취와 능취를 존재인 것처럼 현현하기 때문에 허망분별이라고 말해진다.[350] 그리고 번뇌는 비존재인 소취와 능취를 존재로 착각하고 그에 집착함으로써 성립한다.[351]

그러나 수행자가 유식의 가르침에 의지하여 유가행을 수행할 때, 본래 비존재인 소취와 능취는 더 이상 현현하지 않게 되고, 소취와 능취가 현현하지 않게 됨으로써 허망분별인 식도 더 이상 작용하지 않게 된다. 허망분별의 대상인 소취와 능취가 더 이상 존재하지 않기 때문이다. 이것이 소위 유식성唯識性, 혹은 경식구민境識俱泯의 상태이다.[352] 수행자는 이와 같은 상태에 도달함으로써 소취와 능취를 존재라고 착각하여 그에 집착함으로써 일어나는 모든 번뇌를 제거하고 해탈에 도달한다는 것이다.[353]

이처럼 유식학파에서 식은 본래 비존재인 소취와 능취라는 가법이 현현하는 근거이기 때문에, 식의 존재를 인정하지 않는다면, 본래 비존

---

348) na kliṣṭā nāpi vākliṣṭā śuddhā 'śuddhā na cāiva sā/
prabhāsvaratvāc cittasya kleśasyāgantukatvataḥ// Mvb, 1-22.
번역: 잡염kliṣṭā도 아니고 비잡염akliṣṭā도 아니다. 청정śuddhā도 아니고 비청정aśud-dhā도 아니다. 마음은 명정인 것prabhāsvaratva이기 때문에, 번뇌kleśa가 우연히 오는 것이기 때문이다.

349) arthasatvātmavijñaptipratibhāsam prajāyate / Mvb, 1-3ab.
번역: 경artha과 유정satva과 자아ātma와 요별vijñapti로 현현하는 [식이] 발생한다.

350) abhūtaparikalpatvaṁ siddham asya bhavaty ataḥ/
na tathā sarvathā 'bhāvāt / Mvb, I-4abc.
번역: 그러므로 그 [식]이 허망분별인 것abhūtaparikalpatva이 성립한다. 그 [경은] 그와 같이 존재하는 것이 아니고, [식은] 모든 점에서sarvathā비존재가 아니기 때문이다.

351) 유식학파는 능취와 소취에 대한 집착을 아집과 법집이라고 부르며, 그로부터 번뇌장과 소지장이 일어난다고 한다.

352) vijñānaṁ nāsti cāsyārthas tadabhāvāt tad apy asat// Mvb, 1-3cd.
번역: 그 경artha이 존재하지 않기 때문에, 그 식vijñāna도 또한 존재하지 않는다.

353) tatkṣayān muktir iṣyate// Mvb, 1-4d.
번역: 그 [허망분별]의 소멸에 의해서 해탈mukti이 있다고 생각된다.

재인 가법도 성립할 수 없다는 모순이 일어나게 된다. 그러나 가법이 성립하지 않는다면, 그에 대한 집착으로부터 일어나는 잡염법雜染法인 번뇌와 그 번뇌를 소멸함으로써 얻어지는 청정법淸淨法인 해탈도 성립할 수 없겠지만, 그것은 현실의 상황과 모순된다. 그러므로 번뇌와 해탈의 근거인 식의 존재를 인정하지 않으면 안 된다는 것이다.

그러므로 『유가사지론』은 공성의 존재를 인정하지 않는 중관학파의 중관사상을 이렇게 비판한다.

> 또 무엇이 악취공惡取空인가? 이른바 어떤 사문이나 바라문이 있어 공인 것에 근거해서 바라지 않고, 공인 것을 바라지 않을 때, 실로 이와 같은 것을 악취공이라고 말한다. 왜냐하면, 그 사람에게 공인 것은 비존재asat이기 때문이다. 그러나 공인 것yat śūnyaṁ, 그것이 실재이기 때문에 공성이 있는 것이다. 또한 일체가 비존재라면, 어디서kutra, 누가kiṁ, 무엇에 근거해서kena 공이 있겠는가? 또한 이로 말미암아 실로 그들의 공성은 입증되지 않는다. 그러므로 이와 같은 것을 악취공이라고 한다.
>
> 또 무엇을 선취공善取空이라고 하는가? 여기에 존재하지 않는 것, 그것에 근거해서 그것을 공이라고 바르게 관찰한다. 또 여기에 남아 있는 것, 그것은 여기에 진실로 있다고 여실하게 안다. 이것이 여실하고, 뒤바뀜없이 공성을 깨달아 들어가는 것이라고 말한다.[354)]

---

354) kathaṁ punar durgṛhītā bhavati śunyatā. yaḥ kaścic chramaṇo vā brāhmaṇo vā tac ca necchati yena śūnyaṁ. tad api necchati yat śūnyaṁ. iyaṁ evaṁrūpa durgṛhītā śūnyatety ucyate. tat kasya hetoḥ. yena hi śūnyaṁ. tad asad bhāvāt. yac ca śūnyaṁ. tad sadbhāvāc chūnyatā yujyeta. sarvābhāvāc ca kutra kiṁ kena śūnyaṁ bhaviṣyati. na ca tena tasyaiva śūnyatā yujyate. tasmād evaṁ durgṛhītā śūnyatā bhavati.
kathaṁ ca punaḥ sugṛhītā śūnyatā bhavati. yataś ca yad yatra na bhavati. tat tena śūnyam iti samanupaśyati. yat punar atrāvaśiṣṭaṁ bhavati. tad sad ihāstīti yathābhūtaṁ prajānāti. iyam ucyate śūnyatā'vakrāntir yathābhūtā aviparītā. Bbh., p. 47(8-20).

여기서 보듯이 유식학파는 공성의 존재를 주장하면서, 공성의 존재를 인정하지 않는 것을 악취공이라고 비판한다. 그와 함께 선취공이란 '여기에 존재하지 않는 것은 공이라고 바르게 관찰하고, 또 여기에 남아 있는 존재는 여기에 있다고 여실하게 아는 것'이라고 말한다.

그러므로 유식학파가 공성의 존재를 주장하는 이유는『소공경』에서 설하는 것처럼 '남아 있는 것은 존재'라는 관념과 관련되어 있는 것을 알 수 있지만,[355] 어째서 유식학파가 공성을 '남아 있는 것'으로 간주하였는가 하는 것은 다시 유식학파의 해탈론과 관련해서 생각하지 않으면 이해하기 힘들다.

유식학파의 해탈론에 따르면, 번뇌는 본래 비존재인 소취와 능취를 존재로 착각하고 그에 집착함으로써 성립한다. 그러나 수행자가 유식이라는 진리에 의지해서 유가행을 수행함으로써, 본래 비존재인 소취와 능취는 더 이상 현현하지 않게 되고, 그에 따라 허망분별인 식도 더 이상 작용하지 않는 유식성, 혹은 경식구민의 상태에 도달하게 된다. 이때 비로소 수행자는 모든 번뇌를 끊고 해탈에 도달한다.

그러나 수행자가 해탈에 도달한 그 순간에도 거기에는 남아 있는 것이 있다. 그것이 바로 소취와 능취의 비존재성인 공성이다. 유식학파에 의하면, 공성은 소취와 능취가 더 이상 현현하지 않고, 허망분별인 아

云何名爲惡取空者. 謂有沙門或婆羅門. 由彼故空亦不信受. 於此而空亦不信受. 如是名爲惡取空者. 何以故. 由彼故空彼實是無. 於此而空此實是有. 由此道理可說爲空. 若說一切都無所有. 何處何者何故名空. 亦不應言由此於此卽說爲空. 是故名爲惡取空者.
云何復名善取空者. 謂由於此彼無所有. 卽由彼故正觀爲空. 復由於此餘實是有. 卽由餘故如實知有. 如是名爲悟入空性如實無倒.『유가사지론』제36권, 대정 제30권, 488쪽하-489쪽 상.

355) 長尾雅人에 의하면 '남아 있는 것의 존재'라는 표현은 유식학파에서 공성의 올바른 특징을 드러내는 것으로서,『유가사지론보살지』,『중변분별론』,『구경일승보성론』,『현양성교론』등 유식학파의 각종 경론에서 발견되며, 그것은『소공경』의 사고를 계승한 것이라고 한다. 長尾雅人(1968),「餘れるもの」, 497쪽.

뢰야식이 더이상 작용하지 않을 때에도 거기에 남아 있는 것이기 때문에, 그 존재가 인정되어야 한다는 것이다.

이처럼 유식학파는 가법은 반드시 실재하는 의지처를 가지는 것이고, 허망분별인 식이야말로 잡염법과 청정법의 궁극적인 의지처라고 생각했기 때문에, 식의 존재를 승인하였으며, 『소공경』의 가르침에 따라 '남아 있는 것'은 존재라고 생각했기 때문에, 유식성의 상태에서도 거기에 남아 있는 공성의 존재를 승인하였다. 그런 이유로 유식학파는 일체법이 무자성, 공, 가명, 중도라고 주장하면서, 식과 공성의 존재를 부정하는 중관학파의 중관사상을 악취공이라고 비판했던 것이다.

4. 유식사상에 대한 청변의 비판

여기서 다음과 같은 의문이 제기된다. 즉 유식학파가 그토록 식과 공성의 존재를 강조한다면 어떻게 그 학파를 대승불교라고 말할 수 있는 것일까라는 것이다. 그러나 그런 의문은 유식학파가 식과 공성의 존재를 주장하면서도 비유비무의 중도, 혹은 비공비불공의 중도를 주장한다는 사실을 통해서 해소될 수 있을 것이다.

즉 유식학파는 식과 공성은 존재이고 소취와 능취는 비존재이기 때문에 일체법은 중도라고 말하거나,[356] 혹은 변계소집성, 의타기성, 원성실성의 삼성 각각은 존재로서의 측면과 비존재로서의 측면을 동시에 가지고 있으며, 그것이야말로 삼성설의 깊은 의미라고 말한다는 점에서,[357] 법의 존재만을 강조하는 부파불교와는 달리 대승불교로 인정할

356) 『중변분별론』 제1-2송.

수 있다는 것이다.

그러나 유식학파의 중도는 중관학파의 중도와는 다르다. 중관학파는 일체법은 존재도 아니고 비존재도 아니기 때문에 비유비무의 중도라고 말하지만, 유식학파는 중관학파와는 달리 일체법은 존재로서의 측면과 비존재로서의 측면을 동시에 가지기 때문에 중도라고 주장하기 때문이다. 이것은 중관학파가 일체법은 오직 무자성이라고 주장하는 반면에, 유식학파는 삼자성과 삼무자성을 함께 설하여 유자성과 무자성을 함께 주장하는 것과 동일한 맥락이다.

더구나 유식학파에서 공성은 선정의 수행 속에서 궁극적으로 남아 있는 것이고, 사물의 실상을 드러내는 것으로서 영원불변인 것으로 간주되기 때문에, 어떤 측면에서는 궁극적인 실재라고도 생각할 수 있다. 그러므로 이상의 내용을 정리하면 결국 유식학파는 중관학파의 중관사상에 대해서 다음의 사항을 모순으로 지적하고 있다고 말할 수 있을

---

357) 『三性論』은 삼성설의 깊은 의미를 유有와 무無, 이異와 일一, 염染과 정淨, 무차별無差別의 네 가지 측면에서 설명하는데, 그 중에서 유와 무의 측면에 대해서 다음과 같이 말한다.

sattvena gṛhyate yasmādatyantābhava eva ca/
svabhāvaḥ kalpitastena sadasallakṣaṇo mataḥ// Tri, 11.

번역: 존재(存在, sattva)로서 파악되기 때문에, 그러나 그것은 완전히 비존재(非存在, abhava)이기 때문에, 변계소집성(遍計所執性, svabhāvaḥ kalpita)은 유(有, sad)와 무(無, asad)의 특징을 가지는 것이라고 생각된다.

vidyate bhrāntibhāvena yathākhyānaṁ na vidyate/
paratantro yatastena sadasallakṣaṇo mataḥ// Tri, 12.

번역: 미란(迷亂, bhrāntibhāva)으로서는 존재하지만, 나타나는 그대로는 존재하지 않기 때문에, 의타기(依他起, paratantra)는 유sad와 무asad의 특징을 가지는 것이라고 생각된다.

advayatvena yaccāsti dvayasyābhāva eva ca/
svabhavastena niṣpannaḥ sadasallakṣaṇo mataḥ// Tri, 13.

번역: 두 가지가 아닌 것advayatva으로서 존재하지만, 두 가지의 비존재dvayasyābhāva인 것이기 때문에, 그러므로 원성실자성(圓成實自性, svabhavastena niṣpanna)은 유sad와 무asad의 특징을 가지는 것이라고 생각된다.

여기서 변계소집성은 소취와 능취, 의타기성은 식, 원성실성은 공성을 의미한다. 그러므로 유식학파는 일체법은 존재로서의 측면과 비존재로서의 측면을 함께 가지고 있다고 생각했음을 알 수 있다.

것이다.

(1) 가명은 반드시 연, 즉 소의인에 의해서 시설되는 것이고, 가명의 소의인인 식의 존재를 부정하면 가명 역시 성립할 수 없는 모순이 일어난다. 그러므로 식의 존재를 인정해야 해야 하며, 일체를 가명이라고 주장하는 것은 허무론이다.

(2) 가명이 성립할 수 없다면 번뇌(=잡염법)와 해탈(=청정법)도 성립할 수 없겠지만, 그것은 현실의 상황과 모순된다. 현실에서는 번뇌가 얻어지고 있기 때문이다. 그러므로 식의 존재를 인정하지 않으면 안 된다.

(3) 『소공경』이 말하는 것처럼, 남아 있는 것은 존재이다. 공성은 소취와 능취 및 허망분별인 식이 사라져서 거기에 더 이상 존재하지 않을 때에도 남아 있는 것이기 때문에 존재인 것을 인정해야 한다.

이 중에서 (1)은 가명의 성립 근거와 관련되어 있는 존재론적인 비판이다. 그러나 유식학파의 비판에 대하여 역으로 가명의 연, 즉 소의인은 왜 반드시 존재라야 하는가 라는 의문이 제기될 수 있다. 물론 가명은 연에 의해서 시설되는 것이고, 그런 의미에서 가명이 연이나 소의인을 가진다고 하는 것은 부정할 수 없는 사실이다.

그러나 가명의 연이나 소의인이 반드시 존재, 즉 유자성의 사물일 필요는 없다.[358] 예를 들어 바퀴나 굴대 등은 마차와 마찬가지로 가명일 뿐이지만, 그것들을 연으로 해서 마차가 시설된다. 그와 마찬가지로 일체법은 가명에 의해서 시설될 수 있고, 반드시 존재, 즉 유자성의 사물을 소의인으로 해서 시설되어야 할 필요는 없다는 것이다.

용수는 『중송』에서 '만일 업karma과 업을 짓는 자kartā가 존재하지 않는다면, 어떻게 업에서 발생한 과보phalaṁ가 존재하겠는가? 또 과보가 존재하지 않는다면, 과보를 받는 자bhoktā는 어떻게 존재하겠는

358) 중관학파는 존재存在를 '존재의 자성自性을 가지는 사물'이라는 의미로 사용한다.

가?'[359]라는 반대파의 비판에 대해서 다음과 같이 답한다.

> 마치 신통력을 가지고 있는 세존께서 변화인을 만들어 내고,
> 그 변화인이 다시 다른 변화인을 만들어 내는 것과 같다.(17-31)[360]

> 이와 같이 업을 짓는 자는 변화인의 모습이다. 업인 것, 그것은 [변화인이] 만든 것이다.
> 그것은 마치 다른 변화인에 의해서 변화인이 만들어지는 것과 같다.(17-32)[361]

용수의 이 말은 업과 과보에 대한 것이지만, 그것이 반드시 업과 과보에만 국한된다고 생각할 필요는 없을 것이다. 즉 변화인에 의해서 변화인이 만들어지는 것처럼, 일체법이 가명이라고 하더라도 가명이 성립할 수 없는 것은 아니라는 것이다. 따라서 식의 존재를 인정하지 않으면 가명 역시 성립할 수 없다는 주장은 오류이며, 동일한 이유로 중관학파의 중관사상이 허무론이라는 주장도 잘못인 것을 알 수 있다.

반대로 중관학파는 식이 연기라고 말하면서도, 그것을 존재라고 주장하는 것이야말로 모순인 것을 지적한다. 왜냐하면 연에 의해서 발생한 사물이라면, 그것을 존재, 즉 유자성의 사물이라고 주장하는 것이 불합리하고, 반대로 어떤 사물이 존재, 즉 유자성의 사물이라면, 그것을 연에 의해서 발생한 것이라고 주장하는 것이 불합리하기 때문이다.

---

359) karma cennāsti kartā ca kutaḥ syātkarmajaṃ phalaṁ/
asatyatha phale bhoktā kuta eva bhaviṣyati// MMK, 17-30.
360) yathā nirmitakaṃ śāstā nirmimīta ṛddhisaṃpadā/
nirmito nirmimītānyaṃ sa ca nirmitakaḥ punaḥ// MMK, 17-31.
361) tathā nirmitakākāraḥ kartā yatkarma tatkṛtam/
tadyathā nirmitenānyo nirmito nirmitastathā// MMK, 17-32.

또한 유식학파는 자파의 논리적 근거에 따라 식과 공성의 존재를 주장하지만, 그 둘은 불일불이의 관계에 있다. 왜냐하면 그들에 따르면 식에는 허망분별의 측면과 자성으로서 명정인 측면이 있고, 허망분별의 측면이 수행의 과정에서 소멸하게 되면, 자성으로서 명정인 측면이 드러난다고 하는데, 여기서 식의 자성으로서 명정인 측면이 바로 공성에 해당하는 것이기 때문이다.

그런데 그와 같은 두 가지 측면 가운데 허망분별의 측면은 궁극적으로 그 존재가 부정되지만, 자성으로서 명정인 측면은 공성과 동일한 것으로서 그 존재가 부정되지 않는다. 그러므로 허망분별의 측면은 무자성이라고 생각할 수 있지만, 자성으로서 명정인 측면은 공성과 동일하게 유자성인 것으로서 궁극적인 실재라고 말할 수 있다.

이처럼 유식학파의 식은 무자성인 측면과 유자성인 측면을 모두 가지고 있지만, 중관학파는 그 두 가지는 모두 모순이라고 생각한다. 왜냐하면 식이 무자성인 것이라면 존재라고 말할 수 없을 것이고, 유자성인 것이라면 연기라고 말할 수 없을 것이기 때문이다. 그러므로 청변(淸辯, Bhavaviveka, 500~570년경)은 『반야등론』에서 유식학파의 식을 다음과 같이 비판한다.

> 만약 [의타기성이] 승의로서 [존재라고] 한다면, 이것은 연기가 아니다. 불생의 장에서 설해진 도리에 의해서 생이 부정되기 때문이다.[362]

청변은 세속으로서는 식의 존재를 인정하지만, 승의로서는 식의 존재를 부정한다. 여기서 승의(勝義, paramārtha)란 '가장 뛰어난 지혜의 대

---

362) ci ste don dam par na ni rten cing 'brel par 'byung ba ma yin te/ skye ba med pa'i rab tu byed par bstan pa'i tsul gyis skye ba bkag pa'i phyir ro/ Pd, 243a(2).

상', '가장 뛰어난 목적', 혹은 '최고의 진실'이라는 의미이므로,[363] 청변은 최고의 진실로서 식이 존재라고 주장한다면, 그것은 자성으로서 불생을 의미하는 연기의 도리에 어긋나기 때문에, 모순이라고 지적하고 있음을 알 수 있다. 여기서 유식학파는 다시 중관학파로부터 식이 연기인 동시에 존재, 즉 유자성의 사물인 것을 어떻게 해명할 수 있는가 하는 것을 과제로서 부여받고 있는 것을 알 수 있다.

유식학파의 두 번째 비판은 (2) 가명이 성립할 수 없다면 번뇌(=잡염법)와 해탈(=청정법)도 성립할 수 없겠지만, 그것은 현실의 상황과 모순된다. 현실에서는 번뇌가 얻어지고 있기 때문이다. 그러므로 식의 존재를 인정하지 않으면 안 된다는 것이다. 이것은 번뇌와 해탈의 성립 근거를 묻는 실천론적인 비판이다.

그러나 이 비판에 대한 답변은 이미 앞에서 주어졌다. 왜냐하면 앞에서 보았듯이 일체법이 가명이라고 해도 가명이 성립할 수 없는 것은 아니기 때문이다. 즉 일체법이 가명이라고 해도 가명은 성립할 수 있으며, 따라서 번뇌와 해탈도 성립할 수 있다는 것이다. 뿐만 아니라 중관학파는 일체법이 가명이라는 진실에 대한 무지로부터 번뇌가 발생하고, 그와 같은 진실을 올바르게 깨달음으로서 해탈이 성취된다고 생각한다. 용수는 『중송』 제18장 제5송에서 번뇌와 해탈을 다음과 같이 설명한다.

> 업과 번뇌의 소멸에 의해서 해탈이 [있다]. 업과 번뇌는 분별로부터 [일어나고],
>
> 그 [분별]은 희론에 의해서 [일어난다]. 그러나 희론은 공성에 의해서

363) 승의勝義와 세속世俗의 의미에 대해서는 斎藤明(1999), 「バーヴィヴェーカの勝義解釈とその思想的背景」, 66쪽 참조.

사라진다.(18-5)[364]

앞에서 설명했던 것처럼[365] 용수의 중관사상에서 고통의 발생은 공성의 비자각 → 희론의 발생 → 분별의 발생 → 번뇌의 발생 → 업의 발생 → 고통의 발생으로 도식화되고, 고통의 소멸은 공성의 자각 → 희론의 소멸 → 분별의 소멸 → 번뇌의 소멸 → 업의 소멸 → 고통의 소멸로 도식화된다. 그러므로 중관사상에서 고통의 소멸을 위해서 일체법이 무자성이고 공임을 깨닫는 것은 필수적이다.

이렇게 중관학파는 일체법이 무자성이고 공이라는 진실을 깨달음으로써 업과 번뇌를 소멸하고 해탈을 성취할 수 있다고 생각하며, 나아가 일체법이 연기, 무자성, 공, 가명, 중도일 때에만 비로소 번뇌의 발생과 소멸, 그리고 해탈의 성취를 올바르게 설명할 수 있다고 생각한다. 왜냐하면 일체법이 유자성의 사물이라면, 그것은 소멸할 수도 없고 새롭게 성취될 수도 없기 때문이다.

한편 중관학파는 유식학파의 해탈론에서 발견되는 오류를 다음과 같이 지적한다. 즉 유식학파는 식이 자성으로서 명정이며, 번뇌는 우연히 일어나는 것이라고 주장하지만,[366] 자성으로서 존재하는 사물은 변화할 수 없으므로, 만약 식이 자성으로서 명정이라고 하면 거기에 번뇌가 일어나서 잡염으로 되는 것은 불가능하다는 것이다.

그런 비판에 대해서 유식학파는 만약 식(=공성)이 잡염으로 되는 사실을 인정하지 않는다면 모든 중생은 이미 해탈해 있는 것이 될 것이고, 또 만약 식이 청정한 것으로 되는 사실을 인정하지 않는다면 수행

---

364) karmakleśakṣayānmokṣaḥ karmakleśā vikalpataḥ/
te prapañcātprapañcastu śūnyatāyāṃ nirudhyate// MMK, 18-5.

365) 본서의 제3장 가운데 '6. 열반의 성취'를 참조.

366) 『중변분별론』 제1장 제22송.

의 노력이 부정되어야 하겠지만, 그런 일은 모순이기 때문에 식이 잡염이 되기도 하고 청정이 되기도 하는 사실을 인정해야 한다고 답변한다. 『중변분별론』은 그것을 이렇게 설명한다.

> 만약 그 [공성(=식)]이 오염이 되지 않는다면, 여러 유정은 모두 해탈한 것이 될 것이다.
> 만약 그 [공성]이 청정이 되지 않는다면, 수행은 과보가 없는 것이 될 것이다.(1-21)[367)]

그러나 중관학파는 유식학파의 답변은 합리적인 것이 아니며, 그와 같은 유식학파의 해탈론은 영원불변의 자아를 인정하는 자아론의 해탈론이 가지고 있는 불합리를 내포하고 있다고 비판한다. 청변은 『반야등론』에서 다음과 같이 말한다.

> 그것은 도리가 아니다. [유]아론有我論에서도 역시 '만약 자아에 번뇌가 일어나지 않는다면 중생은 모두 해탈해 있을 것이다. 만약 자아가 청정해지지 않는다면 수행과 과보가 존재하지 않는 것이 될 것이다. 그러므로 영원하고, 청정하고, 행위하지 않는 자아가 존재한다고 해도, 윤회와 해탈 등이 있다'고 그렇게 논박할 수 있기 때문이다.[368)]

그러므로 유식학파는 여기서도 중관학파로부터 자신들이 설하는 자

367) saṁkliṣṭā ced bhaven nāsau muktāḥ syuḥ sarvvadehinaḥ/
viśuddhā ced bhaven nāsau vyāyāmo niṣphalo bhavet// Mvb, 1-21.

368) de ni rigs pas ma yin te/ bdag tu smra ba dag gis kyang/ gal te nyon mongs bdag ma gyur/ lus can thams cad grol bar gyur/ gal te rnam dag bdag ma gyur/ 'bad pa 'bras bu med par 'gyur/ de'i phyir re zhig bdag rtag pa dag pa byed pa med pa yod de/ 'on kyang 'khor ba dang thar pa dag kyang yod do zhes de ltar phyir zlog par byed nus pa'i phyir ro/ Pd, 244a(3-4).

성으로서 명정인 식이 베단타학파 등의 유아론자들이 설하는 영원불변의 자아와 어떻게 다른지를 설명해야 하는 과제를 부여받고 있는 것을 알 수 있다.

중관학파의 중관사상에 대한 유식학파의 세 번째 비판은 (3) 『소공경』이 말하는 것처럼, '남아 있는 것'은 존재이다. 공성은 소취와 능취 및 허망분별인 식이 사라져서 거기에 더 이상 존재하지 않을 때에도 남아 있는 것이기 때문에 존재인 것을 인정해야 한다는 것이다.

그러나 중관학파에 따르면 유식학파의 이 비판은 공성에 대한 오해에서 비롯된 것에 지나지 않는다. 왜냐하면 중관학파에서 공성은 소취와 능취의 비존재를 의미하는 것이 아니라, 일체법이 자성(=고정불변의 독자적인 존재성)을 가지지 못한 상태를 의미하는 것이고, 거기에 무언가 '남아 있는 것'이 존재한다고는 생각하지 않기 때문이다.

그러므로 청변은 중관학파와 유식학파의 공성을 각각 '없음의 부정'과 '아님의 부정'으로 구분하여, 중관학파의 공성은 '없음의 부정'으로서 자성의 부정에서 그 부정이 끝나는 것이고, 최고의 진실(=승의)로서 일체법이 비존재라고는 주장하지 않으므로, 허무론의 과실이 되지 않지만, 유식학파의 공성은 '아님의 부정'으로서 비존재인 사물의 존재를 인정하는 것이기 때문에, 오히려 극단적인 허무론이 된다고 비판한다. 청변은 『반야등론』에서 이렇게 말한다.

> 두 가지의 비존재라는 부정이 없음의 부정med par dgag pa이라는 의미라면, 이것은 두 가지가 없다고 부정하는 것만으로 작용을 완료하는 것이다. [그것이] 비존재의 과실로 되지 않는 것은 부정이 주된 것이기 때문에, 승의로서 비존재는 아니기 때문이다. 그러므로 두 가지의 비존재라는 사물이 있다고 손감하는 것은 불합리하다. 만약 아님의 부

정ma yin par dgag pa이라는 의미라면, 이것은 정립을 주된 것으로 하는 것이고, 비존재인 사물을 가리키는 것이기 때문에, 그것은 허락될 수 없다. 손감의 극단이기 때문이다.[369)]

즉, 유식학파가 소취와 능취의 존재를 부정하면서, 두 가지가 존재하지 않는다고 부정하는 곳에서 작용을 끝낸다면, 그것은 '없음의 부정'med par dgag pa으로서 허무론의 과실이 되지 않지만, 두 가지의 비존재 상태인 공성이 승의로서 존재한다고 주장하면, 그것은 '아님의 부정'ma yin par dgag pa으로서, 비존재를 존재라고 주장하는 것이 되기 때문에, 오히려 극단적인 허무론의 과실에 빠지게 된다는 것이다.

여기서 '없음의 부정'은 중관학파의 공성에 해당하고, '아님의 부정'은 유식학파의 공성에 해당한다고 할 수 있다. 왜냐하면 중관학파는 일체법은 연기이기 때문에, 자성이 없다고 하는 곳에서 그 부정이 끝나지만, 유식학파는 소취와 능취라는 두 가지의 비존재성(=공성)이 존재한다고 주장함으로써, 부정에서 긍정으로 전환하기 때문이다. 청변은 그것을 토끼 뿔의 예를 들어서 이렇게 말한다.

[예를 들면] 토끼 뿔의 비존재는 비존재인 사물이 아니다. 이와 같이 비존재인 사물과 승의인 것을 동일하다고 하면, 단견chad par lta ba이 성립할 것이다.[370)]

---

369) gnyis med pa zhes bya ba'i dgag pa 'di yang gal te med par dgag pa'i don yin na ni de gnyis med par dgag pa kho na mthu zad pa yin te/ med pa'i skyon du ma gyur pa ni dgag pa gtzo che ba'i phyir don dam par med pa ma yin pas 'di ltar gnyis med pa'i dngos po yin no zhes skur ba 'debs pa mi rigs so/ 'o na de ma yin par dgag pa'i don yin na ni de sgrub pa gtzo che ba'i phyir dngos po med pa ston par byed pas de ni mi 'dod de/ skur pa 'debs pa'i mtha' yin pa'i phyir ro/ Pd, 247a(6)-247b(1).

370) ri bong gi rva med pa yang dngos po med pa ma yin te/ 'di ltar med pa'i dngos po de dang/ don dam par 'dra bar gyur na chad par lta ba 'grub par 'gyur ro/ Pd, 247b(1).

즉 토끼 뿔이 존재하지 않을 때, '토끼 뿔이 없다'는 부정은 부정 그 자체로서 끝나야 하며, 거기서 토끼 뿔의 비존재를 최고의 진실(=승의)로서 존재라고 인정한다면, 그것이야말로 비존재를 존재화하는 것이 되어서 오히려 극단적인 허무론이 되는 것처럼, 중관학파의 중관사상은 일체법이 무자성이라고 주장하는 것만을 그 주된 목적으로 하기 때문에 거기에는 과실이 없지만, 유식학파의 유식사상은 소취와 능취의 비존재성인 공성을 승의로서 존재라고 주장하기 때문에 그것이야말로 오히려 극단적인 허무론이 된다는 것이다.

제5장
적호의 중관사상

제5장 적호의 중관사상

1. 적호의 사상적 특징

중관학파는 크게 셋으로 구분된다. 그것은 용수(龍樹, Nagārjuna, 150~250년경), 제바(提婆, Āryadeva, 170~270년경), 라훌라바드라(Rahulabhadra, 200~300년경)가 활약한 초기 중관학파(2~4세기)와 불호(佛護, Buddhapālita, 470~540년경), 청변(淸辯, Bhavaviveka, 500~570년경), 월칭(月稱, Candrakīrti, 600~650년경) 등이 활약하여, 귀류논증파와 자립논증파로 분열되었던 중기 중관학파(5~7세기 초), 그리고 적호(寂護, Śāntaraksita, 680~740년경)와 연화계(蓮華戒, Kamalaśila, 700~750년경) 등이 활약한 후기 중관학파(7~11세기)이다.

중기 및 후기 중관학파의 과제는 유식학파 등의 비판에 직면하여 중관사상에 대한 오해를 불식시키고 다시 한 번 중관사상이 최고의 진리임을 천명하는 것이었고, 그런 과제를 수행하기 위해서는 유식학파를 포함하는 불교와 비불교의 여러 학파들이 제시하는 모든 실재들을 비판하고 일체법이 공인 것을 논증해야 했다. 여기서 중기 중관학파는 자립논증파와 귀류논증파로 분열된다.

중기 중관학파가 활약하던 6~7세기는 불교에서 진나(陳那, Dignāga, 480~540년경)와 법칭(法稱, Dharmakīrti, 600~680년경)이 나타나 인식론과 논리학을 비약적으로 발달시켰던 시대였다. 또 이 두 사람은 경량부와 유식학파의 사상을 종합적으로 해석하여 경량유가파經量瑜伽派라고도 할 수 있는 지식론 학파가 성립하는 발단이 되었다. 이 진나와 법칭의 논리학에 대한 대응 방식의 상위가 귀류논증파와 자립논증파 및 중기 중관학파와 후기 중관학파를 구분하는 기준이 된다.

중기 중관학파에 속하는 불호는 시대적으로 진나보다 앞서므로 진나의 인식론과 논리학을 알지 못했다. 그러나 그는 예리한 논리 의식을 가지고 『중송』을 주석하였으며, 귀류논증법을 통해서 중관학파의 중관사상을 논증하고자 하였다. 한편 청변과 월칭은 진나의 논리학에 대해서 관심을 가지면서도 그에 대한 대응 방식은 각기 달랐다.

청변은 진나의 논리학을 자신의 중관철학에 전면적으로 도입하여, 진나가 제시한 정언적定言的 추론식을 통해서 중관학파의 중관사상을 논증하고자 했던 반면에, 월칭은 오히려 정언적 추론식이 공의 논증에는 부적당하다고 생각하여, 오직 귀류歸謬 논증식을 통해서 일체법이 공임을 논증하고자 하였다. 이로부터 자립논증파自立論證派와 귀류논증파歸謬論證派가 분열되었다. 그러나 그런 분열은 목적의 차이에 따른 것이 아니라, 공의 논증을 위한 방법상의 차이에 의한 것이었을 뿐이다.

따라서 청변과 월칭으로 대표되는 중기 중관학파의 특색으로는 ① 『중송』의 주석을 기본적인 학문의 방법으로 삼았다는 것, ② 유식학파에 대하여 강렬한 대항 의식을 가지고 있었다는 것, ③ 공사상에 대한 논증 방법의 차이로 인하여 귀류논증파와 자립논증파로 분열하였다는 것 등을 들 수 있다.

청변과 월칭은 진나의 논리학에 대해서는 민감하게 반응하면서도 인식론에 대해서는 큰 관심을 보이지 않았다. 그러나 적호로부터 시작되는 후기 중관학파는 논리학뿐 아니라 법칭의 인식론으로부터 강한 영향을 받았다. 그런 이유로 후기 중관학파는 사상적으로 유식학파와 밀접한 관련을 가지게 되며, 그런 점에서 후기 중관학파인 적호는 유가행중관파瑜伽行中觀派로 분류되기도 한다.

적호는 논리학의 가치를 인정하고 자립 논증식을 통해서 다른 여러 학파를 조직적으로 비판했다는 점에서 청변의 방법을 계승하고 있다. 그러나 청변이 단지 논리학만 구사하여 다른 학파들을 병렬적으로 비판했던 것에 비해서, 적호는 법칭의 인식론을 수용할 뿐 아니라, 불교 제학파의 사상은 모두 중관사상에 이르기 위한 예비적인 단계라고 생각하여 각 학파의 사상에 순위를 부여하고, 그들 여러 불교 학파들이 제시하는 실재들을 조직적이고 종합적으로 비판했다는 점에서 청변과 다르다. 또 적호는 법칭의 인식론을 수용하면서도 중관사상을 유식사상보다 높은 위치의 철학으로 정립하고자 했다는 점에서도 청변과는 다르다.

따라서 적호의 중관사상은 용수와 청변의 사상을 계승한 것이기는 하지만, 초기 및 중기 중관학파 이후에 거대한 발전을 이루었던 경량부 및 유식학파의 사상을 수용하고, 나아가 그것을 넘어섰다는 점에서 용수 및 청변의 중관사상과는 다르다. 그래서 적호의 사상적인 특징은 ① 자립논증파에 속한다는 것, ② 법칭의 인식론으로부터 큰 영향을 받았다는 것, ③ 불교의 제학파들과 대결하기보다는 중관학파의 중관사상을 불교 제학파의 다른 사상보다 높게 평가하여, 불교 제학파의 다른 사상들을 중관학파의 중관사상을 위한 발달 과정의 단계로 취급하여 중관사상의 체계 속으로 흡수하고자 했던 것 등을 들 수 있다.[371]

371) 平川彰 등 저, 윤종갑 역(1995), 『중관사상』, 16, 41쪽; 그리고 梶山雄一 저, 정호영 역(1994), 『공의 논리』, 132~133쪽, 150~151쪽.

적호의 중관사상은 용수 이후 출현한 불교와 비불교의 여러 학파들이 상정했던 모든 실재들을 체계적이고 종합적으로 비판했다는 점에서, 그리고 중관사상의 최종적인 모습을 보여 준다는 점에서 중요하다. 여기서는 적호의 저술인 『중관장엄론』을 중심으로 하여 그의 중관사상을 살펴보기로 한다.

2. 적호의 실재 비판

1) 실재의 분류

(1)시공에 따른 분류

적호는 불교와 비불교의 학파들이 제시하는 모든 실재를 체계적이고 종합적으로 비판하기 위해서 우선 실재론 학파들이 제시하는 실재들을 몇 가지 범주에 따라 체계적으로 분류한다. 그는 『중관장엄론』에서 다음과 같이 말한다.

> 적호 석(2); 자파 및 타파가 승인하는 이들 사물은 상주常住인 것과 [상주가] 아닌 것이라는 두 종류로 분류될 수 있을 것이다.[372)]

이처럼 불교와 비불교 학파들이 상정하는 실재를 상주인 것과 상주가 아닌 것으로 분류한 것은 실재에 대한 시간적인 분류이다. 불교 학파

372) rang gi sde pa dang / gzhan gyis khas blangs pa'i dngos po de dag ni rtag pa'am / cig shos dang / phung po gnyis su rnam par gnas grang na // MA, p. 28; 적호 지음, 남수영 옮김(2007), 『적호의 중관장엄론』, 28쪽.

에서 상주라고 말해지는 것은 설일체유부의 무위법이고, 비불교 학파에서 상주라고 말해지는 것은 상키야학파의 푸루사puruṣa와 프라크리티prakṛti, 베단타학파의 브라만brahman과 아트만ātman, 바이세시카학파의 실체dravya 등이다. 그는 『중관장엄론』 제2송에서 불교와 비불교의 여러 학파들이 제시하는 상주인 사물을 일괄해서 언급하고, 다시 제3송으로부터 제6송에서는 설일체유부의 무위법에 대해서 다루고 있다.

그는 『중관장엄론』 제7송과 제8송에서는 찰나멸인 사물에 대해서 검토한다. 이는 위의 분류에 따르면 상주가 아닌 것에 속한다. 그는 제8송에서 효과적 작용 능력arthakriyā-samartha을 가진 사물만이 검토의 대상이 된다고 말하는데, 이는 곧 찰나멸의 사물을 가리킨다. 그러나 이는 불교 학파들이 실재로서 제시하는 유위법 모두를 포함하기 때문에 여기서는 자세히 다루지 않는다. 그것은 『중관장엄론』의 전반에 걸쳐서 다루어질 문제이다.

또한 적호는 『중관장엄론』 제9송에서 푸드갈라pudgala에 대해서 '찰나멸이라고도 찰나멸이 아니라고도, 푸드갈라는 말할 수 없기 때문에, 단일성과 다양성의 자성을 결여한 것이라고 분명하게 알려진다'[373]라고 말하기 때문에, 그는 자파와 타파가 제시하는 실재를 우선 시간적으로 상주인 것, 상주가 아닌 것, 상주인 것도 아니고 상주가 아닌 것도 아닌 것으로 분류하고 있음을 알 수 있다. 또 그는 『중관장엄론』 제10송에 들어가기에 앞서서 다음과 같이 말하고 있다.

> 적호 석(9); 또 반론자들은 다른 관점에서, 여러 사물을 편재자와 비편재자라는 두 개의 무리로 고찰한다. 이 경우, 편재자란 허공虛空이도,

373) skad cig skad cig ma yin par // gaṅzag bstan du mi ruṅbas //
gcig daṅdu ma'i raṅbźin daṅ// bral bar gsal bar rab tu śes // MA, 9.

비편재자는 조대한 사물과 극미이다.[374)]

이는 실재에 대한 공간적인 분류라고 할 수 있다. 즉 실재는 공간적으로 분류하면 편재자와 비편재자로 구분되는데, 편재자에 속하는 것은 허공이고, 비편재자는 극미와 극미로 구성되어 있는 조대한 사물이라는 것이다. 그는 『중관장엄론』 제10a~b송에서는 편재자에 대해서 다루고, 제10c~d송에서는 비편재자에 대해서 다루고 있다. 또 『중관장엄론』 제11송으로부터 제14송에서는 극미에 대해서 다루고, 제15송에서는 설일체유부의 십팔계十八界와 바이세시카학파의 실체 등 여섯 범주를 논파한다.

(2) 인식에 따른 분류

이렇게 적호는 불교와 비불교 학파들이 제시하는 실재들을 상주인 것과 상주가 아닌 것, 편재인 것과 편재가 아닌 것 등으로 분류하고, 그것들을 논파한 후 다시 『중관장엄론』에서 다음과 같이 말한다.

> 적호 석(15); 색온色蘊의 검토에 이어서 상응相應 [즉 심소]를 갖는 식온識蘊도 무자성이라는 것을 설명하겠다. 지금은 자파 및 타파가 설하는 이원론 및 일원론을 분명히 제시하지 않으면 안 된다. 그중에서 이원론이란 '소취와 능취의 둘이 모두 진실로 존재한다고 인정하고, 지식知識은 청정한 수정水晶과 같이 대상의 형상을 파악하지 않는다'고 말하는 것이다. 이렇게 말하는 사람들[의 견해]에 대해서 검토해야만 한

374) gzhan yang gzhan dag gis gzhan du dngos po rnams la khyab pa dang ma khyab pa'i phung po gnyis su khas blangs te / de la khyab pa ni nam mkha'la sogs pa'o // ma khyab pa ni rags pa dang rdul phra rab rnams so // MA, p. 44; 적호 지음, 남수영 옮김(2007), 『적호의 중관장엄론』, 37쪽.

다.[375]

위 인용문에서 보는 것처럼 적호는 자신이 앞에서 색온에 대해서 검토하였다고 말하고 있다. 그러나 사실 적호가 『중관장엄론』 제2송으로부터 제15송에서 고찰했던 것은 식온을 제외한 모든 실재를 포함한다. 따라서 거기에는 색온도 포함되어 있지만, 색온이라고는 말할 수 없는 허공 등도 포함되어 있다. 그렇다면 그가 거기서 다루었던 실재들을 단지 색온이라고만 말하기는 힘들다. 그렇다면 그가 그곳에서 다루었던 실재들이 어떤 범주에 속하는가 하는 것이 문제가 된다.

적호는 위의 인용문에서 또 다른 분류법을 제시하고 있다. 그것은 소취(所取, 인식대상)와 능취(能取, 인식주관)이다. 적호가 『중관장엄론』 제16송 이후에 다루는 것은 식온이고, 그것은 능취에 해당한다. 그러므로 그가 제16송 이전에 언급했던 모든 실재를 소취로 분류한다면 무리는 없을 것이다. 그것들은 모두 인식의 대상이 되는 것들이기 때문이다.

따라서 『중관장엄론』 제2송으로부터 제15송까지는 소취에 대한 고찰이며, 제16송으로부터 제60송까지는 능취에 대한 고찰이라고 말할 수 있을 것이다. 그런데 위에서 보는 것처럼 적호는 능취에 대한 고찰에서 각 학파의 인식론을 이원론과 일원론으로 구분한다.

이중에서 이원론이란 능취와 소취의 두 가지가 모두 실재로서 존재한다고 인정하는 학파를 말하는데, 불교 학파에서는 설일체유부와 경량부가 여기에 해당한다. 한편 일원론이란 능취와 소취를 공으로 간주

---

375) gzugs kyi phung po dpyad pa'i zhar la rnam par shes pa'i phung po mtshungs par ldan pa dang bcas pa yang rang bzhin med par bstan to // da ni rang gi sde pa dang gzhan gyis gnyis dang gnyis ma yin pa'i tshul du brjod pa dngos su bstan par bya'o // de la gnyis kyi tshul ni gang dag gzung ba dang 'dzin pa gnyis yang dag par yod par 'dod la / rnam par shes pa ni shel sgong dag pa lta bu yul gyi rnam pa mi 'dzin par brjod pa ste / de dag gi dpyad par bya'o // MA, p. 68; 적호 지음, 남수영 옮김(2007), 전게서, 48쪽.

하고, 오직 식만을 실재로서 인정하는 유식학파를 말한다.

적호는 『중관장엄론』 제19송으로부터 제21송에서 인식론적 이원론에 해당하는 설일체유부의 무형상지식론을 다루고, 제22송으로부터 제23송에서는 역시 이원론에 해당하는 경량부의 유형상지식론을 다룬다. 그리고 제24송으로부터 제43송에서는 무형상지식론과 유형상지식론에 대해서 다시 한 번 종합적으로 검토한다. 이처럼 그가 다루는 인식론은 매우 광범위한 것으로서 실은 설일체유부, 경량부, 바이세시카, 자이나Jaina, 미망사Mīmāṅsā, 유물론자, 상키야, 베단타 등의 인식론을 모두 포괄하여 비판하고 있다.

적호는 『중관장엄론』 제44송으로부터 제60송에서는 인식론적 일원론인 유식학파의 유상유식파가 상정하는 식에 대해서 검토한다. 여기서 그는 유식학파의 인식론을 뛰어난 것이라고 말한다.[376] 그러나 그렇다고 해서 적호가 식의 실재를 승인하는 것은 아니다. 그는 『중관장엄론』에서 다음과 같이 말하고 있다.

> 적호 석(45); 그러나 이 [견해]에 대해서 음미하지 않으면 안 되는 것이 있다. 그들 형상은 실재인 것인가, 혹은 영상影像 등과 같이 엄밀한 검토가 가해지지 않은 한 인정하고 승인할 만한 것인가? 이에 대해서는 어떤가?[377]

그는 다시 『중관장엄론』 제46송으로부터 제49송에서 유식학파 가운데 유상유식파가 제시하는 식의 실재성을 비판하고, 이어서 제50송으

---

376) MA, p. 124, 126, 128을 참조.

377) 'on kyang 'di la dpyad par bya ba cung zad tsam 'di yod de / ci rnam pa de dag de kho na nyid yin nam 'on te ci gzugs brnyan la sogs pa ltar ma brtags pa gcig pu na dga' ba zhig yin / 'dis cir 'gyur / MA, p. 128; 적호 지음, 남수영 옮김(2007), 『적호의 중관장엄론』, 81쪽.

로부터 제60송에서 무상유식파가 제시하는 식의 실재성을 비판함으로써, 자파와 타파가 제시하는 실재에 대한 비판을 모두 마무리 짓는다.

이처럼 적호는 그 당시 불교와 비불교 학파들이 상정하는 실재를 크게 소취와 능취로 나누고 다시 그 각각을 세분하는 분류법에 따라서 여러 실재론 학파들이 상정하는 실재를 차례로 비판하였던 것이다. 이제 적호의 분류에 따라서 불교와 비불교 학파들이 상정한 실재를 표로 정리해 보면 다음과 같이 된다.

소취 (인식대상)	시간적 분류	상주인 것	설일체유부의 무위법, 바이세시카 학파의 단일한 실체 등
		상주가 아닌 것	불교 제파가 상정하는 유위법, 바이세시카 학파의 복합적 실체
		상주인 것도 아니고, 상주가 아닌 것도 아닌 것	독자부의 푸드갈라
	공간적 분류	편재인 것	허공, 아트만
		편재가 아닌 것	극미, 극미로 이루어진 조대한 사물
능취 (인식주관)	이원론적 인식론에서 상정하는 식	설일체유부의 무형상지식론에서 상정하는 식	
		경량부의 유형상지식론에서 상정하는 식	
	일원론적 인식론에서 상정하는 식	유상유식파에서 상정하는 식	
		무상유식파에서 상정하는 식	

2) 실재의 비판 방법

(1) 단일성과 다양성의 검토

적호가 여러 학파들이 제시하는 실재를 비판하기 위해서 사용했던 첫 번째 방법은 그들이 실재로서 제시하는 사물들이 과연 단일성單一性과 다양성多樣性 가운데 어느 한 가지 자성, 즉 '고정불변의 독자적인 존재성'을 가진다고 말할 수 있는가를 검토하는 것이다. 적호는 『중관장엄론』에서 이렇게 말한다.

> 적호 석(1); 자성自性이 있다면, [그 존재 방식은] 단일한 것과 단일하지 않은 것 이외에는 없다. 양자는 상호 배제하면서 존재하는 것을 특징으로 하기 때문에 [그밖의] 다른 무리들은 부정된다.[378]

> 단일함과 다양함 이외에
> 다른 [존재] 방식을 가지는
> 사물은 있을 수 없다. 그 둘은
> 서로 배제하면서 존재하기 때문이다.62)[379]

이처럼 적호는 어떤 사물이 자성을 가지고 존재하는 실재라면, 그것은 반드시 단일한 것이거나 다양한 것이거나 둘 중의 하나이며, 그밖의 다른 방식으로 존재할 수는 없다고 생각한다. 적호는 그와 같은 전제

378) rang bzhi zhig yod par gyur na ni gcig pa'am cig shos las mi 'da'o // de dag ni phan tshun spangs te gnas pa'i mtshan nyid yin pas phung po gzhan sel bar byed do // MA, p. 22; 적호 지음, 남수영 옮김(2007), 전게서, 21쪽.

379) gcig dang du ma ma gtogs par // rnam pa gzhan dang ldan pa yi // dngos po mi rung 'di gnyis ni // phan tshun spangs te gnas phyir ro // MA, 62.

하에서 여러 학파들이 실재로서 제시하는 사물들이 단일성이나 다양성을 가지고 있는가를 검토한다.

그리고 만약 그 사물들이 단일성이나 다양성 가운데 어떤 자성도 가지고 있지 않음이 입증되지 않는다면, 결국 그 사물은 무자성임이 입증된다고 생각한다. 적호는 『중관장엄론』에서 다음과 같이 말한다.

> 자파와 타파가 설하는 이들 사물은
> 진실로서는 단일성gcig pa이나
> 다양성du ma이라는 자성을 떠나 있기 때문에
> 무자성이다. 영상影像과 같다.(1)[380]

이처럼 적호는 불교와 비불교 학파들이 실재로서 제시하는 모든 사물이 단일성과 다양성 가운데 어떤 자성도 가지고 있지 않으므로, 무자성인 것으로서 그림자와 같이 실재가 아니라고 주장한다. 『중관장엄론』의 전체 구조를 볼 때 이 게송은 주장명제에 해당한다.

그리고 『중관장엄론』 제2송으로부터 제90송에 이르기까지는 추리와 성언량에 따라서 증인證因과 비유譬喩를 제시하는 부분이다. 그러므로 적호는 『중관장엄론』을 진나의 논리학에 따라서 저술하였으며, 그에 따라서 일체법이 무자성임을 논증하고자 했음을 알 수 있다. 거기서 모든 사물이 무자성이라는 주장명제(=宗)의 논리적 이유(=證因)가 되는 것이 바로 '모든 사물은 단일성이나 다양성을 가지지 않는다'는 것이다.

적호가 말하는 단일성과 다양성의 개념은 설일체유부의 승의유(=실

---

380) bdag dang gzhan smra'i dngos 'di dag // yang dag tu na gcig pa dang //
du ma'i rang bzhin bralba'i phyir // rang bzhin med de gzugs brnyan bzhin // MA, 1.

유) 개념과 관련해서 생각하면 이해하는 것이 수월해진다. 앞에서 보았듯이 설일체유부에서 승의유란 '각종으로 분석하거나 다른 법을 배제해도, 그에 대한 인식이 남아 있는 단일한 사물'을 말한다. 더 이상 분석되지 않는 단일한 사물은 자신의 고유한 실체를 가지고 있다고 생각되며, 그런 이유로 승의유는 설일체유부에서 실체로서 인정되었다. 그리고 설일체유부는 단일한 사물인 승의유, 실유, 실법을 연으로 해서 복합적 사물인 세속유, 가유, 가법이 시설된다고 생각했다.

따라서 적호가 말하는 단일성과 다양성이란 곧 설일체유부에서 설하는 실유와 가유가 가지고 있는 가장 본질적인 속성을 말하는 것이라고 생각할 수 있다. 그런데 적호는 다시 『중관장엄론』에서 다음과 같이 말한다.

> 어떤 사물을 음미할 때,
> 거기에 단일성은 존재하지 않는다.
> 단일성이 존재하지 않는 사물,
> 거기에는 다양성도 존재하지 않는다.(61)[381]

> 적호 석(61); 타파 및 자파의 견해에 따르는 사람들이 승인하는 상주常住인 것과 무상無常인 것, 편재자와 [편재자가] 아닌 것, 극미와 조대한 것, 소지所知와 능지能知 등, 여러 가지 다양한 사물에 대해서 단일[한가 어떤가]를 음미해 보면, 그와 같이 검토할 때, 그 안에 음미의 무게를 견뎌내는 사물은 단 하나도 없다.
>
> 단일함을 자성으로 하지 않는 사물, 그것이 다양함을 자성[으로 한다]

---

381) dngos po gang gang rnam dpyad pa // de dang de la gcignyid med // gang la gcig nyid yod min pa // de la du ma nyid kyang med // MA, 61.

고 인정하는 것은 불합리하다. 왜냐하면, 다양함은 단일함이 축적한 모습이기 때문이다. 단일함이 없다면 그 [다양함]도 없다. 마치 나무가 없으면 숲 등이 없는 것과 같다. 그러므로 "모든 사물을 검토할 때, 거기에 단일성은 [성립하지] 않는다. 단일성이 존재하지 않는 사물에는 다양성도 없다.(『사백론』, xiv. 19)"고 말해진다.[382]

즉 적호에 따르면 여러 학파들이 실재로서 제시하는 사물들을 비판적으로 검토해 보면, 결국 그 사물에는 단일한 자성을 가진 사물은 존재하지 않으며, 다양성이란 단일성이 적집된 것이기 때문에, 결국 단일한 자성을 갖지 못하는 사물에는 다양성도 존재하지 않음을 알 수 있다는 것이다.

그런데 적호가 『중관장엄론』 제62송에서 말했던 것처럼, '단일함과 다양함은 서로 배제하면서 존재하는 것이기 때문에, 그 둘 이외에 다른 방식으로 존재하는 사물은 있을 수가 없다.' 따라서 적호는 『중관장엄론』 제1송에서 '일체의 사물은 다만 무자성으로서 그림자와 같다'고 말했던 것이다.

이처럼 적호는 여러 학파들이 실재로서 제시하는 사물들이 과연 단일한 사물이라고 말할 수 있는지를 검토함으로써, 불교와 비불교 학파들이 제시하는 실재들을 모두 논파하고, 일체의 사물은 무자성으로서

---

382) pha rol dang bdag gi lta ba'i rjes su 'brang ba dag gis khas blangs pa rtag pa dang mi rtag pa dang / khyab pa dang cig shos dang rdul dang rags pa dang / shes bya dang shes pa la sogs pa so sor tha dad pa'i dngos po gang la gcig pur brtags na de la de ltar brtags pa de'i tshe / brtag pa'i khur lci ba bzod pa phra rab tsam yang med do //
gang gcig pa'i rang bzhin du mi 'thad pa de du ma'i bdag nyid du khas blangs pa ni rigs pa ma yin pa nyid de / 'di ltar du ma ni gcig bsags pa'i mtshan nyid do / gcig med na de yang med de / shing la sogs pa med na nags tshal la sogs pa med pa bzhin no // de'i phyir / dngos po gang dang gang brtags pa // de dang de la gcig pa med // gang la gcig pa yod min pa // de la du ma'ang med pa yin // zhes gsungs so // MA, p. 172, 174; 적호 지음, 남수영 옮김(2007), 『적호의 중관장엄론』, 102쪽.

다만 그림자와 같은 것에 지나지 않음을 논증하고자 하였다. 이와 같은 단일성과 다양성에 대한 검토가 바로 적호가 『중관장엄론』에서 불교와 비불교 학파들이 상정했던 실재를 논파하기 위해서 사용했던 첫 번째 방법이었다.

(2) 효과적 작용 능력의 검토

적호가 여러 학파들이 제시하는 실재를 비판하기 위해서 사용했던 두 번째 방법은 그 사물이 효과적 작용 능력을 가지고 있는가 그렇지 않은가를 검토하는 것이다. 적호는 『중관장엄론』에서 다음과 같이 말한다.

> 효과적 작용 능력이 없는 것을
> 그 [효과적 작용 능력]을 찾는 [사람들이] 검토해서 무슨 소용이 있겠는가?
> 성불능자性不能者를 '멋지다, 멋지지 않다'라고,
> 욕망을 가진 [여인]들이 검토해서 무슨 소용이 있겠는가?(8)[383]

본래 '효과적 작용 능력이 있는 것'을 실재, 즉 승의유로 간주하는 것은 법칭의 사상으로서 그것은 경량부의 영향을 받은 세친의 실유 개념을 계승한 것이었다. 또 경량부에 따르면 효과적 작용 능력이 있는 사물은 반드시 찰나멸의 사물이며, 영원한 사물은 효과적 작용 능력을 가질 수 없다. 따라서 경량부는 영원한 사물은 개념적인 허구에 지나지 않는다고 생각한다.

---

383) don byed nus pa ma yin la // de 'dod brtags pas ci zhig bya //
ma ning gzugs bzang mi bzang zhes // 'dod ldan rnams kyis brtags ci phan // MA, 8.

위의 인용문은 그와 같은 경량부의 관점을 반영하고 있으므로, 적호는 『중관장엄론』에서 경량부의 관점을 수용하고 있음을 알 수 있다. 적호는 이미 『진리강요』에서 그와 같은 경량부의 사상에 따라서 비불교 학파들이 실재로서 제시하는 영원한 사물을 논파하기도 했다. 그는 『진리강요』에서 다음과 같이 말한다.

> 혹은 또 [세계의 시원始原에 대한 다양한 이론을 논박하려는] 이 모든 노력은 쓸모없는 것이다.
> 프라크리티 등은 [사물의] 찰나멸刹那滅이 확립됨으로써 모두 부정되기 때문이다.(350)
> 그러므로 앞에서 말했던 것과 뒤에서 말하게 될 보편 등과 같은 것들을
> 단번에 물리치기 위해서 찰나멸이 분명하게 설해질 것이다.(351)[384]

> 그대가 공간, 시간, 신 등도 역시 존재한다고 말하면서,
> 그것들이 찰나멸성을 가지지 않는다고 말한다면, 그것들은 결코 존재성을 가질 수 없다.393)
> 영원한 사물은 단계적이든 동시적이든 어떤 효과적 작용도 할 수 없다.
> 그러므로 그것들은 비존재라고 말하는 것이다.(394)[385]

---

384) atha vā'sthāna evāyamāyāsaḥ kriyate yataḥ/
kṣaṇabhaṅgaprasiddhyaiva prakṛtyādi nirākṛtam// TS, 350
uktasya vakṣyamāṇasya jātyādeścāviśeṣataḥ/
niṣedhāya tataḥ spaṣṭaṁ kṣaṇabhaṅgaḥ prasādhyate// TS, 351.

385) santaścāmī tvayeṣyante vyomakāleśvarādayaḥ/
kṣaṇakatvaviyoge tu na sattaiṣāṁ prasajyate// TS, 393
krameṇa yugapaccāpi yasmādarthakriyākṛtaḥ/
na bhavanti sthirā bhāvā niḥsattvāste tato matāḥ//TS, 394.

이처럼 적호는 이미 『진리강요』에서 경량부의 관점을 채용하여 인도의 여러 학파들이 제시하는 영원한 사물의 실재성을 논파했으며, 『중관장엄론』에서 그와 같은 관점을 다시 한 번 여러 학파들이 제시하는 실재의 비판에 적용하였다. 그러므로 적호는 불교와 비불교의 여러 학파들이 제시하는 실재를 논파하고, 모든 사물이 무자성임을 논증하기 위해서 단일성과 다양성의 유무 검토 및 효과적 작용 능력의 유무 검토라는 두 가지 방법을 사용하였음을 알 수 있다.

그러나 적호에게 그 둘은 동일한 기준이 아니라 사세속(邪世俗, mithyā-saṁvṛti)과 실세속(實世俗, tathya-saṁvṛti)을 구분하는 질적으로 상이한 기준이다. 그중에서 사세속이란 효과적 작용 능력을 가지지 못하는 개념의 허구를 말하며, 실세속이란 효과적 작용 능력을 가지기는 하지만 단일성과 다양성 유무의 검토라는 더욱 엄격한 비판을 감당하지는 못하는 사물을 말한다.

따라서 적호는 단일성과 다양성의 유무 검토와 효과적 작용 능력의 유무 검토라는 두 가지의 실재 비판 방법을 다음과 같이 사용한 것으로 생각된다. 우선 효과적 작용 능력을 가지지 못하는 영원한 사물은 다만 개념적인 허구에 불과한 것으로서 더 이상 검토할 필요가 없다. 또한 그것은 세간 사람들이 일반적으로 존재라고 승인하는 것도 아니므로 사세속邪世俗이다.

그러나 만약 어떤 사물이 효과적 작용 능력을 가지고 있음이 인정된다면, 그것은 다시 단일성과 다양성의 유무를 통하여 더욱 엄격하게 검토해야 한다. 만약 효과적 작용 능력을 가지고 있다고 하더라도, 그것이 단일한 사물임이 입증되지 않는다면 그것은 실재라고 말할 수 없다. 왜냐하면 앞에서 보았던 것처럼 단일성을 갖지 못하는 사물은 다양성도 갖지 못하며, 단일성과 다양성을 갖지 못한다면 그것은 실재라고 말할 수 없기 때문이다.

한편 그런 검토를 통해서 어떤 사물이 실재가 아님이 입증되었다고 하더라도, 효과적인 작용 능력을 가지고 있는 사물은 세간 사람들이 일반적으로 존재라고 승인하는 것이기 때문에, 세간적인 진리에 따라서 그 사물을 잠정적으로 존재로서 인정한다. 이처럼 실재는 아닐지라도 효과적 작용 능력을 가지고 있기 때문에, 세간적인 진리에 따라서 잠정적으로 존재로서 인정되는 사물이 실세속實世俗이다.

그러므로 적호는 설일체유부와 경량부의 실유 개념이었던 '더 이상 분석되지 않는 단일하고 궁극적인 사물' 및 '효과적 작용 능력을 가진 사물'이라는 두 종류의 실유 개념을 더욱 엄격하게 검토하고 적용함으로써 실재라고 승인할 만한 것은 존재하지 않음을 밝히고자 했음을 알 수 있다.

적호는 『중관장엄론』에서 그와 같은 두 가지 기준을 사용하여 불교와 비불교 학파들이 제시하는 모든 실재들을 논파하지만, 여기서는 비불교 학파가 제시하는 실재들은 제외하고, 불교 학파들이 제시하는 실재에 대해서만 살펴보고자 한다.

여기서 불교의 학파들이 제시하는 실재들을 적호의 분류에 적용해 보면, 설일체유부의 무위법은 인식대상(=所取) 중에서 상주인 것에 해당하고, 설일체유부의 심불상응행법, 심소법, 색법과 경량부의 색법은 인식대상 중에서 상주가 아닌 것에 해당하며, 설일체유부와 경량부와 유식학파의 심법은 인식주관(=能取) 중에서 상주가 아닌 것에 해당한다고 말할 수 있다.

3) 인식대상의 실재성 비판

(1) 극미설에 대한 비판

설일체유부는 5위 75법을 실재인 동시에 실체로서 인정한다. 그 법들은 크게 나누면 색법, 심법, 심소법, 심불상응행법, 무위법으로 분류된다. 이중에서 무위법을 제외한 나머지는 모두 유위법이다. 유위법이란 복합적인 사물의 연이 되는 무상한 사물을 말하며, 무위법이란 다른 사물의 연이 되지 않는 영원한 사물을 말한다.

적호는 먼저 설일체유부와 경량부가 제시하는 색법의 실재성을 논파하기 위해서 그들의 극미설에 대해서 고찰한다. 극미란 물질적 사물을 구성하는 궁극적인 요소로서 더 이상 분석되지 않는 단일한 물질적 요소를 말한다. 인도 사상에서 외계 대상의 실재를 인정하는 학파들은 일반적으로 모두 극미설을 받아들이고 있다.

그 학파들 가운데 극미설을 주장하는 대표적인 학파는 바이세시카, 설일체유부, 경량부 등인데, 적호는 이에 대해서 포괄적으로 검토하고 비판한다. 적호는『중관장엄론』에서 다음과 같이 말한다.

> 적호 석(10); ① [극미가] 결합한다고 한다면, [즉 바이세시카의 카나다(Kaṇāda, 기원전150~50년경) 등이] '낱알과 같은 극미들이 접촉해서 하나의 전체가 되어 목적물dgos pa을 구성한다' 고 말하는 바와 같은 것인가, 혹은, ② 상호 효력을 지니고, [간격을 두고] 결합하지 않는 성질을 가지고, [여러 같은 종류의 극미에 의해서] 둘러싸여 있다고 한다면, 어떤 사람, [즉 설일체유부의 슈바굽타Śubhagupta]가 '다양한 측면에서 여러 [극미]가 어떤 [극미]를 둘러싸고 있는 것을 말함에 지나지 않는 것으로

> 서, 그 극미 자체가 부분을 갖는 것은 아니다' 라고 말하는 바와 같은 것인가, 혹은 또, ③ 많은 것이 간격을 갖지 않고서 있다고 한다면, '극미는 서로 접촉하지 않지만, 간격이 없기 때문에 서로 접촉한다고 말하는 것이다' 라고 말하는 것과 같은 것 가운데 어떤 이론도 불합리하다. 이들 모두의 핵심은 다만 망상에 지나지 않는다.[386)]

위의 인용문에서 보듯이 적호는 바이세시카학파와 설일체유부와 경량부가 주장하는 세 종류의 극미설을 검토한다. 적호가 소개하는 바와 같이, ① 바이세시카학파는 여러 극미가 서로 결합함으로써 단일하고 조대한 물질적 사물을 형성한다고 말하고, ② 설일체유부는 무방분의 여러 극미들이 간격을 가지고 화집和集함으로써 조대한 물질적 사물을 구성한다고 말한다. 한편 ③ 경량부는 유방분의 여러 극미들이 간격을 갖지 않고 화합和合함으로써 조대한 물질적인 사물을 형성한다고 말한다. 그러나 적호는 그들의 극미설이 모두 망상에 지나지 않는다고 선언한다. 그는 『중관장엄론』에서 여러 극미설들의 모순에 대하여 이렇게 말한다.

> 적호 석(10); ① a)전체로서 결합한다면, 여러 실체들이 섞이게 될 것이다. 왜냐하면 단일한 극미가 전체로서 결합하고 있는데, 그것이 다른 [극미]와도 결합하기 때문이다. b)일부로서 다른 극미와 결합한다면,

386) ①'byar bar 'gyur na ni ji ltar gzegs zan pa dag na re / phrad de tshogs nas dgos pa rtsom mo zhes zer ba lta bu'am / ②yang na phan tshun mthus rnam par 'dzin gyis ma 'byar ba'i rang bzhin bar yod cing bskor ba ste / ci ltar kha cig na re / tha dad phyogs nas mang po dag // 'ga' la kun nas bskor tsam du // brjod par zad kyi rdul de ni // cha shas bcas pa'i bdag nyid min // zhes zer ba lta bu'am / ③yang na mang po dag par med de / ji ltar rdul phra rab rnams mi reg kyang bar med pas reg par 'du shes so zhes bya ba lta bu la yang mi rung ste / rnam par gzhag pa 'di dag thams cad ni brtags pa tsam kho na'i snying por zad do // MA, p. 50, 52; 적호 지음, 남수영 옮김(2007), 『적호의 중관장엄론』, 40쪽.

부분을 가진 것이 되고 말 것이다. 왜냐하면 여러 부분이 다른 극미와 결합하기 때문이다.

② [중간에] 간격이 있다고 하는 것도 [그 간격은] 밝음의 극미, 어둠의 극미가 되는 기회가 있을 것이다. [그] 간격은 어둠과 밝음을 자체로 하기 때문에, [결국] 그 [극미]들과 결합하는 것이 될 것이다.

③ 간격이 없다고 하는 주장도 결합해 있다고 하는 주장과 다를 것이 없다. 간격이 없다는 것은 중간에 공간이 없다는 [의미]이고, 접촉해 있다는 것과 결합해 있다고 하는 것은 동일한 의미이기 때문이다.[387]

즉 극미의 결합 방식을 생각하면 전체적으로 결합하거나, 부분적으로 결합하는 두 가지 방식을 생각할 수 있을 것이다. 그러나 전체적으로 결합한다면 결코 극미의 결합에 의해서 산 등과 같은 커다란 물질적인 사물을 이루지 못할 것이다. 전체적인 결합을 통해서는 극미 하나 이상의 부피를 가질 수 없기 때문이다. 반대로 부분적으로 결합한다면 극미가 여러 부분을 가진다고 말해야 할 것이다. 이는 극미의 개념과 모순된다. 그러므로 어떤 방식의 결합을 생각하더라도 극미설은 모순을 벗어나지 못한다.

또 극미들은 간격을 두고 화집하거나, 간격 없이 화합하거나 둘 중에 하나일 것이다. 설일체유부는 극미들이 간격을 두고 화집한다고 말하지만, 그 중간의 공간은 어둠이나 밝음으로 채워져 있고, 그들의 학설에 따

387) ① a) bdag nyid thams cad kyis 'byar na ni rdzas rnams 'dres par 'gyur te/ rdul gyi rang bzhin gcig pu gang gis 'byar ba de nyid gzhan dang yang 'byar ba'i phyir ro// b) phyogs gcig gis 'byar na ni cha shas yod par 'gyur te/ rang bzhin gzhan dang gzhan dag gis rdul gzhan dang 'byar ba'i phyir ro// ② bar yod pa yang bar dag tu snang ba dang mun pa'i rdul phra rab rnams kyi go skabs yod par 'gyur te/ phrag ni mun pa dang snang ba'i bdag nyid yin pa'i phyir de dag dang 'byar bar 'gyur ro// ③ bar med pa'i phyogs [N51a] kyang 'byar ba'i phyogs dang tha dad pa med pa nyid de/ bar med pa ni phrag med pa'o// phrad pa dang 'byar ba zhes bya ba ni don tha dad pa ma yin te/ MA, p. 54, 56; 적호 지음, 남수영 옮김(2007), 전게서, 41쪽.

르면 어둠과 밝음은 현색극미로 이루어져 있다. 그러므로 결국 간격을 두고 화집한다고 해도 그것은 다른 극미와 결합하는 것이 된다.

한편 경량부는 설일체유부와는 달리 극미들이 간격 없이 화합한다고 말하지만, 그것은 결국 결합해 있다고 하는 것과 동일한 의미이다. 왜냐하면 간격이 없다는 것은 중간에 공간이 없다는 [의미]이고, 접촉해 있다는 것과 결합해 있다고 하는 것은 동일한 의미이기 때문이다.

그러므로 여러 학파에서 주장하는 것처럼 극미들이 전체적으로 결합하거나 부분적으로 결합하거나, 혹은 간격을 두고 화집하거나, 간격 없이 화합한다고 해도 그 모두는 모순에서 벗어나지 못한다. 그러므로 그들이 설하는 극미설들은 모두 망상에 지나지 않는다는 것이다. 따라서 적호는 『중관장엄론』 제14송에서 다음과 같이 결론짓는다.

> [이렇게] 극미의 무자성無自性이 증명된다.
> 그러므로 안[근眼根]이나 실체 등,
> 자파와 타파가 설하는 여러 [사물들]은
> [모두] 무자성인 것이 분명해진다.(14)[388]

앞에서 보았던 것처럼 극미의 단일성은 확립되지 않는다. 단일한 자성을 갖지 못하는 사물은 다양한 자성도 갖지 못한다. 왜냐하면 다양성이란 단일성이 적집한 것이기 때문이다. 따라서 극미는 단일한 자성도 다양한 자성도 가지지 못함을 알 수 있다. 그런데 단일성과 다양성이 아닌 다른 방식으로 존재하는 사물은 있을 수가 없다. 따라서 극미는 무자성임을 알 수 있다.

---

388) rdul phran rang bzhin med grub pa // de phyir mig dang rdzas la sogs // bdag dang gzhan smras mang po dag // rang bzhin med par mngon pa yin // MA, 14.

만약 극미가 무자성이라면 그것의 적집이라고 말해지는 설일체유부나 경량부의 색법 등과 바이세시카학파의 복합적인 물질적 실체 등도 모두 무자성이라고 말하지 않을 수 없다. 적호는 이런 방식으로 극미설을 논파함으로써 여러 학파들이 실재라고 주장하는 색법의 무자성을 논증한다.

이와 같은 극미설 비판은 이미 세친이 『유식이십론』에서 행했던 것이고, 적호의 비판은 『유식이십론』에서 발견되는 세친의 극미설 비판과 거의 동일하다. 또 세친의 극미설 비판은 적호의 실재 비판 방법 가운데 하나인 단일성과 다양성의 유무 검토라는 방법과도 유사하다.

따라서 적호의 극미설 비판과 그의 실재 비판 방법인 단일성과 다양성의 유무 검토는 세친의 극미설 비판으로부터 암시받았다고 생각할 수도 있을 것이다.

(2) 18계에 대한 비판

적호는 극미설에 대한 비판을 마치고, 이어서 18계界 실재성을 비판한다. 18계의 실재성 비판은 비교적 단순하다. 왜냐하면 그것은 색법의 실재성 논파를 근거로 해서 전개되고 있기 때문이다. 적호는 『중관장엄론』에서 다음과 같이 말한다.

> 그 [극미]의 자성과 그것에 의해서 만들어지는 것,[389]
> 그 [극미]의 속성, 그 [극미]에 속한 것,
> 그 [극미]의 보편普遍과 특수特殊,
> 그것들은 그 [극미]와 관련을 가지는 것이다.(15)[390]

---

389) 그것은 '설일체유부의 18계와 바이세시카의 실체'를 의미한다.

390) de yi rang bzhin des brtsams dang // de yi yon tan de las bdag //
de yi spyi dang khyad par yang // de dag de dang 'du ba can // MA, 15.

즉 만약 극미가 실재가 아니라면 18계 가운데 극미로 이루어져 있다고 말하는 안, 이, 비, 설, 신의 5근根과 색, 성, 향, 미, 촉의 5경境으로 구성되는 10색계色界도 실재로서 성립할 수 없을 것이다. 또 이렇게 10색계가 실재로서 성립할 수 없다면 근과 경의 접촉으로부터 발생하는 안식, 이식, 비식, 설식, 신식이라는 5식계識界도 성립할 수 없다.

또한 의식(意識, vijñāna)과 의근(意根, manas)도 실재로서 성립할 수 없으며,[391] 의근과 의식이 실재로서 성립하지 않으므로 심소와 심불상응행도 실재로서 성립할 수 없다. 또한 극미가 실재로서 성립하지 않으므로 무표색도 실재로서 성립할 수 없다. 왜냐하면 설일체유부에서 무표색은 4대종을 원인으로 해서 만들어진다고 말하기 때문이다.

적호는 이런 방식으로 색법을 포함하는 18계의 실재성을 모두 논파한다. 이것은 불교 학파들이 제시하는 모든 실재에 대한 종합적인 논파라고 생각할 수 있다. 왜냐하면 설일체유부가 실재로서 제시하는 5위 75법, 경량부가 실재로서 제시하는 색법과 심법, 그리고 유식학파가 실재로서 제시하는 심법 등은 모두 이 18계의 범주에서 벗어나지 않기 때문이다.[392]

또한 위의 비판은 바이세시카학파의 실재론에도 적용된다. 왜냐하면 바이세시카학파에서 속성과 작용 등은 실체와 내속으로서 관련되어 있다고 말해지기 때문에, 극미가 실재로서 성립할 수 없다면 그것과 관련되어 있는 속성, 작용, 보편, 특수 등도 모두 실재로서 성립할 수 없음이 밝혀지기 때문이다.

---

391) 의식은 감각기관과 감각대상의 접촉으로부터 발생하는 것이고, 의근은 과거로 소멸한 한 찰나전의 의식이기 때문이다.

392) 18계와 5위 75법의 상호 포섭 관계에 대해서는 김동화(1982), 『俱舍學』, 108쪽을 참조.

(3) 설일체유부의 무위법 비판

앞에서는 주로 인식대상(=所取) 가운데 '상주가 아닌 것'에 대한 비판을 살펴보았다. 한편 무위법은 적호의 분류에 따르면 인식대상 가운데 '상주인 것'에 해당한다. 본래 무위법이란 열반을 의미하는 것인데, 설일체유부에서는 허공(虛空, ākāśa), 택멸(擇滅, pratisaṁkhyā-nirodha), 비택멸(非擇滅, apratisaṁkhyā-nirodha)의 세 가지를 무위법으로 인정한다.

여기서 허공이란 공간을 말하며, 택멸이란 지혜의 힘에 의해서 얻어진 번뇌의 소멸을 의미한다. 즉 택멸이란 깨달음이라는 지혜의 힘에 의해서 번뇌가 끊어지고 다시는 발생하지 않게 된 것을 말한다. 한편 비택멸이란 지혜의 힘에 의한 것이 아니라, 생기生起할 연을 만나지 못해서 영원히 생기하지 않게 된 법을 말한다. 설일체유부는 이들 무위법을 실체로 간주하는데, 적호는 그중에서 택멸에 대한 설일체유부의 견해를 『중관장엄론』에서 다음과 같이 소개한다.

> 적호 석(2); 자파의 어떤 사람들 [즉 설일체유부]는 '선정禪定[의 힘]에 의해서 발생하는 지혜의 대상인 동시에, 유위법의 여러 존재 방식과는 달리 [한 찰나 전의] 자신을 인식 대상으로 하는 의[식意識]조차도 효용效用이 없는 무위법無爲法은 진실한 지혜의 대상이기 때문에 승의勝義로서 존재한다'라고 말한다.[393]

이어서 적호는 설일체유부의 택멸에 대해서 다음과 같이 비판한다.

---

393) rang gi sde pa gang dag bsgoms pa'i stobs tsam gyis 'byung ba'i shes pa'i dmigs pa 'dus byas kyi 'jug pa thams cad dang mi mthun pa rang la dmigs pa'i yid tsam la yang dgos pa med pa'i 'dus ma byas ni de kho na shes pa'i yul yin pa'i phyir don dam par yod do/ MA, p. 32; 적호 지음, 남수영 옮김(2007), 『적호의 중관장엄론』, 30쪽.

선정으로부터 발생하는 지혜에 의해서

알려지는 무위법을 설하는 사람들의

견해에 있어서도 그 [무위법은] 단일한 것이 아니다.

그것들은 연속적인 지혜와 결합해 있기 때문이다.(3)[394]

이처럼 적호는 택멸이 '연속적으로 발생하는 수소성의 지혜와 결합해 있기 때문에 단일한 것이 아니다'고 말하고 있다. 연속적으로 발생한다는 것은 곧 찰나 생멸하는 사물을 의미한다. 즉 적호는 수소성의 지혜는 찰나 생멸하는 사물이라고 생각하는 것이다. 그렇다면 택멸이 찰나 생멸하는 수소성의 지혜와 결합해 있기 때문에 단일하지 않다고 말하는 것은 무슨 의미인가 하는 의문이 제기된다. 찰나 생멸이라는 것은 시간적인 관점이고 단일성이라는 것은 공간적인 관점이어서 서로 무관한 것이라고 생각되기 때문이다.

위의 언급을 이해하기 위해서는 적호가 단일성의 개념을 공간적인 측면 뿐만 아니라, 시간적인 측면에서도 고려하였음을 이해하는 것이 중요할 것이다. 이중에서 공간적인 측면에서 고려한 단일성이란 어떤 사물이 공간적으로 단일한 사물로서 존재하는 것을 의미한다고 할 수 있을 것이다. 그것은 설일체유부의 실유와 같이 더 이상 분석되지 않는 사물을 의미한다. 그러나 다음의 문구 속에서는 공간적인 측면만이 아니라 시간적인 측면에서 고려한 단일성의 의미가 함축되어 있음을 알 수 있다. 그는『중관장엄론』에서 다음과 같이 말한다.

적호 석(9); (1) 찰나멸이라면 [푸드갈라는] 다양성을 자성으로 하는 것

394) bsgoms las byung ba'i shes pa yis // shes bya 'dus ma byas smra ba'i //
lugs la'ang gcig min de dag ni // rim can shes dang 'brel phyir ro // MA, 3.

> 이 될 것이다. 찰나마다 이어지는 다른 자성이 발생하기 때문이다. (2) 찰나멸이 아니라면 상주라고 말해지는 단일한 것이기 때문에 [푸드갈라는] 단일성을 자성으로 하는 것이 될 것이다. (3) 그러나 [찰나멸과 비찰나멸의] 어느 것이라고도 말할 수 없는 경우는 단일하거나 다양한 자성을 가지고 있지 않음이 용이하게 증명된다.[395]

위의 인용문에서 보듯이 적호는 푸드갈라가 찰나멸이라면 찰나마다 이어지는 다른 자성이 발생하기 때문에 다양함을 자성으로 하는 것이 될 것이고, 찰나멸이 아니라면 상주라고 말해지는 단일한 것이기 때문에 단일함을 자성으로 하는 것이 된다고 말한다. 여기서 적호가 단일성을 공간과 시간이라는 두 가지 측면에서 이해하고 있었음을 알 수 있다.

즉 공간적인 측면에서 본 사물의 단일성이 어떤 사물이 공간적으로 더 이상 분석되지 않는 단일한 속성을 가지고 존재하는 것을 의미한다면, 시간적인 측면에서 본 사물의 단일성이란 어떤 사물이 시간적으로 더 이상 분석되지 않는 단일한 속성을 가지고 존재하는 것, 즉 사물의 상주성을 의미하는 것이다.

이로부터 적호는 단일한 사물을 공간적인 측면에서만이 아니라, 시간적인 측면에서도 더 이상 분할되거나 분리되지 않는 사물이라고 생각하고 있었음을 알 수 있다. 이와 같은 의미를 고려하면 위의 제3송에 들어 있는 '무위법은 연속적으로 발생하는 수소성의 지혜와 결합해 있기 때문에 단일한 것이 아니다'라는 적호의 비판은 다음과 같이 이해할 수 있다.

---

395) (1) skad cig par gyur na ni du ma'i rang bzhin du 'gyur te / skad cig re re la yang rang bzhin gzhan dang gzhan 'byung ba'i phyir ro // (2) skad cig ma yin na ni rtag tu bstan pa gcig pu'i ngo bo yin pa'i phyir gcig pu'i rang bzhin du 'gyur ro // (3) gnyi ga ltar yang brjod du med na ni tshigs med par gcig dang du ma'i rang bzhin gyis stong pa nyid du grub bo // MA, p. 42; 적호 지음, 남수영 옮김(2007), 전게서, 37쪽.

즉 선정의 수행을 통해서 발생한 지혜의 힘에 의해서 인식되는 무위법인 택멸은 찰나멸의 사물인 수소성의 지혜와 결합해 있다. 그런데 만약 지혜에 의해서 알려진 택멸의 자성이 이전의 수소성의 지혜에 이어서 다른 수소성의 지혜가 생겨날 때에도 동일한 것으로서 존재한다면, 전후하는 그 두 지혜는 동일한 것이 될 것이다. 그렇다면 찰나멸의 사물이라고 말하는 수소성의 지혜를 영원한 것이라고 말해야 한다.

반대로 찰나 생멸하는 두 지혜에 의해서 알려진 택멸의 자성이 동일하지 않은 것으로서 존재한다면, 영원한 사물이라고 말해지는 택멸을 수소성의 지혜와 마찬가지로 찰나멸의 사물이라고 말해야 한다. 그러나 이 두 가지 경우는 모두 설일체유부의 주장과 모순된다.[396] 따라서 적호는 『중관장엄론』에서 이렇게 말한다.

> 적호 석(5); 선정禪定의 세봉(細棒, śalākā)에서 지혜의 눈이 열렸던 사람들의 지혜는 발생하자마자 소멸하면서 연속하는 것으로 되어 있다. 그 대상을 향한 작용은 다른 시간에는 존재하지 않는 것을 본질로 해서 있는 것처럼, 그 [무위법이라고 말하는 대상]도 찰나 찰나에 소멸하는 것을 면할 수 없다. 그런 의미에서 그 [무위법, 즉 '조건 지워지지 않은 절대적인 것' 이라는] 명칭이 내용에 합치한다고 말할 수 없음을 알 수 있다.[397]

즉 수소성의 지혜와 택멸의 결합 방식을 보면, 택멸을 찰나멸의 것

---

396) 梶山雄一 저, 권오민 역(1994), 『인도불교철학』, 109쪽.

397) bsam gtan gyi thur mas blo gros kyi mig phye ba rnams kyis rnam par shes pa byung ma thag tu 'jig pa rgyun du 'bab pa / yul de la 'jug pa gzhan gyi dus na med pa'i rang bzhin ltar de yang skad cig re re la 'jig pa las mi 'da' bar 'gyur ro // de ltar na / de'i ming don dang mthun pa yang rigs pa ma yin pa nyid du bstan pa / MA, p. 36; 적호 지음, 남수영 옮김(2007), 『적호의 중관장엄론』, 32~33쪽.

이라고 하거나 수소성의 지혜를 상주인 것이라고 해야 하지만, 그 어느 것도 모순을 면하기 힘들다는 것이다. 또한 택멸은 수소성의 지혜에 의해서 얻어지는 것이므로, 그것을 연에 의해서 조작되어지지 않은 사물인 무위법이라고 말하기는 힘들다는 것이다. 따라서 적호는 『중관장엄론』 제6송에서 다음과 같이 결론짓는다.

> 선행하는 한 찰나의
> 효력에 의해서 발생한 것이라면,
> 그것은 무위無爲라고 말할 수 없다.
> 심[법]이나 심소[법]과 같기 때문이다.(6)[398)]

즉 택멸은 선행하는 한 찰나의 효력에 의해서 발생한 것이기 때문에 무위라고는 말할 수 없으며, 심법이나 심소법처럼 인연에 의해서 발생한 것임을 알 수 있다는 것이다. 다시 말하면 택멸은 결국 심, 심소와 마찬가지로 찰나멸의 사물이라는 것이다. 앞에서 언급했듯이 찰나멸의 사물은 시간적인 측면에서 단일한 것이 아니다. 따라서 택멸은 찰나멸의 사물로서 효과적 작용 능력을 가지고 있는 것이기는 하지만, 결국 단일한 사물이라고는 말할 수 없으며, 따라서 택멸의 실재성은 성립되지 않는다는 것이다. 한편 적호는 『중관장엄론』에서 허공에 대해서 다음과 같이 비판한다.

> 다양한 측면을 갖는 것과 결합하는데,
> 편재자들이 어떻게 단일한 것이 되겠는가?(10a~b)[399)]

---

398) snga ma snga ma'i skad cig gi // mthu yis 'byung bar 'gyur ba na //
'dus ma byas su 'di mi 'gyur // sems dang sems las byung ba bzhin // MA, 6.

399) tha dad phyogs can dang 'brel phyir // khyab rnams gcig pur ga la 'gyur // MA, 10a-b.

즉 허공은 항상 다양한 측면을 가지고 있는 여러 사물들과 결합하고 있으므로 단일한 사물이 아님을 알 수 있다는 것이다. 예를 들면 허공은 항상 나무 등과 같이 다양한 측면을 가지는 사물들과 결합해 있고, 따라서 그 사물들이 가지는 다양한 측면만큼 다양한 측면을 가지게 된다. 만약 허공이 다양한 측면을 가진다면 그것은 단일한 사물이라고는 말할 수 없으며, 따라서 실재라고도 말할 수 없다는 것이다.

이 비판은 편재하는 모든 사물에 적용될 수 있다. 즉 편재하는 사물은 편재성이라는 자신의 고유한 속성 때문에 언제나 다양한 측면을 가지고 있는 사물들과 접촉하고 있을 수밖에 없다. 그런데 그것은 편재하는 사물이 자신과 접촉하는 여러 사물들과 마찬가지로 다양한 측면을 가지고 있음을 의미하며, 여러 측면을 가지고 있다면 그것은 단일한 사물이라고는 말할 수 없다. 그러므로 편재하는 사물은 실재가 아니라는 것이다.

적호는 이런 방식으로 택멸과 허공의 실재성을 논파한다. 한편 그는 비택멸에 대해서는 별도로 비판하지 않는다. 따라서 그의 무위법에 대한 비판은 여기서 모두 끝난다. 그러나 설일체유부의 무위법에 대해서는 또 다른 비판이 적용될 수 있다.

앞에서도 언급했듯이 적호에 따르면 찰나멸적인 사물만이 효과적 작용 능력을 가질 수 있으며, 효과적 작용 능력을 가지지 못한 것은 다만 개념적인 허구에 지나지 않는다. 따라서 만약 무위법이 영원한 사물이라고 한다면, 그것은 곧 무위법이 개념적인 허구에 지나지 않는다고 말하는 것과 동일한 의미가 된다. 그렇다면 그것은 당연히 실재가 아니라는 것이다.

이렇게 해서 불교 학파들이 실재로서 제시하는 사물 가운데 인식대상(=所取)의 실재성은 모두 논파된다. 그러나 적호의 비판은 여기서 그

치지 않는다. 적호는 다시 인식론을 중심으로 해서 설일체유부 등 세 학파가 실재로서 제시하는 식온(識蘊, vijñāna-skandha), 즉 심법(心法, citta-dharma)을 검토한다. 여기서도 역시 식識이 과연 궁극적인 의미(=勝義)에서 단일한 것이라고 말할 수 있는가 하는 것이 중점적으로 검토되고 있다.

4) 인식주관의 실재성 비판

(1) 설일체유부의 심법 비판

불교의 기본적인 인식론은 18계설을 통해서 이해할 수 있다. 18계란 안·이·비·설·신·의의 6근(根, 감각기관)과 색·성·향·미·촉·법의 6경(境, 인식대상)과 안·이·비·설·신·의의 6식(識, 인식주관=인식결과, 혹은 지식)을 말한다. 불타는 식은 근과 경을 연으로 해서 발생한다고 설했고, 이에 따라 설일체유부는 근, 경, 식이 동일 순간에 함께 작용할 때 감각기관인 근의 작용에 의해서 인식이 성립한다고 생각하였다.[400]

그런데 설일체유부에서 법은 단일한 실재이므로 결코 두 개 이상의 속성이나 작용을 가질 수 없다. 만약 두 개 이상의 속성이나 작용을 가진다면 그것은 단일한 사물이라고 말할 수 없기 때문이다. 따라서 설일체유부는 인식현상에 대해서, 인식주관(=識)은 단지 비출 뿐이고, 감각기관(=根)은 단지 감지할 뿐이며, 인식대상(=境)은 단지 알려질 뿐'이라고 설명하게 되며, 이때 '식은 순수한 광휘이고, 청정한 수정水晶과 같아서 어떤 변화도 받아들이지 않는다고 주장하게 된다. 다시 말해서 지식은 외계의 대상을 파악할 때 그 대상의 형상을 자신 속에 갖

---

400) 橫山紘一 저, 묘주 역(1989), 『유식철학』, 79쪽.

지 않는다는 것이다. 이것이 설일체유부의 무형상지식론(無形象知識論, nirākārajñānavāda)이다.[401]

그러나 적호는 설일체유부의 무형상지식론은 불합리한 이론이며, 지식의 자기인식(自己認識, svasaṁvedana)을 설하는 경량부의 유형상지식론(有形象知識論, sākārajñānavāda)이 더욱 합리적인 이론이라고 생각한다. 경량부에 따르면 외계의 대상은 인식의 원인으로서 자신의 형상을 지식에 부과하며, 그때 지식은 외계의 대상과 동일한 형상을 띠고 나타난다. 이렇게 지식 가운데 부과된 형상은 외계의 사물을 원인으로 해서 생겨나며 지식의 한 부분을 구성한다.

따라서 경량부에서 지식 속에 나타난 형상은 결국 지식과 다른 것이 아니라고 생각되며, 따라서 외계 사물의 인식이라는 것은 실은 지식의 자기인식(自己認識, svasaṁvedana)에 지나지 않는다고 말하게 된다. 즉 인식은 지식이 외계 대상의 형상을 띠고 나타난 지식을 스스로 자각함으로써 성립한다는 것이다. 적호는 『중관장엄론』 제16송에서 경량부의 인식론에 따라 설일체유부의 무형상지식론을 비판하기 위해서 우선 다음과 같이 말한다.

> 지식은 물질의 자성과는
> 완전히 다른 것으로서 발생한다.
> 그 물질의 자성이 아닌 어떤 것,
> 그것이 바로 그 [지식]의 자기인식이다.(16)[402]

여기서 적호는 지식과 외계의 대상인 물질의 차이에 대해서 말하고

---

401) MA, p. 68; 그리고 梶山雄一 저, 권오민 역(1994), 『인도불교철학』, 111~112쪽.
402) rnam shes bems po'i rang bzhin las // bzlog pa rab tu skye ba ste //
bems min rang bzhin gang yin pa // de 'di'i bdag nyid shes pa yin // MA, 16.

있다. 즉 지식은 무감각한 물질의 본성과는 완전히 다른 것으로서 발생한다. 그리고 지식이 물질의 본성과 완전히 다르다는 말의 의미가 곧 지식의 '자기인식'이라는 것이다. 이어서 그는 경량부의 유형상지식론과 설일체유부의 무형상지식론을 비교하여 다음과 같이 말한다.

> 유형상지식론에서도
> 그 두 사물은 다르지만,
> 그 [외계의 대상]과 [지식의] 형상은 유사하기 때문에
> 어느 정도의 지각은 가능하다.(20)[403]

> [그러나 외계] 대상의 형상에 의해 변화하는
> 지식을 전혀 승인하지 않는 사람들,
> 그들에게는 외계[의 대상]을 지각하는
> 그런 2차적인 [지각]도 있을 수 없다.(21)[404]

적호에 의하면 지식과 외계의 사물인 물질은 본질적으로 다르다. 그런데 경량부의 유형상지식론에 따르면 지식이 외계의 사물과 유사한 형상을 띠고 나타나며, 지식이 그 형상을 지각함으로써 인식이 발생한다고 말한다. 따라서 경량부의 유형상지식론에서는 외계 사물의 인식을 설명하는 것이 어느 정도 가능하다.

그러나 설일체유부의 무형상지식론에 따르면 지식은 외계의 사물에 의해서 변화하지 않으므로 사물의 인식이 불가능하다. 설일체유부가

---

403) shes pa rnams bcas phyogs la ni // dngos su de gnyis tha dad kyang // de dang gzugs brnyan 'dra bas na // brtags pa tsam gyis tshor bar rung // MA, 20.

404) don gyi rnam pas bsgyur ldan pa'i // rnam shes su zhig mi 'dod pa // de la phyi rol rig pa yi // rnam pa 'di yang yod ma yin // MA, 21.

주장하는 것처럼 만약 지식이 외계의 사물에 의해서 변화하지 않는다면, 지식과 전혀 다른 본성을 가지고 있는 외계의 물질적 사물은 결코 알려질 수 없다.

또한 지식이 서로 다른 외계의 여러 사물을 인식할 때에 아무런 변화 없이 항상 동일한 상태로 존재한다면, 푸른색과 노란색의 인식 등은 서로 구분될 수 없을 것이다. 그러나 현실의 상황은 그렇지 않다. 따라서 설일체유부의 무형상지식론은 모순이라는 것이다.

이와 같이 무형상지식론의 입장에서는 외계 사물의 인식을 올바르게 설명할 수 없다. 인식현상을 설명할 수 없는 식은 자신의 개념에도 어긋날 뿐 아니라, 효과적 작용 능력도 결여하고 있기 때문에 실재라고 말할 수 없다. 그러므로 설일체유부에서 제시하는 심법은 실재가 아니다. 적호는 이런 방법으로 설일체유부가 상정하는 심법의 실재성을 논파한다.

(2) 경량부의 심법 비판

적호는 경량부의 유형상지식론이 설일체유부의 무형상지식론보다 뛰어나다고 인정한다. 그러나 그가 경량부의 유형상지식론을 완전한 것이라고 생각하는 것은 아니다. 그는 『중관장엄론』에서 다음과 같이 말한다.

> 적호 석(21); 만약 그와 같다면, 유형상지식론이 [이치에] 맞겠지만 그렇지도 않다. 이 [유형상지식론]에 대해서도 [검토해야 한다].[405)]

405) gal te de lta na shes pa rnam pa dang bcas pa nyid ni rung ngo // de yang de lta ma yin te / 'di la yang / MA, p. 80; 적호 지음, 남수영 옮김(2007), 『적호의 중관장엄론』, 55쪽.

즉 경량부는 설일체유부와 유사하게 식을 실재라고 주장하지만, 적호에 따르면 경량부가 제시하는 식도 실재라고는 말할 수 없다는 것이다. 따라서 적호는 경량부가 상정하는 식에 대해서 다시 한 번 검토한다. 그는 경량부가 실재라고 주장하는 식에 대해서 다음과 같이 비판한다.

> 형상들과 다른 것이 아니기 때문에,
> 지식은 단일한 것이 될 수 없다.
> 그렇다면 그 [지식과 대상의] 양자가
> 동일하다고 어떻게 말할 수 있겠는가?(23)[406]

즉 경량부의 인식론에 따르면 지식은 외계의 사물과 유사한 형상을 띠고 나타남으로써 그 사물을 파악하는 효과적인 작용 능력을 가지고 있다. 이때 지식 속에 나타난 대상의 형상은 실은 지식에 다름 아니다. 따라서 경량부에 따르면 지식과 지식 속에 나타난 대상의 형상은 동일한 것이라고 간주된다. 그러나 여기서 다음과 같은 모순이 발생한다.

앞에서 언급한 것처럼 경량부에 따르면 지식 속에 나타나는 대상의 형상은 곧 지식에 다름 아니다. 그렇다면, 지식은 단일한 것이기 때문에 거기 부과된 대상의 형상도 단일한 것이라고 말해야 하겠지만, 그것은 우리의 경험과 모순된다. 지식 속에 나타나는 대상의 형상은 항상 다양한 것으로 존재하기 때문이다. 그와 같은 모순을 피하기 위해서 지식 속에 나타나는 형상의 다양성을 인정한다면, 지식도 다양하다고 말해야 하겠지만, 그런 주장은 지식의 단일성을 손상하게 된다.[407]

---

406) rnam pa rnams dang ma bral bas // rnam shes gcig pur mi 'gyur ro // de lta min na 'di gnyis la // gcig ces ji skad brjod par bya // MA, 23.

이처럼 경량부의 유형상지식론에서 지식과 형상의 동일성은 문제를 내포하고 있다. 이런 비판에 대해서 경량부에서는 다음과 같은 두 가지의 대안을 제시한다. 그것은 ① 지식은 단일한 여러 형상을 연속적으로 인식하지만, 매우 빠르게 인식하기 때문에 마치 다양한 형상인 것처럼 보인다고 하는 것과, ② 다양한 형상에 따라서 다양한 지식이 생기지만, 그것이 모두 동일하게 지식이라는 점에서 단일하다고 말할 수 있다는 것이다. 적호는 『중관장엄론』에서 경량부의 대안 ①을 다음과 같이 소개한다.

> 백색白色 등 [여러 대상]을
> 그 지식은 연속적으로 인식한다.
> [그러나] 신속하게 인식하기 때문에, 어리석은 사람들은
> 동시同時에 인식한다고 생각한다. (24)[408]

> 적호 석(24); '[바늘이] 청련화의 여러 꽃잎을 꿰뚫는 것과 마찬가지로 매우 빨리 [인식하기] 때문에, 연속적으로 [인식하는] 사물에 대해서도 [어리석은 사람들은] 동시[에 인식한다]고 이해한다'고 말한다. 또 '마치 선화륜旋火輪을 보는 것과 같다. 그 지각은 신속하게 회전하기 때문이다'라고 말한다.[409]

---

407) 梶山雄一 저, 권오민 역(1994), 『인도불교철학』, 113쪽 참조.

408) dkar po dag la sogs pa la // shes pa de ni rim 'byung ste //
mgyogs par'byung phyir blun po dag // cig car snyam du shes pa yin // MA, 24.

409) me tog utpa la'i 'dab ma brgya 'bigs pa bzhin du / shin tu myur ba'i phyir rim gyis dngos po la yang cig cha'o snyam du shes so zhes 'dzer te / dper na mgal me'i 'khor lo mthong ba bzhin te / mthong ba de ni myur du bskor ba'i phyir ro zhes zer ro // MA, p. 84; 적호 지음, 남수영 옮김(2007), 『적호의 중관장엄론』, 58쪽.

즉 단일한 지식은 단일한 여러 형상들을 하나하나 차례로 인식하지만, 마치 바늘이 청련화의 여러 꽃잎을 꿰뚫는 것처럼, 혹은 빙빙 도는 불의 바퀴(=旋火輪)을 보는 것처럼, 아주 빠르게 인식하기 때문에, 마치 동시에 다양한 형상이 지식 속에 현현하는 것처럼 착각한다는 것이다. 이는 결국 지식 속에 나타나는 형상의 단일성을 옹호하는 주장이다. 그러나 적호는 이에 대해서 다음과 같은 비유를 가지고 비판한다.

> 라타latā[410]와 같은 음성 등에 대한 지식은
> 매우 신속하게 일어나는 것인데,
> 어째서 동시에 발생한다고 하는 [인식이]
> 여기서는 일어나지 않는 것인가?(25)[411]

즉 만약 경량부가 주장하는 것처럼, 지식이 단일한 여러 형상을 차례대로 인식하지만, 매우 빠르게 인식하기 때문에, 다양한 형상이 동시에 나타나는 것처럼 착각하는 것이라면, 시각뿐 아니라 청각의 경우에도 동일한 현상이 나타나야 할 것이다.

예를 들면 '라타'라고 하는 음성을 들을 때, 우리는 그것을 매우 빠르게 차례대로 듣는다. 만약 경량부의 주장대로라면 그 두 음절은 매우 빠르게 차례대로 듣기 때문에 마치 하나의 음절처럼 들려야만 하겠지만, 그런 일은 일어나지 않는다. 따라서 그와 같은 대안은 불합리하다는 것이다. 따라서 적호는 다음과 같이 말한다.

---

410) 범어 latā는 '덩굴식물'이라는 의미이고, 이에 해당하는 티벳어 'lcug ma'은 '버드나무 가지'라는 의미이다.

411) lcug ma'i sgra la sogs pa'i blo // rab tu mgyogs par 'byung yin na //
de phyir cig car 'byung ba'i blo // 'dir yang gcig phyir 'byung mi 'gyur // MA, 25.

그러므로 대상들은 모두
연속적으로 포착되는 것이 아니다.
[그] 형상들은 다양한 그대로
동시에 포착되는 것으로서 현현한다.(27)[412)]

즉 인식에서 형상이 다양한 것으로 보이는 것은, 단일한 여러 형상이 신속하게 차례대로 인식되기 때문이 아니라, 다양한 형상이 다양한 그대로 동시에 파악되기 때문이라는 것이다. 요컨대 지식 속에 나타나는 형상의 단일성을 옹호하는 대안 ①은 유형상지식론의 모순을 해결하지 못한다는 것이다. 이어서 적호는『중관장엄론』에서 경량부의 대안 ②를 다음과 같이 소개한다.

만약 동시라고 하는 측면에서
[지식이] 발생하는 것을 인정한다면,
그림 속의 대상을 볼 때에도,
거기서 그와 같이 다양한 지식이 [생겨날 것이다].(31)[413)]

즉 여러 가지 색채로 칠해진 그림을 볼 때, 다양한 색채에 따라서 다양한 지식이 생기지만, 그것은 모두 지식이라는 측면에서 단일한 것이라고 할 수 있다는 것이다.[414)] 이는 지식 속에 나타나는 다양한 형상이 모두 동일하게 지식이라는 점에 착안해서 그 단일성을 주장하는 것이므로, 결국 지식 속에 나타나는 형상의 단일성을 옹호하는 주장이다.

---

412) de phyir yul rnams thams cad la // rim gyis 'dzin par mi 'gyur gyi //
rnam pa dag ni tha dad ltar // cig car 'dzin par snang bar 'gyur // MA, 27.
413) ri mo rkyang pa mthong ba'i tshe // de la de bzhin sems mang po //
ji ste gcig cha'i tshul gyis su // 'byung bar 'gyur ba 'dod na ko // MA, 31.
414) 梶山雄一 저, 권오민 역(1994),『인도불교철학』, 115쪽.

이에 대한 적호의 비판은 다음과 같다.

> 그럴 경우에는 백색 등과 같이
> 동일한 종류의 지식일지라도
> 위, 가운데, 모서리라는 다양함 때문에,
> 다양한 종류의 지식이 될 것이다.(32)[415)]

즉 하나의 그림이라고 하더라도 청색이라든가 백색 등의 다양한 형상이 동시에 나타난다. 또한 동일하게 백색이라고 하더라도 위, 가운데, 모서리라는 다양한 부분을 가지고 있거나, 혹은 이쪽, 저쪽, 중간 등의 여러 부분을 가진다면, 그것은 단일한 것이라고 말할 수 없다.

그런데 경량부에 따르면 지식은 언제나 외계 사물과 유사한 형상을 지니고 나타난다고 말나기 때문에, 동일한 종류의 지식이라고 하더라도 지식은 항상 위, 가운데, 모서리라는 여러 부분을 가질 수밖에 없다. 그러므로 지식은 단일한 것이라고 말할 수 없다는 것이다. 따라서 적호는 다음과 같이 결론짓는다.

> 그러므로 다양한 것으로서 현현하는
> 지식이 모든 점에서 결정된다.
> 그 [지식]은 형상의 다양함에 따라서
> 단일함을 자성으로 하는 것은 불가능하다.(43)[416)]

415) de lta yin nadkar la sogs // rnam pa sna gcig shes pa yang //
thog ma dbus mtha' tha dad pas // dmigs pa sna tshogs nyid du 'gyur // MA, 32.

416) de phyir sna tshogs snang ba yi // rnam shes rnam pa kun tu gnas //
de ni rnam pa tha dad ltar // gcig bu'i rang bzhin mi rigs so // MA, 43.

즉 적호에 따르면 경량부에서 제시하는 지식은 외계 사물의 다양성에 따라서 항상 다양한 것으로서 현현하는 것이기 때문에, 단일한 사물이라고 말할 수 없다는 것이다. 이처럼 경량부의 유형상지식론에서도 지식의 단일성은 확립되지 않으므로, 경량부가 상정하는 심법도 실재가 아니라는 사실이 입증된다.

(3) 유상유식파의 심법 비판

설일체유부와 경량부는 외계의 대상이 극미로 구성되어 있다고 주장하지만, 앞에서 보았던 것처럼 극미설은 모순을 내포하고 있다. 이에 근거해서 유식학파는 색법의 실재성을 부정하고 심법의 실재성만을 인정한다. 따라서 극미설의 불성립은 유식사상이 성립할 수 있는 논리적 근거 중의 하나라고 생각할 수 있다.

유식학파는 외계 대상의 실재를 인정하지 않으므로 인식현상을 설일체유부나 경량부와는 다른 방식으로 설명한다. 즉 꿈속에서는 외계 대상이 존재하지 않아도 인식이 성립하는 것처럼, 무시이래의 과거로부터 축적되어 온 습기(習氣, vāsanā)들이 성숙할 때, 그것이 지식 속에서 마치 외계의 대상인 것처럼 나타나게 된다. 따라서 우리가 외계의 사물이라고 생각하는 것은 사실은 지식 가운데 있는 형상ākāra에 지나지 않는다는 것이다.

이와 같은 유식학파의 인식론은 경량부의 유형상지식론과 유사하지만, 두 학설에는 차이점이 있다. 그것은 유식학파가 경량부와는 달리 색법의 실재성을 부정한다는 점이다. 이처럼 유식학파의 인식론은 색법의 실재를 부정하고 허망분별인 아뢰야식의 실재만을 인정하므로 설일체유부나 경량부의 인식론과는 달리 일원적인 인식론이라고 할 수 있다. 적호는 『중관장엄론』에서 유식학파의 인식론을 다음과 같이 소개한다.

> 그러므로 무시 이래로 [심]상속心相續의
> 습기習氣가 성숙함으로써 환영과 같은
> 형상이 현현하지만,
> [그것은] 착각에 의한 환영과 같다.(44)[417]

즉 유식학파에 의하면 지식 속에 나타나는 형상은 무시이래로 심상속 가운데 축적되어온 습기의 덩어리인 종자로부터 발생하는 것으로서 번뇌와 착각에 의해서 발생하는 환영과 같은 것이며, 따라서 외계의 대상은 환영과 같은 것으로서 실재가 아니라고 한다. 적호는 이와 같은 유식사상이 논리와 경전의 가르침에 부합하는 매우 뛰어난 견해이라고 평가한다. 그는 이렇게 말한다.

> 적호 석(45); 이 견해는 매우 명료한 논리와 경전의 가르침에 의해서 이해될 수 있는 것이고, 또 유외경론자有外境論者들의 [끝없는] 나쁜 집착을 대치하는 것이기 때문에 매우 명석한 것이다.[418]

그러나 적호가 유식사상을 궁극적 의미(=勝義)에서도 타당한 것이라고 승인하는 것은 아니다. 즉 적호에 따르면 유식사상은 외계 대상의 실재를 주장하는 설일체유부나 경량부와 비교할 때 뛰어난 것이며, 일체법을 무자성이고 공이라고 설하는 중관학파의 중관사상보다 뛰어난

---

417) ji ste thog ma med rgyud nyid // bag chags smin pas sprul pa yi //
rnam pa dag ni snang ba yang // nor bas sgyu ma'i rang bzhin 'dra // MA, 44.

418) lugs 'di ni tshad ma dang lung shin tu gsal bas shes par bya ba dang / dmigs pa can mtha' yas pa dag gi mngon par zhen pa ngan pa'i gnyen po yang yin pas shin tu dkar ba ste // MA, p. 124; 적호 지음, 남수영 옮김(2007), 『적호의 중관장엄론』, 80쪽.

것은 아니다. 적호에게 유식사상은 중관사상에 도달하기 위한 일종의 예비적인 단계에 지나지 않는다.

유식학파는 지식 속에 현현하는 형상을 지식과 동일하게 실재라고 인정하는가, 그렇지 않은가에 따라 유상유식파(有相唯識派, satyākāravādin)와 무상유식파(無相唯識派, alīkākāravādin)로 구분된다.[419] 적호는 먼저 지식 속에 나타나는 형상을 지식과 동일하게 실재로 간주하는 유상유식파에 대해서 다음과 같이 비판한다.

> 만약 [형상이] 진실한 것이라면, 지식이
> 다양한 것이 되든가, 또는
> 그 [형상]들이 단일한 것이 될 것이다. [그 양자는] 모순이기 때문에
> 틀림없이 다른 것이 될 것이다.(46)[420]

유상유식파는 지식 속에 나타나는 형상과 지식이 불가분의 관계이며, 따라서 그 둘은 동일하게 실재라고 인정한다. 이때 유상유식파는 경량부가 빠졌던 것과 동일한 모순에 봉착하게 된다. 즉 단일한 지식과 다양하고 복합적인 대상의 형상을 어떤 관계로 취급할 것인가 하는 문제이다.

위의 게송에서 적호는 지식과 지식 속에 나타나는 형상을 동일하게 실재라고 주장할 때, 지식과 형상의 관계로서 성립할 수 있는 두 가지 대안을 보여주고 있다. 그것은 ① 지식을 형상과 마찬가지로 다양한 것이라고 말하든가, 아니면 ② 형상을 지식과 마찬가지로 단일한 것이라고 말하는 것이다. 적호는 먼저 그 중에서 대안 ②에 대해서 다음과

---

419) 梶山雄一 저, 권오민 역(1994), 『인도불교철학』, 35-36쪽, 그리고 116~117쪽.

420) gal te yang dag rnam par shes // du mar 'gyur ro yang na ni //
de dag gcig 'gyur 'gal ldan pas // gdon mi za bar so sor 'gyur // MA, 46.

같이 비판한다.

> 형상이 다양한 것이 아니라면,
> 동動과 부동不動 등의
> [어떤] 하나에 의해서 모두가 동動 등이
> 되는 것을 막을 수 없을 것이다.(47)[421]

즉 만약 대안 ②에 따라서 형상을 단일한 것이라고 한다면, 지식은 세계의 일부에 불과한 자신의 운동으로 전 세계를 움직이게 하거나, 혹은 일부에 지나지 않는 노란색으로 모든 것을 노란색으로 물들게 할 것이라는 곤란이 예측된다. 그러나 그런 일은 현실적으로 있을 수 없다. 따라서 형상이 단일하다는 주장은 오류라는 것이다. 또 적호는 대안 ①에 대해서 다음과 같이 비판한다.

> 만약 형상의 수와 마찬가지로
> 지식이 [다양한 것이라고] 승인한다면,
> 그때는 극미와 유사한 것이 되어서
> [그와 유사한] 비판을 피할 수 없을 것이다.(49)[422]

즉 형상이 단일하다는 주장에서 벌어지는 모순을 피하기 위하여, 이번에는 반대로 지식을 다양한 것이라고 승인할 수 있을 것이다. 그러나 만약 지식이 다양한 것(=複合體)임을 인정한다면, 극미에 대한 비판

---

421) rnam pa tha dad ma yin na // gyo dang mi gyo la sogs pa //
gcig gis thams cad gyo la sogs // thal bar 'gyur te lan gdab dka' // MA, 47.

422) ji ste rnam pa'i grangs bzhin du // rnam par shes pa khas len na //
de tshe rdul phran 'drar 'gyur ba // dpyad pa 'di las bzlog par dka' // MA, 49.

이 지식에 대해서도 동일하게 적용될 수 있을 것이며, 극미설의 오류에서 볼 수 있듯이, 지식에 있어서도 극미설은 성립할 수 없다. 그러므로 지식이 다양한 것이라는 주장도 성립할 수 없다는 것이다.

이처럼 어떤 방식으로 생각해도 유상유식파에서 상정하는 지식의 단일성은 확립되지 않는다. 만약 지식의 단일성이 확립되지 않는다면 지식의 다양성도 확립될 수 없다. 다양성은 단일성이 적집된 것이기 때문이다. 만약 단일한 것도 아니고 다양한 것도 아니라면 지식은 실재라고 말할 수 없다. 단일성과 다양성 이외에 다른 존재 방식은 있을 수 없기 때문이다. 적호는 이와 같은 방식으로 유상유식파에서 상정하는 심법의 실재성을 논파한다.

(4) 무상유식파의 심법 비판

무상유식파는 유상유식파와는 달리 지식의 본질은 실재이지만, 그 속에 나타나는 형상은 허구라고 주장한다. 적호는 『중관장엄론』에서 무상유식파의 인식론을 다음과 같이 소개한다.

> 또 그 [지식]의 본성本性으로서,
> 그 형상들이 존재하는 것은 아니다.
> 진실로서는 형상을 갖지 않는
> 지식에 [그 형상들은] 착각에 의해서 현현한다.(52)[423]

무상유식파에 따르면 최고 진실로서의 지식은 수정 구슬과 같이 청정한 것이어서 본래 형상을 갖지 않으며, 착각에 의해서 발생하는 형상

---

423) ji ste ngo bo nyid du de'i // rnam pa 'di dag med pa ste //
yang dag tu na rnams med pa yi // rnam par shes pa nor bas snang // MA, 52.

에 의해서도 오염되지 않는다. 물론 그 속에도 대상의 형상은 나타나지만, 그것은 무시이래로 축적되어온 습기에 의해서 나타난 것에 지나지 않는다. 따라서 형상은 허구에 불과하며 다만 지식만이 실재이다.

예를 들어 마술사가 한 덩어리의 흙을 가지고 주문을 외워 말이나 코끼리 등의 환영을 만들어 낼 때, 말이나 코끼리는 허구이며 흙만이 실재인 것처럼, 지식 속에 현현하는 다양한 형상은 허구이며 지식의 본질만이 실재라는 것이다.[424]

이런 입장에서는 단일한 지식과 다양한 형상 사이에 모순은 없다. 다양한 형상은 지식과 달리 개념적인 허구에 불과하기 때문이다. 그러나 거기에도 오류가 완전히 없는 것은 아니다. 적호는 다음과 같이 비판한다.

> 만약 [형상이] 존재하지 않는다면, 어떻게
> 그것들은 그렇게 분명하게 지각되는 것인가?
> 그 사물, [즉 형상]과는 다른
> 그런 지식과 같은 것은 존재하지 않는다.(53)[425]

> 그런 형상에 대해서는 지식의 의미가
> 사실상 적당하지 않다.
> 지식의 자성을 결여하고 있기 때문이다.
> [그것은] 허공 속에 있는 꽃 등과 같다.(55)[426]

---

424) MA, p. 146; 적호 지음, 남수영 옮김(2007), 『적호의 중관장엄론』, 90~91쪽, 그리고 梶山雄一 저, 권오민 역(1994), 『인도불교철학』, 120쪽.

425) gal te med na ji lta bur // de dag 'di ltar gsal bar tshor //
de yi dngos las tha dad pa'i // shes pa de 'dra ma yin no // MA, 53.

426) rnam pa 'di la shes pa'i don // dngos su 'thad pa ma yin te //
shes pa'i bdag dang bral ba'i phyir // nam mkha'i me tog la sogs bzhin // MA, 55.

비존재인 [형상]은 [효과적 작용] 능력이 없기 때문에,
시설도 불가능하다. 말의 뿔과 같다.
[비존재인 형상은] 자신와 유사한 지식을 낳지 못하기 때문에,
[그것의 효과적 작용] 능력은 타당하지 않다.(56)[427]

이처럼 적호는 형상이 허구에 지나지 않는다고 주장하는 무상유식파의 인식론에 대해서 세 가지의 오류를 지적한다. 그것은 ① 형상이 비존재라면 그토록 분명하게 지각될 수 없다는 것, ② 비존재인 형상은 지식의 자성을 가진다고 말할 수 없기 때문에, 그런 형상에 대해서는 지식이라는 용어를 사용할 수 없다는 것, ③ 비존재인 형상은 말의 뿔과 마찬가지로 지식을 산출하는 효과적 작용 능력을 가질 수도 없다는 것이다.

또한 적호는 허구인 형상과 실재인 지식의 관계에 대해서도 다음과 같이 비판한다.

무슨 [관계]가 있다면, 틀림없이 지각되겠지만,
[그 형상은] 지식과 어떤 관계가 있는 것인가?
그 무자성인 [형상]은 [지식] 그 자체도 아니고,
그 [지식]으로부터 발생한 것도 아니다.(57)[428]

즉 적호에 따르면 비존재인 형상과 실재인 지식 사이에는 어떤 관계도 성립할 수 없다. 왜냐하면 무상유식파의 주장대로 형상이 허구이고

427) med pa nus pa med pas na // gdags pa'ang mi rung rta ru bzhin //
bdag snang shes pa mi skyed la // nus pa rung ba ma yin no // MA, 56.
428) gang phyir de yod nges tshor ba // shes dang 'brel pa ci zhig yod //
bdag med de yi bdag nyid dang // de las byung ba ma yin no // MA, 57.

비존재라면, 지식과 동일한 것도 아니고, 지식으로부터 발생하는 것도 아니기 때문이다. 이처럼 지식과 형상이 어떤 관계도 가질 수 없다면 대상의 지각은 있을 수 없다. 그러나 현실에서는 대상의 지각이 가능하기 때문에 무상유식파의 인식론은 오류임을 알 수 있다는 것이다.[429)]

만약 이런 난점을 피하기 위해서 형상이 원인 없이 발생한다고 말하든지, 혹은 지식으로부터 발생한다고 말한다면 다시 다음과 같은 비판이 적용된다.

> 원인이 없다면, 어떻게
> 일정한 시간에 발생할 수 있겠는가?
> 원인이 있다면, 어떻게
> 의타기성인 것을 부정할 수 있겠는가?(58)[430)]

즉 만약 형상이 아무 원인 없이 발생하는 것이라고 하면, 그것이 일정한 시간과 일정한 장소에서만 발생하는 것을 설명할 수 없을 것이다. 반대로 형상이 원인을 갖는 것이라고 말하면, 형상도 역시 의타기성이라고 말해야 하고, 나아가 지식과 마찬가지로 실재라고 말해야 할 것이다. 그러나 형상과 지식을 동일하게 실재라고 말하는 것은 무상유식파의 근본 학설에 위배되며, 그렇게 주장하더라도 역시 유상유식파가 받았던 비판으로부터 자유로울 수는 없다.

이처럼 무상유식파는 허구이며 비존재인 형상과 실재인 지식의 관계를 적절하게 설명할 수 없다. 따라서 무상유식파가 주장하는 것처럼 지식은 실재이고 형상은 허구라고 하는 주장은 오류라는 것이다. 결국

---

429) 梶山雄一 저, 권오민 역(1994), 『인도불교철학』, 121쪽.
430) rgyu med na ni gang zhig gis // res 'ga' 'byung ba 'di rung 'gyur //
rgyu dang ldan na gang zhig gis // gzhan gyi dbang las zlog par 'gyur // MA, 58.

무상유식파가 상정하는 인식론 역시 모순을 면하기 어려우며, 그와 같은 모순적인 인식론에 근거해서 상정된 지식의 실재성 역시 확립될 수 없다는 것이다. 이렇게 해서 적호는 불교의 여러 학파들이 상정하는 심법, 즉 인식주관의 실재성에 대한 논파를 마친다.

이처럼 적호는 유식학파를 포함하는 불교의 모든 학파들이 상정했던 실재들을 체계적이고 종합적으로 비판하였다. 적호는 불교 학파들이 실재로서 제시하는 모든 사물을 검토하고, 그 모든 사물들의 단일성이 성립하지 않음을 논증하였다. 만약 단일성이 성립하지 않는다면 다양성도 성립할 수 없다. 왜냐하면 다양한 것은 단일한 것이 적집한 것이기 때문이다. 그 둘은 서로 배제하면서 존재하기 때문에 그 둘이 아닌 것은 존재할 수 없다. 따라서 여러 학파들이 제시하는 인식대상과 인식주관은 모두 실재가 아니라 그림자와 같이 무자성, 무실체인 것이 입증된다는 것이다.

따라서 적호의 실재 비판은 용수의 경우와 마찬가지로 '일체의 사물은 무자성, 공, 가명으로서 그림자나 환영과 같으며, 따라서 궁극적 의미(=勝義)로서 실재는 성립하지 않는다'는 것으로 요약될 수 있다.

3. 적호의 이제설

그러나 여기서 중관사상에 따라 일체법이 무자성, 공, 가명으로서 그림자나 환영과 같으며, 따라서 궁극적인 의미에서 일체법은 존재가 아니라고 주장하면, 그것은 허무론과 동일한 것이 아닌가 라는 의문이 제기된다. 그러나 적호가 밝히고자 했던 궁극적인 진실은 비유비무의 중도였다. 그러므로 그는 승의제의 차원에서는 여러 사물의 존재를 승인하지 않지만, 세속제의 차원에서는 여러 사물의 존재를 승인하였다. 적호는 『중관장엄론』에서 세속을 다음과 같이 설명한다.

> 검토하지 않았을 때에만 승인할 수 있는 것,
> 생멸하는 속성을 갖는 것,
> 효과적인 작용 능력을 갖는 것,
> [그것이] 세속의 자성이라고 알아야 한다.(64)[431]

위의 인용문에서 보듯이 적호는 세속을 ① 검토하지 않았을 때에만 승인할 수 있는 것, ② 생멸하는 속성을 갖는 것, ③ 효과적인 작용 능력을 갖는 것이라고 정의한다. 여기서 '검토하지 않았을 때에만 승인할 수 있는 것'이란 곧 앞에서 살펴보았던 '단일성과 다양성의 유무 검토'를 의미한다.

즉 그와 같은 엄밀한 논리적 검토가 가해지면 거기에는 견디지 못하지만, 그런 엄밀한 검토가 가해지지 않는 한 동의하고 승인할 만한 사물을 의미하는 것이다. 그리고 그런 사물은 '생멸하는 속성을 갖는 사물'이고, '효과적 작용 능력을 갖는 사물'이라는 것이다.

여기서 '효과적인 작용 능력을 갖는 것'이란 『중관장엄론』 제78송에서 말하는 것처럼 '지식 속에 현현하는 효과적 작용 능력을 가지고 있는 사물'을 의미하며, 적호에 따르면 그런 효과적 작용 능력을 가지는 사물은 곧 찰나멸의 사물이다. 적호는 그것을 '생멸하는 속성을 갖는 것'이라고 표현하였다. 이어서 적호는 위의 게송을 다음과 같이 주

---

431) ma brtags gcig pu nyams dga' zhing // skye dang 'jig pa'i chos can pa //
don byed pa dag nus rnams kyis // rang bzhin kun rdzob pa yin rtogs // MA, 64.

석한다.

> 적호 석(64); 여기서 세속이란 언어 표현만을 자체로 하는 것, [즉 사세속邪世俗]은 아니다. [그것은] 경험되고 승인되는 것이고, 인연생因緣生의 것이지만, [올바른 지知]의 음미에는 항거하지 못하므로 실세속實世俗이라고 한다.[432]

여기서 적호는 사세속과 실세속이라는 두 종류의 세속을 설명하고 있다. 그중에서 사세속이란 비불교의 여러 학파들이 제시하는 영원한 사물 등과 같이 효과적 작용 능력을 가지지 못한 것으로서 다만 언어 표현만의 것을 말한다. 그와 같은 언어적 표현일 뿐인 것, 즉 개념의 허구는 세간 사람들도 진실한 존재로 인정하지 않으므로 사세속에 지나지 않는다.

한편 찰나생멸하는 인연생의 사물로서 효과적인 작용 능력을 가지는 사물은 세간 사람들에 의해서 진실한 존재라고 인정되지만, 단일성과 다양성의 유무 검토라는 엄밀한 검토를 견뎌내지는 못한다. 그것은 예를 들면 불교 학파들이 실재로서 제시하는 색법, 심법 등의 사물이다. 적호에 따르면 그런 사물은 승의로서의 존재(=勝義有)는 아니지만 사세속은 아니므로 실세속實世俗이라고 인정한다는 것이다. 한편 적호는 승의에 대해서 다음과 같이 설명한다.

> 승의와 상응하기 때문에,
> 이 ['불생'不生 등]은 승의라고 말한다.

---

432) kun rdzob 'di ni sgra'i tha snyad tsam gyis bdag nyid ma yin gyi / mthong ba dang 'dod pa'i dngos po rten cing 'brel par 'byung ba rnams ni brtag mi bzod pas [071a1] yang dag pa'i kun rdzob ste / MA, p. 204; 적호 지음, 남수영 옮김(2007), 『적호의 중관장엄론』, 117~118쪽.

[그러나] 진실로서 [승의는] 희론戱論의
모임을 완전히 떠난 것이다.(70)[433]

여기서 보듯이 적호는 게송의 후반부에서 승의를 '희론의 모임을 완전히 떠난 것'이라고 말하고 있다. 그것은 용수의 승의제와 다르지 않다. 한편 게송의 전반부는 청변의 주장을 인용하고 있다. 그 말의 의미는 위 게송에 대한 적호의 주석을 보면 이해할 수 있다.

> 적호 석(70); 승의는 유有와 무無, 생生과 불생不生, 공空과 불공不空 등과 같은 여러 희론의 그물이 [완전히] 절단된 것이다. [따라서] 불생 등[의 가르침]이 그 [승의]의 깨달음에 상응하기 때문에 승의라고 말하는 것은 [다음과 같이 청변淸辯에 의해서] 비유적으로 말해진 것이다. '실세속이라고 하는 사다리가 없이 진실이라고 하는 누각의 정상에 오르는 것은 지자智者에게도 불가능하다(『중관심론』, iii).'[434]

청변은 사물에 대한 올바른 언어 표현들이나 승의제를 깨닫도록 도와주는 논리학 등을 승의제에 상응하는 것으로 간주하여 승의에 포함시키며, 적호는 그와 같은 청변의 학설을 인용한다. 즉 궁극적으로 승의는 모든 희론을 떠나 있지만, 불생 등의 언어 표현은 승의에 상응하는 것이기 때문에 승의라는 것이다.[435] 이와 같은 언급은 적호가 청변

433) dam pa'i don dang mthun pa'i phyir // 'di ni dam pa'i don zhes bya // yang dag tu na spros pa yi // tshogs rnams kun las de grol yin // MA, 70.

434) don dam pa ni dngos po dang dngos po med pa dang / skye ba dang mi skye ba dang / stong pa dang mi stong pa la sogs pa spros pa'i dra ba mtha' dag spangs pa'o // skye ba med pa la sogs pa ni de la 'jug pa dang 'thun pa'i phyir don dam pa zhes nye bar 'dogs so // yang dag kun rdzob rnams kyi skas // med par yang dag khong pa yi // steng du 'gro bar bya ba ni // mkhas la rung ba ma yin no // MA, p. 230, 232; 적호 지음, 남수영 옮김(2007), 『적호의 중관장엄론』, 129쪽.

으로부터 영향을 받았음을 암시한다.

위의 인용문만으로는 적호가 '승의에 상응하는 언어 표현이나 논리학 등을 승의제에 포함시켰는지의 여부는 분명치 않지만, 그가 논리학을 중시했던 것만은 의문의 여지가 없다. 왜냐하면 그가 『중관장엄론』에서 행하고 있는 실재 비판은 모두 일체법이 무자성임을 논리학적으로 논증하고자 하는 시도이기 때문이다. 적호가 논리학을 중시하였던 것은 분명히 청변의 영향 때문이라고 할 수 있을 것이다.

이처럼 적호가 청변의 사상을 계승하고 있음을 인정한다면, 그가 청변과 마찬가지로 사물에 대한 올바른 언어 표현이나 논리학 등을 청변과 마찬가지로 승의로 간주했다고 생각할 수도 있을 것이다. 그런데 청변은 모든 희론을 떠나 있는 승의를 비이문승의(非異門勝義, aparyāya-paramārtha), 사물의 실상에 대한 올바른 언어 표현이나 논리학 등은 이문승의(異門勝義, paryāya-paramārtha)라고 불렀다.

여기서 'paryāya'란 '합의, 수단, 방법'등의 의미이다. 따라서 이문승의란 결국 '언어라는 합의나 수단이나 방법 등을 통해서 표현된 승의'를 의미하고, 비이문승의란 '언어라는 합의나 수단이나 방법 등을 통해서 표현될 수 없는 승의 그 자체'를 의미한다고 말할 수 있을 것이다.

그렇다면 청변의 두 가지 승의는 의언승의依言勝義와 이언승의離言勝義라고 표현하는 것이 더욱 적절할 것이다. 왜냐하면 청변이 말하는 두 종류의 승의는 결국 언어 표현 여부를 기준으로 한 구분이기 때문이다. 여기서 청변의 이제설을 참고해서 적호의 이제설을 정리해 보면 다음과 같이 된다.

435) 江島惠教(1980),『中觀思想の研究』, 25쪽 이하.

이언승의	모든 언어 표현이나 분별을 넘어서 있는 사물의 진실에 대한 궁극적인 진리, 즉 사물의 실상인 무자성, 공성이라는 진리 그 자체.
의언승의	사물의 실상을 깨닫도록 도와주는 불생, 무자성, 공성 등의 언어 표현, 혹은 이일다성離一多性의 증인證因 등을 통해서 일체법이 무자성, 공성임을 드러내 주는 논리학.
실세속	생멸하는 속성과 효과적 작용 능력을 가지고 있어서, 엄밀한 논리적 검토가 가해지지 않은 한 동의하고 승인될 수 있는 사물.
사세속	효과적 작용 능력을 가지고 있지 않아서 세간의 이해에도 부합하지 못하는 개념적 허구나 언어 표현만의 사물, 즉 푸드갈라, 아트만 등의 영원한 사물이나 거북의 털 등.

적호의 목적은 용수와 마찬가지로 일체법이 무자성이고 공이라는 진실을 밝히는 것이었다. 그러나 그의 이제설을 용수와 월칭의 이제설과 비교해 보면 논리학을 무자성이고 공인 최고의 진실을 드러내는 도구로서 인정하여 승의제에 포함시켰다는 점과 세속제의 측면에서 여러 사물의 존재를 승인했다는 점에서 차이점이 발견된다.

4. 중관사상에 대한 비판과 적호의 답변

1) 논리적 비판과 그에 대한 답변

적호의 『중관장엄론』에도 용수의 『중송』과 『회쟁론』에서와 마찬가지로 중관사상에 대한 실재론 학파들의 반박과 그에 대한 적호의 답변이 실려 있다. 그리고 그 반박 역시 용수의 경우와 마찬가지로 논리적 반박과 실천적 반박이라는 두 가지로 크게 구분될 수 있다. 『중관장엄론』에 소개되어 있는 실재론 학파들의 논리적 반박은 다음과 같다.

> 적호 석(75); 일체법이 무자성이라는 것을 승인한다면, 증인證因 등은 스스로 성립하지 않기 때문에, 추리推理 및 추리되어지는 것이라는 용어는 성립하지 않는 것이 아닌가? 그렇다면 추론자는 어떻게 해서 추리를 행하는 것이 가능한가? 더구나 또, 일체법이 무자성임을 증명하는 증인을 [그대, 적호가] 설정하지 않는다면, 그 경우 증인이 없이는 [일체법이 무자성이라고 하는 것의 증명이] 성립하지 않기 때문에, 주장의 내용은 성립하지 않는다. 만약 [증인을] 설정한다면, 증인은 존재하는 것이 되고, 그렇다면, 더욱이 일체법이 무자성이라는 것은 증명되지 않기 때문에 주장의 내용은 성립하지 않는다.[436)]

이는 『회쟁론』에 소개되어 있는 실재론 학파의 논리적 반박과 유사한 내용이다. 즉 일체법이 무자성이라면 증인도 무자성이 되기 때문에 일체법이 무자성임을 논증하는 추리는 불가능하며, 만약 그와 같은 난점을 피하기 위해서 자신이 제시하는 증인만은 유자성이라고 주장한다면, 바로 그런 주장에 의해서 일체법이 무자성이라는 주장은 성립하지 못한다는 것이다. 다시 말하자면 중관학파의 중관사상은 일관된 논

436) chos thams cad rang bzhin med par khas blangs na / phyogs kyi chos la sogs pa rang la ma grub pa'i phyir rjes su dpag pa dang rjes su dpag par bya ba'i tha snyad mi 'grub pa ma yin nam / de'i phyir rjes su dpog pa pos ji ltar gtan la dbab / gal te yang chos thams cad rang bzhin med par sgrub pa'i gtan tshigs ma brjod na / de'i tshe gtan tshigs med par mi grub pa'i phyir 'dod pa'i don mi 'grub po // ci ste brjod na ni gtan tshigs yod de / de lta na yang chos thams cad rang bzhin med par mi 'grub pas 'dod pa'i don mi 'grub po // MA, p. 252; 적호 지음, 남수영 옮김(2007), 『적호의 중관장엄론』, 138쪽.

리를 지키기 어려운 모순된 이론이라는 것이다. 이런 비판에 대해서 적호는 다음과 같이 답변한다.

> 우리는 [눈(=眼) 등에] 현현하는 본성을 가진
> 사물을 부정하지 않는다.
> 그러므로 능증能證과
> 소증所證에 혼란은 없다.(78)[437]

즉 적호에게 무자성이란 사물의 비존재를 의미하는 것이 아니라, 모든 사물이 고정 불변의 자성을 갖지 못함을 의미한다. 고정불변의 자성을 갖지 못하기 때문에, 고정 불변의 존재성도 가지지 못하고 고정 불변의 비존재성도 가지지 못한다. 그러므로 무자성인 모든 사물은 비유비무의 사물일 뿐이다. 비유비무인 것은 비존재가 아니기 때문에, 눈 등의 지식에 자신의 형상을 부여하는 효과적 작용 능력을 가지고 있는 사물을 비존재라고 부정하지 않는다. 따라서 반론자의 비판은 타당하지 않고, 설정된 능증과 소증에도 문제는 없다는 것이다.

능증과 소증이란 논리학의 용어로서 각각 증인과 주장명제를 말한다. 논리학에 대한 적호의 관점은 그의 이제설에 잘 반영되어 있다. 그리고 그의 이제설을 통해서 중관사상이 일관된 논리를 지키기 어려운 모순된 이론이라는 실재론자들의 비판은 부당한 것임이 밝혀진다.

왜냐하면 앞에서 보았듯이 적호는 모든 사물을 비존재로 간주하지 않으며, 따라서 증인證因을 비존재로 간주하지도 않는다. 오히려 적호는 사물의 실상에 대한 올바른 언어 표현과 그것을 드러내도록 도와주

---

437) bdag ni snang ba'i ngang can gyis // dngos po dgag par mi byed de //
de lta bas na bsgrub pa dang // bsgrub bya gzhag pa 'khrugs pa med // MA, 78.

는 올바른 논리학을 사용해서 사물의 실상을 깨달을 수 있다고 생각하며, 논리학을 적극적으로 활용하여 일체의 사물이 무자성임을 논증하고 있기 때문이다.

2) 실천적 비판과 그에 대한 답변

다음으로 살펴 볼 것은 적호의 중관사상에 대한 실천적 비판이다. 『중관장엄론』에 소개되어 있는 중관사상에 대한 실천적 비판은 다음과 같다.

> 적호 석(78); 승의제의 이론에 대한 증오에 지배되는 사람들, [즉 설일체유부 등]은 예를 들면, '일체법을 무자성이라고 하는 것은 [일체가] 비존재非存在라고 하는 견해에 관정灌頂하는 것과 같다'고 말하고, 또 '그러므로 인과因果를 손감하는 사견邪見에 의해서 올바른 주장을 끊어버리는 사람은 정법正法이라고 하는 곡물[을 파괴하는] 우박이고, [모든 법을 손감할 뿐 아니라, 스스로도 비존재이기 때문에] 허공의 꽃[과 같다. 그들은] 최선을 바라는 사람들에 의해서 영원히 부정될 것이다.'라고 말한다.[438]

여기서 '일체법을 무자성이라고 하는 것은 일체가 비존재라고 하는 견해에 관정하는 것과 같다'고 하는 말은 곧 공사상이 일체를 비존재로 간주하는 허무론이라고 비판하는 것과 동일한 의미이다. 또 공사상

---

438) don dam pa'i tshul la sdang bas dbang sgyur ba gang dag 'di lta ste / chos thams cad rang bzhin med par lta ba nyid ni med pa nyid du lta bar spyi bo nas dbang bskur ba nyid yin no zhes smra ba dang / de ltas rgyu dang 'bras bu skur 'debs pa // log ltas dkar phyogs drungs 'byin dam chos kyi // lo tog ser ba nam mkha'i me tog 'di // legs 'dod rnams kyis rgyang ring spang bar bya // MA, p. 258; 적호 지음, 남수영 옮김(2007), 『적호의 중관장엄론』, 141쪽.

이 '인과를 손감하는 사견'이라고 하는 비판은 결국 공사상에 의해서는 선악업의 과보만이 아니라 수행의 결과인 해탈을 성취할 수 없다고 말하는 것과 동일한 의미이다.

그러나 적호의 중관사상이 일체법의 비존재를 주장하는 허무론이 아님은 이미 그의 이제설에서 드러났기 때문에 반대자들의 비판은 부당한 것임을 알 수 있다. 뿐만 아니라 용수와 마찬가지로 적호 역시 오히려 중관사상을 통해서 신속하게 해탈과 열반을 얻을 수 있다고 생각하였다. 적호는『중관장엄론』에서 이렇게 말한다.

> 적호 석(귀경게); 자리自利와 이타利他의 완성을 목표로 해서 출발하고자 하는 사람이, 엄밀한 검토가 가해지지 않은 한 인정하고 승인할 수 있는 모든 사물의 본성을 그림자 등과 같은 것으로서 진실로서는 무자성이라고 이해한다면, 번뇌[장煩惱障]과 소지장所知障을 남김없이 끊을 것이다. 그러므로 논리論理와 성교聖敎에 의해서 일체법의 무자성을 이해하기 위해서 더 큰 노력이 펼쳐진다.[439]

이처럼 적호는 수행자가 모든 사물의 본성을 그림자 등과 같은 것으로서 진실로는 무자성이라고 이해한다면, 번뇌장과 소지장을 남김없이 끊을 것이라고 말한다. 여기서 번뇌장과 소지장을 끊는 것은 곧 해탈과 보리를 얻어서 불지佛地에 오르는 것을 의미한다. 그리고 적호는 그것이 일체법이 무자성임을 자각함으로써 성취되는 것이라고 말한다. 따라서 적호에 따르면 오히려 일체법의 실상인 무자성, 공에 대한 자각

---

439) bdag dang gzhan gyi don phun sum tshogs pa bsgrub par ci la yang ma rag par chas pa / dngos po'i rnam pa ma brtags gcig pu na dga' ba ma lus pa gzugs brnyan la sogs pa lta bur / yang dag par na rang bzhin med par rtogs na nyon mongs pa dang / shes bya'i sgrib pa mtha' dag spong bar 'gyur te / de bas na rigs pa dang lung gi chos thams cad rang bzhin med par khong du chud par bya ba'i phyir rab tu 'bad do // MA, p. 14; 적호 지음, 남수영 옮김(2007), 전게서, 19쪽.

이야말로 해탈에 도달하는 첩경인 것이다. 그는 또 이렇게 말한다.

> 여러 법에 실체가 없는 것을 아는 학자들은
> 무자성을 반복해서 수행하기 때문에,
> 착각으로부터 발생하는
> 번뇌를 손쉽게 버린다.(83)[440]

여기서 '사물에 실체가 없음을 아는 학자들'이란 곧 일체법이 무자성임을 자각한 수행자들을 의미하며, '착각으로부터 발생하는 번뇌'란 곧 우리들의 모든 번뇌가 여러 사물의 실상인 무자성, 공을 올바르게 알지 못하여, 여러 종류의 실재들을 상정하는 무지로부터 발생한다는 의미이다. '번뇌를 손쉽게 버린다'고 하는 것은 두말할 필요도 없이 수월하게 해탈을 성취하는 것을 의미한다.

이처럼 적호에 의하면 무자성, 공이라는 일체법의 진실을 자각한 사람들은 모든 번뇌에서 벗어나 손쉽게 해탈에 도달한다. 그러나 그와 같은 진실을 자각하지 못하고 실재를 주장하는 것은 모든 번뇌의 근본 원인이다. 적호는 이렇게 말한다.

> 적호 석(83); 이에 대해서도 [용수는『육십송여리론』에서] 다음과 같이 말한다. ① 존재를 세우게 되면, 격심한 탐욕과 증오가 발생하고, 부당한 견해를 움켜쥐고, 그것에 근거해서 다투게 된다.(46) ② 그 [존재를 세우는 것]은 여러 부당한 견해의 원인이고, 그 [존재를 세우는 것]이 없으면 번뇌는 일어나지 않는다. 따라서 그 [존재]를 [무자성]이라고 이

---

440) chos la bdag med mkhas pa ni // rang bzhin med pa goms byas pas // phyin ci log las byung ba yi // nyon mongs sgrib pa med par spong // MA, 83.

> 해하면, [부당한] 견해와 번뇌는 소멸한다.(47) ③ 무엇에 의해서 그 [존재]는 이해되는가 하면, 연기緣起를 보는 것에 의해서이다. '의존해서 발생하는 것은 [승의로서] 불생不生이다'라고 하는 것은 최고의 진실을 아는 사람들이 설하는 것이다.(48)[441]

여기서 적호는 용수의 말을 인용하고 있지만, 그것이 곧 동시에 그의 관점이라는 것은 다시 말할 필요도 없을 것이다. 그 중에서 '존재를 세우는 것'이란 무자성, 공, 가명, 중도인 사물을 존재라고 집착하는 것을 말한다. 그리고 이런 잘못된 집착으로부터 탐욕과 증오와 부당한 견해가 생겨나며, 그로부터 온갖 번뇌가 일어난다는 것이다.

적호에 따르면 실재를 고집하면서 집착하는 것이야말로 사물의 실상에 대한 무지이며 왜곡이라고 생각한다. 왜냐하면 이미 논리적인 검토에 따라 모든 사물이 무자성임이 논증되었기 때문이다. 그 결과를 보면서도 그것을 인정하지 않으려고 하는 것은 자신이 세운 논리를 스스로 위배하는 것에 불과하다.

그런 이유로 적호는 논리적 방법에 따라서 실재를 비판하고 일체법이 무자성임을 논증하고자 했던 것이다. 그는 『중관장엄론』 제88송에서 이렇게 말한다.

> 논리를 배척하는 것이기 때문에,
> 사물에 대해 분별하는 것은,

441) 'dir yang gsungs pa / ①dngos por khas len yod na ni // 'dod chags zhe sdang mi bzad 'byung // lta ba ma rungs yongs su 'dzin // de las byung ba'i rtsod par 'gyur // ②de ni lta ba kun gyi rgyu // de med nyon mongs mi 'byung ste // de bas de ni yongs shes na // lta dang nyon mongs yongs su 'byung // ③gang gis de shes 'gyur zhe na // rten cing 'byung ba mthong bas te // brten nas skyes pa ma skyes zhes // yang dag mkhyen pa mchog gis gsungs // she'o // MA, p. 272; 적호 지음, 남수영 옮김(2007), 『적호의 중관장엄론』, 147쪽.

아지랑이 등을 지각하는 것처럼,

착각이라고 이해된다.(88)[442]

즉 『중관장엄론』의 전반부에서 보았던 것처럼 궁극적으로 일체의 사물은 단일성이나 다양성을 자성으로 하는 것으로서는 존재하지 않음이 논증되었기 때문에, 어떤 사물일지라도 존재라고 생각하는 것은 아지랑이 등을 물이라고 착각하는 것과 같이 오류라는 것이다. 따라서 위의 게송에서 '이전의 검증'이란 곧 앞에서 살펴보았던 여러 학파가 제시하는 실재에 대한 논파를 의미한다.

반대로 일체법이 무자성임을 깨달아서 일체의 사물이 무자성, 공, 가명, 그리고 비유비무의 중도라고 올바르게 이해하면 번뇌는 일어나지 않는다. 그에게는 탐욕과 증오와 부당한 견해 등이 없기 때문이다. 이처럼 수행자는 일체법이 무자성이고 공이라는 진실을 자각함으로써 부당한 견해와 번뇌를 모두 소멸하고 손쉽게 해탈을 성취하게 된다는 것이다.

이로부터 적호가 불교의 여러 학파들이 제시하는 실재를 비판하고, 모든 사물은 무자성, 공임을 밝히고자 했던 이유를 알 수 있다. 즉 그는 일체법의 진실을 분명하게 드러냄으로써 수행자로 하여금 번뇌장과 소지장을 제거하고 신속하게 불지에 도달할 수 있는 길을 제시하고자 했던 것이다.

이처럼 중관학파의 관점에 따르면, 무자성, 공이라는 사물의 실상에 대한 자각은 수행자로 하여금 일체법에 대한 집착과 번뇌를 끊고 신속하게 해탈에 도달하도록 하는 최고의 가르침이다. 그런 이유로 중관학

---

442) tshad ma'i gnod pa yod pas na // dngos por dmigs pa yod pa ni //
smig rgyu la sogs shes pa bzhin // phyin ci log par yongs su rtogs // MA, 88.

파는 여러 불교 학파들이 제시하는 실재를 전면적으로 비판하고 부정하고자 했던 것이다. 결국 중관학파의 중관사상은 궁극적으로는 실천적인 동기를 가지고 있으며, 나아가 그 전체가 일종의 실천론이라고 생각할 수 있을 것이다.

| 맺음말 |

지금까지 살펴 본 것처럼 중관학파와 불교의 여러 학파들은 다음과 같은 존재론적인 문제들에 대해서 논쟁하였다. 1) 여러 현상적 사물들의 궁극적 원인인 실체나 실재는 존재하는가, 존재하지 않는가? 2) 실체나 실재가 존재한다면 어떤 것이 실체이고 어떤 것이 실재인가? 실체 및 실재와 이 현상적인 여러 사물들의 관계는 무엇인가? 3) 만약 실체나 실재가 존재하지 않는다면, 현상적인 여러 사물들은 어떻게 발생하고 유지되는 것인가?

그러나 해탈을 목적으로 하여 실천 수행을 중시하는 불교의 여러 학파들이 오랜 시간 동안 지속적으로 그와 같은 존재론적 논쟁에 관여하였던 이유는 무엇일까? 그것은 일반적으로 존재론이 실천론의 논리적 근거가 되는 것을 이해할 때 납득할 수 있다. 예를 들면 유물론자들은 물질적인 요소들이 모든 사물의 궁극적 근거이며, 정신은 물질적인 요소들의 결합에 의한 파생물에 지나지 않는다고 생각한다. 따라서 그들은 사람이 죽었을 때, 업이나 과보, 혹은 정신과 같은 비물질적인 요소는 전혀 남지 않고, 아무런 흔적도 없이 사라진다고 주장한다. 그들은 그와 같은 존재론에 따라 도덕부정주의적이거나 쾌락주의적인 실천론을 주장하게 되는 것이다.

불교에서도 존재론은 실천론의 논리적 근거 역할을 한다. 불타는 일찍이 『전법륜경』에서 현상계의 모든 사물은 무상하고, 고통스럽고, 따라서 무아라고 설명하고, 그와 같은 존재론에 근거하여 염리와 이탐과 해탈의 실천론을 주장하였다. 그럴 경우 무상, 고, 무아는 모든 사물의 진실이며, 염리와 이탐과 해탈은 실천론이다. 이로부터 무상, 고, 무아의 존재론은 염리, 이탐, 해탈의 실천론에 대해서 논리적 근거 역할을 하고 있는 것을 알 수 있다.

염리와 이탐과 해탈은 불교의 실천론에 해당하지만, 그것은 강요되는 것이 아니라 모든 사물의 진실인 무상, 고, 무아 등임을 자각할 때 저절로 우러나오게 된다. 왜냐하면 수행자가 모든 사물들이 본질적으로 가지고 있는 무상성과 무아성 때문에, 그 사물에 대한 갈애와 집착이 결국 성취되지 못하고 고통으로 귀착됨을 자각할 때, 그는 점차로 무상하고 무아인 사물에 대한 갈애와 집착을 떠나게 될 것이기 때문이다.

불타는 모든 사물에 대한 갈애와 집착이 끊어진 상태가 곧 해탈이고 열반이라고 말했다. 이로부터 불타는 사물의 진실에 대한 올바른 자각이 수행자를 올바른 실천으로 인도하고, 수행자는 그런 실천을 통해서 해탈에 도달한다고 생각했음을 알 수 있다.

그런 관념은 12연기설에서도 확인된다. 12연기설에 따르면 고통은 무명으로부터 시작하는 원인들의 연속에 의해서 발생한다. 무명이란 사물의 진실에 대한 무지인 동시에 그 사물이 진실로 존재하는 방식에 대한 무지이다. 사람들은 무명 때문에 그 사물의 진실을 올바르게 알지 못하고, 그것을 그것과는 다른 어떤 것으로 착각한다. 그리고 그와 같은 무지는 사람들을 그 사물에 대해 잘못 대응하도록 인도함으로써 사람들의 기대를 좌절시키며, 결국 그는 그와 같은 좌절에 의해서 고통이라는 심리적 상태 속에 놓여지게 된다. 그러므로 가장 최고의 상태에서도 무지한 사람들은 결국 고통에 종속되어 있다고 말하는 것이다.

그러나 그 고통은 사물의 진실에 대한 올바른 지혜를 획득함으로써 제거된다. 일단 사물의 진실이 알려지고, 그것이 그와 다른 어떤 것으로 착각되지 않으면, 사람들은 더 이상 그 사물에 대한 잘못된 기대 때문에 좌절하지 않게 된다. 이렇게 해서 모든 정신적 장애와 고통으로부터 해방된 상태가 곧 불타가 해탈이라고 말한 상태이다.

불교의 여러 학파들은 불타의 가르침에 따라 무상이나 연기 등이 여러 사물의 진실이라는 것과 그런 자각을 바탕으로 한 염리와 이탐을 통해서 해탈에 도달할 수 있음을 확신하였다. 다만 그들 사이에서 달랐던 것은 무상이나 연기 등을 어떻게 해석하는가 하는 문제였다. 결국 여러 불교 학파들 사이에서 발생했던 존재론적인 논쟁은 불타가 사물의 진실로서 제시했던 무상이나 연기 등에 대한 해석상의 상위 때문에 일어났던 것이다.

그 점에 대하여 설일체유부는 원인이 존재하지 않으면 연기는 성립할 수 없고, 연기가 성립할 수 없다면 현상 세계도 성립할 수 없다고 생각하였기 때문에, 모든 현상적 사물의 단일하고 궁극적인 원인이 되는 5위 75법은 삼세에 걸쳐서 실체로서 존재한다고 주장하였다. 그리하여 그들은 연기를 더 이상 분석되지 않는 단일하고 궁극적 사물인 실법을 원인으로 하여 복합적인 사물이 발생하는 것으로 해석하였다.

또한 그들은 무상이란 일체법의 찰나멸을 의미하며, 고통이란 무상한 사물에 대한 집착을 통해서 일어나는 것이고, 무아란 실법인 일체법 가운데 자아가 포함되어 있지 않은 것을 의미하며, 공이란 복합적인 사물에 실체가 없는 것을 의미한다고 생각하였다.

경량부와 설일체유부 사이에서 발견되는 사물의 진실에 대한 가장 뚜렷한 견해 차이는 무상설, 혹은 찰나멸설에 대한 것이다. 왜냐하면 설일체유부는 한 찰나를 생주이멸의 네 순간이라고 주장했던 반면, 경량부는 한 찰나란 생멸의 한 순간이라고 주장했기 때문이다. 경량부는 그런 관점에 따라서 설일체유부가 실유로서 제시하는 과거법, 미래법, 심불상응행법, 무위법 등 여러 법의 실유를 비판하여 부정하고, 현재 한 순간의 색법과 심법, 혹은 세 종류의 심소법만을 실유로서 인정하였던 것이다.

한편 유식학파에게 사물의 진실이란 일체법이 다만 식의 표상임을 아는 것이다. 그들에게 연기란 아뢰야식으로부터 일체의 표상이 일어나는 것이며, 무상이란 아뢰야식의 찰나멸이며, 무아란 아뢰야식이 불변의 자아가 아니라는 것이며, 중도란 원성실성의 유有와 변계소집성의 무無를 의미한다.

또 유식학파는 능취와 소취는 비존재이지만, 능취와 소취의 비존재 상태인 공성은 실재라고 생각하였다. 유식학파는 그와 같은 입장에서 식과 공성의 실재를 주장함으로써 중관학파의 공사상을 비판하는 동시에, 식과 공성을 제외한 일체법의 실재를 부정함으로써 부파불교의 외경실재론을 비판하였던 것이다.

이처럼 불교의 거의 모든 학파들은 실법 혹은 실재를 인정하고, 그것들을 통해서 현상적 사물들의 진실을 설명하고자 하였지만, 중관학파에게 여러 사물의 존재론적인 진실은 모든 사물이 연기, 무자성, 공, 가명, 중도라는 것이었으며, 그들은 그런 자각이야말로 수행자로 하여금 신속하게 일체의 사물에 대한 탐욕과 집착을 끊고 해탈에 도달하도록 도울 수 있다고 생각하였다.

중관학파는 유자성有自性의 존재를 상정하는 것은 진실에 대한 왜곡인 동시에 무지의 표출에 지나지 않으며, 그런 왜곡과 무지야말로 온갖 고통과 번뇌의 근본 원인이라고 생각하였다. 왜냐하면 중관학파의 논사들은 유자성의 존재를 승인하게 되면, 인연과 인과와 생멸을 부정하는 것이 되어, 현상계의 변화와 작용을 설명할 수 없을 뿐 아니라, 그와 동시에 공이고 중도인 사물을 존재라고 착각하는 무지로부터 사물에 대한 탐욕과 집착들이 생겨나며, 그로부터 다시 온갖 고통과 번뇌가 일어나게 된다고 생각하였기 때문이다. 따라서 그들은 끊임없이 불교의 여러 학파들이 승인하는 실체와 실재를 비판하고 공과 중도라는 사물의 진실을 드러내고자 하였던 것이다.

불교의 여러 학파들은 사물의 진실에 대하여 상이한 견해를 가지고 각종으로 논쟁하였지만, 그들이 불타의 근본 가르침에 대해서 이의를 제기했던 것은 아니었다. 그들은 다만 불타의 가르침을 상이한 관점에서 해석함으로써 상이한 결론에 도달하였던 것이다. 따라서 불교 학파들이 상이한 견해를 가지고 서로 논쟁하면서 비판하더라도, 그것이 불타의 가르침을 위배하고 훼손하기 위한 것이라고 말할 수는 없다. 오히려 그들의 다양한 견해는 불타의 가르침을 확고한 이론 체계 위에 올려놓기 위한 다양한 시도의 결과라고 이해하는 것이 옳을 것이다.

그러나 존재론은 실천론의 논리적 근거이고, 사물의 진실에 대한 올바른 자각은 불교의 궁극 목적인 해탈과 관련되어 있으므로, 법의 가실 논쟁은 치열하게 전개될 수 밖에 없었다. 모든 불교 학파들의 궁극적인 목적은 해탈이고, 해탈을 성취하는 관건은 사물의 진실에 대한 올바른 자각이라고 할 때, 사물의 진실에 대한 논쟁이 치열해지는 것은 당연한 일이다. 그런 이유로 불교의 실재론 학파들은 지속적으로 실체와 실재를 주장하였고, 중관학파는 지속적으로 그들이 제시하는 실체와 실재들을 비판하였던 것이다.

이로부터 중관학파와 여러 불교학파들 사이에서 벌어졌던 공유空有의 논쟁은 불교의 궁극 목적인 해탈과 무관한 것처럼 보이지만, 실은 그와는 달리 해탈을 위한 실천 수행과 떨어질 수 없는 깊은 관계를 맺고 있으며, 결국 중관학파가 행했던 법유론 및 유식사상에 대한 비판도 모두 실천적인 동기에서 행해진 것임을 알 수 있게 된다. 그러므로 중관학파의 중관사상은 다음과 같은 실천적인 관점에서 이해되어야 할 것이다. 즉 중관사상은 불교와 비불교 학파들의 실재론을 비판하고, 일체법이 공이고 중도라는 진실을 밝힘으로써, 모든 수행자들을 신속하게 무갈애와 무집착의 열반으로 인도하기 위한 실천적 사상이라는 것이다.

| 참고문헌 |

| 원전 |

Akb; *Abhidharmakośabhāṣyam of Vasubandhu*, ed., P. Pradhan, K. P. Jayaswal Research Institute, Patna, 1975.

Bbh; *Bodhisattvabhūmi*, ed., Unrai Wogihara, Sankibo Buddhist Book Store, 1971.

BTb; *Bauddha-tarkabhasa of Moksakargupta*, edited & translated, with exhaustive notes, by B.N. Singh ; foreword by G.C. Pandey, Asha Prakashan, 1987.

DN; *Dīgha-Nikāya*, ed. by T. W. Rhys Davids & J. Estlin Carpenter, PTS, 1975-1976.

MA; *Madhyamakālaṁkāra of Śāntaraksiṭa with his Commentary and with the Subcommentary of Kamalaśla*, Masamichi Ichigōed., Kyoto Sangyo Univ., 1985.

Mvb; *Madhyantavibhaga-bhasya : a buddhist philosophical treatise edited for the first time form a sanskrit manuscript*, by Gadjin M. Nagao, Japan: Suzuki research foundation, 1964

MMK; *Mūla-madhyamaka-kārikāh of Nagarjuna*, edited by J. W. De Jong, Adyar Library and Research Centre, Mdras 1977.

MN; *Majjhima-Nikāya*, ed. by V. Trenckner and R. Chalmers, London: PTS, 1894-1897.

NB; *Nyāyabindu,* Bibliotheca Buddhica VII, 1918.

PP; *Mūla-madhyamaka-kārikās de Nāgārjuna avec la PrasannapadāCommentaire de Candrakīrti*, publiépar Louis de la Vallée Poussin, St. Pétersburg 1903-1913, Bibliotheca buddhica no. 4.

Pd; *Prajñāpradīpa-mūlamadhyamika-vṛtti*, Sde Dge Tibetan Tripitaka, 中觀部 2, 通帙第199(Tsha), No. 3853, 東京: 東京大學文學部印度哲學印度文學硏究室編, 世界聖典刊行協會 1977,

PV; *The Pramāṇavārttikam of Acarya Dharmakirti*, ed., by Ram Chandra Pandeya, Motilal Banarsidass 1989.

SN; *Saṁyutta-Nikāya*, L. Feer ed. London: PTS, 1970.

Akv; *SphutārthāAbhidharmakośavyākhyā*, ed., Unrai Wogihara, Sankibo Buddhist Book Store, 1971.

Su; *Sutta-Nipāta*, D. Andersen and H. Smith ed. London: PTS, 1984.

As; *The Aṭṭhasālinī, Buddhaghosa's commentary on the Dhammasangani*, edited by Edward Müller, PTS, 1979.

SV; *The Sumangala-vilasini, Buddhaghosa's commentary on the Digha Nikāya*, ed. by T.

W. Rhys Davids and J. Estlin Carpenter, Part 1. PTS, 1968.
Tri; *The Trisvabhāvanirdeśa of Vasubandhu*, ed., Sujitkumar Mukhopadhyaya, Visvabharati: 1939.
TS; *Tattvasaṅgraha of Acarya Shantaraksita with the Commentary 'Pañjikā' of Shri Kamalashila*, Shastri, S. D. ed., Bauddha Bharati Varanasi, 1968;
Viṁ; *Vasubandhu's Vijñapti-mātratā-siddhi with Sthiramati's Commentary - Text with English Translation*, ed., Dr. K. N. Chatterjee, Kishor Vidya Niketan, 1980.
VM; *Visuddhimagga of Buddhaghosācariya*, ed. by Henry Clarke Warren ; revised by Dharmananda Kosambi, Motilal Banarsidass, 1989.
VV; *The Dialectical Method of Nāgārjuna(Vigrahavyāvartanī)*, Translated from the original Sanskrit with Introduction and Notes by Kamaleswar Bhattacharya, ed. by E. H. Johnston and Arnold Kunst, Motilal Banarsidass, 1978.

『구사론』, 세친 조, 현장 역, 대정 제29권, T. 1558.
『구사론기』, 보광 술, 대정 제41권, T. 1821.
『대비바사론』, 현장 역, 대정 제27권, T. 1545.
『변중변론』, 세친 조, 현장 역, 대정 제31권, T. 1600.
『불설무량수경』, 강승개 역, 대정 제12권, T. 360.
『섭대승론본』, 무착 조, 현장 역, 대정 제31권, T. 1594.
『유가사지론석』, 최승자 등 조, 현장 역, 대정 제30권, T. 1580.
『유가사지론』, 미륵보살 설, 현장 역, 대정 제30권, T. 1579.
『유식이십론』, 세친 조, 현장 역, 대정 제31권, T. 1590.
『이부종륜론』, 세우 조, 현장 역, 대정 제49권, T. 2031.
『잡아함경』, 구나발다라 역, 대정 제2권, T. 99.
『중론』, 용수 조, 청목 석, 구마라집 역, 대정 제30권, T. 1564.
『중아함경』, 구담승가제바 역, 대정 제1권, T. 26.
『해심밀경』, 현장 역, 대정 제16권, T. 676.
『화엄경』, 불타발타라 역, 대정 제9권, T. 278.

櫻部建(1979), 『倶舎論の研究』, 京都: 法藏館 c1969,
長尾雅人(1982), 『攝大乘論』, 上, 下, 講談社
권오민 역주(2002), 『아비달마구사론』 제1권, 동국역경원
김정근 역주(2011), 『쁘라산나빠다』 전4권, 푸른가람
적호 저, 남수영 옮김(2007), 『적호의 중관장엄론』, 여래

| 단행본 |

A.A. Macdonell(1954), *A Practical Sanskrit Dictionary*, Oxford University Press
R. Puligandla, 이지수 역(1991), 『인도철학』, 민족사
Sadananda Bhaduri(1975), *Studies in Nyāya-Vaiśeṣika Metaphysics*, Bhandarkar Oriental Research Institute
Th. Stcherbatsky(1976), *The Soul Theory of the Buddhists*, Bharatiya Vidya Prakashan
Th. Stcherbatsky(1979), *The Central Conception of Buddhism and the Meaning of the Word Dharma*, Motilal Baranasidass
加藤純章(1989), 『經量部の硏究』, 春秋社
江島惠教(1980), 『中觀思想の硏究』, 春秋社
高崎直道 저, 이지수 역(1997), 『유식입문』, 시공사
吉元信行(1982), 『アビダルマ思想』, 法藏館
木村泰賢(1980), 『小乘佛教思想論』, 大法輪閣 昭和 55.
木村泰賢 저, 박경준 역(1992), 『原始佛教思想論』, 경서원
梶山雄一 저, 권오민 역(1994), 『인도불교철학』, 민족사
梶山雄一 저, 정호영 역(1994), 『공의 논리』, 민족사
山口益 譯註(1968), 『月稱造 中論釋 1,2 合本』, 淸水 弘文堂書房 昭和43年 / チヤンドラキ-ルテイ プラサンナパダ : 和譯. 1, 서울 : 東邦苑, 1988.
三枝充悳 저, 송인숙 역(1993), 『세친의 삶과 사상』, 불교시대사
三枝充悳 저, 심봉섭 역(1995), 『인식론.논리학』, 불교시대사
深浦正文(1979), 『俱舍學槪論』, 百華苑 昭和 54.
佐佐木月樵, 山口益 譯著(1977), 『唯識二十論の對譯硏究』, 國書刊行會 昭和 52.
中村元 저, 남수영 옮김(2010), 『용수의 중관사상』, 여래
平川彰 등 저, 윤종갑 역(1995), 『중관사상』, 경서원
平川彰(1985), 『インド佛教史』 上下, 春秋社
平川彰 저, 이호근 역(1994), 『인도불교의 역사』, 전2권, 민족사
平川彰等 共著(1983), 『俱舍論索引』 全3部, 大藏出版株式會社
橫山紘一 저, 묘주 역(1989), 『유식철학』, 경서원
권오민(1994), 『유부아비달마와 경량부철학의 연구』, 경서원
권오민(2012), 『상좌 슈리라타와 경량부』, 씨 · 아이 · 알
김동화(1982), 『俱舍學』, 동국대학교 석림회
남수영(2007), 『중관학파의 실유비판연구』, 한국학술정보

加藤純章(1985), 「自性と自相」, 『平川彰博士古稀記念論集:佛教思想の諸問題』, 春秋社
吉元信行(1987), 「三世實有說再考」, 『佛教學セミナー』 제46호, 大谷大學佛教學會
森山清徹(1979), 「自性の考察」, 『印佛研』 제27-2호
石飛道子(1982), 「Vaiśeṣika哲學における原子論」, 『印佛研』 제31-1호
櫻部建(1954), 「玄奘譯俱舍論における體の語について」, 『印佛研』 제2-2호.
長尾雅人(1968), 「餘れるもの」, 『印佛研』 제16-2호
齋藤明(1998), 「ナ-ガ-ルジュナにおける「存在」の兩義性」, 宗教研究 71卷 4輯(315號)
斎藤明(1999), 「バーヴィヴェーカの勝義解釈とその思想的背景」, 『論集』第9号, 三重大学人文学部
平川彰(1966), 「有刹那と刹那滅」, 『金倉博士古稀記念.印度學佛教學論集』, 平樂寺書店
平川彰(1977), 「原始佛教における法の意味」, 『平川彰博士還曆記念論集:佛教における法の研究』, 春秋社
박창환(2009), 「法稱(Dharmakirti)의 감각지각(indriyapratyaksa)론은 과연 經量部적인가? : 上座 슈리라타(Srilata)의 감각지각 불신론과 이에 대한 世親의 절충론을 통해 본 경량부 前5識說의 전개 과정」, 『印度哲學』 제27권
이지수(1992), 「다르마끼르띠(法稱)의 知覺論」, 伽山 李智冠 스님 華甲紀念論文 『韓國佛教文化思想史』, 論叢刊行委員會

중관사상의 이해

2015년 3월 10일 초판 1쇄 발행
2023년 12월 31일 초판 4쇄 발행

지은이 남수영
펴낸이 정창진
펴낸곳 도서출판 여래
출판등록 제2012-000003호
주소 서울시 종로구 인사동11길 16, 403호(관훈동)
전화번호 (02)871-0213 / 070-4084-0606
전송 0504-170-3297

ISBN 979-11-951177-41-2 03220
Email yoerai@hanmail.net
blog naver.com/yoerai

값은 뒤표지에 있습니다.

※ 이 도서의 국립중앙도서관 출판예정도서목록(CIP)은 서지정보유통지원시스템 홈페이지(http://seoji.nl.go.kr)와 국가자료공동목록시스템(http://www.nl.go.kr/kolisnet)에서 이용하실 수 있습니다. (CIP제어번호 : CIP2015002687)